FEL DRÔR I FWRDD

Astudiaeth o waith Kate Roberts hyd 1962

GERAINT WYN JONES

ISBN 978-1-904845-99-7

Dymuna'r cyhoeddwyr
gydnabod cymorth
Adrannau Cyngor Llyfrau Cymru

Cyhoeddwyd ac argraffwyd gan
Wasg y Bwthyn, Caernarfon

FEL DRÔR I FWRDD

ASTUDIAETH O WAITH KATE ROBERTS HYD 1962

CYNNWYS

GOLYGYDDOL

Yn ystod y gwaeledd difrodus a ddug fywyd Geraint i ben, gwaeledd a ddioddefodd gyda dewrder rhyfeddol, un o'r pethau yr oedd wedi rhoi ei fryd arno oedd gweld cyhoeddi ei astudiaeth o waith Kate Roberts, gwaith a enillodd iddo radd PhD Prifysgol Cymru. Yn anffodus, nid oedd yn bosib cyhoeddi fersiwn lawn o'r astudiaeth, sef y traethawd ymchwil hwnnw. Ymgymerais â golygu testun o'r gwaith ar gyfer ei gyhoeddi. Yr hyn a wneuthum oedd cwtogi cryn dipyn ar y gwreiddiol, gan geisio cadw rhediadau syniadau'r gwaith yn eglur a heb eu hystumio. Nid ymyrrwyd â'r ffordd yr oedd y gwreiddiol wedi ei osod allan: hynny yw, ni sieciais y nodiadau, ac nid ymyrrais â dull Geraint o nodi ffynonellau ei ddyfyniadau – dyna pam y mae cyfeirio at ffynonellau dyfyniadau o weithiau Kate Roberts, gan amlaf, wedi eu nodi fel ôl-nodiadau a pham y maent hefyd, rai troeon, wedi eu rhoddi fel rhifau tudalennau mewn cromfachau ar ôl y dyfyniadau, a pham na nodir ffynonellau rhai dyfyniadau o gwbwl, lle y barnai Geraint eu bod yn ddigon amlwg.

GWYN THOMAS

7

RHAGAIR

Yn y llyfr hwn ceisir olrhain techneg y Dr Kate Roberts o'i gweithiau cynnar hyd at y flwyddyn 1962, pan gyhoeddwyd *Tywyll Heno*. Rhoddir sylw manwl i agweddau arbennig ar ei gwaith, agweddau megis cymeriadu, cynllunio, cefndir, safbwynt, sumbolaeth, adeiladwaith, symudiad, ac yn y blaen. Lle bo hynny'n addas, ystyrir y modd y mae 'adroddwr' (*narrator*) y gwaith yn lliwio ymateb y darllenydd, ac astudir y technegau a ddefnyddir i wneud hynny. Ymdrinnir, hefyd, â dewis yr awdur o *genre*, gan ddadlau mai gweledigaeth storïwr byr yw un Kate Roberts yn sylfaenol, ond ei bod beunydd yn chwilio am libart ehangach i'r weledigaeth honno. Ceisir profi mai gweledigaeth o'r fath, wedi ei phriodi â phwnc a weddai iddi, sy'n gyfrifol am lwyddiant nofel fel *Y Byw sy'n Cysgu*, ac mai priodas rhnwg gweledigaeth sythweledol y storïwr ac awydd am gynfas fwy sy'n peri ei bod ar ei gorau pan yw'n ysgrifennu yn y *genre* sy'n ymgorffori'r amrywiol ddyheadau artistig sydd ganddi, sef y *nouvelle*.

Yn syniadol, ceisir gwrthbrofi'r syniad – a fu'n ffasiynol – mai ymdrech yn erbyn tlodi sy'n nodweddu gweithiau cynnar Kate Roberts ac mai ymdrech yn erbyn problemau mewnol yw nodwedd ei gwaith diweddar, a dangos fod ganddi ddiddordeb mewn 'pynciau' haniaethol o'r cychwyn. Wrth ddadansoddi *Deian a Loli*, *Laura Jones*, a straeon fel 'Henaint' a 'Y Condemniedig', ceisir dangos fod gwreiddiau themâu a ddaeth i'w llawn dwf yn ail hanner ei gyrfa lenyddol – unigrwydd, diffyg dirnadaeth o 'drefn' pethau, problemau cyfathrachu a chyfathrebu – i'w canfod o'r cychwyn cyntaf, ac mai'r un frwydr yn y bôn yw'r frwydr yn erbyn anawsterau allanol a rhai mewnol. Mewn gair, ceisir profi mai cynnyrch un weledigaeth gynhwysfawr yw celfyddyd Kate Roberts.

BYRFODDAU

DL	*Deian a Loli* (Caerdydd, 1927)
FfG	*Ffair Gaeaf* (Dinbych, 1937)
G	*Gobaith* (Dinbych, 1972)
HOF	*Hyn o Fyd* (Dinbych, 1963)
KR	Kate Roberts
LJ	*Laura Jones* (Aberystwyth, 1930)
OGYB	*O Gors y Bryniau* (Caerdydd, 1925)
PD	*Prynu Dol* (Dinbych, 1969)
RhB	*Rhigolau Bywyd* (Aberystwyth, 1929)
SYG	*Stryd y Glep* (Dinbych, 1949)
TH	*Tywyll Heno* (Dinbych, 1962)
TMC	*Traed mewn Cyffion* (Aberystwyth, 1936)
TYB	*Tegwch y Bore* (Llandybïe, 1967)
TYYG	*Te yn y Grug* (Dinbych, 1959)
YBSC	*Y Byw sy'n Cysgu* (Dinbych, 1956)
YLW	*Y Lôn Wen* (Dinbych, 1960)

Hanfodion y Stori fer

Yn un o'i lyfrau dywed H.E. Bates fod yr awdur A.E. Coppard yn hoff o gymharu techneg y stori fer â thechneg y ffilm. Credai fod eu nodweddion yn debyg:

> They both tell a story by a series of subtly implied gestures, swift shots, moments of suggestion, an art in which elaboration and above all explanation are superfluous and tedious.[1]

Beth am fanylu ar debygrwydd y ddwy gelfyddyd ifanc hyn, y naill yn gynnyrch hanner olaf y bedwaredd ganrif ar bymtheg a'r llall, yn ei ffurf ddatblygedig, yn gynnyrch yr ugeinfed ganrif, ond yn un y mae ei gwreiddiau yn yr union gyfnod a roes fodolaeth i'r stori fer, sef cyfnod y camera. Dyma ffurfiau cryno, cyflawn a weddai i anghenion yr oes. Y mae'r ffilm a'r stori fer yn dibynnu'n sylfaenol ar ryw weledigaeth sythweledol, ond bod y weledigaeth honno'n eithriadol bersonol yn y stori fer. Ysgrifennu am:

> . . . rhyw un profiad, neu un fflach o oleuni ar un peth, neu gyfres o bethau yn perthyn yn agos i'w gilydd.[2]

a wna KR ac, yn ôl ei haddefiad ei hun, mae ambell i brofiad yn rhoi:

> megis mewn golau mellten, olwg newydd ar gymeriad, neu ar gymdeithas, neu'n wir ar fywyd i gyd[3]

Mewn nofel gellir cael amryw o'r fflachiadau hyn, ond yn y stori fer, un wedi'i ddal mewn geiriau a geir a gall y profiad fynd yn fwy personol fyth wrth i'r llenor (yma KR) ddewis y rhan o'r profiad sy'n 'moldio'i' phrofiadau, 'yn fy mhair fy hun',[4] ac yn rhoi'r pwyslais yn y lle y tebyga KR y dylai fod wrth greu. Hynny, a'r ffaith fod yn rhaid ymboeni ac ymddisgyblu i beri i'r iaith fod yn fynegiant 'cywir' o'r profiad a fynegir.

Yr hyn a olyga KR wrth 'cywir', mae'n debyg, yw fod yn rhaid i stori fer fod yn ddiffuant, yn gredadwy, ac yn debygol: y mae'n rhaid i artist 'edrych ar fywyd yn onest'. Wrth annerch ysgrifenwyr ieuanc, dywed na ddylent ysgrifennu:

> . . . oni theimlwch fod yn rhaid i chwi fynegi rhywbeth am fywyd. Dyna'r unig symbyliad ddylai fod gennych. Os oes unrhyw symbyliad arall bydd eich gwaith yn amddifad o gywirdeb a bydd yn rhythu arnoch weddill eich oes fel darlun o ddyn â gwên ffals ar ei wyneb. Gall y cyfarwydd adnabod y wên ffals.[5]

Gall nofelydd, mewn gwaith maith, fforddio ysbeidiau pan nad yw ei galon yn ei waith, eithr nid y storïwr. Y mae'n bosib cael digwyddiadau amrwd a chyd-ddigwyddiadau mewn drama, dyweder, ond nid mewn stori fer. Difethodd y storïwr Americanaidd O'Henry ddegau o'i storïau wrth droseddu fel hyn, ac y mae iddo ddigon o gymheriaid ym myd y stori fer Gymraeg.

Ystyrier, er enghraifft, stori enwog R. Dewi Williams, 'Clawdd Terfyn'.[6] Ynddi adroddir sut y bu clawdd terfyn rhwng dwy fferm yn asgwrn cynnen rhwng dau ffermwr, sef Pitar Huws, Bodrach, a Tomos Bifan, Y Frwynos, am flynyddoedd, hyd nes i ddau oen gael eu dal mewn rhwyd wrth fôn y clawdd un diwrnod. Erbyn hynny roedd y ddau'n oedrannus a bregus eu hiechyd, gydag amser i sylwi a myfyrio ar bethau, a bu'r ŵyn yn foddion iddynt gymodi. Yna bu farw'r ddau a phenderfynwyd claddu'r cymdogion cymodlawn ochr yn ochr ym mynwent y plwyf. Fel hyn y disgrifir yr achlysur:

> Diwrnod ei angladd pan ddodid yr elor, a'r arch arno, i lawr gerllaw y bedd agored, syrthiodd ochr y bedd – yr ochr agosaf at fedd Pitar Huws – i mewn, gan ddarn-lenwi'r bedd newydd.
> 'Myn gafr,' ebe Ned, yr hwn oedd yn sefyll yn ddefosiynol yn ymyl fel un prif alarwr, â'i het yn ei law, 'ma helynt y clawdd terfyn yn dechra yn y fan yma eto,' ac edrychai yn anghrediniol ar dawelwch ei hen fistar dan y cwrlid du ar yr elor gerllaw.[7]

Mae'r cyd-ddigwyddiad yn ormod; cyll y stori bob arlliw o wirionedd oedd yn perthyn iddi.

Yn ogystal, y mae yn y stori ormod o elfennau anghymharus, megis yr elfen ddigrif a gwamal yndddi, yn enwedig yn ei dechrau, a'r elfen ddwys mewn rhannau eraill. Y mae gofyn i'r cyfan fod yn undod organig. Fe ddylai stori fer fynd i un cyfeiriad: fel y dywedodd Seán O'Faoláin wrth iddo yntau gymharu'r *genre* â'r ffilm:

> . . . the mental camera moves, withdraws to a distance to enclose a larger view, slips deftly from one character to another, while all the time holding

one main direction of which these are only variations. This mobility as to the detail combined with the rigidity of the general direction is one of the great technical pleasures of the modern short story . . . it becomes the highest craft in a tale if the angle is so to speak, concealed.[8]

I fod yn deg â'r 'Clawdd Terfyn', y mae'r stori honno'n cerdded i'r un cyfeiriad nes y down at hanes yr ŵyn ynddi. Yno, fodd bynnag, yr unig lun o flaen y camera yw llun y gwas a'r ynfytyn lleol. Diflannodd y ddau brif gymeriad o'r golwg, a chwalwyd yr undod.

Wrth bwysleisio mai creadigaeth organig yw'r stori fer, y mae rhywun mewn gwirionedd yn golygu fod yn rhaid i bob elfen ynddi fod â swyddogaeth iddi. Ac o ystyried elfennau stori, hawdd fyddai pasio heibio i bwysigrwydd lle ac amser. Rhoir cryn bwys ar uniolaeth y rhain gan Frank O'Connor yn ei lyfr *The Lonely Voice*:

> The short story represents a struggle with Time – the novelist's Time; it is an attempt to reach some point of vantage from which past and future are equally visible. The crises of the short story is the short story and not as in the novel the mere logical inescapable result of what has preceded it. One might go further and say that in the story what preceded the crises becomes a consequence of the crisis – this being what actually happened, that must neccessarily be what preceded it.[9]

Mewn man arall yn yr un llyfr ailadroddir y neges:

> . . . the short story is always seeking a point outside time from which past and future can be viewed simultaneously.[10]

Ac ystyried 'Clawdd Terfyn' eto, ni cheir argyfwng dramatig sydd fel gwe'n cydio'r gorffennol â'r presennol. Yn wir, cysylltwyd yr unig ran argyfyngus â phrif gorff y stori megis atodiad. Chwyddwyd y rhagarweiniad i faintioli allan o bob rheswm.

Nid oes lle ychwaith i bersonoliaethau (neu gymeriadau crwn E.M. Foster)[11] mewn stori fer gan fod unrhyw ddatblygiad cymeriadol o'r fath yn sicr o andwyo'r undod artistig.

> 'The character will not change its spots', meddai O Faolain, 'there is no time; if he seems likely to do so in the future the story can but glance at that future'.[12]

Mewn stori fer, y mae prinder amser yn rhwystr i gymeriad flodeuo. Y mae prif gymeriadau 'Clawdd Terfyn' yn newid eu smotiau, o fod yn ddau gynrhonyn blin i fod yn ddau ŵr edifarhaus. Anodd, fodd bynnag, yw credu'r peth a chyll y gwaith y canolbwynt a allai ei gydio ynghyd.

Mae cadw gwahanol elfennau stori'n undod felly'n peri i'r llenor ddewis a gwrthod, cadw a didoli, yn y broses o greu. Ac os gwir hyn am elfennau'r stori mae'n dilyn fod y benbleth saith gwaith gwaeth wrth geisio hidlo profiad a'i gyfleu mewn geiriau. Meddai O'Faoláin:

> The short story writer's problem of language is the need for a speech which combines suggestion with compression. One could underline the 'with', because there is, of course, a great deal of suggestibility also in the novel, but the effects aimed at are, as it were, at artillery range. In the short story it is hand to hand fighting all this time.[13]

Y delfryd yw defnyddio iaith sydd, mewn gwirionedd, yn awgrymu mwy o lawer na'r hyn a fynegir ganddi; hynny gan osgoi'r ddau begwn, sef, dweud gormod, a dweud dim:

> Y peth i'w gofio gyda stori fer bob amser ydyw mai'r gallu i awgrymu sy'n bwysig. Gellir gwneud hyn drwy beidio â dweud gormod, drwy sgwrs, trwy ddisgrifiadau cynnil. Cynildeb yw'r peth mawr, ond nid y cynildeb hwnnw nad yw'n dweud dim.[14]

Gellir cyrraedd y nod o amryw gyfeiriadau. Un ffordd yw gweithio mewn lluniau, techneg sy'n dod â'r stori, unwaith yn rhagor, yn agos i fyd y ffilm. Eithr nid 'darlun camera' a olygir ond 'darlun arlunydd'.[15] Mewn gweithiau da yn y ddwy gelfyddyd ceir darluniau goddrychol o fywyd inni heb esbonio na doethinebu, a bydd y darluniau hynny'n ddrych o syniadau'r 'awduron' o realiti. Y mae'r esbonio a'r pregethu a geir yn 'Clawdd Terfyn' yn troi'r llun yn boster propaganda amrwd, neu gartŵn.

> 'Load it with opinions, observations, moral attitudes, stage embroidery', meddai H.E. Bates, 'and it breaks down . . . it cannot tolerate a weight of moral teaching'.[16]

Mae'n rhaid i ninnau, wedyn, ymateb i'r lluniau geiriol, yn union yr un fath ag i lun gan Picasso,[17] dyweder. Ac y mae'r ymateb yn dibynnu cymaint ar elfennau y tu allan i'r llun (megis profiad yr edrychydd) ag ar y rhai a gynhwyswyd ynddo. Y mae'r ffaith nad yw'r darlun yn ddarlun camera hefyd yn golygu y gall yr awdur newid pwyslais yma ac acw a rhoi amlygrwydd i rywbeth sydd yn eithaf dibwys mewn bywyd pob dydd, a chan adael pethau allan gan ddisgwyl i'r edrychydd lenwi'r bylchau i mewn. Dyma'n ddiau paham y dywedodd Tchekov y dylid ysgrifennu 'fel lês'.[18]

Yn y gwaith hwn gwelir mai â darluniau y mae KR hithau'n cyfleu ei syniadau. Digon yma yw dyfynnu darn o *Crefft y Stori Fer* sy'n crisialu ei hagwedd at grefft ysgrifennu. Wrth sôn am Virginia Woolf, dywed ei bod yn cytuno â'r awdures honno na ddylid rhoi popeth a wna ac a ddywed cymeriadau i lawr:

> Pwysicach yw yr argraffiadau a gaiff yr awdur ar ei feddwl, ac yn hyn o beth mae'r iaith Gymraeg yn iaith gyfaddas iawn i gyfleu'r darluniau, a'r meddylddrychau priodol, bu'n iaith barddoniaeth odidog ar hyd canrifoedd, ac mae idiom ei gwerin yn llawn *darluniau* yn eu siarad bob dydd.[19]

Yma, y mae'r geiriau 'darluniau' a 'meddylddrychau' yn gyfystyr, ac mae hynny'n arwyddocaol. Sylweddolodd yr artist greddfol fod osgoi'r gosodiad uniongyrchol, ffeithiol, moel, a gweithio mewn iaith ddarluniadol yn un ffordd o gostrelu profiadau bywyd yn eu cyfoeth a'u hamrywiaeth.

Y mae'n debyg mai wrth ddisgrifio cymeriadau neu olygfa y daw'r artist wyneb yn wyneb â'i broblemau, gan amlaf:

> [One must achieve] balance without stiffness, economy without cramp . . . a canvas of scene and character which . . . must satisfy the reader . . . and do so . . . perhaps more by what it leaves out than by what it puts in.[20]

Dyna eiriau H.E. Bates, sydd yn tanlinellu'r anawsterau amlycaf yn y broses.

Da o beth, felly, fyddai cymryd cip ar ddull y storïwr o'u hwynebu o'i gymharu â dull y nofelydd, gan edrych yn gyntaf ar ddau ddisgrifiad o gymeriad, y cyntaf allan o'r stori 'Y Wraig Weddw', a'r ail o ugeinfed bennod nofel Daniel Owen, *Enoc Huws*.

a: Safai Dora Lloyd o flaen ei drych yn ei hystafell wely. Yr oedd newydd roddi'r wiallen olaf yn ei gwallt. O'i blaen yn y drych yr oedd wyneb hirgrwn, trwyn union a llygaid gwinau cynnes, talcen llydan a'r gwallt yn gorwedd arno yn donnau cringoch. Rhoes flows sidan gwyn amdani, ac ni chaeodd ei fotymau hyd y top; gadawodd ychydig o wynder ei gwddf yn y golwg.[21]

b: Mi gredaf fod Sem Llwyd cystal teip o'r mwnwr ag a gyfarfum i erioed. Yr oedd yn fyr ac eiddil o gorffolaeth – ei wyneb yn felen-llwyd a thenau – ei gefn yn crymu tipyn – ei frest yn bantiog, a'i anadl yn brin ac afrwydd – yn ysmocio o getyn byr – yn bwysig, gwybodus, a hunan-ddoeth, ac yn hen ŵr, o ran yr olwg, cyn cyrhaedd ei driugain mlwydd oed! Yr oedd gan Sem dorraeth o wallt llwydgoch, yr hwn, er nad oedd yn llaes, na phrofodd, gellid tybio, erioed fin siswrn, ond a ddeifid bob gauaf gan y gwynt a'r rhew, yr un fath a'r gwrychoedd. Yr oedd ei lais yn gras-gryf, anghymesur, fel pe na buasai yn perthyn iddo ef ei hun, neu fel pe buasai wedi ei etifeddu yn ôl ewyllys rhyw berthynas ymadawedig, yr un fath a'r gôt a wisgai ar y

Sabboth, yr hon oedd yn rhy fawr iddo o lawer. Oni bae y gwyddid i sicrwydd beth oedd oedran Sem, buasid yn tybied mai rhywun ydoedd o'r cynoesoedd a adawyd gan angau fel un rhy ddiwerth i'w gynhauafu.[22]

Y mae darlleniad brysiog, hyd yn oed, yn peri i un sylwi fod un yn fyr, yn hynod gywasgedig ac awgrymog, a'r llall yn hamddenol braf. Perthyn y blaenaf i arddull yr ysgol fraslunaidd (*impressionistic*), a'r olaf i arddull bwyllog, ofalus Constable a'i griw. Y mae'r portread cyntaf yn fyr, cryno, ac yn llawn atseiniau. Darlun pwyllog, hamddenol, awdur yn pwyso a mesur ei eiriau, yn doethinebu yma, yn tynnu coes ac athronyddu draw, a geir yn *Enoc Huws*, a'r hamddenoldeb yn gweddu'n hollol i gymeriad hamddenol, swrth, Sem Lloyd yn ogystal ag i fframwith hamddenol ehangach nofel.

Yn ogystal â darlunio cymeriad yn sydyn a phendant y mae'n rhaid i'r storïwr hefyd ddistyllu ysbryd a mêr esgyrn golygfeydd i'r nifer lleiaf posibl o eiriau dro ar ôl tro. Dywedodd Tchekov unwaith mai dweud yn syml – 'Dechreuodd fwrw glaw', neu – 'Roedd hi'n dywyll' fyddai orau, ond yr hyn sy'n bwysig i ni yw iddo ychwanegu y dylid rhoi'r wybodaeth mewn ffordd anuniongyrchol:

> Er enghraifft, gallwch gyfleu noson loergan drwy ysgrifennu fod darn o hen botel yn fflachio fel seren ddisglair ar argae'r felin, ac yna cysgod du ci neu flaidd yn powlio heibio, fel pêl – ac yn y blaen.[23]

Sylwer mai techneg y braslunydd yw'r dechneg yma eto; sy'n rhoi argraff o natur drwy:

> Ymaflyd mewn mân fanylion, a'u cydosod yn y fath fodd fel bod un ar ôl eu darllen yn gallu cau ei lygaid a gweld y darlun.[24]

Y mae KR hithau'n dweud mai'r ffordd y bydd hi'n cael 'naws lle ac amser, neu awyrgylch'[25] yw:

> eu gweld mewn fflach. Gweld mynydd mawr dan eira fel powlen o flawd â'i phen i lawr,[26]

profiad sydd eto ar yr un llinellau. A'r un yw dull Maupassant:

> Y tu hwnt i'r poplys ymestynnai lleiniau o waith fel carped melyn llachar o'r ffordd i ben y bryniau.

A dull Tchekov:

> Roedd y gwair tal, gyda'r dant y llew yn codi i fyny fel stribedi o olau melyn, yn llawn o wyrddni'r gwanwyn, yn ffres, ac yn llachar.[27]

Dyma artistiaid efo'r ddawn i chwyddo ystyron geiriau drwy dynnu ar eu cysylltiadau a thynnu ar ddychymyg y darllenydd sensitif. Ac mewn stori fer mae'r cymeriadau a'r portreadau cefndir yn gynnil a syml.

Gellir awgrymu a chywasgu hefyd wrth ymatal, yn ogystal ag wrth ddweud. Ystyrier dameg 'Y Mab Afradlon' (Luc xv. 11-22), fel enghraifft. Argyfwng y presennol a geir yn y stori:

Yr oedd gan ryw ŵr ddau fab.

Does dim eisiau cefndir ac achau, a chyflëir yr hyn sy'n angenrheidiol am y tad gyda'r geiriau 'rhyw ŵr'. A rhoddir inni holl gymeriadau'r stori mewn saith gair. Â'r mab ieuengaf oddi cartref: ac am y tad dywedir:

Ac efe a rannodd iddynt ei fywyd.

Y mae'r gair 'bywyd' yn cyfleu aberth y tad a'i gariad angerddol at ei feibion yn glir. Yn y wlad bell y mae'r mab ieuengaf yn 'gwasgaru', nid 'rhannu', ei dda. Dyma air ac iddo gysylltiadau â rhywbeth diwerth, sydd yn hollol gydnaws â holl rediad y stori. Ymysg cibau'r wlad bell, y mae'r mab hwn yn penderfynu mynd adref, a dweud:

"Fy nhad, pechais yn erbyn y nef, ac o'th flaen dithau; ac mwyach nid ydwyf deilwng i'm galw yn fab i ti; gwna fi fel un o'th weision cyflog."

Dyma eiriau sy'n dangos edifeirwch a diwygiad. Wrth iddo ddynesu adref, y mae ei dad yn ei weld ac yn ei groesawu. Dywed yntau:

"Fy nhad, pechais yn erbyn y nef, ac o'th flaen dithau; ac nid ydwyf deilwng i'm galw yn fab i ti."

Nid yw'n sôn dim am fod yn 'was cyflog' iddo. Wrth ymatal, fel hyn, fe gawn awgrym cryf, megis mewn 'fflachiad mellten' o sut un yw'r mab hwn.

Cyfeiriwyd at Tchekov yn sôn am ysgrifennu 'fel lês'. Dywedodd Ernest Hemingway rywbeth tebyg:

> If the writer of prose knows enough about what he is writing about he may omit things that he knows and the reader, if the writer is writing truly enough, will have a feeling of those things as strongly as though the writer had stated them. The dignity of movement of an iceberg is due to only one eighth of it being above water.[28]

Pegwn arall i ysgrifennu'n awgrymog yw gor-ddweud. Diffyg hyder yn y darllenydd sydd wrth wraidd y gor-ddweud hwn fel arfer. Yn ei gyfrol *The Short Story* beirniada Seán O'Faoláin yr Americanwr Henry James am 'ddweud gormod'.[29] Ambell waith gallai fod wedi dweud yr un peth am KR sydd yn mynnu defnyddio hoelen wyth yn lle pin yn ei gweithiau cynnar.

Gwelwyd rhai o ffyrdd ysgrifenwyr o awgrymu a chywasgu, ond prif erfyn y llenor yn ei frwydr ag amser yw barddoniaeth. Sylwyd fod KR yn ymfalchïo yn y Gymraeg fel 'iaith barddoniaeth' gan awgrymu'n gryf fod crynoder cynhwysfawr y cyfrwng yn greiddiol i'r stori fer. Nid rhyfedd felly i rywun ddweud fod yn y stori fer, 'language of fiction on loan to prose', a bod H.E. Bates wedi disgrifio'r stori fer fel 'prose poem'.[30] Y mae'n rhaid i bob gair o'r dechrau i'r diwedd weithio, a rhaid i bob gair daro'r nodyn iawn o'r dechrau.

'The story, like the play, must have the element of immediacy; the theme must plummet to the bottom of the mind',[31]

meddai Frank O Connor. Iaith effro yw iaith y stori fer.

Y mae hyn i'w weld ar unwaith wrth ddarllen brawddegau agoriadol gweithiau fel a ganlyn, sef dwy stori a thair nofel:

1. Yr oedd yr haf yn doreithiog yn Nyffryn Aerwen y flwyddyn honno. Yr oedd barrug Ionawr wedi brathu'r pridd ac eira Chwefror a Mawrth wedi'i garthu a llifogydd Ebrill wedi golchi'i wenwyn i'r môr. Ac yn ei phuredigaeth yr oedd yr hen ddaear wedi atgyfodi'n wallgof wyrdd.[32]
2. Mi sgwennais atat dros flwyddyn a hanner yn ôl bellach i ddweud fy mod i'n rhoi'r gorau i'r hen dŷ, ac yn mynd i fyw at Gaenor, fy merch; a rwan dyma fi'n sgwennu eto i ddweud fy mod i wedi penderfynu na fedra i ddim aros yma efo teulu Gaenor ddim hwy.[33]
3. Ar brynhawn o haf, yng nghanol y wlad ac eto yng ngolwg y môr, gwelais ddyffryn eangwyrdd, a cherddais yn dawel o'i ganol ir am dair milltir ddifyr, nes cyrraedd ohonof ben rhiw a ymsaethai wedyn yn syth i'r arfordir islaw. Yr oedd yn ddiwrnod glân; draw ar y gorwel isel gorweddai môr llyfn di-deimlad. I'r gorllewin, yn gryfach nag unrhyw dywydd safai crib hir y mynyddoedd di-gyfnewid.[34]
4. Fe ddaeth y papur chweugain a'r dydd cyntaf o haf gyda'i gilydd yr un bore. Mewn ardal hyll, dlawd, lle mae mwy allan o waith nag sydd mewn gwaith, lle'r ymestyn y gaeaf ymhell dros y gwanwyn, mae croeso i'r ddau.[35]
5. Fe aeth y tri o'r diwedd. Chwarae teg iddynt, am fod yn gyfeillgar a charedig yr oeddynt, rhyw loetran rhag fy nghadael fy hunan bach yn yr hen dŷ ar noson yr angladd. Aethai'r sgwrs yn o farw ers meityn, fel tân wedi llosgi allan ar waethaf holl ymdrechion yr hen Feri Ifans i bwnio ambell fflam o'r lludw.[36]

Pe na bai rhywun yn gwybod am y gweithiau uchod, byddai'n weddol hawdd

18

didol y storïau oddi wrth y nofelau. Nid olyga hyn fod iaith enghraifft 1, 2, a 5 yn swrth a llipa; ond rhaid cydnabod fod iaith 2 a 4 yn fwy effro a chyfoethog ei hystyr.

Yn yr ail ddarn, er enghraifft, y mae'n amlwg ein bod ni:

(i)   yn gwrando ar gŵyn gweddw unig
(ii)   wyneb yn wyneb ag un a fethodd edrych ar ei hôl ei hun
(iii)   yn ymgydnabod ag un sy'n methu cyd-dynnu â theulu Gaenor
(iv)   yn darllen llythyr un sy'n parhau'n hynod o driw i'w merch
(v)   yn deall fod storm ar dorri
(vi)   yn delio â pherson cryf ei gymeriad a'i ewyllys.

A daw'r cwbl i'r fei mewn un frawddeg.

Yn y pedwerydd dyfyniad, wedyn, y mae'n amlwg fod yr haf ariannol a'r haf tymhorol yn mynd law yn llaw, yn union fel bu'r gaeaf ariannol a thymhorol yn gymdeithion. Daeth tro ar fyd, ac fe fynegir hynny wrthym mewn gosodiad awgrymog anuniongyrchol.

Ond yn darnau 1 a 3, rhyw osod cefndir rhag i bethau ddigwydd mewn gwagle a geir; ac y mae 5, sydd yn gychwyn mwy dramatig na'r lleill yn dal yn hamddenol ddi-adlais o'i gymharu â 2 a 4. Dyma, felly, yr ysgrifennu clòs, ystyrlon, 'barddonol' y mae'r rhai sy'n ymddiddori yn y stori fer o hyd yn sôn amdano;[37] dyma hanfod y stori fer.

Fe gyhoeddwyd aml i stori enwog nad yw'r llathen fesur yma'n ei ffitio, wrth gwrs. Dyna'r mwyafrif o storïau O'Henry yn America, er enghraifft, a rhai R. Dewi Williams a Richard Hughes Williams yng Nghymru – er nad y cwbl ohonynt. Sut bynnag, syrth y storïau hyn i garfan arbennig, carfan a elwir gan O'Fáolain yn *ancedotes* (neu hanesion) wrth iddo geisio gwahaniaethu rhyngddynt a'r stori fer:

> In a commercial story, there is either no ultimate comment or it is as obvious as a kick from a mule . . . The first time it pleases you, the second time it is told you get less pleasure out of it (because there is nothing to it but the ancedote) and the third time it is told it bores you stiff.[38]

Y mae'n debyg mai'r stori enwocaf gan R. Hughes Williams, sy'n syrthio i'r garfan hon yw 'Sam Symol'.[39] Yn ôl y stori, un gwantan fu Sam erioed, ond yn y cyfnod y mae'r stori'n ymdrin ag ef roedd ei iechyd yn gwaethygu. Fe'i disgrifir yn ei wely gartref, ar ôl cael ei daro'n wael: y mae'n 'symol drybeilig'. Yna â'n ei ôl i'r chwarel ac y mae'n 'rhyw symol' unwaith eto. Daw'r ail bwl, a chaethiwir Sam i'r gwely am yr ail dro, a cheir disgrifiad dagreuol o Huw Huws y blaenor yn ymweld â'r claf. Y munud nesaf clywir ei fod yn gwaethygu. Disgrifir ymweliad adroddwr y stori â Sam mewn episod byr tua'r diwedd. Erbyn hyn, roedd Sam yn teimlo'n well nag erioed. Ymhen dwy awr roedd yn gorff.

Ar y darlleniad cyntaf rhydd y stori y math o bleser arwynebol a geir wrth ddarllen stori dditectif – a ninnau am ddatrys y dirgelwch. Ond ar yr ail ddarlleniad, does dim ynddi heblaw'r stori noeth, ac ar y trydydd darlleniad ni cheir ond syrffed. Hanesyn ydyw.

Cymharer hi â stori sy'n seiliedig ar sefyllfa debyg, gan KR, ac y mae un yn sicrach o'r hyn yw stori fer. Yn 'Sam Symol' hanes salwch Sam, a hynny'n unig a gawn, a ninnau'n teimlo drosto yn ei gystudd. Yn 'Y Condemniedig' (KR),[40] ar y llaw arall, nid y claf sy'n ennyn ein cydymdeimlad (er bod dyn yn naturiol yn cydymdeimlo ag ef) ond Laura ei wraig. Mae'r stori rywsut yn peidio â bod am salwch person sydd yn marw, ac yn troi'n stori am ddau'n ceisio cyfathrebu â'i gilydd ar y ddaear (dau wedi treulio oes gyda'i gilydd) ac yn eironig ddigon yn llwyddo pan yw popeth drosodd bron. Esgorodd anobaith ar gydoddef a chyd-ddealltwriaeth. Y gwahaniaeth ansawdd hwn yw'r gwahaniaeth rhwng hanesyn a stori:

> There is no reason on earth why any story should not contain an ancedote, and some of the greatest stories do, but an ancedote is not a story if that is all the story contains.[41]

Beth am bwnc neu sylwedd y stori fer? Gall fod yn unrhyw bwnc dan haul, mae'n debyg. Serch hynny, tynnwyd ein sylw at un ffaith ddiddorol iawn gan Frank O'Connor[42] wrth iddo ystyried storïwyr mawr y byd. Sylweddolodd eu bod i gyd yn ysgrifennu am bobl yn byw ar ffiniau cymdeithas, pobl yn ymddwyn ychydig allan o'r cyffredin, a phobl unig. Roedd yn meddwl am ysgolfeistri a chlercod Tchekov; puteiniaid a gwasanaethwyr sifil Maupassant; brodorion gwladaidd Sherwood Anderson, ac Arminiaid Saroyan. Ac erbyn meddwl, pobl debyg yw chwarelwyr, mân ddyddynwyr, gwragedd chwarelwyr, a gweindogion KR. Pobl gyffredin anghyffredin, pobl sensitif a chroendenau i'r eithaf ydynt, a phobl sy'n ymwybodol iawn o ing ac oerni unigrwydd. Dyma, yn ôl O'Connor, rawn melin y stori fer; yn wir, â ef mor bell â dadlau mai dyma'i hunig ddeunydd. Y stori fer yw lladmerydd y bodau alltud; y nofel yw'r llais cymdeithasol.

Ffaith ddiddorol arall am y stori fer yw ei bod rywsut yn gallu caethiwo'i ddarllenydd o fewn y 'byd' a grewyd ganddi. Ni ellir ystyried elfennau'r gwaith mewn perthynas ag un dim ond yr elfennau eraill o'i fewn. Gwelir hyn yn glir yn stori enwog Maupassant, 'Yr Addurn'.[43] Ynddi ceir hanes Madame Loisel, gwraig ifanc, falch a wahoddir un diwrnod i ddawns gan y Gweinidog Addysg. Caiff wisg newydd ar gyfer yr achlysur, ac y mae'n benthyca addurn gan ei ffrind Madame Forestier i fynd yno. Ond yn y ddawns y mae'n ei golli.

Pryna un arall yn ei le am grocbris, a'i ddychwelyd ymhen diwrnod neu ddau. Yna daw deng mlynedd o lafurio i dalu cost yr addurn, llafur sy'n ei heneiddio cyn ei hamser. Un diwrnod, ar ôl clirio'r gost, gwêl M. Loisel ei ffrind ar y stryd ac yn ei hapusrwydd dywed yr hanes wrthi:

> 'Wyt ti'n cofio'r wddfdorch o ddiemynt roist ti fenthyg i mi i fynd i *soiree*'r Weinyddiaeth?'
> 'Ydw; wel?'
> 'Wel, fe'i collais hi.'
> 'Beth! Ond daethost â hi 'nôl imi.'
> 'Un arall debyg iddi a rois i 'nôl iti. Ac 'rydym wedi bod yn talu amdani am ddeng mlynedd. Gelli feddwl nad oedd yn beth hawdd i ni oedd heb ddim . . .
> . . . ond yr ydym wedi gorffen o'r diwedd, diolch am hynny.'
> Yr oedd Madame Forestier wedi sefyll ar y ffordd.
> 'Rwyt ti'n dweud iti brynu torch o ddiemynt yn lle f'un i?' meddai.
> 'Ydw, a sylwaist ti ddim, do fe? Roedd y ddwy yn union yr un fath.'
> A gwenai o lawenydd balch syml.
> Cymerodd Madame Forestier ei dwy law mewn teimlad dwys:
> 'O! Mathilde druan! Ond rhai ffug oedd fy rhai i! A pymtheg punt ar y mwyaf oedd eu gwerth nhw!'[44]

Y mae'n stori drasig, yn stori sy'n peri i'r darllenydd deimlo'n drist. Ac y mae'n hollol analluog i wneud dim a fyddai'n gweddnewid y sefyllfa. Erbyn hyn, ar ôl dygnu arni am ddeng mlynedd, y mae Madame Loisel wedi talu ei 'dyled'. O'r diwedd gwireddwyd ei dyheadau. Ond mae disgyrchiant y stori mor gryf fel nad yw'r darllenydd yn dychmygu cerdded i'r cyfeiriad hwn.

Ar ddechrau'r bennod hon soniwyd fod A.E. Coppard yn gweld tebygrwydd rhwng y ffilm (ar ei gorau) a'r stori fer. Gweithia'r ddwy gelfyddyd mewn episodau byr; cyfres o ddarluniau a geir a dwyséir y rheini wrth ddewis a dethol yr hyn y mae camera'r artist yn ei weld, a thrwy ddefnyddio sumbolau. Yn union fel ffilm, mae'r stori fer yn hoff o gymryd cip yn ôl, a mynd o dan groen digwyddiad i geisio'i ddirnad, ac mae'r ddwy gelfyddyd eto'n gadael i ddarnau bychain o fywyd siarad dros fywyd yn ei gyfanrwydd. Mae'r ffilm fodern yn disgrifio llai ac awgrymu mwy a mwy, ac os yw'n greadigaeth artistig y mae'n ymchwyddo fel lefain yn y meddwl wedi iddi orffen: felly'r stori fer hithau. Y mae'r ddau *genre* yn undod cyfoethog, clwm; y ffurfiau mwyaf aruchel o'u bath.

Dywedwyd, hefyd, yn nechrau'r bennod hon, fod pob stori fer yn ffrwyth gw-eledigaeth eirias, bersonol, yr awdur yn gweld 'golau ar y cam'.[45] Fe grisielir hyn i ni'n berffaith yn stori fer enwog Gogol, 'Y Fantell', lle ceir y geiriau hyn:

Dechreuodd clerc newydd unwaith ei watwar fel y lleill, ond safodd yn sydyn megis wedi ei frathu a chafodd olau newydd ar bawb a phopeth o'i amgylch.[46]

Ac meddai KR, hithau, yn y stori 'Pryfocio':

Daeth rhywbeth i'w meddwl na ddaethai erioed o'r blaen.[47]

Y mae'r Athro W.J. Gruffydd yn enwog am ei sylwadau bachog ar bron bob pwnc llenyddol dan haul. Ac ni'n siomir yn y cyswllt yma:

Y mae'r nofel yn dangos Taith y Pererin drwy amser; y mae'r stori fer yn ei ddangos ar ryw ddiwrnod pwysig o'i daith; ac ar ôl y diwrnod hwnnw, ni bu dim yn hollol yr un fath wedyn.[48]

Dyma inni hanfod y stori fer.

NODIADAU

1. H.E. Bates, *The Modern Short Story, a Critical Survey* (Llundain, 1941: argraffiad newydd, 1972), 21
2. Saunders Lewis (gol.), *Crefft y Stori Fer* (Llandysul, 1949), 13
3. Ibid., 12
4. Ibid., 13
5. *Lleufer* III, 1947, 'Sut i ysgrifennu Stori Fer'
6. Cyhoeddwyd y stori gyntaf yn *Y Beirniad* I, (1922), 16-28
7. R. Dewi Williams, *Clawdd Terfyn* (Lerpwl, 1948), 22
8. Seán O'Faoláin, *The Short Story*, Adargraffiad Clawr Papur (Efrog Newydd, 1964), 204
9. Frank O'Connor, *The Lonely Voice* (Llundain, 1963), 105
10. Ibid., 166
11. E.M. Forster, *Aspects of the Novel* (Llundain, 1927), Pennod IV
12. Seán O'Faoláin, *The Short Story*, 191
13. Ibid, 217. Gweler hefyd: Gwenda Gruffydd, 'Y Marchog', trosiad o storïau Maupassant, (Cyfres y Werin, III), t. xii o ragymadrodd W.J. Gruffydd.
14. J.E. Caerwyn Williams (Gol.) *Ysgrifau Beirniadol* III, KR yn ateb cwestiynau'r golygydd.
15. Ibid., 211. Gweler hefyd *Y Dyfodol*, Ion. 17, 1964. Meddai KR yno: 'ddylai'r artist ddim defnyddio camera. Rhaid iddo beidio â rhoi llun naturiol, dylai daflu'r hyn mae'n ei weld i'w ddychymyg, a gadael i hwnnw weithio.'
16. H.E. Bates, *The Modern Short Story*, 27.
17. Atgynhyrchir y darlun yn E.H. Gombrich, *The Story of Art* (Llundain, 1958), 434
18. Rhagymadrodd newydd H.E. Bates i'r argraffiad newydd o'i lyfr, 1972, t.8.
19. *Crefft y Stori Fer*, 20-21
20. H.E. Bates, *The Modern Short Story*, 11. Gweler hefyd E.M. Albright, *The Short Story, its Principles and Structure* (Efrog Newydd, 1928), 5
21. OGYB, 101
22. Daniel Owen, *Enoc Huws* (Wrecsam, 1891), 116

23. *Anton Chekhov, Life and Letters* (Llundain 1925). Cyfieithwyd a golygwyd gan S.S. Koteliansky a Philip Tomlinson. Llythyr at ei frawd, Mai 10, 1886.
24. Ibid., Llythyr at ei frawd (10, Mai, 1886). Gweler hefyd E.M. Albright, *The Short Story*, 9
25. *Ysgrifau Beirniadol* III, 116
26. Ibid., 206
27. Cyfieithwyd y ddwy enghraifft o lyfr H.E. Bates, t.80.
28. Ernest Hemingway, *Death in the Afternoon* (Llundain, 1932), 183
29. Seán O'Faoláin, *The Short Story*, 181, a 210-214
30. H.E. Bates, *The Modern Short Story*, 12. Gweler hefyd T.O. Beachcroft, *The Modest Art* (Rhydychen, 1968), 63
31. Frank O'Connor, *The Lonely Voice*, 216
32. Islwyn Ffowc Ellis, *Cysgod y Cryman* (Aberystwyth, 1953), 9
33. HOF, 76
34. Emyr Humphreys, *Y Tri Llais* (Llandybie, 1958), 5
35. FFG, 27
36. T. Rowland Hughes, *O Law i Law* (Llandysul, 1943), 9
37. Gweler E.M. Albright, *The Short Story, its Principles and Structure*, 5
38. Seán O'Faoláin, *The Short Story*, 171 a 175
39. Richard Hughes, *Storïau Richard Hughes Williams* (Wrecsam, 1932), 105
40. FFG, 75
41. Seán O'Faoláin, *The Short Story*, 172
42. Frank O'Connor, *The Lonely Voice*, 20-21
43. Gwenda Gruffydd, *Yr Aelwyd Hon a Storïau Eraill*, gan Maupassant (Llandybie, 1946), 39-47
44. Ibid., 147
45. *Crefft y Stori Fer*, 9
46. T. Hudson Williams, *Storïau o'r Rwseg* (Llandybie, 1942): 'Y Fantell' gan Nicolai Gogol, 17
47. OGYB, 94
48. Gwenda Gruffydd, trosiad o 'Y Marchog' (Maupassant); t.xi o ragymadrodd W.J. Gruffydd. Gweler hefyd James W. Linn, *Lectures on the Short Story*, (Chicago, 1924). 'The short story is the presentation, in a brief, dramatic form of a turning point the life of a single character . . . the short story has to do with change in character – the cross roads rather than the main road travelled.'

Deian a Loli – Argyfwng Artistig

Dechreuodd KR ysgrifennu ei storïau byrion yn y flwyddyn 1921. Ym mis Ebrill y flwyddyn honno anfonodd y stori 'Man Geni' i eisteddfod yng Nghaerdydd a chael y wobr gyntaf gan R.G. Berry. Yna anfonodd ddwy stori arall, 'Prentisiad Huw' a 'Hiraeth', i eisteddfod yn Lerpwl a chael y wobr gyntaf gan W.J. Gruffydd. Anfonwyd yr un rhai i eisteddfod a gynhelid gan y Wesleaid yn Aberystwyth, a derbyn y wobr gyntaf eto, gan T. Gwynn Jones. Yna gyrrodd y tair stori i Eisteddfod Genedlaethol Caernarfon, lle rhoddwyd hwy yng ngwaelod yr ail dosbarth gan R. Dewi Williams, awdur *Clawdd Terfyn*.[1] Yn 1922, cyhoeddwyd 'Prentisiaid Huw' a 'Y Man Geni' yn *Cymru*,[2] a'r stori 'Yr Athronydd' yn *Yr Efrydydd*.[3] A'r flwyddyn ddilynol ymddangosodd penodau I-XI o *Deian a Loli* yn *Y Winllan*.[4] Dyma, hefyd, y flwyddyn yr ymddangosodd 'Newid Byd',[5] 'Y Llythyr',[6] a 'Pryfocio'.[7]

Roedd KR, o'r cychwyn cyntaf, felly yn ymddiddori mewn mwy nag un *genre* – storïau byrion, a storïau hwy. Y mae'r ffaith ei bod, mor gynnar â 1923, yn gweithio ar storïau byrion ac ar *Deian a Loli* yr un pryd yn dangos yn eglur fod ynddi, yn gynnar ar ei gyrfa, dyndra neu benbleth artistig. Ar y naill law, yr oedd mynegiant cynnil, moel, awgrymog y stori fer, y *conte* ac, ar y llaw arall, yr oedd mynegiant cynnil, ond mwy estynedig y stori fer hir, y *nouvelle*.

Yn ei lyfr, *Validity in Interpretation*,[8] pwysleisia'r Americanwr, E.D. Hirsch Jr., y berthynas agos rhwng *genre* ac ystyr. Honna ymhellach fod newid y *genre* yn newid ystyr.[9] A derbyn hyn, fe geisir yn awr roi bras ddiffiniad o'r *nouvelle* fel *genre* (gan gadw llygad, hefyd, ar y *conte*), gan y byddwn yn ceisio gweld beth a ddenai KR at y naill a'r llall yn ei gwaith.

Byddai'n fuddiol inni hefyd atgoffa'n hunain o eiriau Graham Hough pan yw'n pwysleisio nad oes syniad pendant am stori fer, na *nouvelle* wedi'i ddeddfu yn y nefoedd! Meddai:

> It is rarely possible to find a single element common to all examples of a

kind. Tragedy and the novel offer notorious examples of the failure of this sort of definition. Instead we find groups where A has certain kinships with B ... I can think of no better expression to characterise these similarities than 'family resemblances.'[10]

A chadw hyn mewn cof, cynigir yma ddiffiniad eithaf cryno a chlir o *nouvelle*, a wna'n iawn fel man cychwyn, gan T. Pugh Williams, yn y rhagair i *Romeo a Jwlia'r Pentref*:

Gall y nofel loetran, edrych o'i chwmpas ac adlewyrchu cefndir oes neu wareiddiad cyfan. Dangos adwaith ei gyfnod ar ei brif gymeriad yw tasg y nofelydd. Y mae'r *Novelle* (fel y gelwir y stori hir yn yr Almaen) yn llai cwmpasog, y mae'n croniclo adwaith un digwyddiad arbennig, tyngedfynnol ar un cymeriad, neu grŵp o gymeriadau. Nid oes o fewn ei therfynau le i ddim nad oes ganddo gysylltiad uniongyrchol â'r digwyddiad canol, yr hwn y mae popeth yn cyrchu tuag ato ac yn deillio ohono. Trwy ddewis ei ddigwyddiad a dangos perthynas ei gymeriadau ag ef gall yr awdur wneud ei *Novelle* yn sumbol trawiadol o'r pwerau sydd er da neu er drwg yn rheoli bywyd dyn ar y ddaear. A dyna a geir yn *Novellen* gorau yr Almaen trwy'r bedwaredd ganrif ar bymtheg, cywasgiad o drueni neu orfoledd, o drasiedi neu gomedi bywyd i un digwyddiad arwyddocaol, mewn un cylch arbenning.[11]

Y mae sylwedyddion yn pwysleisio undod organig y *genre* o'i gymharu â naws wasgaredig y nofel. Un digwyddiad sylfaenol, ac un episod neu foment a geir, un prif awyrgylch neu fŵd, un syniad yn sylfaen; ac i un cyfeiriad y cerdda. Yn hyn o beth gogwydda'n gryf at y stori fer.

Ond y mae'r *nouvelle* yn fwy cwmpasog na'r stori fer. Yn ôl Frank O'Connor[12], y gwahaniaeth rhwng *nouvelle* a stori fer yw'r gwahaniaeth yn swm yr wybodaeth sy'n angenrheidiol i'r 'dychymyg moesol' weithio. Yr hyn a olygai oedd fod y *nouvelle* yn gallu cynnwys mwy o'r cefndir hwnnw sy'n angenrheidiol i'r darllenydd allu cloriannu pobl a'u gweithredoedd. Tuedda'r stori fer at y weithred foel. Effaith y crynhoi yw peri i'r digwyddiad neu'r foment ganolog fod yn ddramatig gryf, a chofiadwy – hyn, yn rhannol, oherwydd y symud cyflymach a geir mewn stori fer o'i chymharu â'r nofel, a'r diffyg amser sydd ynddi i esbonio a chwestiynu rhyfeddodau bywyd. Ond:

The brevity is not an accident, it is a means of increasing power.[13]

Y mae prinder amser, hefyd, yn peri i'r *nouvelle* ymdebygu i'r stori fer mewn ffordd arall. Nid oes amser i greu personoliaethau neu gymeriadau crwn, dim ond rhai statig, fflat[14]:

25

the characters should not evolve ('ferige Charaktere') as they do in the protracted action of a novel.[15]

'The characters', meddai Pascal, 'are set from the beginning'.[16]

Fel yn y stori fer, cymeriadau yn eu llawn dwf a geir[17] ac nid oes iddynt hwythau ychwaith arwyddocâd cyffredinol, fel eu brodyr yn y nofel. Os yw'r nofelydd yn gweithio â pharagraff, y mae'r *nouvellydd* yn gweithio â'r frawddeg a'r gair beichiog. Ar ei huchelfannau mae'r stori fer hir yn agos i dir barddoniaeth, ac nid rhyfedd felly i Moore haeru fod yn well gan awdur *nouvelle* y symbol na *phethau*.[18] 'Sumbol trawiadol' yw geiriau T.P. Williams, a chredai Schlegel mai'r *nouvelle* sumbolaidd oedd 'uchafbwynt a ffrwyth perffeithaf yr holl *genre*'.[19] Bydd yn rhaid delio â'r syniad wrth ymdrin â *Tywyll Heno*.

Fel y stori fer y mae'r *nouvelle* yn gyfrwng goddrychol iawn ac awgryma Schlegel mai personoliaeth yr awdur yw'r peth sy'n ein denu i'w ddarllen.[20]

Beth felly yw'r gwahaniaeth rhyngddynt? Er mwyn ceisio diffinio'r gwahaniaeth cymerwn olwg ar ddau waith sy'n ymdrin â'r un testun; un yn *nouvelle*, sef *Deian a Loli*, gan KR., a'r llall yn stori fer, sef 'Y Goeden Eirin', gan John Gwilym Jones. Pwnc y ddau waith yw sylwi ar ddau berson o'r un groth, efeilliaid, yn blodeuo'n ddwy bersonoliaeth, gan ddangos fod hynny'n anorfod. Ond dyna lle y mae unrhyw debygrwydd yn gorffen. I gael gweld sut yr ymdrinnir â'r thema, wele gip ar agoriad y ddau waith:

> Dau efell oedd Deian a Loli, yn byw mewn tyddyn o'r enw Bwlch y Gwynt, ar ochr Moel y Grug. Fferm fechan yw tyddyn, ac mae'n rhaid i dad y plant sy'n byw yno fynd i'r chwarel, neu rywle arall, i ennill pres. Pan oedd taid Deian a Loli'n fachgen bach nid oedd yr un Bwlch y Gwynt ar y mynydd. Rhyw dir gwyllt oedd yno, a cherddai'r hen ŵr heibio iddo yn ei ddwy glocsen fawr bob bore Llun a phrynhawn Sadwrn, wrth fynd a dyfod i Chwarel Llanberis. Wrth gychwyn at ei waith tua phedwar ar fore dydd Llun, gweithio'n galed ar hyd yr wythnos, a chysgu yn y 'baricsod' yr enillodd Elis Jôs ddigon o geiniog i fyned i'r dre un prynhawn Sadwrn i brynu'r tir gan y Llywodraeth. Wedyn cododd dŷ, a chaeodd gloddiau yno, ac erbyn ei farw yr oedd Bwlch y Gwynt cystal tyddyn ag unrhyw un yn y fro. Yno, ar noswaith oer – ie, ond ni waeth sut noson oedd hi – y ganed Deian a Loli.[21]

> Mae Wil, fy mrawd, a minnau'n ddau efaill. Yr un amser yn union y'n cenhedlwyd ni, ac yn yr un lle a chan yr un cariad a'r un nwyd. Yr un bwyd a fwytai mam i'n cryfhau ni'n dau, a'r un boen yn union a deimlai

wrth ein cario ni; yr un amser yn union y symudasom ni'n dau, a'r un adeg yn union y ganed ni. Yr un dwylo a'n derbyniodd ni, ac yn yr un dŵr y'n hymolchwyd ni. Yr un dychryn yn union a roesom i mam, a'r un balchder i nhad. Yn yr un crud y rhoed ni, ac wrth yr un bronnau y sugnem. Yr un llaw a'n siglai ni, a phan ddiddyfnwyd ni, o'r un bowlen y bwytaem. Dilynasom ein gilydd ar hyd y lloriau fel cysgod y naill a'r llall, a'r un un yn union a'n dysgodd ni i ddweud mam a nhad a Sionyn a Wil a taid a nain a bara llefrith a thynnu trowsus a rhed fel diawl 'rwan, ac 'a' am afal, a 'b' am baban, a phwy oedd y gŵr wrth fodd calon Duw a twaiswantw, a gorffwys don dylifa'n llonydd paid â digio wrth y creigydd, ac yfwch bawb o hwn canys hwn yw fy ngwaed o'r testament newydd. Ond heddiw mae Wil, fy mrawd, yn yr Aifft, a minnau'n gweithio ar y tir ym Maes Mawr.[22]

Er bod y ddwy frawddeg agoriadol yn hynod debyg (eithr bod un yn y trydydd person a'r llall yn y person cyntaf), mae'r gwahaniaeth rhwng y ddau waith i'w deimlo a'i weld ar unwaith. Yn y naill, fel y llall, sefydlwyd y ffaith ein bod ni'n delio ag efeilliaid yn syth. Yn *Deian a Loli*, fodd bynnag, eir ymlaen i esbonio ystyr tyddyn, ac i roi hanes cychwyn Bwlch y Gwynt. Aed â'r camera oddi ar y prif gymeriadau yn syth a'i ganolbwyntio ar eu taid. Ac wrth basio, y mae'n werth sylwi fod deunydd stori fer ardderchog yn y frawddeg sy'n ei ddisgrifio'n mynd i'r dre un prynhawn Sadwrn i brynu'r tir gan y Llywodraeth, episod bach sy'n ein hatgoffa o stori enwog KR 'Y Taliad Olaf'!

Ar ôl hanes sefydlu'r tyddyn down yn ôl i'r briffordd i sôn am noson geni Deian a Loli. Ond yma eto bu bron i'r awdur fynd i lawr un o'r mân strydoedd o bobtu, a mynd i sôn am y tywydd, ond y mae fel pe bai'n sylweddoli mewn pryd, ac yn dweud: "ie, ond ni waeth sut noson oedd hi", sydd yn ddigon gwir, wrth gwrs. Dim ond ar ôl ymdroi y deuir yn ôl at stori Deian a Loli. Ond ar ôl cofnodi'u genedigaeth troir i roi sylw i'r fam a'r crud pren. Yna eir ati i bwysleisio eu tebygrwydd yr efeilliaid i'w gilydd, yn union fel yn 'Y Goeden Eirin':

Ni wn pwy a roddodd yr enw Deian a Loli arnynt; tyfu gyda hwynt a wnaeth, am wn i . . . Nid oedd dim byd neilltuol ynddynt, ac nid oedd dim gwahaniaeth rhyngddynt, mwy nag mewn cywion 'deryn bach ar y cychwyn. Ond ni bu raid i'w mam drotian llawer hyd y tŷ cyn gweled bod llawer o wahaniaeth rhyngddynt, a llawer o debygrwydd ynddynt. Eto, prin y gwelai'r fam fod yn nhrwyn smwt Loli ddeunydd stormydd y Be o Bisce, na bod rhywbeth yn llygaid Deian a ddeuai â hi i gysylltiad ffraeyddol â'r scwl ryw ddiwrnod.[23]

Rhoed prif thema'r gwaith i ni'n solet daclus yn nhrydedd frawddeg y dyfyniad. Y mae'r awdur am sylwi ar y tebygrwydd a'r gwahaniaethau yn Neian a Loli. (Sylwer, yma, mai dim ond 'ar y cychwyn' yr yr ymdebygent i 'gywion' deryn bach.) Mae am ddilyn twf a datblygiad dau gymeriad o gefndir cyffredin, o'r cyfnod pan oeddynt megis un cymeriad cyfansawdd i'r blaguro a'r blodeuo anorfod.

Cawn gip ar y cyfnod cynnar, yn y drydedd bennod, pan ddisgrifir eu hymweliad cyntaf â'r ysgol ddyddiol:

"Beth ydi'ch enw chi?" ebe'r athrawes.
"Deian a Loli", ebe'r ddau gyda'i gilydd.'
Clywsai'r ddau y ddau enw arnynt ar yr un gwynt bob amser nes myned i feddwl mai'r ddau enw gyda'i gilydd oedd enw pob un ohonynt.[24]

Gwaeddai'r fam arnynt, 'Deian, Loli, dowch i'r tŷ', heb wahaniaethu rhyngddynt o gwbl. Yr oeddynt yn un bersonoliaeth gyfansawdd. Ond, yn araf, y mae'r ddau'n ymwahanu. Dechreua Loli breglian tra bod Deian yn fud. Ymddengys Deian yn sensitif groendenau, a Loli'n groendew eofn. Mae hi'n fyrbwyll (am ruthro i ben y mynydd ar amrantiad) a Deian yn bwyllog (am aros nes bod y cymylau uwchben). Ffeithiau yw canllawiau bywyd Deian, ond cryfder Loli yw dychymyg effro, a thrwy ffydd y dysgodd ei rhifyddeg – mae Deian am gael waliau syth i'r 'tŷ bach' wrth 'chwarae tŷ bach', tra mae Loli am gael mwsog ar y llawr a waliau'n cwafrio. Dengys helynt y dyn mwnci fod eu cyrff hyd yn oed yn dechrau datblygu'n wahanol, ac amlyga episod y barcud fod Deian yn ymarferol a Loli'n hynod freuddwydiol. Eir â ni hefyd drwy wahanol gyfnodau, fel cyfnod yr ysgol fawr, pan flodeua gallu mathemategol Deian ar draul ei ddychymyg, a dychymyg Loli ar draul unrhyw glem mathemategol, hyd nes y down at y gwahanu ar ddiwedd y llyfr pan ddaw canlyniadau arholiadau'r ysgol Sir. Fel hyn y cyflëir hynny inni:

Aeth rhai misoedd heibio, a rhyw nos Sadwrn braf ym mis Mehefin daeth Josi'r Manllwyd â'r newydd fod Deian wedi ennill scolarship. 'Josi'r Frêc' y gelwid Josi'n awr. Gwelsai ddyn oedd yn adnabod clerc swyddfa'r ysgol, meddai ef, a hwnnw a ddywedodd wrtho. Deian oedd yr unig un o'r ardal honno i gael ysgoloriaeth. Ni ddangosodd neb lawer o lawenydd ym Mwlch y Gwynt o achos Loli. Gwyddent pa mor agos i'r wyneb y cadwai hi ei dagrau. Fe ddywedodd Elin Jôs un peth chwithig iawn:
"Wel, 'does dim i 'neud ond i Loli fynd i weini at Magi i Llundain," ebe hi. Ond yr oedd cryndod yn ei llais wrth ei ddywedyd.
"Tydw i ddim am fynd i'r ysgol ganolraddol," ebe Deian.
"Mae'n rhaid iti fynd," ebe Loli.

A sylweddolodd Loli am y tro cyntaf na ellid eu galw yn 'Deian a Loli' ar yr un gwynt am lawer o amser eto.[25]

Dyma ni'n ôl at garreg sylfaen y gwaith, y datblygu a'r gwahanu anorfod – a'r awdur wedi treulio tua chwe mil ar hugain o eiriau i ddweud hynny. Sut felly y gellir dadlau mai stori fer hir neu *nouvelle* yw'r gwaith? Beth yw'r gwahaniaeth rhyngddi a nofel? A beth hefyd yw'r gwahaniaeth rhyngddi a stori fer fel 'Y Goeden Eirin' sy'n cymryd dwy fil a hanner cwta i ddweud yr un peth? Dyma'r cwestiynau sy'n codi'n naturiol i feddwl rhywun, cwestiynau y bydd yn rhaid ceisio'u hateb.

Ond cyn gwneud hynny, mae'n rhaid cymryd golwg ychydig yn fanylach ar adeiledd 'Y Goeden Eirin'. Dyfynnwyd y paragraff sy'n pwysleisio tebygrwydd Sionyn a Wil eisoes, ac y mae'r paragraff sy'n dilyn yn hynod o debyg o ran sylwedd i hanes ymweliad Deian a Loli â'r ysgol:

Am flynyddoedd 'wyddwn i ddim fod yna wahaniaeth rhyngom ni. Wil oedd Sionyn a Sionyn oedd Wil. "Sionyn, ty'd yma," meddai mam, a Wil yn rhedeg ati nerth ei draed. "Paid, Wil, y gwalch bach," meddai nhad, a minnau'n peidio'r munud hwnnw.[26]

Yn union fel ag y mae KR yn graddoli'r gwahanu drwy gyfeirio at ambell ddigwyddiad arwyddocaol yma ac acw, y mae John Gwilym Jones yn crybwyll ambell achlysur, fel yr ymweliad i weld Fôn bach yn ei arch. Ar ôl hyn, bu Wil yn crio yn ei wely, ofn marw, ond gallai Sionyn ei gysuro'n llygatsych. Cofir fod Deian yn ymhyfrydu mewn ffigurau: offer mecanyddol yw hoffter Wil. Y mae Loli a Sionyn, wedyn, yn fwy artistig. Y 'scolarship' i'r Ysgol Sir sy'n gwahanu Deian a Loli am byth, a cheir un digwyddiad tyngedfennol ar ddiwedd 'Y Goeden Eirin' hithau:

Rhyw dro fe ddringodd Wil a fi a fi a Wil i'w phen. Eisteddais i ar frigyn wedi crino fel braich dde nain a syrthio a thorri fy nghoes. Bûm yn y tŷ am wythnos heb ddim i'w wneud ond darllen a darllen a darllen. Gwnaeth Wil gyfeillion â Lias a Harri bach y Garage, a dwad adra bob nos yn sôn am magneto a dynamo a clutch a newid gêr, a Bleriot, a Jerry M. "Dydi o ddim blewyn o wahaniaeth gen i beth yw magneto a dynamo, a thros ei grogi yn unig y bydd Will yn darllen."[27]

Mae'r ddau waith, felly, yn dilyn yr un drefn, a siarad yn fras, ac yn delio â'r un thema. Ond y mae dechrau 'Y Goeden Eirin' yn gafael ynom yn syth, yn hoelio'n sylw'n hupnotig gyda'i ailadrodd geiriol a'i ruthmau cymesur. Agoriad hamddenol, eithr nid esgeulus o hamddenol ychwaith, sydd i *Deian a Loli* ac, fel y dangoswyd, treulir peth amser cyn crybwyll y 'pwnc'. Yn y stori fer 'rydym yng nghanol y pwnc yn syth. Yn 'Y Goeden Eirin', hefyd, mae'r symud a'r sylwedd, neu'r dweud a'r 'pwnc', yn annatod. Dewisodd yr awdur dechneg llif yr ymwybod, gyda'r meddwl yn neidio ar ôl pob cwningen ac ysgyfarnog, yn fwriadol. Sylfaen y gwaith yw fod y gwahanu wedi bod yn brofiad poenus, ac oherwydd fod dyn yn naturiol yn osgoi poen mae adroddwr y stori, un o'r efeilliaid, yn gwneud ei orau glas i osgoi sôn am y gwahanu, ac mae'n berffaith onest ynglyn â'r peth:

> 'Rydw i'n dal ar bob cyfle ac yn codi hynny o ysgyfarnogod a fedra' i rhag sôn yn iawn am Y Goeden Eirin, mi wn i o'r gorau, a rheswm da pam.[28]

Mae'r *dull* o ddweud yn rhan annatod o'r dweud, a'r darllenydd yn cyfranogi bron o angst y dirfodwr o'i ddarllen.

Nid yw hyn yn wir am *Deian a Loli*, er nad yw dweud hynny'n golygu fod y peth yn amhosibl mewn stori fer hir, y *nouvelle*. Yn wir, dyma'r union gamp a gyflawnir gan KR yn ei *nouvelle* orau *Tywyll Heno*. Sut bynnag, cynllun episodig sydd i'r gwaith dan sylw, ac y mae'r awdur yn symud ymlaen gam wrth gam, nid oherwydd ei bod am osgoi'r diweddglo anorfod, ond oherwydd ei bod am sôn am bob profiad yn ei gyfanrwydd. Rhyw un profiad brysiog a geir gan John Gwilym Jones, un i gynrychioli'r lliaws. Rhydd KR liaws i ni i ddangos eu bod yn rhan o'r un profiad cyfansawdd.

Y mae hyn yn awgrymu mai mater o grynoder yw'r gwahaniaeth, a hwyrach mai dyma'r prif reswm dros wahaniaethu rhwng y ddau waith. Mae John Gwilym Jones yn gweithio â gair, brawddeg, a pharagraff, tra bod KR yn gweithio mewn penodau. Ond rhywbeth cymharol (*relative*) yw'r syniad o grynoder – pan yw un yn cymharu 'Yr Enaid Clwyfus'[29], dyweder, â *Tywyll Heno*. Er hynny, mae'n deg dweud fod iaith *Deian a Loli*'n llawer llacach a rhyddieithol (ac nid difrïo yw dweud hyn) na iaith 'Y Goeden Eirin', sydd yn nes at dir barddoniaeth. Nid oes unrhyw ran o'r stori'n dangos hyn yn well na diweddglo'r ddau waith.

Methu arholiad, rhyw brofiad amhersonol o'r tu allan, sy'n peri gwahanu Deian a Loli, er y gellir dadlau fod KR, o bosib, yn ceisio dweud fod holl drefniant cymdeithas dyn yn gwneud y peth yn anorfod. Yn 'Y Goeden Eirin', ar y llaw arall, gwneir defnydd sumbolaidd o'r goeden. Y mae'n rhywbeth sydd ar wahân i fyd dyn (a chyda chysylltiadau Beiblaidd, ond inni newid eirin am afal!) ac yn cynrychioli'r byd goruwchnaturiol, ffawd ddiddrugaredd. Dyw'r 'scholarship' ddim yn chwyddo i fod yn rhywbeth mwy nag arholiad, eithr y mae'r goeden eirin. Y goeden yw canolbwynt yr holl stori, sy'n ei hasio gyda'i gilydd yn wead clos, o'i dechrau i'w diwedd. Eithr digwyddiad ar ddiwedd cyfres o ddigwyddiadau y gellid yn hawdd newid eu trefn, neu hyd yn oed eu hepgor (rai ohonynt beth bynnag!) yw'r arholiad. Darganfu John Gwilym Jones y tro yn y ffordd lle y gall weld y Gorffennol a'r Dyfodol, heb symud cam. Llwyddodd i gyrraedd undod clwm y stori fer. Eithr cerdded cronolegol bwriadus, heb unrhyw amcan i greu'r cyfryw undod, a geir gan KR. A hyd yn oed pe bai golygydd awchus yn penderfynu hepgor darnau helaeth o *Deian a Loli* a chadw at yr elfennau sy'n gytras yn y ddwy stori, 'wnâi *Deian a Loli* ddim stori fer. Byddai'r corff yn edrych yn dwt ddigon hwyrach, ond byddai mor farw â hoel.

Nid condemniad o *Deian a Loli* yw hyn, ond dangos (gobeithio) fel yr oedd y ddau awdur yn amcanu at effaith wahanol. Syndod a braw a rhyw sythwelediad sydyn a geir yn hanes Wil a Sionyn; bywyd yn symud ymlaen yn araf, anorfod tuag at y gwahanu a geir gan KR, a daw'r braw o'r ffaith ein bod yn teimlo'n hollol analluog i'w dal yn ôl. Nid yw canmol crefft a chynildeb 'Y Goeden Eirin' ychwaith yn awgrymu diffyg medr yn *Deian a Loli*. Yn wir, y gwrthwyneb sy'n wir. Eto i gyd, y mae'n rhaid cyfaddef nad yw'r trwyn ar y maen drwy'r gwaith yn y *nouvelle* fel y byddai mewn stori fer achos, pe byddai, fe âi'r peth yn syrffedus, yn straen ar yr awdur ac yn dreth ar y darllenydd.

Hyd yn hyn, pwysleiswyd y gwahaniaeth rhwng *Deian a Loli* a 'Y Goeden Eirin'. Eithr y mae tebygrwydd hefyd. Fel yn 'Y Goeden Eirin', y mae unoliaeth pwnc yn stori KR, ac er iddi ymdroi ar ochr y ffordd yma ac acw, y mae ei llygaid, drwodd a thro, ar ben y daith, ac y mae popeth y mae'n ymdrin ag o yn berthnasol i gyrraedd y gyrchfan honno. Un prif gyfeiriad sydd i stori John Gwilym Jones, hefyd, ac y mae ei chamau i'r cyfeiriad iawn bob tro. Teithio mewn trên y mae John Gwilym Jones, car a cheffyl sydd gan KR.

Mewn nofel, ar y llaw arall, byddai gan yr awdur amser a gofod i gynnwys is-themâu, is-gymeriadau, a'u datblygu'n llawn. Ond nid oes yn y ddau waith a gymharwyd unrhyw ddatblygu cymeriad. Dewiswyd y gair 'cymeriad' o fwriad, oherwydd byddai 'personoliaeth' yn golygu fod rhywbeth annisgwyl (ond organig) yn digwydd – mewn nofel, byddai i Deian a Loli amrywiol nodweddion. Y mae Frank O'Connor yn tynnu ein sylw at ffaith ddiddorol ynglŷn â chymeriadau'r stori fer hir:

> The characters in a nouvelle, meddai, are not intended to have general significance.[30]

Mae rhywun yn teimlo, meddai, mai problem y cymeriadau yw'r broblem dan sylw, nid ein problem ni. A dyma'r teimlad a gaf i wrth ddarllen *Deian a Loli* (ac, yn wir, 'Y Goeden Eirin'). Delia'r nofel â phobl gynrychioliadol, pobl y gwelwn adlewyrchiad ohonom ein hunain ynddynt yng nghanol dryswch bywyd. Nid dyna a gawn yn *Deian a Loli*. Perthyn i *Deian a Loli* felly fwy o nodweddion y stori fer (y *conte*) na'r nofel (y *roman*), a saif yn rhywle rhwng y ddau *genre*. Wrth ymdrin â materion fel hyn byddai O'Connor bob amser yn gofyn:

Is this a *conte* or a *nouvelle*? Can it be handled in one quick scene, combining exposition and development, or do I isolate the exposition in the first few paragraphs and allow the development to take place in three scenes or five?[31]

Y mae ei gwestiwn yn gwestiwn priodol i ninnau wrth ystyried y ddau waith a drafodwyd. Un sefyllfa, sy'n cyfuno'r elfen esboniadol a'r elfen ddatblygol, a geir yn 'Y Goeden Eirin', tra mae *Deian a Loli* yn gosod y seiliau ar y cychwyn ac yna'n cymryd y pum sefyllfa, a mwy, i'w datblygu, ond gan wneud hynny heb fynd yn afluniaidd a gwasgaredig, tuedd gref yn y nofel. Stori fer yw gwaith John Gwilym Jones, *nouvelle* yw gwaith KR.

Mewn sgwrs rhyngddi a Gwilym R. Jones, a gyhoeddwyd yn *Yr Arloeswr*, y mae KR yn dangos peth o'r tyndra artistig, am eiliad, wrth ddweud peth fel hyn:

> Teimlo yr wyf fod cynfas y stori fer yn rhy fychan imi ddweud pob dim sydd arnaf eisiau ei ddweud am fywyd. Mae bywyd wedi mynd yn fwy cymhleth ac mae'r gorwelion wedi ymledu i bawb ohonom. O'r blaen bodlonwn ar edrych ar ddarn bychan o fywyd, a bywyd rhywun arall bron bob tro . . . Credaf fy mod yn y blynyddoedd diwethaf hyn wedi rhoi mwy o le i'm profiadau fi fy hun.[32]

Ceir arlliw o anniddigrwydd yma. Y mae 'canfas y stori fer yn rhy fychan' i ddweud popeth y mae am ei ddweud. Ond ei gwir broblem hi, fel pawb arall, yw taro bargen rhwng dweud gormod a dweud crintach – 'the ideal is to give the reader precisely enough information'[33] – problem nad oes ateb iddi ar lefel y deall. Mater o reddf, a phriodas pwnc, personoliaeth, a *genre* ydyw, a'r artist weithiau'n methu ac weithiau'n llwyddo:

> Nid yw un yn rhydd o gwbl i ysgrifennu hwn ac arall. Nid yw un yn dewis ei bwnc. Dyna'r hyn nad yw'r cyhoedd a'r beirniaid ddim yn ei ddeall. Cytgord rhwng y pwnc ac anian yr awdur yw cyfrinach campwaith.[34]

Fel y cawn weld, weithiau y mae KR yn llwyddo – mewn stori fer fel 'Newid Byd',[35] – ac weithiau y mae'n methu, fel gyda 'Y Crys Glân'.[36] Weithiau y mae'n methu gyda nofel, oherwydd mai gweledigaeth awdur *nouvelle* yw'r ysgogiad, fel yn *Tegwch y Bore*, dro arall mae'n darganfod y fformiwla lenyddol briodol, fel yn ei gwaith gorau, yn fy marn i, *Tywyll Heno*. Anniddigrwydd yr artist effro yn chwilio am berffeithrwydd ydyw hyn, ac y mae'n anniddigrwydd sydd i'w weld drwy'i gyrfa lenyddol.

Wrth gwyno fod y stori fer yn gyfyngus y mae KR o reidrwydd yn awgrymu fod mwy o le i 'ddweud pob dim sydd arnaf eisiau ei ddweud am fywyd'[37] yn y stori fer hir, y *nouvelle*. Ac, yn wir, gallodd grybwyll aml i syniad y bu'n rhaid cael stori gyfan i'w ddisbyddu'n llwyr yn nes ymlaen, yn *Deian a Loli*, a hynny heb andwyo'r gwaith. Ynddo, er enghraifft, mae digon o le iddi ail greu milltir sgwâr ei holl waith mewn modd na fyddai'n bosibl yn y stori fer. Yn y bennod gyntaf sonir am y 'mynydd a grug braf o'u cwmpas ymhobman'[38] a down ar draws grug y mynydd y bydd Winni Ffini Hadog yn ei droedio yn *Te yn y Grug*, ond bod y pwyslais o'r cychwyn ar gydberthynas ardal a phobl. Gwydnwch Elin Jôs yw gwydnwch un a dreuliodd hanner oes yn ymladd llymder yn y tir. Aeth caledi'r mynyddoedd i'w hanian. Agosatrwydd cymdeithas glos neilltuedig yw agosatrwydd y gymdeithas. Mewn pellter y mae mesur mwynhad – pellter y môr a phellter y dref. Yn union fel y moldiodd y chwarelwyr wyneb yr ardal i gyfarfod â'u hangenrheidiau, tylinwyd eu natur hwythau yn eu tro gan eu hamgylchfyd.

Ardal ydyw â phopeth ynddi wedi'i liwio gan economi'r chwarel, a chrybwyllir y frwydr (sylwer ar y berfau gweithredol) a fu i'w cychwyn ac i godi'r tyddynnod (darlun a geir yn ei fanylder yn *Y Lôn Wen* yn gynnar). Edrycher eto ar ddechrau *Deian a Loli* (gweler dyfyniad 21, uchod). Gwelir fod y cefndir yma wedi lliwio agwedd yr awdur, ac agwedd ei chymeriadau at fywyd yn eithaf pendant. Ceir tristwch (stoicaidd) a chydymdeimlad dwfn ar ran KR yn y mynegiant. Mae fel pe'n dweud mai ffermio y bydd ffermwyr fel arfer, ond yma boed y fferm yn fawr neu fach, mae'n rhaid mynd i weithio. A'r rheidrwydd hwn, sy'n darnio a difetha'r gymdeithas, sydd ar yr un pryd yn rhoi urddas i'r rhai sy'n aelodau ohoni. Mae'n thema sy'n codi'i phen dro ar ôl tro yn ei gwaith.

Y mae'r un ddeuoliaeth i'w weld yn agwedd KR at y chwarel hefyd. Y chwarel a'i bywyd caled a llwm yw conglfaen y gymdeithas, ac adlewyrchir llewyrch neu ddiffyg llewyrch y gwaith drwy holl rengoedd y gymdeithas honno. Down wyneb yn wyneb â brwydr byw yn y geiriau:

> Ychydig o groeso a gawsant [sef yr efeilliaid] ar y ddaear yma i gychwyn, am iddynt ddyfod efo'i gilydd.[39]

A'r fam yn ei dagrau! A phan gynigia'i chwaer gymryd un i'w fagu gwelir y croesdynnu rhwng teimladau naturiol – rhwng cariad mam, a synnwyr cyffredin gwraig yn gorfod cadw deupen y llinyn ynghyd. Moeth yw teimladau fel hyn mewn cyd-destun o'r fath ac fe geir KR yn dangos sut y bu i lyffetheiriau tlodi rwystro pobl rhag blaguro'n bobl wâr deimladol dro ar ôl tro yn ei gwaith.[40] Ar un llaw, y mae'r chwarel felly'n deyrn annynol, a cheir aml i gip ar yr ochr yma i'w chymeriad. Tua diwedd y llyfr cawn agwedd Deian at y chwarel yn ddiamwys hollol:

Yr oedd Deian yn awyddus iawn am gael myned i'r ysgol Sir, oblegid nid âi byth i'r chwarel, meddai ef.[41]

Ac un rheswm yw iddo ymweld â'r lle un diwrnod a gweld ei dad a gweithwyr eraill yn dod â chorff yn ôl i'r pentref. Gŵyr hefyd yr hyn a wnaeth y chwarel i'w dad, a bod rhai'n elwa ar yr holl drueni – thema a ddatblygir yn nofel gynta'r awdur, sef *Traed Mewn Cyffion*.

Y mae digon o enghreifftiau o effeithiau annuniongyrchol y chwarel ar fywyd yn ardal yn ei gwaith hefyd. Meddylier am 'Y Condemniedig', hanes Owen yn *Y Byw Sy'n Cysgu*, ac yn y blaen. Ond, ochr yn ochr â'r agwedd elyniaethus, bob tro, y mae rhyw ymfalchïo yn y math o gymdeithas a dyfodd o'r rwbel. Ni ellir peidio â theimlo fod y ffaith fod pawb yn yr un cwch wedi swcro gwerthoedd cymdeithasol a ddiflannodd pan anwyd y wladwriaeth les. Ni ellir peidio â theimlo balchder yr awdur wrth iddi sôn, er enghraifft, am y clwb yn cerdded Ddydd Iau'r Dyrchafael, ac wrth gyfeirio at y diwylliant a ffynnai yn y cylch. Roedd hi'n gymdeithas a llenyddiaeth Gristnogol yn sylfaen iddi, ac roedd yn hunanddigonol o ran ei hadloniant. Ffynnai brawdgarwch a chyfeillgarwch; roedd hi'n gymdeithas glòs, agos, ddiddosbarth, wedi'i sylfaenu ar sancteiddrwydd yr uned deuluol – y mae hyd yn oed Gel y ci a Gwen y gath yn rhan o'r uned!

Y mae'r awyrgylch y magwyd KR ynddo felly (ac a ddisgrifir yn ei fanylrwydd yn *Y Lôn Wen*) yn golygu llawer i'r awdur. Oddi ar yr adeg a ddisgrifir yn y llyfr hwnnw, tua dechrau'r ugeinfed ganrif, bu newid yn ein cymdeithas a diorseddwyd y gwerthoedd a oedd gan gymdeithas y chwarel. Yn *Traed Mewn Cyffion* fe gynrychiolir y safonau newydd gan y sustem addysg Seisnig a'r gwerthoedd Eingl-Americanaidd a ddaeth yn sgîl bywyd dinesig. Ond mae cynseiliau'r rhain yn *Deian a Loli*. Yno y mae'r scŵl yn sumbol o'r sustem addysg (ac fe'i trinir yn anrhugarog gan yr awdur), y mae ysgol y cylch yn rhywbeth annormal, dieithr, ar wahân i'r gymdeithas, yn hytrach nag yn rhan ohoni. Ar ei hymweliad cyntaf â'r ysgol:

> . . . ni wyddai Loli ddim ar y ddaear beth oed holides. Gwyddai beth oedd 'holi' yn iawn, ac wrth feddwl a chysidro penderfynodd yn ei meddwl mai ecsams oedd yr holides yma, oblegid dyna y galwai Magi, Twm a Wil yr adeg pan ddeuai'r scŵl oddiamgylch i holi'r dosbarthiadau.[42]

Roedd yr ysgol yn ddieithr, a iaith yr ysgol yn estron. Fe bwysleisir hyn yn wych yn y dsigrifiad o'r scŵl yn dwrdio:

> Yr oedd golwg wirion arno'n awr. Siaradai yn Saesneg am y pechod mawr o fyned yn erbyn ei awdurdod ef. Ni ddeallai hanner y plant ef, ond deallent ei olwg i'r dim. Wedyn trodd i'r Gymraeg.[43]

Bertie yw archapostol y philistia ddinesig yn *Traed Mewn Cyffion*. Ond gwelir yr hyn a gynrychiola eto yn *Deian a Loli*. Disgrifir y dref a'i chastell yn y bennod olaf gan bwysleisio mai yno'r oedd yr ysgol Uwchradd, lle'r oedd rhaid ysgrifennu traethawd ar " 'Y Rhyfel rhwng Rwsia a Japan' (yn Saesneg, wrth gwrs)".[44] Y mae'n wir nad yw'r elfennau a nodwyd yn eu llawn dwf yn *Deian a Loli*, ond dyma hedyn y syniadau a geir yn *Laura Jones*, *Traed Mewn Cyffion*, *Y Byw Sy'n Cysgu* a *Tywyll Heno*.

Y mae yn y llyfr, hefyd, hedyn ambell syniad neu broblem a dyf yn waith cyfan yn nes ymlaen. Un o'r hadau hynny yw hanes Deian a Loli'n colli'r ceiliogwydd tua'r Nadolig:

> Disgwyliodd y ddau bach yn ddyfal amdanynt hyd amser eu dychweliad un diwrnod, ond ni ddeuthant byth wedyn.[45]

Daeth y ddau wyneb yn wyneb ag angau am y tro cyntaf, a methu ei ddeall:

> Deuai pawb a âi am dro i'r dre yn ôl yr un noson fel rheol, ond ni ddaeth gwyddau a chwiaid yr Hen Ferch ddim.[46]

Rhyw gyfarfyddiad digon tyner sydd yma, ond yn hanes 'Sgiatan' yn *Te yn y Grug* y daw'r syniad i'w lawn dwf; gwelir y gelyn angau ar ei fwyaf sinistr ar ffurf cath wedi'i boddi mewn bwced, golygfa sy'n serio i enaid Begw, y plentyn bach. Anodd peidio â meddwl nad poen KR ei hun – o gofio marw'i brawd 'yn y Rhyfel Mawr yn bedair ar bymtheg oed', a'i chyflwyniad cynnar hi ei hun i 'Angau Mawr' – a adlewyrchir yn ei holl waith.

Y mae, yn *Deian a Loli*, hefyd elfen sy'n brin iawn yng ngweddill gwaith yr awdur (yn ôl rhai beirniaid), sef hiwmor. Cyn sylwi arno, y mae'n werth darllen yr hyn a ddywed Dafydd Glyn Jones ar y pwnc:

> Nid oes yr un awdur wedi dioddef mwy na hi o enllib ar law'r bobl flinderus hynny sydd byth a hefyd yn cwyno nad oes dim hiwmor mewn llenyddiaeth Gymraeg . . . Ynddyn' nhw eu hunain y mae'r diffyg hiwmor, wrth gwrs; chwilio y maen' nhw nid am hiwmor ond am jôcs, sef hiwmor wedi ei neilltuo oddi wrth weddill bywyd a'i symleiddio a'i labelu ar gyfer y di-hiwmor. Gellir cytuno'n rhwydd nad yw storïau Kate Roberts yn faes lloffa toreithiog i'r sawl sy'n chwilio am jôcs (pa lenyddiaeth o bwys sydd, petai'n mynd i hynny?); ond ni olyga hyn nad yw hi'n gallu bod yn ddigri iawn weithiau yn enwedig pan fo hi ar ei mwyaf deifiol a di-drugaredd.[47]

Y mae'n gallu bod yn ddigri iawn yn *Deian a Loli*. Cymerer, er enghraifft, yr episod canlynol:

> Pan feddyliai Deian am rywun mawr, am y mynydd y meddyliai; a dyna'r

rheswm iddo un diwrnod redeg i ddrws y beudy at ei fam, a gofyn: "Ydi Iesu Grist yn fwy na Mynydd y Llus, Mami?"

Yn awr, chwarae teg i Elin Jôs, mae amser i bopeth, hyd yn oed i ofyn cwestiynau ar y ddaear yma. Ac nid peth hawdd i neb ydyw ateb cwestiwn, pan fo'i ben yn dyn ar ochr y fuwch, y piser ar lawr, a'r llaeth yn chwistryllio'n fain iddo, yn enwedig pan fo'r fuwch wedi ennill enw iddi hun am gicio. Y mae gan ddyn amser i feddwl wrth weu wrth y tân, ond wrth odro buwch nac oes.

Felly, rhaid maddau i ateb Elin Jôs i'r cwestiwn. "Ydi, Ydi," ebe hi, gyda phwyslais gwahanol ar y ddau 'Ydi'! "Wel be yn y byd mae o yn fyta 'ta?" ebe Deian. Methodd Elin Jôs a dywedyd dim. Symudodd ei phen yn sydyn, symudodd y fuwch ei throed, a meddyliodd Elin Jôs ei bod yn myned i gael cic. Gwaeddodd dros bob man, a rhedodd Deian i ffwrdd. Gwelwch felly, mai rhyw broblem ddyrys oedd y mynydd iddo.[48]

Yma crisielir meddwl naïf a diniweidrwydd doniol plentyn yn odidog, ond y mae'r sefyllfa hefyd yn wirioneddol ddigrif. Adeiledir y sefyllfa'n ofalus drwy ddweud fod i'r fuwch 'enw' am gicio, a gwneud i'r fuwch symud ei throed i ddychryn y fam yn nes ymlaen. Y mae hyn i gyd yn ychwanegu ar ddryswch anesboniadwy bywyd i Deian, ac at ein pleser ninnau.

Weithiau yn *Deian a Loli* gwna KR hwyl am ben syniadau rhamantaidd – am gŵn ffyddlon, er enghraifft, wrth ddisgrifio Gel:

Nid oedd yr yn o'r cwn hynny a fydd yn myned adre i ddywedyd ym mha le y bydd plant bach ar goll.[49]

Ac yn y cyfeiriad yma y mae ei chryfder. Y mae ar ei gorau pan yw'n dychanu'n gignoeth, ddisentiment, yn enwedig os gall wneud hynny'n anuniongyrchol. Ceir awgrym o ddychan wrth iddi ddisgrifio'r dyn mwnci ar ôl iddo dderbyn arian gan Magi:

Cymerodd y dyn hwynt, a gwnaeth i'r mwnci roddi 'salute' amdanynt. Aethant i ffwrdd y munud nesaf, er bod y dyn ar hanner tôn,[50]

neu dyna'r sylw fod Deian a Loli'n byw'n rhy bell o'r ysgol i fod yn hwyr, er nad yw'r sylwadau wrth basio fel hyn byth cystal â sylwadau sy'n rhan o'r digwydd.

Ond yn ei phortread o'r scŵl a'r sustem addysg y mae KR yn cyrraedd ei huchelfannau dychanol yn *Deian a Loli*. Defnyddia holl adnoddau'r dychanwr i beri i ni eu ffieiddio a chwerthin am eu pennau. Nid personoliaethau a geir mewn na *nouvelle* na gwaith dychanol, a digriflun yn fwy na dim yw'r disgrifiad or scŵl a'r plismon plant:

Dywedai rhai pobl nad oedd yn rhyw gall iawn, neu o leiaf y byddai'n colli arno ei hun yn lân ar adegau. Weithiau rhoddai wib o redeg o un pen i'r llall o'r ysgol, hynny a fedrai, ei het ar ochr ei ben a'i ddwylo dan lapedi ei gôt. Ni wna dynion call iawn beth felly.[51]

Dyn dibersonoliaeth, di-asgwrn-cefn, di-liw, olwyn fechan yn y 'peiriant mwrdro cenedlaethol' ydyw'r scŵl. Y mae'r defnydd o leihad hefyd yn cloi'r argraff ohono yn wych.

Un diwrnod bu i'r scŵl gosbi Deian a Loli'n ddidrugaredd yn yr ysgol, mewn ffit o gynddaredd. Chwyddodd llaw Loli erbyn y nos ac roedd mewn twymyn, eithr ni wyddai ei mam wir achos y salwch. 'Daeth Loli ddim i'r ysgol drannoeth, a daw'r scŵl draw i weld maint ei ddifrod:

> Y noson honno, ymhen tipyn wedi i Elis Jôs ddyfod o'r chwarel, pwy a ddaeth i Fwlch y Gwynt ond y scwl ei hun. Gwelsai y plant ef yn dyfod, a rhedasant i gyd i'r beudy i ymguddio, a dyna lle'r oeddynt yn brathu eu pennau heibio'r drws uchaf o hyd, fel colomenod o ddrysau eu cytiau. Gwyddai'r plant yn lled dda beth oedd amcan ei ymweliad, a buasent wrth eu bodd gael bod yn y tŷ.
> 'Sut ydach chi yma heno?' ebe llais wrth ddrws y tŷ.
> 'O, chi sy' 'na, Mr. Wmffras? Dowch i mewn,' ebe Elin Jôs.
> Eisteddodd y scwl ar ymyl y gadair oedd gyferbyn â Loli, ac ymyl y gadair y bu ar hyd yr amser, ac yn rhwbio bagl ei ffon yn ôl ac ymlaen efo'i law o hyd.
> 'Mae hi'n noson braf', meddai.
> 'Ydi, braf iawn,' ebe Elin Jôs.
> 'Mae hi'n tyfu'n ardderchog 'wan,' ebe'r scwl.
> 'Ydi, ond eisio glaw sy' arnom ni,' ebe Elin Jôs.
> Cytunai'r scwl.
> 'Ydi'r eneth bach yn cwyno?' gofynnai.
> 'Ydi, tydi hi ddim hannar da heddiw, ac mi cadwis hi adra,' ebe Elin Jôs.
> 'Y peth gora allasach chi 'neud,' ebe'r scwl, yn glên iawn; 'mi fydda i'n deyd bob amser mai cadw plant adra ydi'r peth gora pan wêl rhywun rwbath arnyn nhw. 'Ron i'n ama' nag oeddwn i ddim wedi gweld Loli yn yr ysgol heddiw, a mi drois i mewn wrth basio 'rwan am dro i ben y mynydd. Mi fydda i'n ffond iawn o ddwad i ben y mynydd yma am dro.'
> Edrychai Loli yn synfyfyrgar i'r tân o hyd.
> Wedi rhyw siarad yma ac acw, ar draws ac ar hyd, cychwynnodd y scwl i fyned, a rhoddodd 'orange' bob un i Loli ac i'w thad a'i mam.[52]

Mae'r episod hwn yn hynod o debyg i'r bennod wych honno yn *Enoc Huws* pan yw Enoc a'r Capten yn siarad â'i gilydd a'r ddau ar drywydd gwahanol. Yma, y mae ystyr a min arbennig i eiriau'r scŵl, er na wŷr Elin Jôs hynny. Mae'r sgwrs ar ddwy lefel, fel petai. Y mae'r scŵl yn gofyn cwestiwn digon cyffredin a normal: 'Sut ydach chi yma heno?', ond mae ystyr arbennig iddo yn y cyddestun. Mae'r ffaith mai o'r drws y daw'r geiriau yn dangos nad yw'n siŵr o'i groeso. Caiff wahoddiad i'r tŷ ac y mae'n eistedd 'ar ymyl y gadair', gan fân siarad am y tywydd. Mae'n amlwg ei fod yn awyddus i blesio, ac fe wyddom ni mai dyna holl bwrpas yr ymweliad, ond cyflëir yr holl awyrgylch i ni'n grefftus gan KR mewn tri air (a danlinellir isod): 'eisio glaw sy arnom ni', ebe Elin Jôs. *Cytunai'r Scŵl.*' Dwysâ'r dychan gyda'r cwestiwn, 'Ydi'r eneth bach yn cwyno?', ac y mae'r geiriau, 'Ron i'n ama nag oeddwn i ddim wedi gweld Loli yn yr ysgol heddiw, a mi drois i mewn wrth basio', sy'n eironig ragrithol a chignoeth. Ond uchafbwynt y darn yn sicr yw'r ffaith i'r scŵl roi 'orange' i Loli a'i rhieni, fel pe bai'n adennill ei enaid wrth wneud hynny. Y mae'r weithred yn ddoniol-drist, ac yn goment deifiol ar yr aelod arbennig yma o'r gymdeithas. Y mae, hefyd, yn rhoi cip inni ar y teimlad israddol a berthynai i'r werin (rhagor na'r siopwyr, yr athrawon, y stiwardiaid, gwŷr y Plas, etc.) er nad yw KR (fel A.E. Coppard, dyweder) yn gwneud môr a mynydd ohono.

'Ei gwir hiwmor hi', meddai Dafydd Glyn Jones, 'yw'r hiwmor sy'n rhan annatod o'r weledigaeth gyfan, sy'n ymhlyg yn yr olwg a gymer hi ar wrthuni ymddygiad dyn, ac sy'n gwbl gyd-ddibynnol â thristwch bywyd'.[53]

Y mae'n hiwmor noeth, didostur, ansentimental, yn hiwmor caled ardal chwarelyddol, sydd hwyrach yn hiwmor unigryw, ac felly'n weddol gyfyng ei gylchrediad. Y mae'n ddiddorol, beth bynnag, fod dau sy'n ymateb iddo'n dod o ardaloedd Nantlle [Dafydd Glyn Jones] a Ffestiniog [Geraint Wyn Jones]. Dyma'r hiwmor sydd i'w weld eto yn 'Pryfocio', dyweder, a phrofodd Mr. Jones fod yr elfen cyn gryfed yn ei waith ag erioed yn ei adolygiad o *Gobaith a Storïau Eraill.*

Y mae elfen ddirfodol gref i'w gweld yng ngwaith KR, a diddorol yw sylwi ei bod yn bresennol yn ei weithiau cynnar:

'Existentialism', meddai Coppleston, 'lays emphasis on the human situation or condition. We are told, for example, that man finds himself in the world, that he is a being in the world. We are told that he is a finite unstable being, menaced by death from the start. We are told that he is free, that he transcends his past and inevitably shapes himself by his free choices in such a way that he is never a mere "object" until death has extinguished his possibilities. As a conscious free being, man stands out from the background of nature.'[54]

Y mae o leiaf ddwy ysgol ddirfodol, sef yr ysgol Theistaidd a'r ysgol Atheistaidd. Cred y ddwy fod dyn yn rhydd i ddewis ei lwybr yn y byd, ond i'r Theistiaid, yr ewyllys rydd a roes Duw i ddyn fel braint sy'n esbonio'r peth. Melltith ydyw'r dewis i'r Atheistiaid, a chyflëir gwewyr y dewis ganddynt gan y gair *angst*. Yn *Deian a Loli* y mae'n anorfod fod y ddau efaill yn gwahanu, oherwydd er i Deian a Loli ddod o'r un groth y maent yn bersonoliaethau ar wahân oherwydd y rhyddid i ddewis. (Mae gan Camus hefyd stori am efeilliaid lle y mae'n gwneud yr un pwynt.) Oherwydd fod cyfuniad corff, meddwl a phrofiad pawb ohonom yn beth unigryw i ni'n hunain, y mae'n anodd i ni, yn ôl y Dirfodwyr, gyfathrebu â'n gilydd, oherwydd y mae'r syniad o gariad, dyweder, yn syniad mor oddrychol nes ei bod yn amhosib ei drafod â neb arall. Dyma, fel y gwelir, yw sylfaen 'Y Condemniedig', *Y Byw Sy'n Cysgu*, *Tywyll Heno,* a llu o storïau eraill. Oherwydd y broblem o gyfathrebu, yr ydym yn llwyr ddibynnol ar ein hadnoddau'n hunain – yn ein hymwneud â phobl eraill, er enghraifft. Dyma pam y mae gan KR gymaint o ddiddordeb yn yr hyn a wêl y synhwyrau, ac yn y gwahaniaeth rhwng yr hyn 'sydd' a'r hyn a 'ymddengys'.

> fel y gwyddoch chi, fel y gwelwch chi bobl y tro cyntaf, felly y cofiwch chi hwynt.[55]

Y mae yna ryw ymwybyddiaeth fod allanolion yn gamarweiniol, fod hynny o gyfathrebu sy'n digwydd yn amrwd ac yn amherffaith, a bod y cwbl yn anochel. Dysgodd KR ystyr unigrwydd yn fore iawn, a'm tyb i yw fod ei ddirfodaeth yn deillio'n uniongyrchol o'i phrofiad o golli brawd. Da o beth yw cofio fod *Deian a Loli* wedi ei gyflwyno 'i goffadwriaeth fy mrawd Dafydd a fu farw yn y Rhyfel Mawr yn bedair ar bymtheg oed'.[56]

*   *   *   *

Brwydr ag iaith (ac ag amser) yw cyfansoddi. Meddai Maupassant:

> Beth bynnag yr ydych am ei ddweud, does ond un gair i'w fynegi, un ferf i'w gael i symud, a dim ond un ansoddair i'w ddisgrifio. Ac felly mae'n rhaid i chi chwilio am y gair, y ferf, yr ansoddair nes y dowch o hyd iddynt, heb fodloni ar fras gyfatebiaethau. Peidiwch byth â syrthio'n ôl ar driciau geiriol a chlownio, pa mor addas bynnag, i osgoi'r anhawster.[57]

Yn *Deian a Loli* mae'n amlwg fod gan KR gyfoeth ymadrodd, sydd yn cynnwys idiomau cyhyrog. Yn wir, fe ellid dadlau ei bod yn 'gor-ymadroddi' ar brydiau. Ond nid dyma'r frwydr y mae Maupassant yn sôn amdani. Ei frwydr ef yw brwydr O'Faoláin, O'Connor, a Henry James i gael iaith gref, gyhyrog, atseiniol, gyfoethog. A gwelir KR, yma ac acw, yn chwilio am yr 'un ferf' a'r 'un ansoddair' – megis yn ei disgrifiad treiddgar o Meri Pen Lôn:

Ni waeth faint o slapiau a gaiff rhai plant, ni bydd dim o'u hôl arnynt. Un o'r rhai hynny oeedd Meri Pen Lôn. Petae hi'n cael hanner dwsin o slapiau ni byddai dim ôl ar ei llaw. Oherwydd hynny ni chai gŵyn gan neb ar ôl cael slap. Ac yr oedd hithau, ymhen amser, wedi myned cyn galeted â'i llaw.[58]

Gallodd KR grynhoi proses seicolegol gymhleth i ychydig frawddegau tyn.
Ceir rhywbeth yn debyg yn ei disgrifiad o noson ymweliad y gweinidog:

Noson braf yn yr haf ydoedd, a phob dim yn gwneud i blant ddymuno bod yn blant mawr, er mwyn cael bod allan yn chwarae.[59]

Nid oes yr un gair anghyffredin yn y frawddeg hon. Yn y cyfosodiad y mae'r hud. Cyflëa holl ddyheu plentyn, ei holl freuddwydion dilyffethair am dyfu i fyny, yn effeithiol deimladol.

Y mae ambell baragraff hefyd yn awgrymu'n gryf i KR ddarllen llawer ar Morgan Llwyd ac Elis Wynne, ac i agweddau ar arddull y ddau dyfu'n rhan o'i mynegiant hithau. Ceir atseiniau o'r ddau, enghraifft, yn y darn canlynol:

Wedyn, dyma gychwyn i'r cae i'w ollwng. Myned drwy'r cae taenu dillad, ac yn eu mawr awydd anghofio cau'r adwy. Wedyn, sefyll ar ben y wal, a hwb iddo i fyny. Cychwynnodd yn iawn, ond wedi mynd dipyn rhoddai'r pen dro, a deuai i lawr i'r ddaear fel bwled.[60]

Nid pawb sy'n gweld gwerth defnyddio'r berfenw mewn disgrifiad (ar ôl sicrhau fod yr amser wedi ei nodi yn glir) i gyfleu'r prysurdeb a'r symud, a chyffro'r amgylchiad.
Ceir digon o enghreifftiau eraill, megis wrth adrodd hanes y ceiliagwydd yn y rhagarweiniad sy'n dangos fod KR eisoes, yn *Deian a Loli*, yn feistr ar ruthmau, sŵn a thueddfryd yr iaith Gymraeg, a'i bod yn erfyn miniog a hyblyg yn ei llaw. Cymerwn gip, er enghraifft, ar y darn canlynol sy'n disgrifio diflaniad sydyn ceiliagwydd:

Ond ryw fore, tuag wythnos cyn y Nadolig, collwyd y clagwy, ac ni welwyd mohono mwy. Arfer gwyddau a chwiaid Hen Ferch Ty'n y Gro oedd dyfod i'r mynydd tua deg yn y bore, a chodent eu pigau i fynu i gychwyn tuag adref rywdro tua machlud yr haul. Disgwyliodd y ddau bach yn ddyfal amdanynt hyd amser eu dychweliad un diwrnod, ond ni ddaethant byth wedyn, a chai Gel y frechdan bob dydd. Holid llawer ar y fam, ond nid oeddynt ddim doethach wedi clywed mai wedi myned am dro i'r dre'r oeddynt. Deuai pawb a âi am dro i'r dre yn ôl yr un noson fel rheol, ond ni ddaeth gwyddau a chwiaid yr Hen Ferch ddim.[61]

Agora'r darn gyda brawddeg sy'n rhyfeddod. Mae'r awdur am gyfleu a phwysleisio'r golled dost; felly dyma gychwyn brawddeg â geiriau sy'n llawn o lafariad a chytseiniad meddal, a rhuthm sydd â'r prif guriadau'n eithaf pell oddi wrth ei gilydd, ac yn torri i fyny'n unedau naturiol gan arafu'r rhediad. Yna ynghanol y frawddeg ceir dwy acen fel clec gwn, ochr yn ochr bron, a'r rheini wedi'u hatgyfnerthu â chytseinedd – 'collwyd y clagwy'. Gyda hyn cyflyma rhediad y geiriau – hyn i gyd yn pwysleisio'r drasiedi. Dychwelir wedyn at y rhediad cychwynnol. Mae'r uned sylfaenol yn fwy, yn llawn o gytseiniaid meddal, llafariaid a deuseiniaid hir fel yr 'wy' acennog yn 'nwy' – y mae hyn yn pwysleisio meithder yr amser y bu'r golled yn brifo'r ddau blentyn o'i gymharu â byrder a sydynrwydd y diflaniad. Gellid mynd ymlaen i sôn am bob brawddeg, drwy'r chwarae ar 'codi eu paciau' ('codi eu pigau' i fyny) at y 'dim' acennog yn y fawddeg olaf.

Artist sensitif yw'r sawl a ŵyr sut i ddefnyddio naratif a dialog. Yn ôl Frank O'Connor, gorau po leiaf yw'r dialog os yw'r awdur am gael effaith. Ac y mae'n amlwg fod KR – ar y cychwyn fel hyn – yn cytuno. (Diddorol yw sylwi ei bod yn cyfuno sgwrs a dweud yn ei gweithiau aeddfetach.) Mae'r ddialog yma'n bywiocáu'r stori ac yn dadlennu'r cymeriadau. A defnyddio geiriau Henry James, y mae yn 'organig ac yn ddramatig'. Cymerwn olwg ar bwt o sgwrs pan yw Deian a Loli'n ymweld â'r castell:

> Eisteddai gwraig wrth fwrdd bychan o'r tu mewn i'r drws, a phan oedd y ddau ar fin ei phasio, ebe hi: "Ydach chi yn blant o'r Byro?"
> "Nac ydym; plant o'r Mynydd Grug ydan ni," ebe Loli.
> "Grôt, os gwelwch yn chi'n dda," ebe'r wraig.
> Edrychodd y ddau yn syn.
> "Tyd yn d'ôl," ebe Deian.
> "Na ddo'i," ebe Loli heb symud.
> "Wel, chewch chi ddim mynd i mewn am ddim," ebe hi wedyn, "achos tydach chi ddim o'r Byro."
> Ni wyddai'r un o'r ddau beth oedd y Byro, ond gwyddent nad oedd yn perthyn iddynt hwy, beth bynnag.
> Chwilotodd Loli yn ei phoced a chafodd fod yno rôt – arian ei thrên adre!
> "Mi gerdda' i adre," ebe hi, wrth weled llygaid ceryddgar Deian.
> Nid oedd ganddo yntau ddim i'w wneud ond cyd-synio, a gwagio ei boced.[62]

Y mae gwrthdrawiad diwylliant y wlad ag un y dref i'w weld yn y frawddeg gyntaf. Ni ŵyr y plant ystyr y gair 'Byro' [Borough], ac y mae cymal 'ond gwyddent nad oedd yn perthyn iddynt hwy' yn awgrymu nad oedd y dref a'r hyn a gynrychiolai yn berthnasol i'w bywyd. Daw styfnigrawydd Loli, a goddefgarwch amyneddgar tawel Deian yn amlwg unwaith yn rhagor. Nid yw Loli am beidio â gweld y castell, ac yn wyneb y fath benderfyniad cydsynia Deian heb ddadlau. Lluniwyd y sgwrs yn ofalus, gan gyfleu union ynganiad geiriau lle bo angen, ac y mae'n ffitio i mewn i holl fframwaith y gwaith, sydd yn dangos dau enaid yn gwahanu. Yma rhoddwyd chwilolau ar un o'r croesdyniadau a fu cyn 'y groesffordd a'r gwahanu'.

Rywsut, wrth ddarllen gwaith KR y mae dyn yn gwybod mai merch sy'n ysgrifennu. Y mae'n sensitif i'r eithaf ac yn arddangos diddordeb mewn bydoedd sydd gan amlaf y tu allan i fyd dyn, bydoedd defnyddiau, bwyd, dillad, ac yn y blaen. Yr oedd 'bodis gwlanen' mam Loli 'yn llawer esmwythach na blows lliain Miss Gruffydd', a phan roddwyd hi ar y ceffyl pren yr oedd hwnnw'n 'rhy galed i un a arferasai â chefn esmwyth merlod mynydd Josi'r Manllwyd'. Mae ei synhwyrau'n effro, fel y gwelir pan yw'n disgrifio Elin Jôs:

Â llygaid agored mawr canlynai Loli yr athrawes i bobman yn yr ystafell. Sylwai ar bob osgo ac ystum o'i heiddo. A fesul tipyn newidiai'r athrawes. Aeth ei gwallt o felyn i frith, ei hwyneb o fod yn llyfn i fod yn rhychlyd. Aeth ei brat du yn ffedog las a gwyn, a'i hesgidiau yn glocsiau ei mam.[63]

Daliodd KR ar y manylion argraffiadol bwysig i gonsurio hiraeth plentyn o fewn ychydig frawddegau. Dyma'r sensitifrwydd a welir eto mewn storïau fel 'Henaint'.

Peth arall sy'n amlwg yn *Deian a Loli* yw for KR yn deall meddwl plant:

'Paentir y plant,' meddai Norah Isaac, 'yn eu naturioldeb cyffredin. Gofelir bod y cefndir daearyddol a chymdeithasol, yr allanolion gwisg ac arferion, yn manwl-gywir berthyn i ddoe – ond perthyn i bob heddiw ac yfory y mae'r dyheadau, y teimladau, y ffaeleddau a'r siomedigaethau a fynegir gan y plant yn eu cwsg ac ar ddi-hun.'[64]

Gŵyr KR fod plant beunydd yn gweld y dieithr yn nhermau'r hyn sy'n adnabyddus iddynt. Geilw Deian a Loli wylanod yn wyddau. A beth sy'n cyfleu naïfrwydd plentyn yn well na'r coment, diarhebol bron: 'Nid pell dim byd y gall plentyn ei weld o'i gartref'.[65] Cyflëir bywiogrwydd y dychymyg ifanc yn nhraethawd sensitif, dychmygus, a ffres Loli am y gath; trawsnewidiad Loli o Miss Grufydd ar ei diwrnod cyntaf yn yr ysgol, a'i syniad am yr ysgol yn torri. Gŵyr KR am ysfa plant (a rhai hŷn) i dalu pwyth yn ôl am gam, neu ddarganfod bwch dihangol, a chawn ddarllen am Loli ddig yn rhoi cic i'r gath wrth fynd i'r gwely; yn cosbi Duw hyd yn oed drwy beidio â dweud ei phader; ac, i goroni'r cwbl, yn ceisio brifo Deian, ei rhieni a hi ei hun, drwy ddweud ei bod yn adael ei chartref y bore wedyn!

Ar un wedd, y mae cynllun *Deian a Loli* yn gymen glwm. 'Does ond eisiau sylwi ar yr awdur yn gorffen pennod, megis 'Y Barcud', er enghraifft, i sylweddoli hynny. Y mae'r darllenydd am wybod canlyniadau'r helynt yn y bennod nesaf. Ar y llaw arall, mae'n rhaid cofio mai gwaith llenor ifanc sydd yma a bod rhai olion anaeddfedrwydd yn gymysg â'r gamp. Enghraifft o hyn yw'r disgrifiad a geir o Loli yng nghorff y gwaith:

> Croen tyner iawn oedd ganddi, a gwallt coch; anghofiais ddywedyd hynny wrthych o'r blaen.[66]

Cymerodd hyd ddiwedd y llyfr (pan yw'n sôn am ddull y scŵl o ddysgu'r tymhorau) i gofio fod y scŵl yn gwisgo het bob amser – a ninnau, erbyn hynny, wedi hen gynefino â'r cymeriad. Nid yw fel pe bai ganddi weledigaeth glir ar gychwyn y gwaith, ac y mae arwyddion o ryw ymlwybro ymlaen. Mae ei cherddediad yn llawer mwy bwriadus yn ei gwaith diweddarach.

Yn union fel ag yn ei storïau cynnar, teimlo'i ffordd y mae KR yn *Deian a Loli*. Eisoes y mae ei hysgrifennu'n dangos cryn fedr, ac y mae ganddi bersonoliaeth sy'n rhoi ei stamp ei hun ar ei deunydd. O'r cychwyn, ysgrifenna'n oddrychol gan ddarlunio bywyd o'i safbwynt arbennig hi ei hun, pethau sy'n lliwio'i holl waith ac yn rhoi pwysigrwydd iddo. Yng ngeiriau O'Connor, y mae ganddi goment i'w roi ar fywyd:

> and that 'comment' seems to me to be what I mean when I talk of literature, a way of *describing and judging* so vivid and personal.[67]

O'r cyfnod bore, dyna gamp KR.

NODIADAU

1. Llythyr, dyddiedig 10/4/73, gan KR a roes y manylion hyn inni. Gweler, hefyd, Feirniadaethau'r Eisteddfod Genedlaethol.
2. Ifan ab Owen Edwards, (Gol.), *Cymru*, Cyfrol LXII, 1922, 135-138, stori fer, 'Prentisiad Huw'. Ibid., Cyfrol LXIII, 1922, 101-103, stori fer, 'Y Man Geni'.
3. D. Miall Edwards, (Gol.), *Yr Efrydydd*, Cyfrol II, Rhif IV, Mehefin 15, 1922, 82-85, stori fer, 'Yr Athronydd'.
4. E. Tegla Davies, (Gol.), *Y Winllan*, Cyfrol LXXVI, 1923, rhan o stori fer hir, 'Deian a Loli', 4-8.
5. D. Miall Edwards, (Gol.), *Yr Efrydydd*, Cyfrol III, Rhif II, Ionawr 15, 1923, 39-42, stori fer, 'Newid Byd'.
6. W.J. Gruffydd, (Gol.), *Y Llenor*, II, 86-9, stori fer 'Y Llythyr'.

7. Ibid, 225-30, stori fer, 'Pryfocio'.
8. E.D. Hirsch, Jr., *Validity in Interpretation* (Yale, 1967), pennod 3.
9. Ibid., 93
10. Graham Hough, *An Essay on Criticism* (Llundain, 1966), 86
    Gweler hefyd: Northop Frye, *Anatomy of Criticism* (Princeton), 1957, 33-52, a René Wellek a Austin Warren, *Theory of Literature* (Lundain, 1949), 235-247. Gwelir y dyfarniad a ganlyn ar t.241: 'Genre should be conceived, we think, as a grouping of literary works based, theoretically, upon both outer form (specific meter or structure) and also upon inner form (attitude, tone, purpose – more crudely, subject and audience). The ostensible basis may be one or the other (e.g., 'pastoral' and 'satire' for the inner form; dipodic verse and Pindaric ode for outer); but the critical problem will then be to find the 'other' dimensions, to complete the diagram'.
11. T. Pugh Williams; cyfieithiad o *Romeo a Jwlia'r Pentref*, Gottfried Keller (G.P.C., Caerdydd, 1954), 10-11
12. Frank O'Connor, *The Lonely Voice*, 25
13. W.G. Moore, *French Achievement in Literature* (Llundain, 1969), 85
14. E.M. Foster, *Aspects of the Novel* (Llundain, 1927), Pennod IV.
15. Dyfynnir geiriau Paul Heyse, yn llyfr J. Bithel, *Modern German Literature 1880-1938* (Llundain, 1939), 7
16. R. Pascal, *The German Novel: Studies* (Manchester, 1956), 113-114
17. Gweler E.K. Bennett, *A History of the German Nouvelle*, 16
18. W.G. Moore, *French Achievement in Literature* (Llundain, 1969), 84-85
19. E.K. Bennett, *A History of the German Nouvelle*, 13
20. Ibid., 8
21. DL, 7
22. John Gwilym Jones, *Y Goeden Eirin* (Dinbych, 1946), 17
23. DL, 8-9
24. Ibid., 43
25. Ibid., 126-127
26. John Gwilym Jones, *Y Goeden Eirin*, 17-18
27. Ibid., 25
28. Ibid., 20
29. PD, 45-53
30. Frank O'Connor, *The Lonely Voice*, 28
31. Ibid., 218
32. Bedwyr L. Jones, R. Gerallt Jones, (Gol.), *Yr Arloeswr*, 'Sulgwyn', 1958, 19
33. Frank O'Connor, *The Lonely Voice*, .25
34. Dyfynnir o Lythyrau Flaubert ar gychwyn llyfr Seán O'Faoláin, *The Short Story* (Efrog Newydd, 1951).
35. OGYB, 65-76
36. PD, 35-41
37. *Yr Arloeswr*, 'Sulgwyn', 1958, 19
38. DL, 11
39. Ibid., 7
40. 'Byw yr oedd pobl ar ôl priodi, ac nid caru', meddai yn 'Y Condemiedig', FFG, 84.
41. DL, 177
42. Ibid., 44
43. Ibid., 63

44. Ibid., 125
45. Ibid., 13
46. Ibid., 13
47. Alwyn D. Rees (Gol.), *Barn*, Rhif 129, Gorff. 1973. Adolygiad o *Gobaith* gan Dafydd Glyn Jones, tt. 404-5.
48. DL, 31
49. Ibid., 34
50. Ibid., 59
51. Ibid., 63
52. Ibid., 67-68
53. Dafydd Glyn Jones, *Barn*, Rhif 129, 404-405
54. F. Copleston, S.J., *Contemporary Philosophy* (Llundain, 1965), 205.
55. *Y Dyfodol*, Ion., 1964.
56. DL Wyneb-ddalen.
57. Guy de Maupassant, *Le Roman*, Rhagarweiniad i 'Pierre et Jean', (1888).
58. DL, 99
59. Ibid., 37
60. Ibid., 113
61. Ibid., 13
62. Ibid., 123
63. Ibid., 45
64. Bobi Jones, (Gol.), *Kate Roberts, Cyfrol Deyrnged* (Dinbych, 1969), 42
65. DL, 25
66. Ibid., 64
67. Frank O'Connor, *Towards an Appreciation of Literature* (Dulyn, 1945), 6

PENNOD III

O Gors y Bryniau – Y Grefft

Ni ellir tynnu person oddi wrth ei gyfnod. Pan ddechreuodd KR ysgrifennu storïau byrion, yr oedd Richard Hughes Williams newydd farw. Er nad oedd yn enwog iawn nac yn ddylanwadol yn y byd llenyddol, hannai o'r un ardal â KR, a gwyddai hithau'n dda am ei storïau. Hon hefyd oedd ardal Glasynys, (1828-1870), y casglwr straeon llafar gwlad yn bu KR yn gwneud ymchwil am ei waith a'i fywyd.[1] Ac yr oedd yna draddodiad o adrodd straeon yn yr ardal yn y cyfnod hwn. Sonia KR am hyn yn *Crefft y Stori Fer*:

> Ond mae yno draddodiad straeon er hynny, chwarelwyr yn mynd i dai ei gilydd gyda'r nos yn y Gaeaf, troi i mewn heb wadd, ac yn ddieithriad fe fyddai yno adrodd straeon, ond storïau diddan fyddent, o deip yr 'anecdote', ac adrodd troeon trwstan cyd-chwarelwyr.[2]

Hwn hefyd oedd cyfnod bri storïau rhai fel R.G. Berry, ac R. Dewi Williams.

Cyfeiriwyd at weithiau awduron o'r fath i beri sylweddoli nad oedd traddodiad y stori fer, fel y gwyddom ni amdano, yn bod yng Nghymru i KR afael ynddo. Yn wir, traddodiad gwantan iawn oedd i'r ffurf yn Lloegr, er y gallai ysgrifenwyr y wlad honno edrych i'r Unol Daleithiau am swcr a phatrwm. Yr oedd yn rhaid i unrhyw awdur yng Nghymru edrych am elfennau mewn traddodiad llenyddol gwahanol i'r un Cymraeg i chwilio am fodelau. Camp fawr KR yw iddi lwyddo i fanteisio ar gryfder y traddodiad rhyddiaith Cymraeg ac iddi gymreigio unrhyw ddylanwadau estron a fu ar ei gwaith i greu sylfaen celfyddydol cadarn i'r stori fer Gymraeg.

Mae hi ei hun yn cydnabod y dylanwad Cymreig yn *Crefft y Stori Fer*:

> Credaf fod darllen y Mabinogi, yn y gwreiddiol a'r arddull gwta, glir, brawddegau byrion sy'n llawn awgrym wedi bod yn help mawr imi, er yn anwybodol efallai.[3]

Mewn man arall, meddai:

> O'r stori werin mae storïau Cymru wedi tyfu.[4]

Cyndyn iawn, ar y llaw arall, ydyw i dadogi unrhyw ddylanwad ar awduron o wledydd eraill:

> Yr hyn a wnaeth darllen straeon byrion o ieithoedd eraill i mi ydoedd, nid gwneud imi ddymuno dynwared eu dull, na benthyca dim oddi arnynt mewn unrhyw fodd, ond dangos imi fod deunydd llenyddiaeth ym mywyd fy ardal fy hun, ac yn arbennig wedi darllen awduron na fynnent y dull o gloi stori yn glyfar. Yn wir gwnaeth imi benderfynu ar ddull cwbl groes i'r eiddynt hwy. Ond mae darllen bob asmer yn rhoi sbardun imi sgrifennu.[5]

Ond, ar yr un gwynt, y mae'n sôn am gael blas ar waith Maupassant yn Gymraeg, ffaith sy'n ddiddorol pe bai ond oherwydd y ffaith mai *Boule de Suif* yr awdur hwn a nodir, yn ddieithriad gan rai sy'n ceision diffinio *nouvelle*, fel yr enghraifft berffeithiaf o'r ffurf honno. Y mae KR, hefyd, yn enwi Katherine Mansfield (sy'n ddiddorol oherwydd mai trasiedi deuluol a roes gychwyn i'w gyrfa lenyddol hithau), a'r Americanwr O'Henry, meistr y stori â thro yn ei chynffon. Fe wnaeth model *nouvellaidd* Maupassant, a diweddgloeon O'Henry ddylanwadu arni – yr olaf, am gyfnod byr yn unig (a hynny hwyrach drwy Richard Hughes Williams), a'r blaenaf, ar hyd ei oes.

*   *   *   *

Y mae i'r geiriau 'crefft' a 'chelfyddyd' ystyron arbennig mewn beirniadaeth lenyddol. O bryd i'w gilydd defynddir termau fel 'dawn' a 'dysg'[6] yn eu lle, ond termau ydynt i wahaniaethu rhwng cynnwys gwaith a'r rhywbeth anniffiniadwy sy'n rhoi bywyd iddo, rhywbeth tebyg i gorff ac ysbryd. Yn y bennod hon fe'u defnyddir i wahaniaethu rhwng gwahanol elfennau mewn gwaith llenyddol, sef testun rhan gynta'r drafodaeth; a'r effaith gyfansawdd a geir o roi'r cwbl efo'i gilydd, sef testun yr ail ran. Rhannau'r corff yw'r grefft; y dyn i gyd yw'r gelfyddyd.

Cyn inni sylwi ar waith KR, *O Gors y Bryniau*, byddai'n fuddiol cymryd cip ar ddyfyniad o ddrama ddirwestol boblogaidd a gyfieithwyd ganddi cyn iddi ddechrau ysgrifennu storïau byrion – ni restrir y cyfieithiad hwn yn ei chyfrol deyrnged:

> "Wel, gan fod yn rhaid i mi siarad – gwrandewch arnaf Rhisiart – a pheidiwch a digio. Dyma sydd yn achosi'r gofid (yn pwyntio at y botel). Mae ei chynnydd yn raddol ond yn sicr – hi ydi pla ein cartref bach – hi ydyw melldith deifiol ein cylch dedwydd, y gwenwyn angeuol sydd yn llygru ac yn deifio pethau – yn gwneuthur y da yn ddrwg. Nid yw ei swyn

ond rhag-arweiniad i ddistryw – mae'n swyno yn ei chynnydd, ond ei diwedd yw y bedd. Pa sen mor chwerw a chael ei alw'n feddwyn? Edrychwch ar y canlyniadau sy'n aros y rhai sydd yn ysglyfaeth iddi. Dirmygir hwy gan eu cyd-ddynion fel pe baent bla. Arswydant y dydd oblegid ni allant oddef llygaid gwawd, hiraethant y nos er mwyn cael gorchuddio eu hunain a thywyllwch."[7]

Y mae'r iaith yma, yn amlwg, yn drwm o dan ddylanwad traddodiad rhyddiaith y bedwaredd ganrif ar bymtheg.[8] Y mae'r darn yn Feiblaidd ei rediad a'i eirfa; ac yn areithiol ei ruthrau. Nid yw'n perthyn i'r ugeinfed ganrif. Perthyn yn hytrach i ganrif *Straeon Glasynys*:

Pwy bynnag a chwenycho weled a chlywed dulliau a chwedlau yr hen bobl dda sydd wedi ein gadael ers llawer oes, deued hefo ni am noson i Gwm Blaen y Glyn. Beth bynnag, yr ym ni am fyned yno'n brydlon fel y caffom ran o ddifyrrwch diniwaid pobl wreiddiol y byd, – pobl nad oes ond un argraffiad ystrydebol ohonynt i'w gael ar glawr daear. Amser hyfryd i deithio ydyw Hydref, os bydd hi'n sych. Bydd y grug yn gochach, y mynyddoedd yn felynach, y goedwig yn fwy rhwdgoch yr adeg hon nag un amser arall, y planhigfeydd yn llawn dail, er bod llawer wedi cwympo; a'r llwyni derw tewfrig heb ddinoethi eu canghennau esgyrniog, er bod aml gorwynt cuchiog beiddgar wedi cynnig eu hysgrialu.[9]

Os rhywbeth, y mae mwy o adnodau'n dod i'r cof wrth ddarllen y dyfyniad cyntaf nag wrth ddarllen yr ail. Nodwedd yr ail yw'r cerfio brawddegau bwriadus, mawreddog, ymffrostgar sydd ynddo. Y mae'r ddau ddyfyniad yn dangos i ni pa mor anaddas oedd y Gymraeg a ysgrifennid ar ddiwedd y bedwaredd ganrif ar bymtheg a dechrau'r ugeinfed ar gyfer ysgrifennu storïau byrion. Er bod yr iaith wedi ei hystwytho'n syfrdanol gan Dewi Williams a'i debyg, eto iaith ddigon anhyblyg, startslyd, a chrefyddol ei chyfeiriad a etifeddodd KR. Rhan o'i mawredd yw iddi ei thylino ei hymestyn a'i hyblygu i'w gwneud yn addas ar gyfer ymdrin ag unrhyw bwnc.

Ond, ar y cychwyn, y mae olion yr hen draddodiad i'w gweld yma ac acw yn ei waith. Clywir am Deian yn dod i 'gysylltiad ffraeyddol' â'r scŵl yn *Deian a Loli*; y mae Dora Lloyd am gael y llo yn ôl 'cyn yr amser penodedig' ('Y Wraig Weddw'). Gwelir olion addysg Seisnig yr oes, hefyd, yng ngwaith cynnar KR. 'Rhoddodd y meddwl hwnnw mewn gweithrediad,' meddir am Domos 'Y Man Geni'.[10] Ôl 'eli penelin' ac nid 'bôn braich' sydd ar dŷ Ann Jôs ('Prentisiad Huw'), a 'rhyw bysgodyn allan o ddŵr' ydyw John ('Hiraeth'). Er mai idiomau iaith ei chefndir yw'r rhain, y mae eu tarddiad yn ddiamwys Seisnig.

O'r ochr arall, y mae rhywun yn teimlo fod KR yn ceisio adweithio yn erbyn tlodi geiriol ei chyfnod, a'r holl draddodiad a nodir uchod drwy lusgo geiriau ac ymadroddion grymus ei chymdeithas i mewn i'w gwaith gerfydd eu clustiau, geiriau fel 'sgwd' a 'dincod ar ddannedd'. Byddai pawb call yn sicr yn cydnabod fod dewis yr union eiriau i ddisgrifio teimladau a syniadau yn rhan o ogoniant ysgrifennu KR, ond y mae rhywun yn teimlo ei bod, hwyrach, yn y gweithiau cynnar yn cynnwys rhai geiriau er eu mwyn eu hunain ,yn hytrach na'u dewis i fod yn ddrych neu fynegiant ffyddlon a didwyll o brofiad arbennig.

Yn *Deian a Loli* ac *O Gors y Bryniau* y mae un yn sylwi ei bod, dro ar ôl tro, yn diffinio geiriau a dywediadau, geiriau fel 'tyddyn', 'traddodiad' a 'gwellt medi' ('y gwair ir hwnnw a dyf yn rhimin glas yng nghanol gwair arall ac a dyn ddŵr o ddannedd gwartheg'[11]) i wneud yn siŵr fod pawb yn eu deall. Y mae hyn eto'n rhan o'r un adwaith i'w hamgylchfyd. I mi, rhywbeth yn goferu o'r hen draddodiad a etifeddodd KR yw hyn.

Ar hyn o bryd, â iaith naratif KR y mae a wnelom ni, a dywedwyd eisoes iddi ystwytho traddodiad a oedd yn dioddef cryn dipyn oddi wrth gryd y cymalau. Y mae'n anodd coelio mai'r person a ysgrifennodd 'Y Botel' yw awdur y portreadau a ganlyn. Ynddynt gwelir meistrolaeth ar y ddawn o ddewis prif nodweddion cymeriad a gadael i'r rheini gynrychioli'r cyfanrwydd – yn *Deian a Loli*, er enghraifft. Rhyw un ffaith a gawn am y scŵl, ond mae'n ddigon i ni allu llenwi'r bylchau â'n dychymyg:

Dywedai rhai pobl nad oedd y scwl yn rhyw gall iawn, neu o leiaf y byddai'n colli arno'i hun yn lân ar adegau. Weithiau rhoddai wib ar redeg o un pen i'r llall o'r ysgol, hynny a fedrai, ei het ar ochr ei ben a'i ddwylo dan lapedi ei gôt.[12]

Dyma dechneg naratif ffilm, techneg y manylion cynrychioliadol: ni wnâi Eisenstein yn well.

Ceir yr un dechneg yn y disgrifiad o Elin Wmffras, Bryn Sais yn dod i dŷ Ann Jôs a honno'n golchi:

wedi ymwisgo yn ei dillad noson waith, a'i ffedog ddu o'i blaen, a'r ffasiwn dro yn ei gwefus, fel pe heb weld diwrnod golchi erioed yn ei bywyd.[13]

Y mae'r 'tro yn y gwefus' yn dweud y cwbl sydd ei angen i ni ddeall y sefyllfa, dim mwy, dim llai.

Dro arall, nid nodweddion corfforol (a'r rheini'n ddrych o'r cymeriad mewnol) a geir, eithr rhyw un sylw sydd megis yn rhoi conglfaen cymeriad person inni'n unionsyth. Disgrifir cyflogwr Huw yn 'Prentisiad Huw' fel: 'dyn anfarddonol, a rhy urddasaol i ddefnyddio geiriau mawr',[14] sylw sydd yn ei hoelio'i hun ar y meddwl yn syth. Weithiau rhoir darlun anuniongyrchol i'r darllenydd fel yn 'Yr Athronydd':

> Hen lanc oedd yr athronydd yn byw gyda'i chwaer. Flynyddoedd yn ôl cyfarfu â damwain yn y chwarel, ac ni weithiasai fyth oddi ar hynny. Dywedai rhai i'r ddamwain effeithio ar ei ben. Maentumiai pobl garedig eraill mai'r felancoli oedd arno, a phobl garedicach na hynny mai diogi. Tae waeth am hynny, ni pheidiodd Ifan Del Coed â darllen o'r dydd hwnnw hyd yn awr, a rhoddodd ei hen gyfeillion yn y chwarel y ffug-enw 'Athronydd' arno.[15]

Mae'r disgrifiad yn fyr, yn syml, yn gryno ac yn glir.

Y mae *O Gors y Bryniau* yn frith o'r cyfryw ddisgrifiadau. Cyfarfyddwn 'y stiward bach' a Morgan Owen yn 'Newid Byd', Catrin a Wil Owen yn 'Pryfocio', Bob Ifans a Nel a'i gŵr yn 'Y Wraig Weddw', a gellid amlhau'r cyfeiriadau. Eithr dylid tynnu sylw at un peth, sef bod KR yn arbrofi â gwahanol ddulliau o bortreadu. Cafwyd enghreifftiau o'r bywgraffiadau bras, byr, a'r rheini'n uniongyrchol ac anuniongyrchol. Ceir enghraifft dda o'r ddau fath gyda'i gilydd yn 'Henaint'. Down i wybod am galon dyner a natur bryderus yr hen wraig (pan oedd hi'n ifanc) drwy glywed am Twm, fel 'yr oedd rhaid iddo wisgo mwstard mewn gwlanen ar ei frest drwy'r gaea a'r ha bron',[16] tra down i wybod am y newid mawr sydd wedi dod drosti wrth gyfosod dau ddarlun, a'r ddau megis yn toddi i'w gilydd:

> Nid y breichiau yma a welais i ers talwm yn tylino padellaid o does, nes byddai yn gwegian fel tonnen odani. Ychydig o'i hwyneb oedd i'w weld yrwan, oblegid clymai llinynau ei chap o dan ei gên.[17]

Y mae KR, yn union fel Tchekov, yn dewis ei hallanolion yn fanwl er mwyn iddynt awgrymu'r natur fewnol – y mae paragraff agoriadol 'Y Wraig Weddw' yn enghraifft berffaith o hyn.

Weithiau y mae KR yn dewis dadlennu cymeriad inni drwy ddialog:

> Yr wyf yn mynd i gredu mwy a mwy mewn sgwrsio mewn nofelau. Mae Miss Ivy Compton-Burnett yn sgrifennu ei nofelau i gyd bron mewn sgwrsio, nid oes ganddi fawr ddim disgrifio. Ac mi gredaf fi y gall fod yn effeithiol iawn. Mae dyn yn dweud mwy am ei gymeriad mewn sgwrs fer, nag y geill penodau o ddisgrifio gan yr awdur ei wneud. Hefyd mae sgwrsio yn dyfod yn naturiol rywsut i mi, oherwydd fy nghodi ar aelwyd lle'r oedd sgwrsio tragwyddol. Byddaf yn clywed y sgwrsio hwnnw yn

fy nghlustiau o hyd (dyna sut y gallaf gadw fy idiomau Cymraeg) er bod
y lleisiau eu hunain wedi tewi ers llawer blwyddyn.[18]

Y mae KR yn manteisio ar ei dawn gynhenid i ysgrifennu sgwrs hyd yn oed yn
ei gweithiau cyntaf. Mesur ei meistrolaeth ar grefft yw ei bod yn gwneud i'w
dialogau ddadlennu cymeriad neu agwedd meddwl bob tro. Dylid cadw
mewn cof un ystyriaeth, sef: a oes gwahaniaeth rhwng yr iaith a ddefnyddir
gan KR mewn naratif, a'r iaith a ddefnyddia mewn dialogau. Fe ddywedodd
Myrddin Lloyd mai cyfuniad o Gymraeg llenyddol a thafodiaith bro yw
Cymraeg KR.[19] Ni ellir anghytuno â hynny, ond y mae'r cytbwysedd rhwng y
ddau fath o iaith yn amrywio yn ôl y cyd-destun. Ystyrier y ddau ddyfyniad
a ganlyn:

1. Un o'r boreau hynny yn yr haf ydoedd, pan fydd edafedd y gwawn yn
    dew, neu'n hytrach yn denau ar hyd y perthi, a sŵn traed a siarad
    chwarelwyr i'w glywed fel sŵn gwenyn yn y pellter agos. Safai William
    Gruffydd a'i bwysau ar ddôr fach yr ardd â'i olygon yn edrych ymhell,
    heb fod yn edrych i unman neilltuol. Yr oedd rhyw olwg hiraethus yn
    ei lygad; ond, o ran hynny, fel yna'r edrychai William Gruffydd bob
    amser. Teimlech ryw ias tosturi yn cerdded eich holl gorff bob tro y
    byddech yn agos iddo. Y bore hwn edrychai'n fwy hiraethus nag arfer,
    ac yn rhy synfyfyriol i gymryd sylw o'r chwarelwyr yn codi eu dwylo
    arno wrth basio.[20]
2. 'Ma'n debyg, Mrs. Jones, bod yn syn gynoch chi 'y ngweld i yma'r bora
    'ma?'
    'Dyma jest be o'n i'n feddwl 'rwan.'
    'Ma'n reit gas gen i ddeyd wrthach chi nad ydi Huw a finna ddim yn
    rhyw gyd-dynnu'n dda iawn.'
    'O.'
    'Nag ydan, bachgen go anodd 'i drin ydi o.'
    'Ma hynny'n dibynnu ar y sawl sydd yn 'i drin o.'
    'Nag ydi, wir, mi goelia i ma fel 'na basa Huw efo pawb.'
    'Fydd o byth yn anodd 'i drin adra, ac ma Effrain a minnau'n rhywun,
    Mr. Huws.'
    'O Wel, Mrs. Jones, ma gwahaniaeth rhwng plant gartra ac oddicartra.
    Fel rheol, y rhai sydd ora adra, sydd waetha pan dro nhw'i cefna ar 'i
    rhieni.'
    'Ma hynny'n dibynnu ar y lle'r â'n nhw iddo fo, Mr. Huws.'[21]

'A man's style will change according to what he is doing with it', meddai
Bonamy Dobrée.[22] Yn sicr, y mae yna wahaniaeth rhwng y ddau ddarn uchod.

Egyr y cyntaf yn farddonol freuddwydiol (o fwriad) ac y mae ei frawddegau wedi eu saernïo'n fwriadus, pob un yn uned gyflawn, i gynnwys syniad gorffenedig. Mae'r rhuthm yn rheolaidd bron, a hynny'n cydweddu i'r dim â naws fyfyrgar y darn, ac nid oes na llurgunio ar gystrawen, na gair. Ar y llaw arall, fe lurgunir geiriau ac ychydig ar y gystrawen yn yr ail ddarn a chynwhysir ffurfiau benthyg fel 'jest' a 'reit' a ffurfiau llafar y ferf fel 'basa'. Y mae'r brawddegau hefyd yn fyrrach ac yn gyflymach. Portreadir dau yn ymladd â chleddyfau geiriol, ac o bryd i'w gilydd mae un yn torri i mewn cyn i'r llall gyflwyno'r syniad cyflawn mewn geiriau yn uned gyflawn dwt – yn union fel y gweir mewn sgwrs bob dydd. Yr iaith lenyddol wedi ei gwisgo mewn dillad bob dydd sydd yn y ddialog, tra gwelir hi mewn dillad parch yn y darn cyntaf. Os cymharwn ni iaith KR a iaith W.S. Jones, dyweder, fe welwn mai dwyn peth o ystwythder llafar i'r iaith lenyddol y mae KR: cymryd y llafar yn sylfaen a thylino hwnnw y mae Wil Sam. Hynny yw, *llenyddol* yw safon waelodol KR; *llafar* yw sylfaen Wil Sam.

Sylfaen lenyddol sydd i ddialogau KR, er gwaetha'r talfyrru geiriau a chynnwys ambell i air llafar a geir ynddynt, ond y mae i'r dialogau sylfaen mewn rhuthmau iaith bob dydd. Yn *Deian a Loli* ac *O Gors y Bryniau* meistrolodd yr iaith hon ddigon i'w gwneud yn erfyn hyblyg iawn. Gall gyfleu'r iaith ddifeddwl, ffuantus, otomatig y mae hyd yn oed ffrindiau mynwesol yn ei defnyddio pan mae argyfwng angheuol wrth ddrws rhywun arall. Ystyrier y dyfyniad hwn o'r stori 'Henaint', lle y mae Ann, gwraig Twm (y ffrind sy'n wael), yn siarad ag adroddwr y stori:

'Sut 'roeddat ti'n weld o?' meddai.

'Yn well nag roeddwn i'n meddwl,' meddwn innau, gan ddweud anwiredd [sy'n dangos ei fod o leiaf yn ceisio arbed y wraig rhag gorfod wynebu'r gwir].

'Mae o'n frenin heddiw wrth yr hyn fuo fo,' ebe hi. 'Ambell ddiwrnod mae o'n cael poenau ofnadwy. A wir,' ebe hi gan fygu ochenaid, 'lliw drwg iawn mae'r doctor yn 'i roi ar betha.'

'Wyddan nhwtha mo'r cwbwl,' meddwn innau, 'beth mae o'n ddeyd ydi'r matar?'

'Tydi o ddim yn deyd yn rhyw blaen iawn,' ebe hithau. 'Ond rhaid imi fynd i'r tŷ. Paid â bod yn ddiarth.'

'Mi ddo i yn o fuan eto,' meddwn i wrth groesi'r gamfa i'r cae. Ond i'm cywilydd nid euthum am hir iawn.[23]

Y mae yna rywbeth sy'n bathetig anobeithiol yn y sgwrs, ac eto y mae'n naturiol, ac yn dangos cryn grefft yn ei llymder noeth. Egyr y sgwrs â brawddeg gan Ann sy'n chwilio am obaith, er gwaetha'r ffaith fod y rhan rhesymol ohoni yn derbyn dedfryd y meddyg, a cheir y geiriau stoc cysurus yn ateb gan y storïwr er bod y dyn mewnol yn credu'n wahanol (ac yntau newydd ddwued, 'Synnais yn fawr pan welais ef yn y fan honno yn eistedd wrth y tân; yr oedd golwg wael iawn arno'.) Dyma inni gip ar thema y mae gan yr awdur ddiddordeb ynddi, sef yr *appearance* a'r realiti a geir gan Daniel Owen. Mae'r sgwrs uchod yn cyfleu poen Ann inni, ond y mae hefyd yn cyfleu pa mor ddi-ddim yw person sydd y tu allan i ffiniau trasiedi, mewn gwirionedd, pan yw'n dod wyneb yn wyneb â hi. Cwympa'n ei ôl ar ystrydebau. Y mae'n anodd iddo hefyd gydymdeimlo, hynny yw, mynd allan ohono'i hun a dod i ymwybod â phoen rhywun arall.

'Mae dyn yn dweud mwy am ei gymeriad mewn sgwrs fer, nag y geill penodau o ddisgrifio gan yr awdur ei wneud',[24] meddai KR unwaith. Yn yr enghraifft isod, o'r stori 'Hiraeth', dadlennir cymeriad John Robaits a'i wraig Elin i ni'n gynnil a chryno yn eu sgwrs:

> [John] 'Mi fasa'n well gin i fyw mewn byd gwan nac mewn byd du fel hwn. Twyt ti yn cael fawr o gysur ond hynny gei di wrth ennill arian yn y fan yma.'
> 'Wel, dyna beth na chest ti mono fo yn y North am flynyddoedd gora d'oes.'
> 'Ella wir, ond mae'n haws magu plant yno, a hynny ar lai o arian. Mi gaiff dyn laeth enwyn ne rywbeth yn fanno. Ond am y fan yma, rhaid iti dalu crogbris am dipyn o laeth enwyn.'
> 'Ia, ond weli di, John, 'rwyt ti yn cael arian i dalu amdano fo yn y fan yma. Well i ti dalu grôt am chwart o laeth enwyn na chael wyth chwart am geiniog, a dim ceiniog yn y tŷ.'
> 'Mae rhywbeth yn dy bethau di hefyd, Elin,' ebe John.[25]

Hyd yn oed yn y darn bychan hwn mae un yn ymwybodol o gymeriad diwylliedig, gwâr, dwfn John, a'i natur gymesur, garedig, deg; ac o gymeriad Elin, sydd yn berson ymarferol, â'i thraed ar y ddaear, stoicaidd hyd yn oed. Hwyrach fod y ffaith i KR ysgrifennu 'rwbeth' yn lle'r 'rwbath' arferol i fod i ddangos dyn yn dechrau newid ei acen wrth iddo gartrefu yn y De? Beth bynnag, mae clust yr awdur yn ddigon main i fentro llunio sgwrs yn nhafodiaith y De ar ddiwedd yr un stori ac, i mi, beth bynnag mae'r sgwrs honno'n argyhoeddiadol.

Gellid amlhau enghreifftiau o storïau eraill, rhai megis 'Newid Byd', 'Y Wraig Weddw', a 'Henaint' lle gwelir yr un grefft gelfydd gywrain o dan wyneb ymddangosiadol syml a naturiol. Fel y dywed Flaubert mewn llythyr at Louise Colet:

['y delfryd yw] defnyddio dialog fel cyfrwng portreadu ac eto heb adael iddi fynd yn llai bywiog a manwl gywir, rhoi arbenigrwydd iddi tra pery i ddelio â phethau cyffredin.[26]

Y perygl, wrth sgwrs, pan yw rhywun yn delio â'r cyffredin mewn sgwrs yw fod y sgwrs yn mynd yn ddim ond recordiad o'r hyn a ddywedir heb i'r geiriau awgrymu dim amgenach. Fe geir ambell ddialog fel hyn yn *Deian a Loli* ac yn *O Gors y Bryniau*, eithr cymerwyd sawl cam i gyfeiriad amgenach.

Un nodwedd ar gael clust dda yw gallu rhyfeddol KR i ysgrifennu'n hupnotig, yn null James Joyce ac Ernest Hemingway. Nid yw KR yn enwi'r ddeuddyn hyn ymysg ei hoff awduron yn unlle, am a wn i, ond y mae rhywun yn amau ei bod hi'n gyfarwydd â'u gwaith. [Nodyn golygyddol: Fe gyfieithodd KR un o storïau Joyce, 'The Dead', i'r Gymraeg.] Cymherir Joyce a Hemingway, gan Frank O'Connor, i ddau ddewin yn consurio ac yn dweud, 'Rwyt ti'n mynd i gysgu,' bob yn ail a pheidio. Gall KR wneud hyn, hefyd, pan yw'n dymuno. I weld sut y mae'r hud hwn yn gweithio gadewch i ni edrych ar ddyfyniad o ran un 'Big Two-Hearted River', gan Ernest Hemingway, sy'n disgrifio trip pysgota i dir coediog:

> There was no underbrush in the island of *pine trees*. The *trunks* of the *trees* went straight up or slanted towards each other. The *trunks* were sraight and *brown* without *branches*. The *branches* were *high above*. Some interlocked to make a solid *shadow* on the *brown forest floor*. Around the grove of *trees* was a bare space. It was *brown* and soft underfoot as Nick walked on it. This was the over-lapping of the *pine*-needle *floor*, extending out beyond the width of the *high branches*. The *trees* had grown tall and the *branches* moved high, leaving in the sun this bare space they had once covered with shadow. Sharp at the edge of this extension of the *forest floor* commenced the sweet fern. Nick slipped off his pack and lay down in the *shade*. He lay on his *back* and looked up into the *pine trees*. His neck and *back* and the small of his *back* rested as he streched. The earth felt good against his *back*. He looked up at the sky, through the *branches*, and then shut his eyes. He opened them and looked up again. There was a wind *high* up in the *branches*. He shut his eyes again and went to sleep.[27]

Yma, y mae Hemingway'n ceisio ail greu awyrgylch swrth trip pysgota Nick i ryw dir coediog, ac fe wneir hyn â geirfa fechan iawn, geirfa fel 'water', 'trees', 'stream', 'current', 'shadow,' 'branches', 'high'. Y mae'r effaith yn un ddiddorol. Wrth ailadrodd y geiriau a'r ymadroddion allweddol y mae Hemingway fel pe'n ein suo i ryw led gwsg, a derbyniwn ninnau beth o'r profiad gwreiddiol a greodd yr awdur.

Efallai na sylwodd KR ar y dechneg yng ngwaith na Joyce na Hemingway; ond y mae'n rhan o'i chrefft hithau, a cheir sawl enghraifft yn *O Gors y Bryniau*. Dyna'r disgrifiad a geir o Bob Ifans yn 'Y Wraig Weddw':

> Dyn heb fod yn rhy dal, ei goesau yn rhy hir i'w gorff efallai, wyneb *glân* newydd ei eillio, gwallt wedi *britho*, het *ddu* a chrysbais *ddu* yn *llwyd* gan *lwch* llechi, trywsus melfared *gwyn* a chlytiau *llwydlas* o ôl llechen hydddo, a dau lygad *llwyd* yn edrych heibio i'r baich i weld ei ffordd. Disgynnai *llwch* y gwair yn *llwyd* hyd ei wyneb, ac arhosai *gweiryn* yma ac acw hyd ei fwstas'.[28]

Fe ddefnyddir y dechneg i roi argraff o ddyn hollol ddi-liw, i wneud inni sylweddoli fod cariad Dora wedi troi hyd yn oed hwn yn 'rhywun'.

Wedyn dyna'r disgrifiad o Twm yn cyrraedd y chwarel yn 'Y Man Geni':

> Dringodd yn araf ar hyd godre tomen y *chwarel*. Toc, daeth at *ben y twll* a gwelai'r dynion ar y *gwaelod* yn *fychain, bach*, ac eto, yr oedd y *dynion bychain, bach*, yn *gweithio*'n galed; yn *tyllu*, yn *tyllu*, yr *un amser*, yr *un mesur*, *o hyd, o hyd*. A chwysai Tomos drostynt ar *y lan*. Dechreuodd feddwl am ei dad, am y breuddwyd, oni fuasai'n well pe buasai yntau'n *gweithio* yn y *chwarel* efo'i ddwylo yn lle meddwl o hyd? Dechreuodd y *twll* droi a'r *dynion* i'w ganlyn. Aethant yn *bellach, bellach*. Collodd Tomos ei ben, syrthiodd *i lawr*, – a –[29]

Ychydig o eiriau syml – 'twll', 'gwaelod', 'dynion', 'bach', 'tyllu' – sydd ganddi yma, ond y mae'r effaith yn ddiamheuol, unwaith y mae rhywun yn aros i feddwl. Mae'n ail-greu'r chwarel mewn ychydig frawddegau mor gelfydd ac mor llwyddiannus â pharagraffau o ddisgrifio gan un fel T. Rowland Hughes, dyweder. Y mae, hefyd, yn ôl gofynion y stori arbennig hon, yn ceisio cyfleu effaith hupnotig yr olygfa ar Domos fel rhan o'r esboniad dros ei farwolaeth. Cwestiwn arall ydi a dderbynnir yr esboniad gan y darllenydd.

Yr oedd Hemingway (yn wahanol i Joyce) yn defnyddio'r dechneg yma yn ei ddialogau hefyd, a cheir cip ar bosibiliadau'r dechneg yn stori KR 'Pryfocio':

> 'Yn lle cest ti'r *coed* yna?' oedd cwestiwn cyntaf Catrin Owen.
> '*Coed y gwely* ydyn nhw.'
> '*Coed* be?'
> '*Coed y gwely*. Tân ydi'r *dodrefnyn* hardda'n y tŷ. Ia. Tân ydi'r *dodrefnyn* hardda'n y tŷ.'[30]

Ond, hyd y gwelaf fi, ni ddefnyddir y cyfuno a'r ailadrodd hwn mewn unrhyw stori arall yn *O Gors y Bryniau*.

Cyfeiriwyd eisoes at allu gweld KR, wrth basio, megis, eithr haedda'r gynneddf lawer mwy o sylw na hynny. Y mae'n amlwg ei bod yn gweld yr hyn a ddisgrifir ganddi â llygaid ei dychymyg: nid peintio â geiriau y mae. Y mae gan John Gwilym Jones enghraifft odidog o'r math olaf yn un o'i erthyglau, enghraifft o *Gŵr Pen y Bryn*, E. Tegla Davies. Yn yr enghraifft, y mae'n gwbl amlwg nad oedd Tegla Davies yn 'gweld' yr hyn a ddisgrifiai gan fod yr hyn sy'n digwydd i'r prif gymeriad yn gwbl amhosibl ei gyflawni!

Sylwer fel y mae KR yn *gweld* y diwrnod golchi yn nhŷ Ann Jôs, Tir Brith. Rhydd Ann Jôs 'bwniad efo'r stwnsiwr i'r dillad gwynion oedd yn ffrwtian ac yn ffritian ac yn gollwng glafoerion dros ên ddu'r sospon', ac fe'i dangosir, yn argraffiadol ffyddlon, inni. Gall yr awdur hefyd egluro sefyllfa mewn ychydig frawddegau o ddisgrifiad, fel yn 'Hiraeth':

> Yr oedd tân mawr coch yn y lle tân – tân digon mawr i rostio gŵydd o'i flaen, ac nid oedd cyfle i'w oleu daflu ei lewych ar y pared gyferbyn gan ddisgleiried goleu'r trydan a grogai o'r nenfwd. Cuddid y llawr teils coch a du gan linoleum tew eithr nid yn rhy dew i guddio'r ffaith mai teils a oedd o dano ac nid coed. Iaith popeth yn y tŷ hwn oedd fod y teulu'n byw'n ddel, ac mai gair amhriodol am eu tŷ a fyddai y gair 'llwm'.[31]

Y mae'n amlwg, yn syth, nad oes prinder ar yr aelwyd hon; a'r un mor amlwg fod gwraig y tŷ, o leiaf, yn ceisio bod yn dipyn o beunes. Y mae'r geiriau 'cuddio'r ffaith mai teils oed o dano ac nid coed' yn bradychu ffordd o fyw a gwerthoedd y teulu, neu ran o hynny, beth bynnag. Ond, wrth gwrs, y mae rheswm arall dros osod y darlun cylchgronol hwn ar ddechrau'r stori, a hwnnw yw ein bod ni i feddwl am y drasiedi sy'n mynd i chwalu'r holl ddedwyddwch yn nes ymlaen. Daw'r darlun wedyn yn rhan o'r coment sydd yn ymhlyg yn y stori, sef bod dedwyddwch arwynebol, allanol yn hollol ddiwerth os na cheir dedwyddwch mewnol, a bod yr ail yn bosib heb y llall. Yma cyfunodd KR ei gallu i weld â'i bwriadau artistig.

Dysgodd, hefyd, yn fore sut i ddisgrifio ar letraws, megis, gan adeiladu – weithiau – gymeriad yn gyfan gwbl bron drwy sgyrsiau'r cymeriad ei hun â phobl eraill. Disgrifiad o'r math yma a geir pan welwn y cymeriad Wmffra a'i ddau gi allan yn y caeau:

> Yna myned trwy gae, Sam yn cerdded tu ôl i Bob, a Bob tu ôl i Wmffra, yn drindod o'r un meddwl. Tros y gamfa fel tri milgi i Gae'r Boncan ac eistedd i lawr am dipyn. Yna gollwng y ffuredau a thri phâr o lygaid yn edrych i'r un cyfeiriad. Dyma'r gynffonwen allan, ac ar amrantaid, Sam yn ei gwar.[32]

Ar ôl y fath disgrifiad, byddai disgrifiad uniongyrchol o Wmffra'n wastraff.

Gall KR hefyd grynhoi cefndir ac awyrgylch mewn ffordd fwy traddodiadol yn hynod ddeheuig:

Diwrnod *trwm* ym mis Medi ydoedd. Tawch ar y môr, a mwg pawb bron â nogio wrth fyned allan drwy'r corn. Yr oedd rhyw *drymder annaturiol* yn yr awyr a rhyw *ddistawrwydd rhyfedd* ymhobman; y *distawrwydd* hwnnw a deimlir yn y wlad pan fo'r ysgol wedi ail agor ar ôl gwyliau'r haf.[33]

Mewn tair brawddeg consuriwyd awyrgylch hollol arbennig, hynny yn gymaint drwy rediad brawddegau, a sŵn ac ailadrodd geiriau â thrwy eu hystyr. Sylwer eto at dechneg y ffilm, y manylion cynrychioladol – y tawch a'r mwg. Y mae yma artist cyflawn wrth yr awenau, un sydd eisoes yn sicr o'i gamre.

Y mae'r artistri hwn i'w weld yn eglur yn y ffordd y mae KR yn cysylltu elfennau mewn stori. Gellid dyfynnu llawer enghraifft, ond dyma un fel esiampl – fe ddaw o'r stori 'Y Llythyr'. Yn y stori y mae Wmffra yn eistedd o flaen y tân mewn llety yn Lerpwl. Â'r 'camera' oddi arno am eiliad i ddisgrifio'r gegin; a thrwy ddisgrifio'r gegin y mae KR, ar yr un pryd, yn disgrifio'i aelwyd gartre (techneg a ddefnyddiwyd gan yr awdur droeon ar ôl hyn – er enghraifft, yn 'Henaint'). Ar ôl cymryd cip ar yr aelwyd cymer gip ar y tân:

> Yr oedd gan y tân ei hun gryn dipyn o orffennol a pheth dyfodol, ac yn y canol rhwng ei orffennol a'i ddyfodol gwelai Wmffra weledigaethau. Gwelai ei gegin ei hun gartref.[34]

Roedd KR yn ddigon o artist i fanteisio ar rywbeth oedd yn codi'n hollol naturiol o'i ddisgrifiad a'i droi i'w felin ei hun, a phwy a ŵyr na luniwyd y disgrifiad agoriadol i'r union bwrpas hwnnw?

Agwedd arall ar hyblygrwydd ei harfogaeth fel awdur yw ei gallu i newid ei lais. Y ei lyfr *Modern Prose Style* y mae Bonamy Dobrée yn dadlau mai un llais sydd gan bob awdur, ond bod artist yn gallu cuddio'r ffaith honno. Os gwir hynny, yna y mae KR, yn sicr, yn artist. Sylwer fel y mae'r llais yn newid yn y dyfyniad canlynol. Y mae William Gruffydd wedi ymddeol, ond y mae'n anfodlon ar ei fyd. Italeiddiwyd geiriau'r 'adroddwr':

> *Er gwaethaf pob rhyw siarad fel hyn dal i dyfu'r oedd gwair Bryn y Fawnog, ac nid oedd fawr o wahaniaeth yn y das wair ar ddiwedd yr haf; ni ddaeth esgyrn y gwartheg allan drwy'i crwyn, ac yr oedd Elin Huws yn dal i brynu llefrith yno. Wedyn dyna ardd Bodlondeb. Gallai drin tipyn ar honno i basio'r amser.* Ond beth oedd rhyw ddegllath ysgwâr o ardd i ddyn oedd wedi arfer palu rhydau bwy'i gilydd. Nid oes lle mewn gardd i ddyn felly droi ei draed, a byddai wedi palu rhes cyn bod eisiau poeri ar ei law unwaith arno. Peth go anodd yw i ddyn ei gyfyngu ei hun i ardd wedi arfer efo chae. *Lle i ddyn ysgwyd ei ddraed a'i ddwylo y galwai William Gruffydd gae. Galwai Williams y*

gweinidog beth felly'n eangder. 'Eangder', ebe'r olaf, gan chwifio'i ddwylo i'r dwyrain ac i'r gorllewin. 'Cae', ebe William Gruffydd, gan luchio tywarchen efo'i raw i'r awyr. Ond am ardd Bodlondeb, yr oedd mwy o dir yn tyfu'n chwyn ym Mryn y Fawnog.

Yr oedd William Gruffydd yn ddarllenwr mawr, a meddyliodd wrth adael y chwarel y cai ddigon o amser i ddarllen. Ond ni waeth i chwi heb ddarllen oni chewch rywun i sgwrsio ag ef ynghylch a ddarllenasoch.[35]

Y mae llais niwtral yr adroddwr, a llais dadleugar William Gruffydd yn cordeddu trwy'i gilydd yma, a'r cyfan wedi ei ysgrifennu yn y trydydd person. Y mae sawl llais gan KR wedyn, yn nes ymlaen yn yr un stori pan yw'n cofnodi sgwrs y caban.

Mewn stori arall, 'Y Wraig Weddw', y mae KR yn cyfleu sgwrs nerfus, 'ar draws ac ar led' gwraig sydd yn fodlon sôn am unrhyw beth wrth ei chwaer-yng-nghyfraith, ac eithrio ei gŵr. Nid y sgwrs ei hun a groniclir inni, ond adroddiad ohoni, a'r wyrth yw fod yr adroddiad hwnnw'n gallu cyfleu'r awyrgylch poenus, gyda'i frawddegu byrwyntog, sy'n neidio yma ac acw, fel iâr Ellis Wynne ar farmor:

> Yr oedd gan Dora lo, a thrwy fod y gwartheg yn eu llawn laeth, y llo a anfonwyd i bori'r tro hwn. Ac yn wir, bu ar Ddora hiraeth ar ei ôl wedi iddo fynd, oblegid nid oedd yn hollol fel lloi eraill rywsut. Magodd ef ar y bwced o'r cychwyn . . . Ond yr oedd am fagu'r llo hwn deued a ddelo, a chyn pen hir iawn aeth y llo bach yn rhyw ran o'i bywyd . . . A'r fath bleser oedd ei weld yn llyfu ei drwyn ar ôl gorffen ei lith ac yn estyn ei ben dros ymyl y rhesel i edrych ar ei hôl gan droi ei lygaid mawr, bolwyn! Teimlodd yn wir ddig ato unwaith. Fe dorrodd i mewn i gae'r lein ddillad ryw ddiwrnod, ac fe wnaeth ddifrod yno. Fe basiodd popeth rhad, ond fe gnodd bopeth drud onid oeddynt yn rhidyll fel bocs pupur, ac yn eu plith flows sidan gwyn, y blows lliw cyntaf i Dora Lloyd ei brynu ar ôl claddu ei gŵr. Yr oedd yn ddig hyd ddagrau wrtho ar y dechrau, . . . a meddyliodd mai peth chwithig oedd galw neb gwirion yn llo.[36]

Talfyrrwyd y dyfyniad, ond gwelir ehediadau meddwl Dora ac, yn sicr, nid prentis fyddai'n llwyddo i wneud hyn.

Yn ogystal ag ysgrifennu naratif gwrthrychol a goddrychol y mae KR yn mynd cyn belled â llunio cymariaethau priodol. O ddychymyg y cymeriad y daw'r tebygrwydd sydd yn y cymariaethau goddrychol hyn. Dyna Dora Lloyd yn 'Y Wraig Weddw' wedi colli ei phen am Bob Ifans, ac yntau'n dod i'r fferm i weithio'n amlach ac amlach iddi. Fel hyn y disgrifir un o'r ymweliadau:

Yr oedd hi yn y tŷ llaeth yn torri bara a 'menyn erbyn tê, a chlywai sŵn yn dyfod o'r gadlas trwy'r ffenestr agored tu cefn iddi. Sŵn ysgafn y gwair ydoedd, a disgynnai ar ei chlust, wrth luchio'r gwair o'r drol i'r das, *fel siffrwd pais sidan merch wrth gerdded.*[37]

Fe ellid bod wedi cymharu sŵn y gwair i amryw bethau, ac efallai y byddai'r awdur ei hun wedi dewis rhywbeth arall. Ond dewisa Dora'r gymhariaeth arbennig hon – sydd â chysylltiadau digon rhywiol ac erotig iddi – a hynny, gredaf i, am mai fel hyn yn union y teimlai. Wedi'r cwbl, dyma'r wraig a adawodd 'ychydig o wynder ei gwddf yn y golwg' o flaen y drych ar ddechrau'r stori.

Gellid amlhau'r math yma o gymhariaeth, eithr y mae'n rhaid crybwyll y math mwy arferol o gymhariaeth, sef yr un wrthrychol. Ceir enghraifft dda o'r math yma yn yr un stori eto. Dywedir fod Nel, chwaer-yng-nghyfraith Dora, a'i gŵr 'cyn debyced i'w gilydd a phar o gŵn tegan, ond bob pennau'r ddau'n troi'r un ffordd yn lle at ei gilydd'. Mae'r gymhariaeth yn gyforiog o ystyron. Nid oes cymaint o unigolrwydd yn perthyn i'r ddau yma ag sydd i gŵn tegan hyd yn oed! Ceir awgrym, hefyd, fod gan y rheini fwy o gariad at ei gilydd na'r ddau yma – y mae'r cŵn o leiaf yn edrych ar ei gilydd! Fe wŷr y cyfarwydd nad oes fawr o le i garu ym mhriodasau KR: 'byw [y mae] pobl ar ôl priodi, ac nid caru'.[38] Priodas oeraidd, fecanyddol, lle mae un yn dilyn y llall fel dafad yw priodas y stori hon, a dywedyd y cyfan wrthym am hynny mewn un frawddeg.

Ymhob llyfr a ysgrifennwyd ar Katherine Mansfield tynnir ein sylw at ei sensitifrwydd a'i synwyrusrwydd. Mae sensitifrwydd KR, os rhywbeth, hyd yn oed yn feinach. Yn *Crefft y Stori Fer* cyfaddefa ei bod yn 'ddynes groen-denau ofnadwy'. Meddai:

mae popeth yn fy mrifo'n ddwfn a'r briw yn aros am hir. Mae bywyd ei hun yn fy mrifo.[39]

Y mae yna frawddeg, hefyd, yn *Deian a Loli* sy'n mynd â ni i'r un cyfeiriad, yn dangos fod KR yn wraig hydeiml, a'i bod hefyd (er i hynny beri poen) yn rheidrwydd arni i ddefnyddio'r hydeimledd hwnnw pa sefyllfa bynnag y bo ynddi.

'Peth pryfoclyd iawn' meddai'r adroddwr (KR, o bosib?), 'ydyw gweled rhywbeth o bell ac heb fedru ei deimlo.'[40]

Sôn y mae yma am y môr a'r awyr, ond gallai mewn gwirionedd fod yn sôn am unrhyw beth. Gwelir enghraifft o'r synwyrusrwydd yma yn *Deian a Loli* pan yw Loli'n dechrau rhythu ar Miss Gruffydd yn yr ysgol:

Â llygaid agored mawr canlynai Loli yr athrawes i bobman yn yr ystafell. Sylwai ar bob osgo ac ystum o'i heiddo. A fesul tipyn newidiai'r athrawes. Aeth ei gwallt o felyn i frith, ei wyneb o fod yn llyfn i fod yn rhychlyd. Aeth ei brat du yn ffedog las a gwyn, a'i hesgidiau yn glocsiau ei mam. A'r munud hwnnw rhoddodd Loli un waedd annaearol dros yr ysgol, heb dynnu'r un o'i llygaid oddi ar yr athrawes.

'Isio mami,' ebe hi.

Cymerodd Miss Gruffydd hi ar ei glin, gan ddodi ei phen i orffwys ar ei mynwes, ond nid oedd o un pwrpas. Yr oedd bodis gwlanen gartre ei mam yn llawer esmwythach na blows lliain Miss Gruffydd.[41]

Yma arosodir dau lun ar bennau ei gilydd, a gwelir un drwy'r llall, sef techneg a ddefnyddir yn aml gan yr awdur yn ei storïau byrion.

Ceir enghraifft arall o'r un math o synwyrusrwydd yn y sôn am dro Ifan Dol Goed i'r mynydd yn 'Yr Athronydd':

Yr oedd rhyw asbri yn y grug hyd yn oed – *neidiai yn ôl* cyn gynted ag y sethrid ef, ac yr oedd ei *sŵn* wrth ei sathru fel miwsig offerynnau cerdd i gerddediad yr athronydd . . . Clywai *sŵn dŵr yn tincial* dros y cerrig fel sŵn chwerthin . . . Yn awr ac yn y man clywai *fwrlwm dŵr* yn codi wrth iddo *daro ei droed* ar fwsog, a chodai hynny ei ysbryd.[42]

Yna y mae'n cyrraedd 'gwyrdd *esmwyth*' ac yn edrych ar y 'mynyddoedd duon' o'i gwmpas. 'Edrychai rhai ohonynt fel petae'r Diafol ei hun wedi cipio darn ohonynt yn ei geg gan mor ysgythrog oeddynt.' Y mae yma apelio at o leiaf dri o'r synhwyrau, a'r hyn sy'n gwneud y peth yn fwy addas fyth yw'r ffaith mai disgrifio dyn sydd wedi deffro o drymgwsg y mae'r awdur. Y mae swyddogaeth bendant, felly, i'r ymfoddi synhwyrus.

Rhan o'r sensitifrwydd yw gallu KR i fynd o dan groen cymeriadau, rhai fel Tomos, yn y stori 'Y Man Geni', a'u *deall*. Nid yw Tomos yn gwrando ar fawr neb ond arno ef ei hun. Pan siarada'r Prifathro ag ef, ei unig ymateb yw:

Ni wnaeth Tomos ddim ond rhoi ei droed chwith ar gefn ei droed de, yn lle bod ei droed de ar gefn ei droed chwith o hyd.[43]

Y mae'n deall y teip yma o berson, a cheir dadansoddiad seicolegol craff o'r bachgen am ran helaeth o'r stori.

Ar y llaw arall, y mae rhai'n dadlau fod diffyg sensitifrwydd hefyd yn rhan o wneuthuriad KR, a hynny i un cyfeiriad yn arbennig.[44] Maentumia rhai beirniaid nad oes rithyn o hwyl a hiwmor yn ei gwaith, a phwysleisiant fod y rhain yn elfennau pwysig mewn bywyd; daliant fod ei ddarlun o fywyd yn dywyll. Ond nid yw'r ddadl yn un deg cyn belled ag y mae *Deian a Loli* ac

60

O Gors y Bryniau yn y cwestiwn, beth bynnag. Y mae yna ddigon o droeon trwstan yn y cyntaf, a digwyddiadau sydd yn ddigri ynddynt eu hunain – heb sôn am y ffordd yr ymdrinir â hwy – yn ymweliad yr efeilliaid â'r môr, a hedfan y barcud. A chwyd math arbenning o hiwmor ei ben yn gynnar yng ngwaith KR, sef yr hiwmor eironig. Pan ddaeth Deian a Loli i'r byd, 'Crio yn arw a wnaeth y fam, ond criodd fwy pan ddaeth ei chwaer yno i gynnig myned ag un ohonynt adref i'w fagu!' Disgrifiwyd sefyllfa ddigrif eironig arall, sef ymweliad y scŵl, yn gynharach yn y gwaith hwn. Ond y mae'r enghreifftiau gorau o'r digrif eironig yn *O Gors y Bryniau*, yn 'Heniant'. Yn y stori hon, sy'n un hynod drist, defnyddir hiwmor i wrthbwyntio'i thristwch sylfaenol, i'w chadw rhag mynd yn rhy drwm. Eithr y mae'r hiwmor yn dwysáu'r tristwch, a throi'r sefyllfa deuluol arbennig yr ymdrinir â hi yn un ingol eironig. Fe welir KR yn defnyddio'r un dechneg o bryd i'w gilydd drwy ei gwaith. Hwyrach y ceir yr enghraifft fwyaf amlwg yw 'Teulu Mari' yn *Hyn o Fyd*.

Y mae hiwmor mwy uniongyrchol hefyd yn *O Gors y Bryniau* – dyna inni'r darlun o Bob Ifans yn pegio'r mochyn, sydd â'r pwt yma wrth ei gynffon:

> Ac os medr merch ddal i feddwl yr un fath am ddyn wedi ei weld yn pegio mochyn, pan mae'n gymaint temtasiwn iddo dynnu ei wyneb i bob ffurf, fe argoela'n dda.[45]

Rhan o grefft KR yw ei gallu i'w rhoi ei hun yn esgidiau pobl eraill, a dyna'r ffordd y mae'n talu sylw i fanion, fel yn y disgrifiad enwog hwnnw yn 'Henaint' o'r chwarelwr sâl â'i 'ddwylo'n lân', disgrifiad y tynnodd yr awdur ein sylw ato.[46]

Eithr rhaid sôn ychydig am un diffyg sy'n codi'i ben yma ac acw, sef diffyg ymddiriedaeth KR yn ei darllenwyr, diffyg y dywedir fod Maupassant yntau'n euog ohono. Dro ar ôl tro, ar ôl awgrymu'n fachog, neu adeiladu sefyllfa, neu awyrgylch arbennig y mae KR yn rhoi gosodiad ffeithiol hollol ddiamwys o'n blaenau i wneud yn siŵr ein bod yn deall ac, wrth gwrs, y mae peth felly'n amharu ar ei chrefft. Dyma'n union sy'n digwydd, er enghraifft, wrth ddarllen 'Y Llythyr'. Yn y stori, y mae Wmffra'n anfodlon i ysgrifennu gartre, ac y mae rhywun yn dyfalu rhywsut mai'r ffaith ei fod yn anllythrennog sydd wrth wraidd ei anfodlonrwydd; er na wawriodd hynny ar ei gyd-letywyr. Ond fe roddir yn y stori eglurhad hanesyddol hir a diflas i esbonio'r methiant; dyma esboniad a oddefid mewn nofel, hwyrach, ond y mae'n afraid mewn stori os nad oes swyddogaeth bendant iddo. Ac nid unwaith y rhoir y neges ger ein bron! Meddir:

> Ond ni ddeuthai'r gwir, na allai efe ysgrifennu o gwbl, erioed ar draws eu meddwl. Ped aethant i'r un ysgol ag ef yn blentyn, efallai y gwybuasent . . .

nid aethant i'r un ysgol yn blant . . . ni ddaeth i'w meddwl erioed osod Wmffra ar yr un tir â hen bobl . . . Modd bynnag, ped aethant i Ysgol Pen Ffordd Wen gydag Wmffra, fe wybuasent i bob athro yn yr ysgol honno roddi pob gobaith i fyny.[47]

Bai arall mewn awdur storïau byrion yw *dweud* yn lle *awgrymu* neu *gyfleu*. Dywedodd O'Faoláin unwaith am Henry James – 'he tells too much, that is he has almost no power of suggestion'.[48] Y mae KR yn gallu awgrymu'n fachog, fel y gwelwyd yn gynharach, eithr y mae, yn fy marn i, yn cael aml i gam gwag hefyd. Yn 'Pryfocio', fe ddychwel Catrin Owen i weld 'torchau mawr o fwg' yn dod o'i simdde:

gwelai ei gŵr yn siarad ag Ann Huws y drws nesaf. Yr oedd ei llygaid hi'n goleuo mellt, ond edrychai Wil Owen yn ddigyffro hollol, ei ddwylo yn ei bocedi, a'i lygaid yn edrych i rywle, fel pe na bai Ann Huws yno o gwbl.[49]

Y mae'r sefyllfa yma'n gwbl glir, ond â KR ymlaen fel hyn:

a deallodd ei wraig mewn munud mai wedi dyfod yno i gwyno'r oedd ei chymdoges ynghylch rhoddi'r simdde ar dân, a'i dillad hithau allan.

Y mae hynny'n amlwg i bawb.

Y mae, hefyd, yn sbwylio disgrifiad trosiadol da yn 'Prentisiad Huw'. Yn y stori, y mae Elin Wmffras yn edrych ar ei chymdoges 'yn cyfrodeddu'r gynfas am ei braich'. Y mae'r darlun yn gyflawn, y mae rhywun wedi gweld y tebygrwydd rhwng y gynfas am ei braich â neidr a hefyd wedi gweld y berthynas rhwng un o'r siaradwyr â sarff, eithr y mae'n rhaid i'r awdur wneud yn siŵr eto drwy ychwanegu: 'yn union fel yr ymgyfrodedda neidr am y pren,' – a sbwylio'r hwyl i gyd.[50]

Eithr dysgu ei grefft y mae awdur yn ei weithiau cynnar; yno y mae'n ymgyfarwyddo â'r arfau y bydd yn eu trin am weddill ei oes, sef arfau'r iaith. Y wyrth yn *Deian a Loli* ac yn *O Gors y Bryniau* yw fod gafael KR ar yr iaith eisoes mor sicr.

1. Gweler S. Lewis, *Straeon Glasynys* (Llandysul, 1943), hefyd KR, *Ysgrifau Beirniadol* II (Dinbych, 1966), 'Glasynys a'i gefndir', 156-167.
2. S. Lewis, (Gol.), *Crefft y Stori Fer* (Llandysul, 1949), 10
3. S. Lewis, (Gol.), *Crefft y Stori Fer*, 19
4. B.L. Jones ac R.G. Jones, (Gol.), *Yr Arloeswr*, (Sulgwyn, 1958), 22. Fi biau'r italeiddio.
5. S. Lewis, (Gol.), *Crefft y Stori Fer*, 11
6. Gweler D. Gwenallt Jones, *Blodeugerdd o'r Ddeunawfed Ganrif* (Caerdydd, 1953); Rhagymadrodd, t.xiv.
7. Kate Roberts, 'Y Botel', (Drama ddirwestol boblogaidd wedi ei chyfieithu drwy ganiatâd). Nid oes dyddiad ar yr argraffiad, ond tybia'r awdur mai rhwng 1908-10 y cyfieithwyd hi.
8. Ceir yr un math o sgwrsio areithyddol yn holl ffuglen ddirwestol y ganrif bedwaredd ganrif ar bymtheg. Gweler cyfieithiad Daniel Owen, *Deng Noswaith yn y Black Lion*, neu *Llywelyn Parri*, gan Llew Llwyfo. Mae'r areithio, a oedd yn beth cyfarwydd yng nghyfarfodydd y capel, yn sicr yn un o wreiddiau'r arddull.
9. S. Lewis, *Straeon Glasynys*, 5
10. Y mae Daniel Owen hefyd yn frith o 'fynegi Saesneg' ac ymosodwyd arno gan Syr John Morris-Jones yn rhagymadrodd ei olygiad o *Gweledigetheu y Bardd Cwsc*. Bu KR yn ddisgybl i Syr John a daeth dan ei ddylanwad. Ond ni allodd ymryddhau'n llwyr o rai o ddylanwadau ei mebyd.
11. OGYB, 113
12. DL, 62-63
13. OGYB, 22
14. Ibid., 29
15. Ibid., 49
16. Ibid., 124
17. Ibid., 125
18. B.L. Jones ac R.G. Jones, (Gol.), *Yr Arloeswr*, Sulgwyn, 1958, 22.
19. A.T. Davies, *Gwyr Llên* (Llundain, 1948), 225
20. OGYB, 65
21. Ibid., 27
22. Bonamy Dobrée, *Modern Prose Style* (Rhydychen, 1964), 7
23. OGYB, 120
24. B.L. Jones ac R.G. Jones, (Gol.), *Yr Arloeswr*, Sulgwyn, 1958, 22.
25. OGYB, 40
26. Gustave Flaubert, *Correspondence* (Llundain, 1903). Dyfynnir yn M. Allott, *Novelists on the Novel* (Llundain, 1959), 294
27. Ernest Hemingway, *The First 49 Stories* (Llundain, 1939), 168-169
28. OGYB, 104
29. Ibid., 16
30. Ibid., 95
31. Ibid., 35
32. Ibid., 81
33. Ibid., 91
34. Ibid., 79
35. Ibid., 68-69

36. Ibid., 109-111
37. Ibid., 104-105
38. FFG, 84
39. S. Lewis, (Gol.), *Crefft y Stori Fer*, 47
40. DL, 19
41. Ibid., 45
42. OGYB, 54
43. Ibid., 11
44. S. Lewis, (Gol.), *Crefft y Stori Fer*, 14; a rhai o'r adolygiadau ar *Tywyll Heno*.
45. OGYB, 105
46. S. Lewis, (Gol.), *Crefft y Stori Fer*, 18
47. OGYB, 83
48. Sean O'Faoláin, *The Short Story*, 181
49. Ibid., 94
50. Ibid., 25

O Gors y Bryniau – Celfyddyd

Yn y bennod hon, hoffwn sylwi ar rai datblygiadau technegol yn storïau KR. Defnyddiaf y gair 'technegol' yn yr ystyr a roddir i 'dechneg' gan Mark Schorer yn un o'i erthyglau:

> When we speak of technique, we speak of nearly everything. For technique is the means by which the writer's experience, which is the subject matter, compels him to attend to it; technique is the only means he has of discovering, exploring, developing his subjects, of conveying its meaning, and finally of evaluating it.[1]

Fe fyddwn yn ceisio gweld sut y mae'r rhannau, yr adrannau a'r elfennau yr ymdriniwyd â hwy'n barod yn ffitio i'r cyfanwaith artistig a byddwn yn cymryd golwg ar yr elfennau eraill yn y cyfanwaith sydd un ai'n cwblhau'r darlun neu'n ei ddifetha.

Yn stori gynta'r gyfrol, 'Y Man Geni', fe ddywedir wrthym fod gan Tomos, a chan Tomos tad Tomos y stori, fan geni mawr ar eu hwynebau. Mae'r ddau wedi eu lladd yn y chwarel: y mae'n sefyll i reswm, felly, y lleddir y trydydd hefyd. Y mae'r bilsen yn rhy fawr i'w llyncu. Dyma'r man lle y mae'r stori yn methu i mi. Y mae'r awdur yn gadael byd realaeth am fyd ffantasi. Yr argraff a edy'r cyfanwaith, sydd mor llawn o gyd-ddigwyddiadau, yw fod y darllenydd wedi ymweld â byd tylwyth tegaidd. Methir ein darbwyllo. Y mae KR am inni deimlo anocheledd y drasiedi, a gweld ei gwreiddiau mewn rhyw nodwedd 'arallfydol' sy'n perthyn i'r man geni yn hytrach nag i amodau peryglus gweithio mewn chwarel. Gellir llyncu'r dieithr tebygol, eithr rhaid gwrthod y dieithr anghredadwy. Yr unig beth sydd ar ôl wedyn yw hanesyn yn nhraddodiad Glasynys, a Richard Huws Williams.

Stori arall sy'n troi cefn ar realiti ac yn ymweld â byd ffantasi yw 'Yr Athronydd'. Yn hon ceisir esbonio pam y bu i Ifan Dol Goed gymryd ei fywyd ei hun ar ôl i Luned, ei nith (merch fach ddwy oed a anwybyddwyd gan Ifan tra oedd ar y ddaear) farw. Y mae'r stori'n cychwyn yn gredadwy ddigon; ysgwydwyd Ifan o fyd llyfrau a syniadau haniaethol i fyd pobl gyffredin yn galaru ar ôl plentyn. Yna down at yr adran hon:

> . . . a chychwynodd tuag adref. Ond safodd yn stond. Dyma fiwsig yn dyfod o rywle tu ôl iddo – miwsig mi!waith melysach na sŵn y grug dan ei draed a sŵn dŵr ar gerrig.[2]

Y mae'n dilyn y sŵn nes dod at ddyn ieuanc yn canu chwibanogl i ddau sydd, mewn llannerch, yn dawnsio'n ysgafndroed. Yna daw grŵp o blant o ogof gerllaw, ac yn eu plith y mae Luned. Ar ôl i Ifan gofleidio Luned y mae'r miwsig yn dechrau wedyn ac â Ifan efo Luned i'r ogof. Ni chafwyd byth hyd i'w gorff.

Yr hyn na ellir ei dderbyn fel esboniad ar yr hyn a ddigwydd yw fod Ifan yn gweld rhyw Bibydd Hamelin a'i wraig wrthi'n derbyn plant i'r bywyd tragwyddol, ac yn penderfynu ymuno â hwy – boed hyn ar lefel myth, dameg, sumbol neu unrhyw lefel arall. Fe ieuwyd y credadwy â ffantasi ac, i mi, y mae'r olaf yn fath ar osgoi bywyd.

Yng ngweddill y storïau y mae rhywun yn solet ym myd pobl ac yn y byd a ddisgrifir yn uniongyrchol yn rhagymadrodd Saunders Lewis i *Straeon Glasynys*:

> Mae'r ardal y magwyd Glasynys (a Kate Roberts) ynddi yn ardal lom ei thir. Ond ni ellir anghofio'r olygfa a welir oddi yno. Gellir gweled yn glir o'r Eifl yn Llŷn hyd at Lanfair Pwll Gwyngyll ym Môn ac ar draws Menai hyd at Gaergybi a Môr Iwerddon. Mae tref Caernarfon a'i chastell, y Foryd, Dinas Dinlle (a gysylltir a stori Math mab Mathonwy) i'w gweled yn amlwg oddi yno bob dydd.[3]

Yn 'Prentisiad Huw', er enghraifft, cawn astudiaeth o fath arbennig o ddynes a edmygir gan KR, sef Ann Jôs, teip sydd i'w weld dro ar ôl tro yn oriel ei gweithiau; dyna Elin Jôs yn *Deian a Loli*, ac fe geir fersiynau arni yn *Rhigolau Bywyd* a *Ffair Gaeaf*. Am Ann Jôs yn hytrach na Huw y mae'r stori, sy'n llawn o arbrofi â'i dialog rymus. Y mae teip Ann Jôs yn deyrngar i'w teulu, yn ddarbodus, yn fodlon ymlafnio er eu mwyn; maent yn hirben a hefyd yn gwybod i ba un i roi'r flaenoriaeth pan yw hi'n fater o ddewis rhwng arian ac iechyd. Y mae hon yn stori grefftus. Y mae iddi un cyfeiriad pendant, a chlymir hi'n barsel taclus gan undod lle a thema.

Eisoes fe welwyd KR yn arbofi â myth, ac â dialog. Yn stori ola'r gyfrol, 'Henaint', y mae hi'n ymlafnio â phroblem amser, problem yr oedd Henry James mor ymwybodol ohoni, fel y gwelir yn ei ragymadrodd i *Roderick Hudson*:

This eternal time-question is accordingly, for the novelist, always there and alwys formidable; always insisting on the effect of the great lapse and passage of the 'dark backward and abysm', by the term of truth, and on the effect of compression, of composition and form, by the terms of literary arrangement.[4]

Eithr nid problem cyfleu treiglad amser yw problem y storïwr byr, ond problem cyfuno digwyddiadau neu ymweliadau a ddigwyddodd ar amserau gwahanol yn uned glos heb beri iddynt ddigwydd yr un pryd, ac eto heb adael iddynt chwalu i bobman. Yr un yw brwydr KR a James yn y bôn, a thrwy eu crefft yn unig y gallant oresgyn.

'Henaint' yw'r unig stori yn y gyfrol lle'r adroddir yr hanes yn y person cyntaf, sy'n gais gan yr awdur i roi unoliaeth i'r stori – yn niffyg uniolaeth lle ac amser. Egyr y stori ar aelwyd y storïwr ac â yntau â ni yn ôl i'w ddyddiau ysgol. Deffrodd digwyddiadau'r stori ei synhwyrau, a chaiff yr awdur gyfle i ddisgrifio'r atgofion â manylder yr enaid sensitif:

> . . . mi fedrwn ddweud sut *ogleu* oedd ar yr hen ysgol ac ar yr hen lyfrau tamp rheini yn y cwpwrdd wrth y drws. Y pnawn yma, mi *glywais* ddannedd Twm bach Llain Wen yn rhincian wrth gwffio efo'r Scwl ddeuddeng mlynedd ar hugain yn ôl. Ac mi *deimlais* gyffyrddiad bodis melfed fy athrawes ar ochr fy wyneb wrth iddi farcio fy syms.[5]

Y mae'r synhwyrau'n effro, a hawdd fyddai i'r awdur fod wedi mynd ymlaen yn delynegol am dudalennau. Ond rhoi pin yn y falŵn a wna KR â gosodiad noeth, disentiment, byr: 'Mae Twm yn ei fedd heno yn ddyn pedair a deugain oed. Mae'i fam yn fyw yn hen wraig wyth a phedwar ugain'. Nid yw'n ymdrin â'r gosodiad o gwbl, dim ond gadael iddo wneud ei farc ei hun a mynd ymlaen i sôn am briodi Twm a'r ymddieithrio a ddaeth yn sgîl hynny, mewn iaith delegramatig bron.

Yna daw'r cyntaf o dri darlun, sef tri ymweliad â chartref Twm, Llain Wen, i holi amdano – gan i'r storïwr glywed fod Twm yn wael. Nid yw mam Twm yn ei adnabod i ddechrau, ond daw popeth yn ôl iddi wedi i'r storïwr ddweud pwy ydyw. Daw'r ail ymweliad o fewn mis, ac nid yw'r hen wraig yn ei adnabod yr ail dro ychwaith. Yna daw'r ymweliad cyntaf â thŷ Twm, a chawn y disgrifiad cyfoethog ohono: 'Ei wyneb yn felyn ac yn denau, *a'i ddwylo'n lân*'. Fel y nododd KR ei hun, y mae dweud fod dwylo chwarelwr yn lân yn well na phennod o ddisgrifio manwl.[6] Cawn dipyn o gefndir Twm mewn sgwrs, a dilynir hyn â'r sgwrsio otomatig y bydd rhywun yn ei ddefnyddio i osgoi wynebu realiti annifyr.

Yna, daw'r ail ymweliad â chartref Twm. Yma y mae'r storïwr am gyfleu i ni fod Twm wedi gwaethygu – ag un manylyn, yn union fel y gwneir yn y ffilmiau gorau, gan adael i'r manylyn hwnnw awgrymu'r darlun cyflawn. Gwneir hyn yn hynod lwyddiannus yn y disgrifiad a ganlyn:

> Yr oedd Ann [gwraig Twm] wrthi'n tynnu'r bara o'r popty, a Thwm yn eistedd gyferbyn, a'i wyneb yn deneuach ac yn felynach a'i lygaid yn fawr.[7]

Y tro hwn, ailadroddir y sylw a wnaethpwyd ynghynt fod yr wyneb yn felyn a thenau, a dewisir un manylyn arall yn lle ail gyfeirio at y dwylo – ac y mae'n llwyddiannus. Cyflewyd yr hyn yr oedd yr awdur am ei gyfleu, heb ddweud gormod. Ond yna fe ddaw'r geiriau, 'Pe gallesid trawsnewid yr wyneb hwnnw, fe fuasai yn ddarlun cysurus', brawddeg sy'n ail-ddweud yr hyn a gasglwyd yn barod, gan ddiffetha effaith a grëwyd mor ddeheuig. Ar ôl gweld ei ffrind yn cael tipyn o gysur o weld Ann yn cnocio torth o'r popty mae'r storïwr yn gadael.

Nos drannoeth mae'n ymweld, am y drydedd waith, â Llain Wen. Y tro hwn eto y mae'r hen wraig yn methu'i adnabod, ond y tro hwn nid yw'n cymryd unrhyw ddiddordeb ynddo ar ôl cael gwybod ychwaith. Tynnir ein sylw at y tywydd: 'noson galed, loergan leuad a dim awel o wynt yn unman, . . . a'r rhew yn crensian dan fy nhraed' (disgrifiad sy'n gampwaith o grynhoi ynddo'i hun), a chyflëir y ffaith fod yr hen wraig eisoes wedi cilio i'w byd ei hun drwy wneud iddi ofyn: 'Codi'n wynt mawr y mae hi'n te?' cyn mynd ymlaen i ail-fyw ei thymor yng Ngwastad Faes. Mae ei chyflwr yn peri i rywun chwerthin a chrio'r un pryd; ond y mae hefyd yn dwysáu trasiedi ganolog y stori, sef marwolaeth Twm. Y tro hwn cawn ddisgrifiad manwl o'r hen wraig, a hynny drwy gyfosod darlun ohoni pan oedd Twm a'r adroddwr yn ifanc â'r darlun presennol ohoni'n hen wraig yn eistedd wrth y tân. Yma, eto, yn union fel yng ngwaith Tchekov, darlunir y person 'mewnol' wrth ddisgrifio'r allanolion. Math arbennig o berson sy'n gwisgo:

> cap gwyn a ffrilin, a het bach gron ddu yn troi at i lawr, a'i chantel wedi ei rwymo efo melfed a phluen o gwmpas y corun,[8]

yn hytrach na 'cap gwyn wedi'i gwicio'. Yn y disgrifiad o'i chorff, cip ar ei breichiau a'i hwyneb yn unig a gawn, ond y mae'n ddigon:

> Nid y breichiau yma a welais i ers talwm yn tylino padellaid o does, nes byddai yn gwegian fel tonnen odani.[9]

Yr hyn sy'n eironig wych yn y darlun yw fod y breichiau oedd yn gwneud i'r toes wegian fel tonnen, eu hunain fel tonnen erbyn hyn. Ac y mae'r ddwy gymhariaeth arall sy'n cymharu'i hwyneb i 'laid ar ôl glaw' a'i dwylo i 'bapur wedi brychu mewn ystafell iaith' eto yn dweud fod hynny o ddefnydd oedd iddi erbyn hyn yn perthyn i'r gorffennol. A'r hyn sy'n coroni'r cwbl, i mi, yw'r disgrifiad ohoni'n eistedd wrth y tân 'a'i dwylo dros 'i gilydd', ymadrodd y mae KR i'w ddefnyddio eto yn y stori 'Rhigolau Bywyd'. Y mae'r dywediad ei hun yn atgoffa rhywun o gorff mewn arch, a hyn sydd yn disgwyl yr hen wraig; y mae popeth a roddai ystyr i fodolaeth ei chorff wedi'i adael. Y mae hwn yn ddarlun pathetig iawn, yn ddarlun trist. A rhywsut y mae KR wedi gallu symud ein cydymdeimlad oddi wrth Twm, dyn yn marw ar ganol byw, at yr hen wraig ei fam sy'n llybeindio byw dros ei phedwar ugain – dyma gamp artistig o'r radd flaenaf.

Yna, ail-adroddir tric y tywydd:

> Wrth imi agor y drws ar noson dawel a'r lleuad ar lechen y drws, clywn
> yr hen wraig:
> 'Codi'n wynt mawr y mae hi.'
> Euthum adre'n brudd.[10]

Cyflëir treigl amser i ni gyda'r frawddeg delegramaidd ganlynol: 'Bum yn edrych am Dwm droeon ar ôl hyn, ac i'm golwg i gwaethygu yr ydoedd bob tro'. Erbyn hyn mae'n ddiwrnod Ffair Gaea, ac yn y Ffair clywa'r adroddwr fod Twm yn wael. Cyrhaedda dŷ ei ffrind yn rhy ddiweddar, eithr mewn pryd i fynd â'r neges drist i Lain Wen. Y mae'n cyrraedd y fferm am un o'r gloch y prynhawn ac mae'r hen wraig ar ben y drws – 'wedi dwad i'r drws i spïo o nghwmpas cyn iddi dwllu.' Torrir y newydd drwg iddi cyn dynered ag sy'n bosib, ond yr unig ymateb a geir yw:

> 'tydw i ddim yn 'i nabod o, we!di.'

Does neb a wâd bod 'Henaint' yn stori dda, ac yn wir, tynnodd fwy o sylw beirniaid nag odid unrhyw un arall yn y gyfrol dan sylw,[11] ond, yn fy marn i, nid yw cystal stori â 'Newid Byd'. Gwyddai'r awdur ei bod yn trin sefyllfa anodd heb iddi'r undod naturiol sydd yn 'Newid Byd', a cheisiodd ddod ohoni drwy ddefnyddio'r adroddwr fel llygad-dyst i bob dim. Y mae yma, hefyd, anelu at arddull awgrymog ddiwastraff, arddull sydd i mi'n rhy amlwg ddyfeisgar. Y mae'n rhaid i bob dyfais fod yn gredadwy, a bod o'r golwg. Os yw cyfarwyddwr ffilm, er enghraifft, yn defnyddio milwyr papur mewn ffilm i greu'r syniad fod miloedd ar faes y gad (fel y gwnaeth Ken Russell) y mae'r peth yn fethiant os yw'n amlwg i bawb mai papur ydynt. I mi, y mae KR yn methu celu'i chrefft ar brydiau yn 'Heniant'. Gellir derbyn bod cof yr hen wraig yn gwaethygu bob ymweliad ac, yn wir, y mae'r graddoli'n gelfydd iawn. Yr hyn sydd braidd yn amrwd amlwg yw'r adrodd triciau a geir ar bob ymweliad, sef y cyfeirio at dawelwch y noson a'r hen wraig yn sôn am y gwynt, neu sôn am y corn un yn chwythu a'r hen wraig yn dod i ben y drws cyn iddi dywyllu. Mae hyn yn tynnu gormod o sylw ato'i hun; methwyd cael dyfais guddiedig artistig sy'n darbwyllo'r darllenydd heb iddo sylwi dim. I mi, bai mawr y stori yw fod rhywun rywsut yn gweld yr asiadau rhwng y gwahanol olygfeydd.[12] Darnau celfydd wedi eu cydosod ydynt, carthen glwt eneiniedig yn hytrach nag un darn o frodwaith celfydd.

Ond, gyda 'Henaint', bu'n llawer mwy ffodus wrth ddewis pwnc na chyda rhai o'r storïau eraill. Y mae yma ddyfnder ddaear. Mae cyfle i'r awdur fynd ar ôl sawl carreg ateb i'r digwyddiad, a chyfle i ofyn rhai o gwestiynau mawr bywyd, megis: paham y mae'r ifanc yn marw ym mlodau eu dyddiau tra mae ambell un oedrannus yn cael dal ymlaen? Y mae, hefyd, yn archwilio gwahanol fathau o angau. Fel ysgrifennwr, y mae diddordeb KR mewn bywyd yn dyfnhau; daeth i gredu fod 'digon o bethau i ysgrifennu amdanynt cyd ag y bo bywyd'.[13]

Stori arbrofol arall yw 'Hiraeth', lle y mae KR, am y tro cyntaf am a wn i, yn archwilio posibiliadau'r sumbol. Y mae 'Hiraeth' yn stori bwysig i ni, felly, oherwydd i KR ddefnyddio cymaint ar y ddyfais hon yn ei gwaith aeddfetach. Ynddi, ceir gŵr a gwraig, Elin a John Robaits, yn byw yn un o gymoedd y de. Yn y disgrifiad agoriadol, y mae'r awdur am roi'r argraff o lawnder, o aelwyd lle y mae 'pethau', a moethusrwydd, a byw'n gysurus yn golygu llawer i'r rhai sy'n byw yno. Cawn wybod, hefyd, mewn ffordd anuniongyrchol, fod y ddau'n hanu o'r gogledd – wrth i'r adroddwr gyfeirio at ddiffyg llwch yng nghareiau'r esgidiau sydd yn y gornel. Eistedda'r ddau o bobtu'r tân, y wraig yn darllen y *Cymru Mawr* a'r gŵr yn synfyfyrio. Rhydd hyn gyfle i'r awdur sôn am John Robaits, a down i wybod, wrth iddo synfyfyrio dros hen hanesion yn ei feddwl, am ei hiraeth am y Gogledd. Rhydd ail-ddarllen llythyr a ddaeth o'r hen ardal gyfle ychwanegol iddo sôn amdani, a chrybwyll dychwelyd wrth ei wraig. Ac yma, am y tro cyntaf, gwelir nad yw'r hyn a gasglwyd yn y paragraff cyntaf yn hollol gywir. Y mae yma dyndra o dan yr wyneb. Aelwyd y wraig, sy'n pwysleisio na cheir y 'cysur sydd gynon ni yma' yn y gogledd, a geir yn y darlun. Y mae'r gŵr yn gweld y tu hwnt i'r dedwyddwch arwynebol sy'n amlwg wedi meddwi'i gymar. Meddai:

'Mi fasa'n well gin i fyw mewn byd gwan nac mewn byd du fel hwn. Twyt ti yn cael fawr o gysur ond hynny gei di wrth ennill arian yn y fan yma'.[14]

Y mae rhywbeth yn deg a gwâr ynddo; gwêl safbwynnt y wraig (peth anarferol i ddynion KR), eithr nid llipryn ydyw, ac y mae'r geiriau, 'Ac i'r North yr â i cyn yr aiff o [ei wallt] ddim gwynnach,' yn dangos penderfyniad tawel ond cadarn i ddychwelyd i'w hen fro.

Gadawa'r tŷ am y pwll, ac yna daw'r paragraff canlynol:

Cododd Elin i roi clo ar y drws, ac wrth wneud hynny clywai sŵn traed trwm John ar y palmant, a hwnnw'n darfod yn y pellter. Beth bynnag oedd yn bod, clywai Elin Robaits y sŵn traed hwnnw yn ei chlustiau am hir amser wedi rhoi ei phen ar y gobennydd, ac yn ei dychymyg clywodd ef ganwaith wedyn.[15]

Cyn sôn am y paragraff allweddol yma gwell rhoi talfyriad o weddill y stori i weld lle mae'n ffitio yn y fframwaith. Â Elin Robaits i'r gwely, ond deffroir hi ym mherfeddion y nos gan un o gydweithwyr ei gŵr, Morgan Hopcyn. Daeth hwnnw i dorri'r newydd i John gael damwain. Y mae'r ffordd y torrir y newydd, a'r iaith a ddefnyddir, yn dangos adnabyddiaeth ddofn o'r natur ddynol, ac o iaith un o gymoedd y de. Y mae'r portread twymgalon o Morgan Hopcyn yn un byw, a'r hiwmor slei a geir rhwng y cromfachau ('Y Sul cynt y taerai Morgan Hopcyn yn yr Ysgol Sul yn erbyn Arfaeth'), yn rhoi credadwyedd ychwanegol.

Yn y rhan hon o'r stori ceir dau doriad amser. Y nos Fawrth ganlynol gwelwn Elin Robaits ei hun yn ysgifennu i'r gogledd am waith i'w gŵr: 'wrth gwrs, mi gai waith ysgafn yn y pwll glo, *ond mi liciwn i* iddo fo gael gwaith yn y chwarel. Mae gen i reswm neilltuol dros ofyn hynny'.

Ar ôl hanner blwyddyn o doriad arall gwelir hwy'n gadael y de:

Wedi cyrraedd y gornel trodd y tad ei olygon yn ôl at ffenestri moelion y tŷ gwag, a gellid ei weld [y gŵr] yn sychu deigryn oddiar ei rudd â'i ffunen goch. Ond ni throdd y fam ei golygon yn ôl unwaith, eithr cerddodd ymlaen yn syth. Yn ei chlust yr oedd sŵn dau droed trwm ar y palmant, a hwnnw'n darfod yn y pellter draw.[16]

Holl bwynt y stori, greda' i, yw dangos fel y gall un digwyddiad wyrdroi syniadau a dyheadau pobl. Yn hanner cynta'r stori y mae'r gŵr am fynd i'r gogledd, a'r wraig yn erbyn hynny. Eithr, yn y paragraff olaf, y mae'r wraig wedi suro wrth y de ac yn cerdded ymlaen yn syth, tra bo'r gŵr 'yn sychu deigryn oddi ar ei rudd'. Yr hyn y mae'r awdur am ei bwysleisio yw nad yw adwaith pobl i broblemau bywyd yn unffurf ac yn syml. Gall fod tristwch mewn llawenydd ac ysgafnder mewn tristwch. Brith yw bywyd.

Y mae hon yn stori ddiddorol oherwydd problem gwybod ble i ddechrau. Gellid bod wedi cychwyn â'r ddamwain a gweithio'n ôl mewn atgofion. Gellid bod wedi cychwyn â'r olygfa olaf. Ond penderfynu darlunio sefyllfa arbennig yn bodoli o fewn teulu, a dangos sut y bu i un digwyddiad tyngedfennol lwyr newid y sefyllfa honno a wnaeth KR, ac yn hyn o beth y mae'n stori lwyddiannus.

Yn y stori yma hefyd y gwelir ymgais gyntaf KR i ddefnyddio sumbol. Yn y llyfr *Reading, Understanding, and Writing about Short Stories* gelwir y math o sumbol a ddefnyddia KR yma (ac yn wir drwy gydol ei gwaith) yn 'Sumbol a grëwyd'. Dyma'r diffiniad ohono:

> A created symbol is one which causes a tangible-conceptual relationship to be suggested to the reader's mind because of its recurrence in similar context or because of its juxtaposition to a particular character or event in the story. This is probably the most difficult kind of symbol to identify because its suggestive characteristic depends on the readers ability to discriminate between what is purposive and what is incidental. A descriptive passage, for example, may in its concrete detail serve to add realism to a story by rooting it in a setting that is vividly of a specific time and place; on the other hand, the choice of detail may serve to suggest something about the setting that transcends the tangible details themselves.[17]

Mae'r diffiniad yn disgrifio i'r dim berthynas dyfyniad 15 a 16 uchod. Y tro cyntaf y mae Elin Robaits yn clywed sŵn traed ei gŵr yn gadael y tŷ i'w waith yn y pwll, dyw'r geiriau ddim yn dynodi unrhyw beth amgenach na hynny. Ond pan ail-adroddir y geiriau ar ddiwedd y stori, chwyddodd y 'sŵn dau droed trwm ar y palmant' i gynrychioli rhywbeth llawer mwy na'r sŵn ei hun, sef yr holl ffordd gysurus o fyw a gysylltir â'r de ar ddechrau'r stori. Y mae Elin Robaits yn troi ei chefn ar yr holl 'gysur' y bu'n ei fwynhau yn y de, o'i gwirfodd, am iddi, am y tro cyntaf yn ei bywyd, efallai, sylweddoli ei bod yn caru rhywbeth arall yn fwy – ei gŵr. Dyma'r 'golau ar y cam' y soniai'r awdur amdano yn *Crefft y Stori Fer*.[18]

Ond ar ôl gwerthfawrogi'r syniad, y mae'n rhaid i mi addef fod y ffordd y mae KR yn adeiladu'r sumbol yn y darn cyntaf yn anfoddhaol i mi. Petai'r darn yn gorffen yn syml â'r gair 'pellter', byddai popeth yn iawn. Eithr y mae'n rhaid i'r awdur gael gor-ymyrryd i wneud yn siŵr o'n sylw:

> Beth bynnag oedd yn bod, clywai Elin Robaits y sŵn traed hwnnw yn ei chlustiau am hir amser wedi rhoi ei phen ar y gobennydd, ac yn ei dychymyg clywodd ef ganwaith wedyn.[19]

Y mae hi'n pwysleisio'r ffaith fod rhyw bwysigrwydd i'r geiriau, ac yn gwneud hynny mewn ffordd amlwg. Ni all y ffaith iddi glywed y sŵn 'ganwaith wedyn' ond golygu fod rhywbeth yn mynd i ddigwydd i goesau John Robaits, a dyna'r gath o'r cwd.

Y mae'r gorbwysleisio yma hefyd yn gwanhau effaith yr ailadrodd ar y diwedd; sbwylia adeiladwaith y stori. Un o 'negeseuau' y gwaith yw fod rhyw eironi cosmig yn rhan o fywyd, ac y mae cyfleu'r syniad yn dibynnu ar i rywbeth annisgwyl (ond hollol gredadwy) ddigwydd i weddnewid y sefyllfa sy'n bodoli – enghraifft o hyn fyddai dod â phardwn annisgwyl i garcharor newydd ei grogi! Yn 'Hiraeth' mae John Robaits wedi penderfynu dychwelyd i'r gogledd, ac y mae'r darllenydd yn teimlo y daw bodlonrwydd i'w ran o'r diwedd. Yna, daw'r newydd iddo golli ei goesau, peth sy'n newid natur y dychweliad hwnnw'n hollol. Ond mae'r eironi'n gwbl ddibynnol ar i ffawd droi'n sydyn ac annisgwyl. Anffawd y stori yw fod y darllenydd effro wedi rhagdybio'r cwbl.

Y mae'n debyg mai'r stori orau yn y gyfrol i ddangos natur cymeriadaeth y stori fer yw'r stori 'Pryfocio'. Does ychwaith yr un stori yn y casgliad sydd ag agoriad mwy effro na hi. Rydym ni ynghanol sgwrs dwy wraig yn syth, ac un o'r rheini'n dal mai 'Hen gnafon hunanol ydi dynion'. Gafaelir yn ein dychymyg. Yna, mewn sgwrs sy'n ddelfryd o 'bortreadu ar letraws', megis, down i adnabod Catrin Owen a'i gŵr, Wil. Mae Catrin yn ddiniwed, yn galon feddal, yn weithgar, yn araf ei thafod a, rhywsut neu'i gilydd, yn hoffi ymgolli mewn hunandosturi. Eithr pan glyw fod pobl eraill hefyd yn cael anghydfod a helyntion byw, nid yw mor ddiddig. Yma, y mae KR yn dechrau olrhain y newid sy'n digwydd yn ei bywyd, eithr nid yw'n tynnu sylw at y peth o gwbl.

Portreadir Wil fel cymeriad anystyriol, meddw, pryfoclyd a diog. Dim ond dyn felly a fyddai'n disgwyl ei wraig gartre, 'i wneud cinio iddo fo', ac i nôl glo i'r tŷ, ar ôl iddi fod allan yn corddi drwy'r bore, ac yntau yn ei wely. Mewn nofel, condemnid Wil Owen am ei fod mor unffurf: mewn stori fer, y mae'n hollol addas. Canolbwyntir ar ei holl weithgareddau pryfoclyd, a rhoir cyfeiriad pendant i'r stori. Dim ond un ffaith sy'n swnio ychydig yn chwithig, a honno yw i Wil losgi pren ei wely'i hun – ac yntau mor hoff ohono!

Wrth ddychwelyd o dŷ Meri Huws, a chael ei hannog i droi 'tu min ato fo', y mae Catrin Owen yn cael amser i feddwl, fel y rhan fwyaf o gymeriadau'r awdur, a sylweddola nad yw ei bywyd yn ddrwg i gyd: 'beth bynnag am ddedwyddwch Catrin Owen nid oedd ei bywyd mor undonog â hyn yna'. Yna daw'r cyfaddefiad trist, sy'n dangos mai chwilio am rywfaint o gysur yn rhywle y mae: 'Ond buasai'n well gan Catrin Owen fywyd undonog ei chymdogion na holl amrywiaeth ei bywyd ei hun'.[20]

Ar ddiwedd y rhan hon o'r stori, ceir crynhoad byr o'r ddau gymeriad mewn dwy frawddeg eneiniedig:

> Wil wedi ei eni i garped (yn ôl ei feddwl ei hun) ac yn cael teils. Catrin wedi ei geni i deils a heb ddymuno dim byd gwell.[21]

Ond, i ddangos fod yr hedyn a blannodd Meri Huws wedi syrthio ar dir âr ceir:

daeth rhywbeth i'w meddwl na ddeuthai erioed o'r blaen. Gafaelodd yn ei siôl a thynhaodd hi am ei breichiau gyda grym gwraig wedi gwneuthur ei meddwl i fyny.[22]

Bu'r adeiladwaith hyd yma'n berffaith. Dadlenwyd cymeriad Catrin Owen i ni, a daeth cymeriad Wil ger ein bron yn ei sgîl. Mae'r llwyfan yn barod am y ddrama – croesdynnu yw hanfod drama ac, yma, gwraidd y drwg yw fod Wil Owen wedi penderfynu defnyddio'i unig wely yn goed tân. Rhydd hyn gyfle i Catrin Owen ail-gydio yn ei phenderfyniad ar y mynydd a gweithredu. Penderfyna fynd draw i lyn yr Hafod i'w boddi ei hun. Ond cyn gwneud hynny, y mae'n ail-feddwl a dychwelyd 'gyda'r Diawl ei hun yn ei hwyneb ar ei ffordd adref', brawddeg sy'n llawn awgrym.

Stori ddestlus, grefftus, yw 'Pryfocio' i mi, heb fawr o ddyfnder daear ynddi. Y mae fel petai crefft yr awdur yn chwilio am syniad i'w fynegi, ac heb lawn lwyddo i wneud hynny.

Y mae yna hiwmor yn 'Pryfocio', ac mewn storïau eraill. Yn yr hiwmor y mae yna, bob amser, elfen o ddychan i'w finiogi ac mae'n rhan annatod o'r frwydr i ddistyllu un profiad yn ei gyfanrwydd.

Wrth ystyried storïau eraill, megis 'Y Llythyr' a 'Y Wraig Weddw', gwelwn nad oes ynddynt gyfoeth atseiniol rhai o'i storïau diweddarach.

Stori am bedwar o Gymry yn lletya yn Lerpwl adeg y Rhyfel Byd Cyntaf yw 'Y Llythyr', ac un ohonynt yn gyndyn o ysgrifennu llythyr i'w anfon adref. Pan berswadir ef i roi pensel ar bapur, tynnu llun milgi'n gafael yng ngwar cwningen a wna. Y mae ei fab bychan Robin, nad yw'n medru darllen, yn adnabod ei dad yn syth yn y llun.

Y mae dau brofiad yn y stori 'Y Wraig Weddw', a dyna'i gwendid hi. Yn y rhan gyntaf, y mae'r wraig weddw, Dora Lloyd, yn dechrau dangos diddordeb mewn dyn o'r enw Mob Ifans; ond, yn y fynwent dealla nad yw'r gŵr gweddw hwn wedi rhoi carreg ar fedd ei wraig. Ar ôl clywed hyn y mae Dora'n mynd adref ac, yn sumbolaidd, yn newid ei sgert las am un ddu.

Yna fe gawn ail hanner i'r stori. Ar ôl cyrraedd adref y mae Dora'n cael syniad – fel arfer, *un* syniad y mae cymeriadau KR yn ei gael: caiff Dora ddau. Cofia am lo sy'n pori ar fferm o'r enw Gwastad Faes. Bu'r llo hwn fel plentyn i Dora ar un adeg. Y mae hi'n penderfynu cael y llo'n ôl. Ond erbyn iddo gyrraedd, 'dyw'r llo'n cymryd dim sylw ohoni. Y mae yma ddwy stori: Dora Lloyd yn ymwrthod â gŵr 'posib'. Dameg, sydd yn yr ail, yn dweud fod yn rhaid i bawb a phopeth ddatblygu a thyfu i fyny (pwnc *Deian a Loli*), ac na allwn ddibynnu gormod ar ddim y tu allan i ni'n hunain.

Stori fwyaf llwyddiannus y gyfrol, yn fy marn i, yw'r stori 'Newid Byd', stori am chwarelwr yn ymddeol, stori aeddfed a allai'n hawdd gymryd ei lle yn y gyfrol *Ffair Gaeaf*. Yn y stori ceir y sicrwydd ymadrodd, y weledigaeth, a'r dyfnder sydd yn y gyfrol honno.

Egyr y stori gyda disgrifiad telynegol o fore o haf, paragraff sy'n llawn cytseiniaid meddal a llafariaid; darn hefyd sy'n graff ei sylwgarwch. Mae siarad chwarelwyr i'w glywed 'fel sŵn gwenyn yn y pellter agos'. Ceir yma argraff o hapusrwydd. Ond 'rhyw olwg hiraethus' sydd ar Wiliam Gruffydd, prif gymeriad y stori. Yn sgîl y sylw yma ceir y disgrifiad argraffiadol sydd mor addas i'r stori fer:

> fel yna'r edrychai Wiliam Gruffydd bob amser. Teimlech ryw ias tosturi yn cerdded eich holl gorff bob tro y byddech yn agos iddo.[23]

Y bore arbennig yma, 'edrychai'm fwy hiraethus nag arfer'. Cyflwynwyd inni ffigur trist o flaen cefndir llawnder llon yr haf, ac y mae'r darllenydd am wybod am yr hyn sydd wrth wreiddyn anhapusrwydd Wiliam Gruffydd, anhapusrwydd a danlinellir gan y ffaith nad yw'n cymryd unrhyw sylw o'i hen gyfeillion o'r chwarel sy'n codi eu dwylo arno wrth basio.

Yn rhan nesa'r stori cawn dipyn o'r cefndir. Symudodd Wiliam Gruffydd i fyw o'i dyddyn (fel Ffanni Rolant yn 'Y Taliad Olaf') i dŷ moel, un yn dwyn y teitl eironig 'Bodlondeb'. Yna cyfosodir dwy frawddeg sydd ynddynt eu hunain yn cyfleu'r newid sydyn a fu ar fyd Wiliam:

> Rhwng yr arian hynny [o America] a phensiwn yr hen bobl, gallai Wiliam a Margiad ei wraig gael popeth yr oedd arnynt ei eisiau. Ond bu Margiad farw ymhen dwy flynedd ar ôl symud; a'i geiriau olaf hi oedd am wartheg a moch ac anifeiliaid felly.[24]

Y mae KR yn defnyddio rhan o ffordd o fyw ei phobl i'w dibenion ei hun, i gyfleu hiraeth Margiad am ei hen gynefin, yn realistig a byw.

Y mae Wiliam Gruffydd ar goll heb ddim i'w wneud ond myfyrio. A chyflëir y myfyrdodau i ni'n gelfydd gan adroddwr y stori:

> A threuliodd Wiliam Gruffydd lawer awr â'i bwysau ar ddôr yr ardd yn edrych i gyfeiriad Bryn y Fawnog. Ac yn niffyg gweld gwaith beirniadai ei olynydd. Oedd, yr oedd gwartheg y tenant newydd yn deneuach na'i eiddo ef gynt. Yr oedd eu hesgyrn allan drwy eu crwyn bron. Ac wedyn, nid oedd fawr o gamp ar ei wair er yr holl basic slag a roddai'r tenant newydd i'w dir.[25]

Fe ddisgrifir Wiliam Gruffydd fel anifail wedi'i gaethiwo i'w gawell ar ôl bod yn y caeau, ac y mae wedi colli yr awydd i ddarllen, hyd yn oed, oherwydd ei alltudio o ddiwylliant a chymdeithas y chwarel. Yn yr Ysgol Sul 'esboniadau dynion na byddant byth yn darllen esboniadau' a geid. Dilynir hyn gan frawddeg odidog ei saernïaeth:

> A'r bore hwn o haf, yr oedd rhywbeth yn yr awyr, yn arogl yr awyr, yn chwythiad yr awel, yn sŵn y ffrwd, yn sŵn y chwarelwyr, ym mhopeth, yn debyg i ryw fore, neu foreau flynyddoedd yn ôl pan âi yntau gyda'r dyrfa i fyny i Jerusalem ei fyd – y chwarel.[26]

Y mae'r ailadrodd, y rhuthmau, y sŵn a grëir, yn creu'r effaith gysglyd hupnotig yr anelir ato'n wych. Ond hyd yn oed yma eto mae'r duedd i or-ymyrryd i'w gweld yn y ddau air olaf. Y mae'r un peth yn wir am frawddeg sy'n dod yn nes ymlaen yn yr un paragraff:

> Ac yn awr ni allai ddioddef gwawdiaith enw ei dŷ ddim rhagor. Bu yn bopeth ond Bodlondeb iddo ef.

Casglwyd hyn i gyd gan y darllenydd, ond does gan KR ddim ymddiried ynddo.

Y mae Wiliam Gruffydd yn penderfynu mynd i'r chwarel ac fe ddisgrifir yr ymweliad yn ddeheuig iawn i ni yn nhermau dyn marw yn dod yn ôl i'r byd i weld rhai'n byw yn ei le. Crynhoir awyrgylch ei ddychweliad gan y geiriau: 'distawodd popeth yn y sied ond yr injan'. Pan ddeallwn beth y mae hyn yn ei olygu sylweddolir ei fod yn ddisgrifiad cyforiog tan gamp. Croesewir Wiliam Gruffydd gan y stiward bach, ac anfonir ef i weithio yn lle rhywun oedd yn sâl, am y diwrnod.

Yna daw'r ail ddarlun. Mae un yn gwybod am hoffter Wiliam Gruffydd o ddarllen a dadlau eisoes. Bu KR yn ddigon craff i roi'r darlun hwnnw'n gryno a chlir ar ddechrau'r stori. Yma cawn bortread o'r dyn sydd wedi dod i esgidiau Wiliam Gruffydd, ac y mae'n feistrolgar:

> Un o'r dynion hynny a siaradai yn -yddol ac mewn -olrwydd oedd Morgan Owan, ac i rai, niwl geiriau mawr oedd niwl dynion mawr.[27]

Yna ceir y manylion cynrychioliadol a ganlyn yn y disgrifiad argraffyddol o'r caban yn bwyta:

> Nid oedd gan yr henwr lawer o le i eistedd chwaith. Teimlodd hynny gyntaf pan roddodd rhywun hergwd i'w benelin, nes colli ohono'i de hyd ei ddillad. Gwesgid Wil Bach yntau yn y gongl wrth y drws, a bu agos iddo weiddi, 'Closiwch i fyny lads'; pan gofiodd, brathodd ei dafod. Modd bynnag, i Wiliam Gruffydd, yr oedd un yn ormod ar y fainc honno.[28]

Nid oes arlliw o sentiment, dim ond disgrifiad noeth, a gadewir i hwnnw siarad drosto'i hun. Ni sy'n ymateb i'r darlun; nid y darlun sy'n pennu'r ymateb.

Ar ôl ciniawa, â Wiliam Gruffydd yn ôl i'w wâl. Ar ôl gorffen gweithio ceir ef yn cerdded adref gyda'i gyfeillion, gan ffarwelio â hwy wrth y groesffordd. Mae'n amlwg ei fod yn dal ym myd ei atgofion, oherwydd try heb feddwl i'w hen dŷ. Dyma sut y'i disgrifir:

> Heb yn wybod iddo'i hun, trodd drwy'r llidiart. Dwy gongl gron a droai o'r ffordd at lidiart Bryn y Fawnog, ac mae'n haws i ysgwydd dyn droi heibio i gongl gron na heibio i un ysgwâr. Ac felly y'i cafodd ei hun yn agor drws y tŷ ac yn myned i mewn.
> 'Tada', ebe hogyn bach pedair oed dan redeg i'w gyfarfod. Ond trodd yn ei ôl pan welodd mai Wiliam Gruffydd oedd yno ac nid ei dad. Cododd y fam ei golygon mewn syndod oddiar ei babi wrth ei weled.
> 'Sut ydach chi heno, Wiliam Gruffydd,' ebe hi yn ffrwcslyd.
> Ond yr oedd Wiliam Gruffydd eisoes ar ei ffordd at y drws yn troi ei gefn ar nefoedd a welodd yntau unwaith.[29]

Dyma'r darlun olaf a'r dwysaf ohonynt. Y mae'r llun sy'n dilyn yn mynd drwy un fel cyllell, ac y mae'n debyg mai dyma'r sefyllfa fwyaf *poignant* yn ein llenyddiaeth. Yn y stori, y mae Wiliam Gruffydd wedi gweld dyn yn gweithio ar ei flocyn, ac un arall yn eistedd yn ei le 'yn y caban', eithr y darlun o blentyn yn troi ei gefn arno yn lle'i gofleidio sy'n gwneud iddo sylweddoli na ellir troi unrhyw gloc yn ôl.

I mi, y mae'r stori'n gorffen yma. Ond â KR ymlaen i ddweud ei fod ddeng mlynedd yn hŷn yn cyrraedd Bodlondeb, ac i ddweud mai celwydd ydyw dweud fod bylchau yn y byd ar ôl i berson farw. Eithr nid yw hyn yn ddigon ganddi: mae'n rhaid creu strôc yn null O'Henry. Felly dyma ychwanegu:

> Aeth adref, taflodd ei esgidiau hoelion mawr i'r gegin bach. Ni wisgodd hwynt drachefn – nac unrhyw esgidiau eraill chwaith.

Y mae'r stori'n gyflawn gyda'r darlun o Fryn y Fawnog: y mae iddi uniolaeth amser, thema, a chymeriad. Cafodd Wiliam Gruffydd brofiad ysgytwol a'i gorfododd i 'droi ei gefn ar nefoedd a welodd yntau unwaith'. Y mae'r pwynt wedi'i wneud, a hynny'n argraffiadol gynnil. Dod i lawr i lefel y llenor eilradd yw sôn am yr esgidiau ar y diwedd, dad-wneud creadigaeth gain wrth or-wneud. Hynny yw, methodd KR 'ymddihatru'n llwyr oddi wrth geisio diwedd clyfar'[30] – dyna ei geiriau hi ei hun am y bai.

Mewn erthygl yn yr *Anglo Welsh Review*, maentumia R. Gerallt Jones mai yn *Rhigolau Bywyd* y mae KR yn arbrofi. Meddai:

What was exciting about *Rhigolau Bywyd* was that the author, having already mastered the conventional medium of story-telling in *O Gors y Bryniau*, was now ready to experiment with method and technique in order to probe more deeply into human experience.[31]

Nid yw hyn yn wir. Gwelsom hi'n arbrofi â chymysgu ffantasi a realaeth, yn arbrofi â dialog, â sumbolau, â diweddgloadau, ag ysgrifennu yn y person cyntaf, ac â defnyddio ei math arbennig o hiwmor yn *O Gors y Bryniau*. Bu hefyd yn arbrofi â'i dechreuadau: bu'n ceisio darganfod pryd a sut i ddechrau. Y mae *O Gors y Bryniau* yn gyfrol arbrofol, ac y mae olion yr arbofion i'w gweld yn bur amlwg yma thraw. Fel y datblyga'r gyfrol, fodd bynnag, mae'r iaith yn graddol dyfu'n nes at iaith barddoniaeth, yn dod yn agos at ddelfryd O'Faoláin:

> [a writer's language] must, under challenge, expand its normal voltage by becoming in the literal sense, more radiant, throwing off new extensions of meaning like an exploding star, if he will but let it – if he has the passion to make it do so.[32]

Dyma iaith 'Newid Byd' a iaith 'Ffair Gaeaf', ond rhwng stori orau'r gyfrol gyntaf, a'r drydedd gyfrol, mae cyfrol o arbrofi pellach, sef *Rhigolau Bywyd*.

NODIADAU

1. Mark Schorer, *The Hudson Review*, (1948). Erthygl yn dwyn y teitl 'Technique as Discovery'.
2. OGYB, 56
3. S. Lewis (Gol.), *Straeon Glasynys* (Llandysul, 1943), rhagymadrodd, t.ix.
4. Henry James, *Roderick Hudson* (Llundain, 1879), Daw'r dyfyniad o argraffiad The Chiltern Library', (Llundain, 1947), t.xv o'r rhagymadrodd.
5. OGYB, 117
6. S. Lewis (Gol.), *Crefft y Stori Fer*, t.18
7. OGYB, 120
8. Ibid., 124
9. Ibid., 125
10. Ibid., 125
11. Gweler A.T. Davies (Gol.), *Gwŷr Llên* (Llundain, 1948), tt.218, 226, etc.; a B. Jones (Gol.), *Kate Roberts, Cyfrol Deyrnged* (Dinbych, 1969), 67 etc.
12. Delfryd Kate Roberts ar y llaw arall yw 'cynllunio i gael cyfanwaith heb fod wedi ei ddrabio, h.y., cael darnau'r stori yn rhedeg i'w gilydd fel trôr i fwrdd'. J.E. Caerwyn Williams (Gol.), *Ysgrifau Beirniadol III* (Dinbych, 1967), 208
13. S. Lewis (Gol.), *Crefft y Stori Fer*, 20
14. OGYB, 40
15. Ibid., 41

16. Ibid., 45
17. H. Fenson a H. Kritzer, *Reading, Understanding and Writing about Short Stories*, 58
18. S. Lewis (Gol.), *Crefft y Stori Fer*, 9
19. OGYB, 41
20. Ibid., 93
21. Ibid., 93
22. Ibid., 94
23. Ibid., 65
24. Ibid., 65-66
25. Ibid., 67
26. Ibid., 69-70
27. Ibid., 73
28. Ibid., 73
29. Ibid., 75
30. S. Lewis (Gol.), *Crefft y Stori Fer*, 12
31. Raymond Garlick (Gol.), *The Anglo Welsh Review*, (Cyf. 9; Rhif 24). Erthygl R. Gerallt Jones, 'An Introduction to the work of Kate Roberts', 13.
32. Sean O'Faoláin, *The Short Story*, 233

Rhigolau Bywyd

Ar ddiwedd y bennod ddiwethaf soniwyd am erthygl yn yr *Anglo Welsh Review*[1] lle gan R. Gerallt Jones. Yn yr erthygl hon clodfora amrywiaeth cynllun a chynnwys *Rhigolau Bywyd,* gan gymharu hyn ag unffurfiaeth y gyfrol gyntaf.[2] Ond, o graffu'n fanwl, canfyddir cymaint – os nad mwy – o amrywiaeth yn *O Gors y Bryniau,* ond ei fod yn amrywiaeth o fewn ffiniau patrwm gweddol sefydlog. Yn *Rhigolau Bywyd* ymestyn y ffiniau hynny a wneir eithr, o ran sylwedd, y mae lle i ddadlau mai agwedd wahanol ar un pwnc canolog a geir bron ymhob stori yn y gyfrol; y pwnc hwnnw yw cariad.

Astudiaeth o ail-flodeuo cariad naturiol, di-sentiment gwraig tyddyn, Beti Gruffydd, tuag at ei gŵr oedrannus, Dafydd Gruffydd, a geir yn y stori gyntaf, sy'n rhoi iddi ei theitl i'r gyfrol. Y mae'r cariad hwnnw wedi'i dymheru â thristwch a'i ffyrfhau â chydymdeimlad. Egyr y stori'n ddramatig ddigon, gyda Dafydd Gruffydd yn deffro'n swnllyd i fynd i'r chwarel ddiwrnod ei ben-blwydd yn ddeg-a-thrigain. Try'r sylw wedyn at ei wraig Beti, a cheir disgrifiad synhwyrus ohoni'n paratoi ei dun bwyd gan bwyso'r brechdanau i'r tun 'a'i modrwy yn suddo i'r frechdan wrth iddi wneud hynny' (ffaith y gellir meddwl amdani ar lefel sumbolaidd yn ogystal). Yna clyw ei gŵr yn 'ffrwtian trochion o'i geg' cyn dod at y bwrdd, a ninnau'n dechrau sylweddoli fod y synhwyrau'n finiocach yma nag yng ngwaith blaenorol yr awdur.

Wrth i'r ddau sgwrsio am y tywydd a'r angen am gôt down i ddeall fod peth ffurfioldeb yn natur eu perthynas, ac ategir yr argraff gan eu holl sgyrsiau a'u hymarweddiad. Yn yr ail berson ffurfiol y cyferchir Dafydd Gruffydd, ac mi cheir tinc perthynas agos glòs yn yr iaith. Yr oedd gan Beti 'ormod o synnwyr cyffredin', meddai'r awdur 'i'w thwyllo ei hun fod rhamant caru yn para yn hir iawn ar ôl priodi'.[3] Cadwai tlodi bobl ar wahân. Ar ôl y brecwast cynnar â Dafydd Gruffydd i'w waith, a'n gadael i ganolbwyntio ar brofiad Beti.

Yn union fel yn *O Gors y Bryniau,* yn y diwrnod fel trobwynt – yma ym mywyd Beti Gruffydd – y mae diddordeb yr awdur, ac fe fynegir ei arbenigrwydd inni'n ddiamwys hollol gan y storïwr: 'Dyma'r tro cyntaf,' meddai, 'i'r peth daro Beti. Edrychai a gwrandawai ar bob dim heddiw fel petai yn newydd'. Y mae Beti'n cychwyn ar ddyletswyddau'r dydd – nôl y gwartheg a godro.

Cawn ei synfyfyrdod wrth groesi'r caeau'r bore hwn, a rhyw dristwch gwaelodol, a gyflëir inni drwy dôn y cymariaethau a'r sylwadau, yn ei lefeinio. I Beti y mae'r tai o'i chwmpas 'fel petai pawb oedd ynddynt wedi marw', ac y mae hi'n gweiddi, 'Trw bach' yn ddistaw, fel mewn parchedig ofn. Rhyw brofiad cysegredig bron yw profiad y diwrnod gyda'r sylwadau'n ddrych o dôn y gwaith.

Bu'r profiad hefyd yn ddeffroad, a chyflëir hynny inni drwy syn-wyrusrwydd y disgrifiad o'r gwartheg yn ymhel tua'r beudy:

> Cododd y ddwy fuwch eu pennau efo'i gilydd fel petaent yn gwneud dril, a symudasant yn araf i gyfeiriad y beudy; eu pyrsiau'n ysgwyd fel siglen adenydd, o'r naill ochr i'r llall, a'u tethi yn pwyntio allan fel pigau pennor. Hongiai glafoerion yn ffrwyni aur eu gwar a'i ddisgleirdeb yn cyfateb i ddisgleirdeb düwch eu crwyn.
>
> 'Closia, morwyn i,' ac yr oedd yr aerwy am eu gyddfau gyda chlec, a'r ddwy fuwch eisoes yn llyfu'r 'indian corn' yn eu pwcedi gan ysgwyd handlen y bwced.
>
> Wedyn dechreu godro, y llaeth i ddechreu yn las ac yn fain i'r piser a'i sŵn yn deneu. Wedyn dyfod yn ffyrfach a'i sŵn yn dewach. Y fuwch yn codi ei chil ac yn tuchan, yna yn cysgu ac yn neidio yn ei chwsg, a Beti Gruffydd yn dal i odro ac yn dal i feddwl. [4]

Erbyn hyn mae techneg yr awdur yn grymuso. Egyr y disgrifiad â brawddeg amlgymalog sydd, yn ei rhediad, yn cyfleu cerddediad linc-di-loncaidd y gwartheg i'r beudy. Mae'n orlawn o'r 'feliau' [lluosog y gair 'fel'] y cwynodd Islwyn Ffowc Ellis amdanynt mewn adolygiad ar *Tywyll Heno*,[5] ond bod i bob un ei le. Cyfleu ymateb greddfol Baflofaidd y gwartheg a wneir yng nghymhariaeth y 'dril', tra cyflëir llun perffaith o'r rhuthm pendant ac araf wrth grybwyll y siglen adenydd (neu'r siglen donnen). Rhoddir rhyw drydydd deimensiwn i'r cyfan gan gymhariaeth y 'pigau pennor'; gwneir i bopeth sefyll allan, yn fwy nag mewn bywyd hwyrach, gan fynd â ni yn dechnegol eto i gyfeiriad y sinema.

Y mae rhywbeth yn gryf iawn yn y math yma o ysgrifennu, hyn yn rhannol oherwydd cyfartaledd uchel y berfau gweithredol a'r darluniau llachar a geir. Ceir yma, hefyd, dechneg sydd eto yng ngwaith Joyce a Hemingway, sef y gallu i weddnewid geiriau i fod yr union beth a gynrychiolant. Gwelir hyn, er enghraifft, wrth i KR ddisgrifio fel yr 'Hongiai glafoerion yn ffrwyni ar eu gwar'.

A hithau yn y cyflwr effro hwn, naturiol yw i Beti Gruffydd edrych ar ei holl fywyd â'r un weledigaeth eglur. Fe'i rhyddheir o hualau'r Presennol gan ei myfyrdodau; myfyrdodau sy'n dalfyriad cronolegol o'i hunangofiant hi a'i gŵr, ac sy'n rhoi uniolaeth i'r rhan hon o'r stori. Wrth fynd drwy dasgau'r dydd fe'i hatgoffir o gerrig milltir eu bywyd undonog, caled: priodi, geni, a marw. Clywn iddi golli plentyn pedair oed ('Duw'r nefoedd! yr oedd honno'n brofedigaeth galed'), ar yr un gwynt bron â hanes ei hymweliad â glan-y-môr, a balm amser wedi lliniaru'r briw. Wedyn cawn fod y plant i gyd wedi priodi gan adael i'w rhieni brofi mydr bywyd ychydig mwy hamddenol, a thrwy'r meddyliau down yn ymwybodol o gulni, caledwch, a bychandra byd Beti Gruffydd drwy gydol ei hoes. Erbyn hyn mae wrthi'n gwneud ymenyn, a'r darlun synhwyrus yn atgyfnerthu effaith y rhai a'i blaenorodd. Mae'r awdur, gydag awgrym yma, a chyffyrddiad ysgafn, di-ffws fan draw, yn graddol adeiladu portread cyflawn o'r wraig sensitif a'i 'hargyfwng'.

Daw'r myfyrdodau â ni at amser cinio, a dychweliad Dafydd o'r chwarel, peth sy'n rhoi cyfle i'r awdur roi cip ar y diwrnod o safbwynt y gŵr. I Dafydd Gruffydd, diwrnod arferol yw'r dwthwn, heb arlliw o'r arbenigrwydd sydd iddo i'w wraig – ceir yr awdur wrth ein penelin yn tanlinellu mai profiad personol, dirfodol, unigryw yw un Beti. Sylweddola hi, am y tro cyntaf, yn ei stad o arwybod, gymaint o doll ar ynni ei gŵr a fu ei waith caled, ac awgryma iddo fynd i orffwys. Eithr mae'r newid a'r gofal yn annirnad iddo ef, ac yn peri iddo edrych arni 'fel petai hi'n dechrau colli ei synhwyrau'. Nid yr un yw achlysur cyrraedd oed yr addewid i Dafydd Gruffydd ag i'w wraig Beti.

Ymddieithrwyd cymaint yn eu bywyd fel na all Beti feddwl am ddim agosach at gydymdeimlo a chofleidio cariad, nag awgrymu gorffwys. Dyma'i ffordd hi o ddangos ei gofal, ac fe'i ceir yn ail-annog ei gŵr i orffwys yn y geiriau effro sy'n dilyn:

> 'Well i chi fynd [i'r gwely], dyma chi'n ddeg a thrigain heddiw, a 'does gen i gownt yrioed i chi fod â'ch dwylo tros i gilydd yn segur'.[6]

Dyma grynhoi caledi eironig ac annhegwch bywyd mewn un frawddeg.[7] Fel yr eglurir yn *Crefft y Stori Fer*:

> Mae ystyr neilltuol i fod 'a'i ddwylo dros i gilydd' yn Sir Gaernarfon, sef 'bod yn segur'. Yn wir mae bron yn gyfystyr â bod yn ddiog.[8]

Defnyddiodd KR yr ymadrodd lleol (fel gwir artist) i'w dibenion ei hun i gyflwyno eironi'r sefyllfa. Iddi hi, ni ellir mwynhau seguryd yn y byd; daw hwnnw, yn eironig, pan fo dyn yn ei arch, heb obaith ei fwynhau. Nid oes gorffwys cyn y bedd.

Â Dafydd Gruffydd allan i dorri drain, rhagor na gorffwyso, ac ar ôl i Beti olchi llestri cinio â hithau allan i nôl dŵr. Wrth ddod yn ôl y mae'n eistedd yn y cae i wylio'r gŵr yn gweithio, gan roi cyfle unwaith yn rhagor i'r awdur ddyfnhau'r portread o'r 'weledigaeth'. Yma eto techneg y ffilm a ddefnyddir; a llygaid Beti fel lens camera yn taro ar y manylion argraffiadol pwysicaf. Gwêl ei gŵr yn torri'r drain, a'r rheini'n disgyn 'a'u breichiau ar led i farw yn y ffos'; o'i blaen gwêl ei gŵr â 'hen het am ei ben', gyda 'clwt o ôl chwys ar du blaen ei het', a 'darn o lawes i gôt liain yn un fflarbad'. Yn ei chof gwêl het 'dipyn duach na hon'. Yn yr arosod, gwêl law anorfod angau, fel yr 'Edrychai [Dafydd] yn hŷn o lawer heddiw, yn hŷn nag yr edrychai ddoe hyd yn oed'. Daeth iddi'r 'golau mellten', sy'n rhoi 'golwg newydd ar gymeriad, neu ar gymdeithas, neu'n wir ar fywyd i gyd'.[9]

Ond y mae rhywbeth mwy na sylweddoli dyfodiad anorfod angau yn y profiad, a cholli eto'r cariad a ail-ddarganfuwyd yn hamdden henaint. Bellach tyfodd Dafydd i gynrychioli cymdeithas gyfan a greodd ffermydd bychain o dir gerwin a chaled, sef tyddynwyr Rhosgadfan. Ai ofer fu'r cyfan? Nid dyna'r ateb y mae'r cariad a deimla Beti'n ei gynnig iddi yn y gosodiad syml: 'a Dafydd Gruffydd . . . oedd ei awdur i gyd'. Dyma frawddeg sydd, i mi, mor gywrain artistig ag unrhyw un a ysgrifennodd erioed. Gellid bod wedi dewis dweud mai Dafydd oedd *tad* y gwaith, neu ei *berchen*; yr hyn a geir yw *awdur*, a hynny'n fwriadol oherwydd cysylltiadau'r gair. Creu o ddim y mae awdur, ac ar ôl i Dafydd Gruffydd farw, pery ffrwyth ei ymdrech ar ei ôl am byth.

I mi, y mae diweddglo'r stori'n ailadroddus fel pe bai'r awdur wedi dotio at ei thric yn gynharach ac yn ofni i'r darllenwyr ei fethu:

'Mi fydd yn gorfadd yn yr hen fynwant acw,' meddai, 'ymhen tipyn, a'i ddwylo dros i gilydd am byth.'

Ond y mae profiad unigryw, dirfodol Beti Gruffydd, a'r cyfrwng a ddewiswyd i'w fynegi yn undod clwm.[10] Camwyd i mewn i'w bywyd, a hithau'n gofyn rhai o gwestiynau mwyaf tyngedfennol ei bywyd ac, yn ei hatebion iddynt, y mae peth eglurhad a chyfiawnhad o'n bodolaeth ninnau yn y byd.

Y mae'n debyg mai'r newid mwyaf yng nghrefft yr awdur yw ei bod, bron yn ddieithriad bellach, yn mynegi'n anuniongyrchol, yn 'cyfleu' yn hytrach na 'dweud'.

I mi, yr oedd gormod o 'ddweud' yn O *Gors y Bryniau* er, fel y gwelwyd, bu cryn gywreinio ar y mynegiant erbyn cyrraedd 'Newid Byd'. Un o ddisgynyddion y stori honno yw 'Rhigolau Bywyd'. Yr hyn sy'n taro dyn yw fod KR yn gwybod yn union pryd i gerdded i mewn, a phryd i gerdded allan, a bod popeth a ddigwydd yn ystod yr ymweliad yn perthyn yn annatod glos i'w gilydd, ac yn ystyrlon. Dyma dechneg ei storïau.

Ceir enghraifft dda o'r cerdded i mewn yma ar ddechrau'r stori 'Y Golled'.

Erbyn hyn meistrolodd KR agoriad ei storïau a gwelwn hi'n defnyddio iaith effro, heb ragymadroddi dim:

> Curai calon y *bus* yn gyflym, ac felly y curai calon Annie oddimewn. Curai ei chalon gymaint yn ei meddwl fel yr ofnai i'w gŵr a eisteddai wrth ei hochr ei chlywed.[11]

Y mae'r geiriau'n gafael yn rhywun ac yn gwneud iddo holi achos y cynnwrf, tra ar yr un gwynt yn awgrymu nad yr un yw teimlad y gŵr, a bod rhyw agendor rhyngddynt. Gosodwyd y sylfaen a dyma, mewn gwirionedd, y mae'r gweddill o'r stori'n ei gyfleu.

Y mae'n amlwg fod Annie yn ferch synhwyrus, a thrwy ei synwyrusrwydd hi caiff yr awdur gyfle i ddefnyddio'i synwyrusrwydd ei hun. Try ei grudd i dderbyn holl wres yr haul; mae'n ymwybodol o frigau perthi'n 'rhygnu ar hyd gwydr y *bus*', a 'pheiriant y *bus* yn curo dan ei thraed megis, a'i gŵr wrth ei hochr yn gogwyddo'i ben at ei mynwes ac aroglau baco ar ei ddillad'. Byddai awdur llai wedi dweud fod y ffordd yn gul, eithr cyfunodd KR y disgrifiad allanol â phrif gyfeiriad y stori.

Fe glymir y stori wrth ei gilydd gan yr un digwyddiad canolog, sef y daith i'r wlad. Ond yn awr dechreua KR durio dan yr wyneb i ddangos arwyddocâd y daith. Y mae Annie'n ceisio adennill rhywbeth, adennill gwefr ac agosrwydd ei hamser caru, gwefr a gollwyd yn llonyddwch ei bywyd priodasol. Ac fe ddiffinnir yr agendor a dyfodd rhyngddi a'i gŵr: roedd Annie'n 'farddonol', a Ted ei gŵr yn 'rhyddieithol', ac aethai'r bwlch rhyngddynt yn fwy ar ôl priodi. Y mae yng ngwaith KR awgrymu, fwy nag unwaith, fod yn rhaid i bobl bellhau oddi wrth ei gilydd i fyw'n weddol gytûn, a bod byw'n glòs, agos yn golygu ffrwydriadau ac anghydfod parhaus. Yn eironig, felly, mae'r agendor y mae Annie'n ymwybodol ohono ar ddechrau'r stori yn un o anhepgorion bywyd gweddol ddiddig a digynnwf – yn ôl KR. Dyma fel y crybwyllodd y pwnc yn *Yr Arloeswr*:

> Un peth sydd wedi bod yn fy mlino i ers tro ydyw, y berthynas o agosrwydd pobl at ei gilydd a'u gwahanrwydd oddi wrth ei gilydd. Un peth a ddysgaf fwy-fwy ydyw fod pobl wrth fyw efo'i gilydd yn mynd ar wynt ei gilydd, yn enwedig os oes gan y bobl hynny bersonoliaeth arbennig . . . Nid wyf yn credu fod yn bosibl i nifer o bobl gyd-fyw heb grafu ar ei gilydd. Fe all cariad a doethineb wneud i bobl oddef y crafu mae'n debyg. Ond yn y pen-draw creaduriaid ar wahân yw llawer ohonom – nid creaduriaid gwell na'n cyd-ddynion er hynny, ac y mae'r ymdeimlad yma o wahanrwydd yn gwneud i lawer ohonom fynd i'n cragen a meddwl ein meddyliau ein hunain.[12]

Down i wybod am yr ymdeimlad yma o 'wahanrwydd' ym mywyd Annie mewn brawddeg fel: 'Ar ôl priodi daeth Ted yn Williams iddi hithau yn ei meddwl, er mai Ted ydoedd ar ei thafod'. Ceisio ailbontio'r agendor yw diben y daith, ac wrth inni deithio ymlaen y mae'r awdur yn gelfydd yn symud y camera i roi cip inni ar yr un y mae Annie am ail-gysylltu ag ef, sef Ted Williams. Wrth iddo sôn am gyfarfod athrawon arbennig deallwn nad oes ganddo fawr o asgwrn cefn. Un o'r bobl sy'n dadlau'n huawdl ag ef ei hun ydyw, ac am fod te parti i fod yn lle trip, mae'n 'rhegi yn ei frest a gobeithio y cai pob plentyn y frech goch, *yn ysgafn*'.

Y mae'r portreadau yma yn bur wahanol i rai *O Gors y Bryniau*. Yno, gydag eithriad, ceid prif nodweddion cymeriad yn daclus gyda'i gilydd; yn *Rhigolau Bywyd*, cymeriadu anuniongyrchol, yn null Tcheckov a geir. Sonir am ryw ddigwyddiad yma, a cheir rhyw awgrymu cynnil acw ac, yn raddol, adeiledir cymeriad cyfan. Dyna sut y cyflwynir Ted i ni yn 'Y Golled'.

Y mae'r daith yn un bur wahanol i'r ddau ohonynt. Dihangfa ydyw i'r gŵr rhag helyntion y capel; ond dihangfa ydyw i Annie Williams rhag syrffed priodas – pererindod at orsedd Fenws; ac am ychydig, beth bynnag, teimla iddi gyrraedd ei nod. Mae ei gŵr yn gytûn wrth ei hochr a phopeth yn dda; a hithau heb wybod nad yr un yw natur eu mwynhad.

Y funud nesaf daw croeswynt, a hithau'n poeni rhag i'r capel ger y llyn ddwyn ei gŵr eilwaith oddi arni drwy'i atgoffa am ei helyntion eglwysig. Ond nid oes sail i'w phryder. Ni ŵyr Annie deimladau mewnol Ted Williams, nac yntau ei theimladau hithau. Deisyfa Annie na ddaw cwmwl i dywyllu'r mwynhad, a chaiff ei ddymuniad. Eithr 'dweud' hynny a wna KR, ac nid cyfleu. Yn ei gwaith diweddarach byddid wedi peri inni wylio'r gŵr yn bwyta'i frechdan â'i lygaid ynghau mewn mwynhad ecstatig, a ninnau wedyn yn *dehongli* ei hapusrwydd.

Wrth drafod *O Gros y Bryniau* ceisiwyd dangos fel y mae KR yn gallu tynnu llun yn dda, yn union fel James Joyce yn ei weithiau cynnar. Yn nes ymlaen aeth Joyce i dynnu lluniau awgrymog yn hytrach na rhai clir. Mewn un lle y mae ganddo 'cymylau gwynion yn mygu yn yr awyr', ac mae un o'i gymeriadau'n 'edrych allan i'r tywyllwch lledr'. Mae'r un math o newid i'w weld mewn stori fel 'Y Golled'. Ar ôl cyrraedd y wlad, mae Ted ac Annie'n gorwedd yn ddiog wrth y llyn:

> O'u blaen yr oedd mynyddoedd mawr yn sefyll fel *ceiri* rhyngddynt a'r awyr, porffor y grug a melyn yr eithin yn ymdoddi i'w gilydd arnynt onid oeddynt yn *lafant* llwyd.
> Wrth eu traed yr oedd dŵr y llyn yn llepian yn gyson *fel cath* yn taro ei phawen ar eich glin o hyd i gael eich sylw.[13]

Y mae'r llun argraffiadol uchod yn rhan annatod o frodwaith syniadol y gwaith. Gwarchoda'r mynyddoedd, a saif 'fel ceiri rhyngddynt a'r awyr', rin y cariad a ddiflannodd, gan wneud ailfeddiannu cyn anodded â chymryd caer. A phair anferthedd y dasg i'r ddau deimlo bychander dyn yn wyneb y fath sialens. Ymdodda'r grug a'r eithin wedyn yn 'lafant llwyd' gan beri i ni gofio cysylltiadau hwnnw. Onid lafant a roir rhwng dillad i'w cadw'n ffres am gyfnod hir? Ac oni ddaeth yr ymadrodd *'to put in lavender'* yn Saesneg yn gyfystyr â chadw ar gyfer diwrnod arall? Nid mympwyol, felly, yw haeru i Annie gredu fod yr hen ysbryd cariadus a fu rhyngddi hi a Thed gynt yn bodoli yma'n fytholrwydd yn y mynyddoedd. Mae'r llyn wedyn 'fel cath yn taro ei phawen ar eich glin', yn eu gwahodd yn ôl i'r hen lwybrau ac yn crynhoi eironi trasig y sefyllfa.

Y mae'r awydd am ailddarganfod yr hen gariad yn gryf yn Annie ac, yn wir, y mae fel pe bai natur ei hun yn dymuno iddi lwyddo; ond siwrnai seithug yw hi o'r cychwyn cyntaf. Collwyd yr allwedd gyfrin a berthyn i'r hen gyfnod – drwy briodi, drwy ymgydnabod, a thrwy heneiddio: ni ellir adennill yr hyn a fu.

Cyn mynd oddi wrth y llyn, fodd bynnag, ceir pwt o sgwrs lle haera Ted ei fod yn caru Annie gymaint ag erioed:

'Er gwaetha pob dim?'
'Er gwaetha pob diawl.'

Pair pendantrwydd y geiriau i ni anghofio mai ei boenau ei hun ac nid eu poenau ill dau a fu'n llenwi'i feddwl drwy'r prynhawn; a chyfyd gobaith adfeddiannu'r hyn a fu.

Cyrhaeddir i le bwyta a chymerir siawns i fwrw golwg dros y lle wrth ddisgwyl y lluniaeth. Try'r sylw at frawd yr hen wraig sy'n cadw'r lle, ac sy'n cario dŵr, 'fel pe hoffai [ei] daflu am ben rhywun', a mynd ymlaen:

Yr oedd ganddo het Jim crow ar ei ben, goch iawn. Yr oedd ganddo gudyn clust yn perthyn i oes Victoria, a dillad yr oes hon. Edrychai ffurf ei wyneb fel petai wedi ei naddu o farmor. Yr oedd ei lygaid yn fain ac heb ryw lawer o fynegiant ynddynt.[14]

Diben y disgrifiad yw ei wneud yn destun siarad i Ted ac Annie, ac â'r ddau i ddyfalu tybed a fu ganddo gariad. Wrth sôn am hwn y mae Ted, heb sylweddoli hynny, yn eironig ddigon, yn ei ddisgrifio'i hun yn ei sgwrs:

'Na, fedra i byth goelio bod gynno fo rioed gariad. Mae o'n rhy ffond o'i gwmni'i hun bob amser'.

Yr un dôn sydd i'r sgwrs â'r perchennog, sef yr hen wraig, sy'n dilyn hefyd.

Edwyn hi Ted ac Annie'n syth, ac â'n naturiol i holi eu helynt. Edrydd Ted iddi eu bod yn briod bellach, a chael ymateb mwyaf eironig drist y gwaith, ymateb sy'n dwysbigo'r darllenydd: 'faswn i byth yn gwybod. Mi rydach chi fel dau gariad o hyd'. Nid yw KR yn dweud dim yma, dim ond rhoi llun awgrymog: 'Edrychodd y ddau ar ei gilydd'.

Y mae'r profiad drosodd; ac yn union fel y defnyddir yr haul a'i wres ar ddechrau'r stori i awgrymu cychwyn y profiad, defnyddir y newid hin, y niwl, yn sumbolaidd yma i gyfleu'r diwedd:

> Toc daeth caenen lwyd ysgafn o niwl dros y mynyddoedd, ac ymhen amser daeth atynt hwythau ac fe'i cyrliodd ei hun amdanynt. Cychwynasant i lawr tua Llanwerful, a cherddasant yn gyflym oblegid dechreuai oeri erbyn hyn,[15]

Yn lle haul a gwres, llwydni ac oerni a geir ac 'fe'i cyrliodd ei hun amdanynt'.

Profiad brau a byrhoedlog a fu ac, wrth ddychwelyd yn y bws, mae'n rhaid i Ted ac Annie ddod yn ôl i realaeth lwyd bywyd bob dydd, a gyflëir i ni yn ffurf Jones y Drygist sy'n disgwyl amdanynt i ddweud hanes cyfarfod athrawon a fu yn y prynhawn. Fe sylweddolwn ni'r gwirionedd yn unionsyth, ond nid felly Annie. Yn ddiweddarach, y mae hi wrthi'n paratoi swper, yn ei seithfed nen, oherwydd ei chred mai: 'Ted oedd Ted wedi'r cwbl'. A'r un yw'r awyrgylch drwy'r pryd bwyd – nes i'w gŵr gyfaddef yn ddifeddwl y rhoesai'r 'byd yn grwn am fod yn y Cwarfod Athrawon yna'r pnawn yma'.[16] Tanlinella'r geiriau sylfaen eironig y stori, a gorfodi Annie i gydnabod mai ei thwyllo'i hun a wnaeth wrth gredu iddi ailbrofi'r hen gyfaredd. Ei hymateb greddfol yw crio, ond yna tyrr i chwerthin yn stoicaidd dros y tŷ.

Agwedd ar thema cariad, cariad a losgodd yn llwch llwyd diantur priodas sydd yma. Y mae'n thema drist, ond yn thema sy'n codi'i phen yn aml yng ngwaith KR, a hwyrach mai'r stori sy'n mynegi'r peth yn fwyaf cofiadwy yw'r stori 'Rhwng dau damaid o gyfleth'. Dyma'r stori gyntaf i KR ddefnyddio techneg llif yr ymwybod yn sylfaen iddi. Yn union fel y mae bisgedi Proust yn ei atgoffa am fisgedi tebyg flynyddoedd ynghynt, y mae gweld ei ferch, Jane, a'i wyres Mair yn tynnu cyfleth, yn atgoffa Dafydd Tomos am ddigwyddiad tebyg drigain mlynedd ynghynt. Eithr ni cheir yr annhaclusrwydd (ymddangosiadol beth bynnag) a gysylltir â thechneg rhoi pethau i lawr yn union fel yr ymddangosant yn y stori hon, oherwydd ei bod yn stori hollol gronolegol, dwt gyda phob cam yn dilyn ei gilydd mewn trefn. Ond nid mynd â ni i aelwyd arbennig a chael yr hen ŵr i adrodd stori sy'n gyflawn ynddi'i hun, ac heb unrhyw gysylltiad â'r rhagarweiniad a wna KR. Y mae'r darlun agoriadol yn rhan annatod o'r hyn sy'n dilyn ac fe lithrir ohono i'r stori, ac yn ôl, heb i un sylweddoli bron fod hynny'n digwydd. Eir o un darlun o ferch yn tynnu cyflaith i un arall, wrth i'r awdur doddi un darlun i'r llall, fel mewn ffilm, gan bontio trigain mlynedd ar amrantiad.

Enw'r ferch yr atgoffir yr hen ŵr ohoni yw 'Geini' ac wrth ei gweld yn tynnu cyflaith, fel y mae Jane ei ferch a'i wyres Mair, y syrthiodd yntau mewn cariad gyntaf â hi. Ni cheir darlun manwl ohoni:

> Llewys byr, wedi eu crychu i fand uwchben ei phenelin oedd ganddi, llewys digon uchel i ddangos bôn braich gron a thwll yng nghnawd ei phenelin. Deuai ei gwallt i lawr dros ei chlust ar ei ffordd i'r tu ôl i'w phen. Wrth iddi chwerthin dangosai rês o ddannedd gwynion a thwll yn ei boch.[17]

Nid yn ei hymddangosiad y mae diddordeb yr awdur, ond rhoed digon o fanylion i'w gwneud yn berson, a pheri i ni ddeall twymyn cariad Dafydd Tomos.

Cyflëir y dwymyn inni drwy fynd â ni i feudy Dôl yr Hedydd a Dafydd Tomos yn godro yng nghwmni Geini ac ar ddatgelu'i serch:

> Yr oedd ei awyr yn gynnes oddi wrth anadl y gwartheg, ei barwydydd yn fudr gan lwch a gwe pry copyn a gluod. Symudai ei gysgod ef a Geini'n fawr ar y pared wrth iddynt symud yn ôl a blaen rhwng y cwt gwair a rhesel y fuwch. Rhes o lygaid mawr yn troi arnynt dros ymyl y rhesel a gyddfau'n symud yn ôl ac ymlaen. Yna'r pennau'n diflannu a thafodau yn cyrlio am y gwair o dan y rhesel a sŵn y gwair fel papur sidan. Gallai Dafydd weled amrannau Geini yn troi i fyny heibio'i bonet fel y plygai gyda'r gwair. Ni allod ddal yn hwy. Yr oedd ei wefusau'r munud nesaf yn mynegi angerdd ei galon ar ei gwefusau poethion hi.[18]

Cawn adroddiad byr o'r ddau'n cyd-fyw profiadau, ac yn dyfnhau yn eu cariad nes i Dafydd fagu digon o hyder i ofyn iddi'i briodi.

> 'O! does arna i ddim eisio priodi . . . mae arna i ofn.' [meddai Geini]
> 'Ofn be? Fy ofn i?'
> 'Naci, ofn priodi . . . ofn inni ddwad i nabod y'n gilydd yn well nag yr ydan ni . . . fel rydan ni rwan rydan ni'n nabod y'n gilydd yn ddigon da i garu'n gilydd, ond mae arna i ofn os priodwn ni, y down ni i nabod y'n gilydd yn ddigon da i gashau y'n gilydd . . . unwaith y priodwn ni, mi awn yr un fath â phawb arall'.[19]

Fe geir y syniad hwn yn britho gwaith KR o hyn ymlaen. Bellach, ffrwynodd KR elyn mawr Henry James, sef amser, a rhydd yr argraff, mewn rhyw bum brawddeg, i fisoedd fynd heibio cyn i Dafydd ofyn y trydydd tro:

Daeth Calan Gaeaf ac fe aeth heibio. Teimlai Dafydd na fedrai pethau ddal i fynd ymlaen fel hyn. Deuai diwedd arnynt rywdro. Yr oedd arno eisieu Geini, ei heisieu i'w dderbyn gartref gyda'r nos a'i heisieu yn eiddo priod iddo'i hun!

Ym mhen tipyn ar ôl Calan Gaeaf mentrodd ofyn y cwestiwn drachefn.[20]

Daw'r amser i ofyn unwaith eto ac, wrth ei ateb y tro hwn, noda Geini ei hofnau'n fwy manwl. Caed amser iddi weld agweddau newydd ar gymeriad Dafydd, ac fe'i cyhuddir ganddi'n ddifloesgni:

'Rwyt ti'n hunanol, ac rwyt ti'n amheus,' meddai, 'ac ar ôl priodi mi welsan ni rwbath o hyd, ac yn y diwadd mi fasa'n gâs gynnon ni weld y'n gilydd.'[21]

Ymateb Dafydd yw bygwth gadael, ac oherwydd hynny mae hithau'n addo'i briodi.

Yn dilyn ceir disgrifiad ohonynt yn mynd i brynu'r fodrwy:

. . . ef yn ei drowsus cord a'i fliwtsiars. Côt beilot cloth amdano, hances sidan amryliw am ei wddf a het befar am ei ben. Y hi'n gwisgo ffrog o stwff du cartre a rhesen wineu ynddo, esgidiau pedwar twll am ei thraed, côt o frethyn cartre gwineu amdani, a honno yn llac a blaenau ei llewys yn agor yn llydain, a het bach gron wineu ar ei chorun.[22]

Ar ôl adeiladu'r sefyllfa'n fwriadus gelfydd, ac ar ôl peri i Geini dderbyn Dafydd o'i hanfodd, naturiol yw rhoi'r chwilolau ar y ddau'n cymryd cam mwyaf tyngedfennol eu bywydau. Ond y mae i'r disgrifiad swyddogaeth amgenach. O sylwi'n fanwl ar wisg y ddau, cais yr awdur adlewyrchu eu teimladau mewnol. Mae Dafydd yn lliwgar ac ar frig y byd, tra mae Geini mewn du a gwinau fel pe mewn angladd. Mae Dafydd wedyn yn brasgamu'n eiddgar, tra bod Geini'n llusgo'i thraed yn 'trotian wrth ei ochr'.

Yna daw amser prynu'r fodrwy, a'r achlysur i Dafydd 'yn ben llanw ar ei lawenydd' (geiriau sy'n eironig pan gofir hwy'n nes ymlaen). Eir i mewn i siop, ond wrth edrych ar y modrwyau, try Geini ar ei sawdl a rhedeg allan. Dilynir hi gan Dafydd at y cei:

Daliodd hi yn y cei, a phan ddaliodd hi, yr oedd fel deryn bach wedi ei ddal. Crynai ei holl gorff a gallai glywed ei chalon yn curo . . . A deallodd beth o'i meddwl wrth edrych ar ei hwyneb.[23]

Gynt, ni allai Dafydd ddirnad gwrthwynebiad Geini o gwbl ar lefel rhesymu a dadlau. Ond yma, o edrych ar ei gwedd, y mae'n deall 'peth' o'i meddwl, ar lefel greddf a theimlad. Mae hon yn thema sy'n digwydd yn aml yng ngwaith yr awdur ac mae'n debyg mai yn *Tywyll Heno* y ceir yr ymdriniaeth lawnaf ohoni.

Nid un i oedi'n sentimental uwch poenau dyn yw KR. Ond cawn un o'r darluniau mwyaf trasig a llawn tosturi sydd yn ei holl waith yn y disgrifiad byr o adwaith Dafydd Tomos:

> Aeth yn ei flaen ei hunan i'r Cei Llechi. Yno gorweddodd ar ei frest ar bentwr o lechi a griddfanodd i'r agennau rhyngddynt.[24]

Yma disodlwyd y 'gosodiad' gan y 'darlun'.

Peth arall sy'n ddiddorol yn yr ymdriniaeth hon yw fod yr awdur yn cael y darllenydd i gydymdeimlo â'r ddau gymeriad yn eu tro. Ni all Dafydd ddioddef aros yn Nôl yr Hedydd mwyach, a cheir darlun trist ohono'n ymadael yn gynnar fore trannoeth:

> Wedyn cychwynnodd ac ychydig bethau mewn hances goch ar ei ysgwydd. Cyn mynd aeth at y beudy ac agorodd y drws. Caeodd y drws wedyn a syrthiodd un deigryn ar ei foch. Wedyn aeth yn ei flaen heb edrych yn ôl.[25]

Byddai awdur llai wedi creu disgrifiad hirfaith a sentimental. Eithr gallodd KR ymatal. 'Un deigryn' sy'n cael disgyn ar ei foch, cyn i Dafydd gau drws y beudy, a chau drws ar bennod dyngedfennol yn ei fywyd. Hyd yn hyn ni bu sôn am baratoadaur'r ddau at y briodas, ac yn wir ni wyddom pa mor bell yr aethai'r trefniadau, nes i'r awdur beri i'r ffigwr, unig, trasig edrych i mewn i'r bwthyn y bwriadodd fyw ynddo. Ar un lefel, mae'n edrych ar ei dŷ, a gwaith Geini o'i fewn am y tro olaf; ar lefel arall, y mae'n edrych ar yr hapusrwydd a fyddai wedi dod i'w ran o briodi Geini, ar hapusrwydd ei freuddwydion, am y tro olaf.

Gallwn gydymdeimlo â Geini hefyd, a hynny oherwydd i'r awdur ein perswadio i gredu yn ei didwylledd. Dangoswyd ei bod yn onest, yn sensitif ac anhunanol, fel mai naturiol yw cydymdeimlo â hi yn ei thrallod hithau:

> Yn ei hystafell wely edrychai Geini arno'n mynd, ef a'i bac, onid aeth yn ddim ond smotyn du ar y gorwel. Pan aeth o'r golwg, syrthiodd ar ei gliniau wrth y gadair ac wylodd. Crogai ei hamrannau'n wlyb a llipa ar ei boch a'r dagrau'n disgyn oddiarnynt fel oddiar gangau'r coed ym mis Rhagfyr.[26]

Yma, y mae dau gydymdeimlad. Tra mae Geini'n cydymdeimlo â Dafydd enynnir ynom ninnau gydymdeimlad ati hithau.

Soniwyd eisoes am y ddwy arwres a geir yng ngwaith KR sef, yn gyntaf, y ferch synhwyrus, alluog, lawn bywyd; ac yn ail, y ferch gadarn, glaearach, ddibynadwy sydd â'i thraed ar y ddaear. Gwelwyd sawl esiampl o'r teipiau eisoes, ac y mae'r ddwy yn 'Rhwng dau damaid o Gyfleth'. Y ferch synhwyrus yw Geini, a'r teip arall yw Jane, merch y mae Dafydd yn ei chyfarfod flynyddoedd yn ddiweddarach.

Caiff KR gyfle i grybwyll y ffawd eironig sydd i'w gweld mewn cynifer o'i storïau wrth sôn am Dafydd yn chwilio am Geini cyn mentro priodi â Jane. Methiant fu'r chwilio, ond ychydig ddyddiau ar ôl priodi, fe'i gwêl yn y dref yn croesi'r stryd, gan oedi – yn awgrymog – o flaen ffenest siop y gemydd, cyn diflannu'r eilwaith. Mae'n amlwg fod yr awdur yn credu fod profiad o'r fath yn nodweddiadol o fywyd, ac yn fath o brofiad na all neb ei ddirnad ond y sawl sy'n ei brofi yn ei unigrwydd. Wrth i Dafydd adrodd ei hanes yn y dafarn y noson honno, y cwbl a all ei gydyfwyr ei ddweud yw:

> 'fel yna y mae hi wldi. Mae ar bawb hiraeth am rwbath na fedr o mo'i gael o yn y byd yma'.[27]

Mae dirfodaeth KR yn tyfu ac yn dwysáu.

Yna deuir â ni'n ôl at yr hen ŵr yn cnoi'r cyflaith, y darlun agoriadol sy'n rhoi ffrâm pendant i'r stori. Fel y crybwyllwyd eisoes, y mae'n amgenach na chanllaw i gadw'r stori o'i fewn gan fod iddo gysylltiad uniongyrchol â phrif gyfeiriad y gwaith:

> Erbyn heddiw ni pharai mynd dros y stori ddim cyffro yn ei feddwl. Ni theimlai mewn unrhyw ffordd wrth feddwl am Geini. Cofiai'r stori i gyd a dyna'r cwbl.[28]

Geill balm amser leddfu'r boen fwyaf ysig, a'r syndod rhyfeddol i ninnau, fel i'r awdur, yw'r gallu dynol i barhau i frwydro ynghanol adfyd.

Yn y stori nesaf, 'Nadolig', eir â ni i dir newydd, a thir anturus, yn fy marn i, o gofio cefndir y cyfnod yr ysgrifennwyd hi ynddo. Yn arwynebol, stori ydyw am ferch, Olwen Jones, yn disgwyl ei chariad i'w gweld ar y trên saith, ac yn cerdded yn ddiamcan tua'r stesion i'w gyfarfod. Ond o dan hyn oll y mae astudiaeth o gariad ffyrfus merch at ferch. Yn y paragraff agoriadol portreadir Olwen inni'n anuniongyrchol gelfydd drwy gyfleu ei hadwaith i ŵyl y Nadolig. Cawn wybod ei bod yn athrawes, yn berson cydwybodol, yn sensitif, ac yn deip sy'n ysgwyddo dyletswydd, yn nhermau marcio, ac anfon anrhegion. Gwelwn fod KR wedi perffeithio crefft y portread ar letraws.

Fe ddilynir hyn gan ddarlun goddrychol o brysurdeb Nadolig, darlun sy'n dangos hapusrwydd Olwen, darlun y bwriedir inni ei gyfosod, maes o law, â chip arall ar yr un olygfa:

> Gwibiai'r ceir modur drwy'r stryd fel gwybed, a rhedai llewych eu lampau ar hyd y stryd fel slefr, gan ddangos yn eglur yr ysbeidiau rhwng y dafnau

glaw a'i gilydd. Llefai eu cyrn yn ddiamynedd, yn wir swnient yn hollol fel dyn wedi colli ei dymer, ac yn gweiddi, "Ewch oddiar y ffordd". Disgleiriai goleuni'r ffenestri ar wynebau pobl a phlant, nes rhoi iddynt ryw welwder angeuol neu ryw liw lafant dieithr. Yr oedd y ffenestri'n dlws a phwyntiai plant eu bysedd atynt a gweiddi, "Ylwch mami, spiwch injan iawn".[29]

Y mae hwn yn ddarlun byw iawn, gyda'r berfau gweithredol yn cyfleu holl symud a phrysurdeb y Nadolig, a chawn esiampl o synhwyrau effro'r gweledydd yn y disgrifiad. Gwêl, ar y naill law wedd amhersonol yr ŵyl yng ngwibiadau'r ceir a'u cyrn 'diamynedd', a 'goleuni'r ffenestri' tra, ar y llall, gwêl hapusrwydd cynhyrfus y plant. Ond y mae i'r cyfan eu cysylltiadau yn ôl ym mhlentyndod Olwen fel nad syn yw ei chanfod yn prysur gasglu meddyliau.

Cydia KR ym mhrif thema'r stori drwy ddilyn cwlwm o syniadau, a cheir hi felly'n symud o wylio hapusrwydd afieithus plant at atgofion personol o dderbyn anrhegion – fel hancesi a 'Merry Christmas' arnynt. Y funud nesaf cysyllta'r gair 'Merry' hapusrwydd y foment a'r ffaith fod ei chariad yn dod i ymweld. Ac atgoffa'i ddyfodiad yntau hi o'r effaith a gâi'r ymweliad ar ei ffrind, Miss Davies. Y mae yma gynllunio crefftus, dirodres, credadwy, a'i ddiffyg rhesymeg yn rhan o'i gamp.

Naturiol wedyn yw i'r stori symud i egluro natur perthynas Olwen â'r wraig a grybwyllwyd. Clywn fe y bu i gariad cyntaf Olwen farw ychydig cyn iddi gyrraedd ysgol Llanwerful, ac fel y bu'r drallod yn foddion i Miss Davies agor ei henaid iddi un wers rydd, gan orffen drwy'i chusanu ar ei boch.

> Cryfhaodd y cyfeillgarwch onid aeth yn beth prydferth iawn yng ngolwg y ddwy. Yr oeddynt yn ddigon cyfeillgar i fedru treulio noswaith gyda'i gilydd heb siarad fawr o gwbl . . . Ni siaradai Miss Davies fyth am ei chariad, ond soniai yn aml am undonedd ei bywyd, a diweddai bob tro trwy ddywedyd faint o heulwen a ddygasai Olwen iddo. Ac i selio hynny bob tro, cusan ar ei boch.[30]

Yr hyn a ddisgrifir yma'n gynnil yw cariad merch at ferch; nid lesbiaeth ydyw, ond cariad un person at berson arall sy'n cyrraedd y fath ddwyster angerddol fel bod holl ogoniannau a diffygion cyfathrach o'r fath yn dod i'r wyneb. Mae'n amlwg mai yn effaith un digwyddiad ar y triawd (Olwen, Gwilym a Miss Davies) y mae diddordeb yr awdur, a'r digwyddiad yw penderfyniad Olwen i briodi â Gwilym.

Yn gynnil, fe awgrymir beth fydd ymateb Miss Davies drwy grybwyll ei hymateb yn y gorffennol:

Sylwasai Olwen bob tro y siaradai amdano wrthi, na byddai'r hen ferch yn gwrando ryw lawer. Fel rheol, troai at ryw destun arall.[31]

Ond nid yw arwyddocâd hyn i gyd yn gwawrio ar Olwen tan amser presennol y stori.

Yn y dref daw'r 'golau ar y cam', sef y gwirionedd annymunol, a gwêl hi bob dim mewn goleuni gwahanol. Gynnau, yng nghanol ei hapusrwydd edrychai'r dre'n llon; yr oedd ysbryd y Nadolig ar gerdded, ond erbyn hyn:

> âi swyn y Nadolig yn llai. Nadolig, Nadolig oedd hi ymhob man. Darnau mawr o eidionnau fel ynysoedd yn hongian yn llipa aros ymyl y ffenestri. Ni allai'r gyddfau hynny estyn eu pigau ar ôl neb byth mwy. Pennau moch yn chwerthin arnoch ac orange yng ngheg pob un. O! yr oedd y Nadolig yn greulon.[32]

Methodd yr awdur ag ymwrthod â'r dweud uniongyrchol yn llwyr. Ond fe ddilynir hynny gan ddarlun sydd i'w roi ochr yn ochr a'r darlun cynharach, darlun goddrychol sy'n ddrych o gyflwr mewnol Olwen. Bellach 'creulon' yw'r Nadolig, a ninnau'n synnu at faint y newid a fu.

Yn hytrach na dweud – 'Am y tro cyntaf erioed', neu 'Daeth cyfnewidiad sydyn dros Olwen' fel y byddid yn *O Gors y Bryniau*, y cwbl a ddywedir yma yw: 'Daeth y cyfnewidiad yma dros ei meddwl rhwng dwy stryd a'i gilydd'. Eithr ni fynegir eiddigedd gwarchodol cariad Miss Davies mewn hynny o eiriau, na'r ffaith fod plesio Gwilym yn mynd i frifo Miss Davies. Caed ffordd fwy anunion o ddweud y peth.

Y cymysgedd teimladau hyn sy'n cyniwair o fewn Olwen ar gyrraedd y stesion. Wrth lawn sylweddoli effaith y llythyr a ysgrifennodd at ei ffrind, Miss Davies, yn ei hysbysu o'i bwriad i briodi ni all hi lai na'i chymharu'i hun i Judas Iscariot. Teimla ei bod yn bradychu Miss Davies.

Ond y mae'n gam di-droi'n-ôl, ac fel y daw'r trên i mewn i'r orsaf gan awgrymu i Olwen waedd siomedigaeth ei ffrind, â 'rhywbeth fel cyllell drwy ei henaid hithau'. Y mae fel petai un berthynas glòs ac arbennig wedi cael ei lladd. Ni fydd gan Miss Davies sbardun at fyw mwyach, a cheir cip ar ei dyfodol trist, yn garcharor i'w heiddo di-liw (sy'n ddrych o'i henaid), yn ei thŷ, ar ei phen ei hun.

Gŵyl cariad yw gŵyl y Nadolig, a hynny sy'n hydreiddio'r stori ag eironi drwyddi-draw. Tyfodd perthynas glòs rhwng Olwen a Miss Davies gan flodeuo'n gariad prydferth a phrin. Ond nid cariad syml mo cariad dynol; y mae'n ymarhous, y mae'n anhunanol ac yn eiddigeddus yr un pryd. A phan flodeua cariad Olwen a Gwilym, ceir prawf o hynny. Y mae eiddigedd Miss Davies yn gwneud i Olwen sylweddoli na all hi gynnal cariad y ddau.

Un peth sy'n dod i'r meddwl fel arfer wrth feddwl am ŵyl geni Crist yw lladd anifeiliaid. Yma, rhoddwyd tro annisgwyl i 'ladd' arferol y tymor, un sy'n peri i ni sylweddoli'n gliriach ein perthynas â'n gilydd. Camp KR yw iddi droi syniad cul ei gysylltiadau yn brofiad mawr, cyffredinol.

Y mae sawl math ar gariad yn 'Y Gwynt', cariad merch ifanc at fywyd ac at ramant yn ffurf morwr rhamantus, a chariad eiddigeddus, dinistriol tad. Prif ddiddordeb y stori i ni yw ei hadeiladwaith. Dyma stori ysbryd gyntaf KR ac fe ddefnyddir yr ysbryd i adrodd yr hanes!

Yr un math o ffrâm â 'Rhwng dau damaid o Gyfleth' sydd i 'Y Gwynt'. Cyrhaedda adroddwr sylfaenol y stori dafarn yng Nghaersaint un noson ddrycinog, a disgrifir y noson, ac awyrgylch y dafarn inni â'r sicrwydd llygadog-synhwyrus arferol. Ar ôl y gwynt teimla'r teithiwr fel pe bai croen ei ben 'ar linyn crychu'. Â i'w wely'n gynnar ond y mae'n methu cysgu oherwydd sŵn gwichian arwydd y dafarn y tu allan. Cwyd i'r ffenest ac fe grëir awyrgylch yn ddeheuig gan KR, awyrgylch dieithr, addas i stori ysbryd fel hyn:

> chwythai'r gwynt ddafnau glaw ar fy ffenestr oddiar fargod darn o'r gwesty a redai'n groes i'm hystafell i. Troellai'r dafn yn y gwynt ar hynt ddiamcan ac yna disgynnai ar chwarel fy ffenestr. Rhedai'r lleuad yn gyflym ar gefndir glas tu ôl i gymylau llac, tenau a hongiai yn yr awyr fel gwlân dafad wedi bod drwy glawdd drain.[33]

Mae rhywbeth yn annaturiol yn y noson, ac y mae hyn yn ein paratoi ar gyfer y llais sy'n deffro'r teithiwr, sef llais ysbryd merch. Hi bellach fydd prif ladmerydd y stori.

Yma cawn fraslun o'r prif gymeriadau, sef nain a thad y ferch:

> Yr oedd fy nain yn hen wraig hen yn gwneud dim ond eistedd wrth y tân a siarad wrthi hi ei hun; dyn yn byw mewn crogen oedd fy nhad.[34]

Cawn wybod, yn anuniongyrchol, fod y ferch yn hardd. Pwysleisiai Tchekov bwysigrwydd anuniongyrchedd yn y stori fer. Ni ddylid disgrifio noson loergan drwy sôn am y lleuad, meddai, dim ond dweud bod hen botel wedi torri ar ochr ffordd yn disgleirio yn ei oleuni. Techneg debyg sydd yma. Y mae'r ferch yn edmygu'i harddwch wrth weld ei llun yn y sgelet bres.

Trwy gyffyrddiadau yma ac acw fe adeiledir cymeriad y tad. Y mae'n greadur di-asgwrn-cefn, diddrwg-didda, eiddigeddus, llym ei lygaid, a meistr ar y 'distawrwydd galluog'. Y mae wedi cadw pob un a edmygai ei ferch draw, nes i'r llongwr â'r 'wyneb hapus ag ôl y glaw a'r gwynt arno, dau lygad glas direidus a gwallt melyn crych' ddod yno un noson. Gwahodda'r llongwr y ferch i ddawns y noson ddilynol, ac y mae hithau'n mynd mewn hen ffrog i'w mam – ar ôl cynllwynio i gael gwared o'i thad am ychydig funudau. Cawn gip ar ysblander rhamantus y ddawns a chyflëir cyffro nwyd y ferch yn gynnil â'r geiriau:

> Ni wybûm erioed cyn hynny deimlo breichiau, gwydn dyn amdanaf. Yr oedd mor agos ataf a theimlwn ias wrth deimlo ei ben bron ar fy ysgwydd.[35]

Daw diwedd y ddawns ac â adref.

Nos drannoeth geilw'r llongwr i'w gweld eilwaith. Dechreua yfed a gafael amdani nes codi gwrychyn ei thad ac un arall o'i hedmygwyr. Trawa'r llongwr y tad a rhedeg yn ôl i'r môr, 'a'r tu ôl i'w wddw yn fflamio fel tân', ond nid cyn crefu ar i'r ferch fynd gydag ef. Eithr, yn ei hofn, ni all hi symud. Dychwela'r bywyd undonog i'r dafarn, ond bod y ferch yn byw mewn gobaith y dychwelai'r llongwr.

Un noson ddrycinog, mewn anobaith, ail-wisga wisg y ddawns, a dawnsio i lawr y strydoedd i'r cei a boddi. Ond diflastod sydd o'i blaen hyd yn oed yn y bywyd ysbrydol:

> Yr oeddwn yn mynd fel dyn dall, mud, a byddar, dros y byd, y byd yr oedd y llongwr arno yn rhywle. Ond ni welais mohono, ac ni wybûm i mi erioed ei basio. Efallai i mi chwythu drwy ei wallt ar ddec llong, ond ni wn. Os digwyddais ei chwythu i mewn i'r dafarn yma rywdro ni wyddwn mo hynny, wedyn beth ydyw'r iws?[36]

Fe'i dedfrydwyd i ddiflastod tragwyddol. Ar ôl i'r ysbryd orffen y stori, syrth y teithiwr i gysgu.

Stori ddiddorol, ond stori gyffredin yw 'Y Gwynt', yn fy marn i. Mae'n ddiddorol oherwydd fod y syniad o gael ysbryd i ddychwelyd i adrodd hanes yn un gwahanol i'r arfer, ac yn syniad sy'n dangos fod KR yn parhau i arbrofi. Ond rywsut neu'i gilydd, pan yw'r awdur yn ymweld â byd ffantasi (ac mae'r ysfa i'w gweld mewn gweithiau diweddar fel yn 'Stori Mari', *Hyn o Fyd*) y mae'n colli pob hygrededd.

Ni'm bodlonir ychwaith gan stori arall yn y gyfrol sy'n dechnegol ddiddorol, sef 'Meddyliau Siopwr'. Dyma'r stori ymson gyntaf yn ei gwaith a, hyd y gwn i, y gyntaf mewn unrhyw stori fer Gymraeg. Dyma, hefyd, y tro cyntaf i KR ddefnyddio techneg llif yr ymwybod, yn yr ystyr eang i'r gair, techneg a ddiffinnir yn fanwl gan Edith Wharton yn ei llyfr *The Writing of Fiction*:

> The stream of consciousness method differs from the slice of life in noting down mental as well as physical reactions, but resembles it in setting them

down just as they come, with a deliberate disregard of their relevance in the particular case, or rather *with the assumption that their very unsorted abundance constitutes in itself the author's subject.*[37]

Italeiddiwyd rhan ola'r frawddeg oherwydd ei bod yn disgrifio, i raddau helaeth, yr hyn a geir yn 'Meddyliau Siopwr'. Dilynir pob sgwarnog yma ac acw ynddi ac y mae un syniad yn esgor ar un arall, neu'n atgoffa'r siopwr o syniad arall, y cwbl yn un pentwr mawr o syniadau. Y mae fel pe bai KR wedi ymlwybro'n lladradaidd i ymennydd y siopwr i gyfnodi popeth sy'n mynd ymlaen. Ac eto, wrth gwrs, hyd yn oed mewn gwaith o'r fath y mae'n rhaid dewis, ac y mae gan yr awdur un trywydd y mae'n dod yn ôl ato o hyd, sef ei bod yn amlwg o'r cychwyn fod rhyw anhwylder meddyliol ar y siopwr a bod a wnelo Twm Defis rywbeth ag o, oherwydd mae bron popeth yn dod â'r meddwl sy'n gogordroi yn ôl ato a'i ddyledion. Dyma'r ddolen gydiol sy'n ceisio rhoi unoliaeth i'r stori, ond 'does yr un garreg ateb i'r iaith a ddefnyddir. Y duedd yw dweud am y stori, 'diddorol', a dyna ni.

O ran syniadaeth y mae un peth o ddiddordeb. Dweud wrth y siopwr "am beidio â meddwl a pheidio â phoeni am ddim a'i chymryd yn dawel", y mae'r meddyg. Mae'n amlwg, felly, fod KR yn synio am feddwl a phoeni ar yr un gwynt mor gynnar â hyn, ac fe welir i'r syniad dyfu'n un o themâu mawr ei gwaith.

Mae angen iaith hyblyg ar y storïwr byr, ac y mae yna gryn amrywiaeth i'w gweld yng ngwaith KR. Ceir un o'r enghreifftiau gorau ohoni'n defnyddio iaith i greu awyrgylch swrth, ddioglyd, yn stori ola'r gyfrol, 'Dydd o Haf'. Egyr y stori gyda thair merch yn yfed llefrith y tu allan i dŷ fferm, ac un ohonynt, yr adroddwr, yn sylwi'n fanwl synhwyrus ar bopeth o'i chwmpas: 'ni ddeuthai glaw eto i olchi'r ysbotiau calch a ddisgynasai wrth odre mur y tŷ'. Yma eto mae'r trigolion: 'a'u dwylo dros i gilydd', ac y mae'r 'tatws newydd eu priddo, a'r pridd ir, tywyll a fuasai gynt dan yr wyneb yn awr yn y golwg a rhimin o'r hen bridd sych, goleu i'w weld yma ac acw'. Y mae'r cwsberis wedyn 'fel cannoedd o dethi bychain'. Y mae'r cwbl yn gamp o ddisgrifio effro, synhwyrus.

Ar ôl yfed y llefrith y mae'r tair yn ailgychwyn cerdded a chawn un o'r darluniau llaw-fer argraffiadol y mae un yn eu cael gan KR, o wraig y fferm, 'a'i llaw ar ei thalcen yn edrych ar ein holau o'r cynddrws'. Y mae un eisoes wedi cael sawl cyfeiriad at boethder y prynhawn, ac ychwanegir at yr effaith wrth ddisgrifio'r hwch a moch bach yn ceisio oeri mewn llyn o ferddwr, a'r yfed dŵr oer o'r ffrwd. Yna daw'r paragraff a ganlyn:

Deuthom i *lannerch* a gysgodid gan *goed* a gorweddasom ar y *glaswellt*. Ar gip, edrychai'r ddaear o'n hamgylch fel petai'n hydref. Yr oedd *dail* ieuanc rhai o'r *coed* yn *wyrdd melyn*. Yr oedd *rhedyn* marw'r llynedd yno'n *winau* ac yn *drwchus*. Ond o graffu gwelem y *rhedyn ieuanc* yn dechrau tyfu'n *llwydwyrdd*, a'u topiau'n cyrlio tua'r *ddaear*. Eithr nid amser i weld pethau'n fanwl oedd hi ar wastad eich cefn felly. Gweled popeth drwy lygaid diog yr oeddem, ac o ganlyniad edrychai pethau'n un peth ac nid yn bethau ar wahân. *Dail mân* oedd ar y *coed bedw* a'u tu chwithig yn *llwyd*, ond i ni edrychent *fel eira* ar y coed. Yr oedd cantel y nefoedd yn *bell*, yn *rhy bell* inni feddwl amdano yn hir a dal yn ein synhwyrau a'i liw y *glas* hwnnw y dymunasoch ei gael mewn ffrog lawer gwaith, ond heb lwyddo. Yr oedd fel petai dri chylch o *fynyddoedd* o'n cwmpas a'u lliw *du*'n ysgafnu i *lwyd gwan* ar y gorwel. Gorweddem yno'n llythrennol, yn ein twymo ein hunain yn yr haul. Rhoesom ein cyrff a fu'n crebachu mewn cotiau gweu drwy'r gaeaf i'r duw hwnnw. Gadawem i'w belydrau ddisgyn yn boeth ar ein hwynebau heb gwyno. O'r pellter deuai *sŵn didor rhaeadrau dwfr*, *sŵn* meddal, *pell*. Ac nid *didor* chwaith; oblegid eto fe'n twyllid gan ein clyw. Ymddangosai'r *sŵn* fel pe'n stopio ar ebwch, ac yna'n myned ymlaen fel cynt. Gyrrodd ei *sŵn* ni i gysgu'.[38]

Gwelsom KR yn defnyddio'r dechneg a geir yma yn *O Gors y Bryniau* ac yn *Deian a Loli*, eithr nid i'r un graddau. Yma, y mae'r awdur am gyfleu syrthni trymaidd diwrnod llethol o haf, drwy wneud i ni deimlo'n swrth a thrymaidd. Ac fe wna hynny drwy ddefnyddio'r dechneg a elwir yn llyfr Frank O'Connor yn *'elegant repetition'*.[39] Ailadroddir geiriau – fe'u hitaleiddiwyd yn y dyfyniad uchod – ag effaith hupnotig nes ein bod ninnau'r darllenwyr bron ag ymuno a'r tair yn eu cwsg. Y mae effaith y darn yn debyg i effaith dyfyniad blaenorol o *Big two hearted river*, Ernest Hemingway.

Deffry'r tair merch o'u cwsg ac awn ninnau gyda hwy i dŷ mewn pentref cyfagos i chwilio am dê. Disgrifir y perchennog yn eithaf manwl inni: 'Daeth gwraig nobl i'r drws. Dynes fawr, writgoch a gwallt a llygaid duon'.[40] Ar yr olwg gyntaf, y mae un yn teimlo i'r wraig hon gael mwy o sylw nag a ddylai, gan nad yw'n ffigur pwysig yn y stori. Eithr y mae'r sylwgarwch yn y fferm, yn y goedwig ac yma yn rhoi darlun cynnil i ni o adroddwaig y stori, sef o ferch synhwyrus, chwilfrydig, sylwgar, sy'n blasu pob eiliad o unrhyw brofiad sy'n dod i'w rhan. Ac y mae'r chwilfrydedd yn impio stori taith y prynhawn wrth helynt y bachgen deunaw oed sy'n gorwedd mewn cadair o flaen y tân yn nhŷ'r 'wraig nobl' sy'n paratoi tê iddynt.

Ond wrth fynd i'r tŷ i gael tê y mae un yn teimlo fod rhyw doriad yn digwydd. Mae'r darllenydd fel pe mewn stori wahanol, stori bachgen wedi mynd â geneth i drwbwl ydyw, ac fe roir sgerbwd yr 'argyfwng' inni mewn paragraff cryno:

Mae o wedi dwad ag anghysur mawr i'r tŷ yma. 'Rydan ni'n bobol barchus wyddoch, ac mae'i dad yn flaenor yn y capel. Er pan mae hyn wedi digwydd 'does dim Cymraeg rhyngddo fo a'i dad. A rhaid imi fyw efo'r ddau a threio cadw'r ddysgl yn wastad.[41]

O rannu'r deunydd, fe geid stori gyffredin am ddiwrnod o haf, a stori o'r radd flaenaf am argyfwng teuluol, ond mae KR, yn union fel adeiladydd, wedi bodloni ar bentyrru'r defnyddiau ar ei gilydd gan wrthod eu cyfosod yn adeilad hardd.

'All one has to do in order to write short stories,' meddai O'Faoláin, 'is apparently to feel something desperately and to say it in the least possible number of words'.[42]

Yr argraff y mae rhywun yn ei gael, yma, yw nad oedd KR yn teimlo'r peth i'r byw. Cychwynna'r adroddiad yn rhy fuan; aeth yr hanner cyntaf yn rhy amleiriog, a chollwyd cyfle i ymdrin ag agwedd arall ar thema cariad, sef cariad mab at dad a mam, rhieni at blentyn, a'r cymlethdodau y mae holl oblygiadau hynny yn ei olygu. Fel cyfanwaith, i mi nid yw'n llwyddo.

Un o'r storïau mwyaf llwyddiannus, os nad y fwyaf llwyddiannus, yn y gyfrol yw'r stori 'Chwiorydd'. Yn hon mae'r defnyddiau crai'n ddelfrydol:

Undod lle – Tŷ Meri Ifans;
Undod amser – y Presennol;
Cymeriadu cynnil – Meri Ifans, John Ifans, ei gŵr, Sara ei chwaer, Beti ei merch;
Prif syniad – cariad dwy chwaer, a pherthynas rhai'n byw'n glòs â'i gilydd;
Ffurf – dilyn strociau Meri Ifans yn eu trefn;
Pwnc – gwarchod urddas.

Fe drawsnewidir y cyfan gan yr awdur yn gampwaith celfyddydol.

Ceir portread eithaf cyflawn o Meri Ifans ar y cychwyn: 'Yr oedd Meri Ifans yn ddynes lanwaith, dwt, feistrolgar ymhob gwaith tŷ', a cheir rhyw dri manylyn darluniadol sy'n cyfleu'r cyfan bron amdani wrthym:

Nid oedd bleten ym mhapur y parwydydd a bapurai hi ei hun bob amser . . . Yr oedd ei menyn yn galed ym mis Awst a chystal ei flas ymhen mis wedi ei gyweirio ag ydoedd y diwrnod cyntaf . . . Gorweddai'r dillad yn y cypyrddau fel llyfrau ar ei gilydd a'u cefnau tuag atoch yn rhes o drefnusrwydd.[43]

A chlöir y cyfan â'r frawddeg, 'ddynes ddibleten oedd Meri Ifans'. Rhyw gip sydyn a geir ar ei gŵr gan nad yw cyn bwysiced â'i wraig. Y mae'n:

ddyn cybyddlyd, distaw, diddan, yn cydweld â chwi ar bob pwynt. Ni byddai nac yn smocio, nac yn yfed, nac yn rhegi, er ei fod yn cadw defaid a merlod.[44]

Ac ar ôl sefydlu'r ddau down i wybod iddynt bellach orffen magu'r teulu. Yn eironig ddigon, dyma gyfnod y strôc gyntaf. Disgrifiad digon byr, eithr digonol, a geir cyn dod at yr ail strôc. Ond y mae yma wahaniaeth mawr rhwng cofnodi strociau Meri Ifans ag ymweliadau'r storïwr yn y stori 'Henaint'. Yma y mae un yn symud o un i'r llall, heb weld y pwythau.

Y mae graddoli salwch Meri Ifans hefyd yn dda. Ar ôl y strôc gyntaf, yr unig ôl oedd ambell we pryf copyn a gwallt ychydig yn flerach. Ar ôl yr ail, y mae ei cheg ychydig o'i lle a'i braich yn fwy diffrwyth, a 'daeth llwch a phylni i bobman'; ond daliai i olchi bob dydd. Caethiwodd y drydedd hi i'r gongl yn 'garcharor hollol', dau air sy'n uffern diobaith i un fu mor fywiog. A dyna KR wedi gallu adeiladu sefyllfa stori fer tan gamp o fewn pedair tudalen. Mae'r 'ddynes dwt, feistrolgar' bellach yn ei chongl, 'ei chorff fel petai'n llipa i gyd drosto, ei gên yn hongian a'i genau yn agored' ac ar drugaredd y gŵr 'cybyddlyd, distaw, diddan'. Gweddnewidiwyd y sefyllfa'n llwyr dros nos, ac y mae'r adrodd bywiog, diwastraff yn help i gyfleu hyn. Daethpwyd at yr argyfwng sydd wrth wraidd pob stori fer.

Dyma, hefyd, pryd y cawn gip ar ddau gymeriad arall y stori – ei merch, Beti; a'i chwaer, Sara. Y mae'r portread o Beti cystal ag un dim i ddangos y newid a fu yn null KR o bortreadu rhwng *O Gors y Bryniau* a *Rhigolau Bywyd*. Yn y gyfrol gyntaf, y math a ganlyn o bortreadu a geir fynychaf:

> Gŵr gweddw oedd Bob Ifans, ac yr oedd ei garedigrwydd i bobl ddi-gefn yr ardal yn ddiarhebol. Ni ofynnai i neb am ganiatâd i'w helpu, ond fe gerddai heibio i'ch drws ac fe rôi 'wair i mewn' yn y beudy cyn i chwi wybod hynny.[45]

Rhestrir prif fanylion bywgraffiadol person yn dwt ac yn daclus. Neu fe geir y disgrifiad allanol detholedig sy'n ddrych allanol o briodoleddau a nodweddion mewnol fel yn y disgrifiad hwn:

> Gwraig bach, writgoch, gron, oedd hi'r adeg honno, fel twmplin 'falau, yn mynd yn fân ac yn fuan o gwmpas y tŷ . . . Nid oeddwn yn ei chofio erioed heb y cap gwyn o dan yr het wellt ddu. Nid cap gwyn wedi'i gwicio oedd o chwaith . . . ond cap gwyn a ffrilin, a het bach gron ddu yn troi at i lawr, a'i chantel wedi ei rwymo efo melfed a phluen o gwmpas y corun . . . etc.[46]

Gyda'r ddau fath yna o bortread, y mae'n rhaid i'r naratif oedi am ychydig i ni gymryd cip ar gymeriad. Y mae fel trên yn aros mewn stesion i'r cymeriad nesaf sydd i deithio ynddi neidio i mewn. Y mae'n wir fod nifer y math yma o bortreadau'n prinhau fel mae'r gyfrol yn mynd rhagddi; nid oes odid yr un yn 'Newid Byd'. Y mae'n wir, hefyd, fod nifer ohonynt yn *Rhigolau Bywyd*. Ond erbyn cyrraedd 'Chwiorydd' y mae'r awdur yn gallu rhoi portread o Beti, a gadael i'r stori fynd yn ei blaen yr un pryd:

> Yr oedd tŷ Beti mor ddi-drefn fel na ddaeth i'w meddwl ddechrau gwneuthur trefn ar dŷ ei mam. Mewn gwirionedd mwynhai dŷ ei mam yn fwy er pan ddechreusai fyned yn flêr. A rhyw esgus o lanhau oedd ei glanhau ar dŷ ei mam. Buasai 'slemp' yn enw rhy dda arno.[47]

Y mae'r portread o Beti yn hollol berthnasol i'r hyn sydd dan sylw yn y stori, sef argyfwng Meri Ifans, yn hytrach na bod yn bortread ychydig llawnach a swyddogaeth fwy annelwig iddo yng nghynllun y stori.

Y mae'r disgrifiad a'i oblygiadau hefyd yn dod â Sara, chwaer Meri, i mewn i'r stori'n naturiol. Cymal o ddisgrifiad a geir ohoni hi sef, 'yn hollol o'r un nodwedd â hi ei hun' [sef Meri Ifans], ond y mae'n ddigonol.

Digwydda drama'r stori y noson cyn y Nadolig pan â Sara i weld ei chwaer a'i chael wedi ei hesgeuluso. Wrth ddarllen y disgrifiad ohoni:

> Eisteddai Meri wrth y tân cyn dduad â mawnen. Yr oedd ganddi hen gap gweu am ei phen a'i gwallt wedi ei dynnu rywsut rywsut i mewn odano. Yr oedd ei hwyneb *yn ddu*, ei dwylo'*n ddu* a'i ffedog *yn ddu*.[48]

Y mae rhywun yn mynd yn ôl i'r dechrau, a chofio'r darlun o ddynes lanwaith:

> Yr oedd y fath raen ar ei dillad glân nes gwneud i chwi deimlo gwres yr haearn yn codi oddi wrthynt pe dodech hwynt wrth eich boch . . . Yr oedd ei gwallt bob amser cyn llyfned â llawr ei thŷ.[49]

Drwy gyfosod y ddau ddarlun gwelir yn syth yr esgeuluso a fu ar Meri Ifans, ac ychwanegir at y gweld hwnnw wrth i Sara fynd i'r cypyrddau i chwilio am lieiniau sychu. Heb i'r awdur bregethu dim, fe gawn ein hunain yn condemnio diffyg synnwyr dyletswydd ac anniolchgarwch Beti, a diffyg cariad gŵr a rôi fwy o bwys ar ymddangos yn barchus yn gyhoeddus, drwy beidio â smocio, yfed, a rhegi, nag ar weini ar y gwan. Edrychir drwy'r plisgyn cymdeithasol ar 'yr hyn sydd'.

Nid 'dweud' fod pethau wedi mynd yn ddrwg a wna KR yma, ond gwneud i Sara (oedd â safonau pendant o lanweithdra ganddi) ymweld â thŷ ei chwaer. Llun a gawn ganddi, ac wedi i Sara ddychwelyd gartre'r noson honno, caiff yr awdur esgus i esbonio tipyn arno inni drwy groniclo meddyliau Sara rhyngddi â hi ei hun.

Ar ôl y disgrifiad manwl o'r ymweliad cyntaf, rhyw gip brysiog a geir ar yr ail, a chrybwyllir y gweddill megis wrth basio. Clywn hefyd fod John Ifans yn rhoi hanner pensiwn ei wraig ac yntau yn y banc, ac iddo fod mor hy â gofyn unwaith i Sara olchi ei ddillad yntau. Mae'r cwbl yn ddigon i gyfleu treigl amser, ac i ddyfnhau'r sefyllfa drasig.

Dilynir hyn gan osodiad moel, diaddurn, disentiment, byr: 'yna daeth yr amser i Meri farw'. Cawn fel y bu i Sara ei bwydo a'i thwtio a gweini arni ddydd a nos nes gorfod methu un diwrnod. Y diwrnod wedyn, mae'n ymweld eto, a chawn ddisgrifiad byr, eithr beichiog ei sylwadaeth, o Meri Ifans ar ei gwely angau:

> Edrychai Meri'n fwy fel hi ei hun nag y gwelsai hi er pan gafodd y strôc gyntaf. Yr oedd ei genau'n wastad ac yng nghaead, a'i llygaid yn ddisglair.
> 'Wyddost ti pwy sy 'ma?' ebe Sara.
> 'Chwaer,' ebe hi yn glir.
> A gwenodd wên yn hapus ar Sara.
> Bu Meri farw'r noson honno. Yr oedd Sara gyda hi hyd y diwedd.[50]

Y mae hwn yn ddisgrifiad noeth, ac eto y mae holl dosturi Sara a diolchgarwch syml Meri Ifans wedi eu costrelu ynddo.

Ni cheir disgrifiad o gyflwr yr ystafell ar y pryd. Fe'i disgrifir inni drwy gof Sara:

> Y golau pwl oddi wrth y lamp. Yr ystafell fudr. Oilcloth y llawr yn dipiau ac yn raflio o gwmpas ei ymylon. Papur y pared yn winau gan henaint. Ôl dŵr yn rhedeg i lawr hyd-ddo yn rhesi igam-ogam. Congl ohono yn hongian yn un lle. Tamaid o galch yn hongian o'r seilin wrth beth teneuach nag edau ac yn troi a throi. Y seilin yn ddu ofnadwy ond y darn uwchben y lamp.
> Yr oedd dillad y gwely fel y gamrig a choban Meri, a Meri ei hunan bron cyn wynned â hynny.[51]

Y mae effaith y cyfosod yn peri inni weld ymdrech lew Sara i gadw urddas ei chwaer yng nghanol yr holl fudreddi, i roi i'w marwolaeth urddas dynol, mewn rhyw ddeimensiwn arall: 'Ynghanol y cwbl gwenai Meri a rhoes angau ryw brydferthwch ar ei hwyneb'.

Y mae 'Chwiorydd' yn un o'r storïau sy'n 'chwyddo yn y meddwl pan roir y llyfr i lawr'. Ar un wedd, stori ydyw am chwaer yn mynnu gweld ei chwaer hŷn yn 'marw fel y buo hi fyw – yn lân', a'i gŵr a'i merch, yn llipa ddigon, yn gadael i bethau gymryd eu cwrs. Ond y mae hefyd am rywbeth llawer mwy, am berson yn gwarchod person arall rhag troi'n anifail, rhag colli y peth mwyaf gwerthfawr a feddwn, sef urddas dynol. A hyd yn oed wedi dweud hyn, a ddywedwyd y cyfan?

101

Ar ddechrau'r bennod hon soniwyd fod bron bob stori (yr eithriad yw 'Meddyliau Siopwr') yn delio â rhyw agwedd ar un thema, sef cariad. Ac eto, y mae pob un yn wahanol iawn i'w gilydd.

Y mae'r elfen eironig gref a welwyd yn *O Gors y Bryniau* i'w chanfod eto yn *Rhigolau Bywyd*. Bron nad yw'r teitl ei hun yn eironig. Y mae bywyd yn rhywbeth i'w fwynhau a'i fawrygu, ac eto y mae'n caethiwo, yn carcharu, yn gormesu. (Fe ailfynegir hyn eto yn *Traed Mewn Cyffion*.) Y mae'n eironig meddwl mai yn ei arch y bydd Dafydd Gruffydd yn cael ei seibiant cyntaf. Y mae'n eironig fod cariad bachgen a merch yn sylfaen angenrheidiol i briodas, a bod y stad briodasol a'i baich dyletswyddau'n mygu'r gwreiddiau a roes fod iddi. Y mae'n eironig fod hapusrwydd un person yn aml iawn mewn bywyd yn golygu tristwch i un arall, ac y mae'n eironig fod cariad gwarchodol yn gallu rhoi bodolaeth i hunanoldeb di-hid. Ac eto, meddai KR: dyna yw bywyd.

Y mae *Rhigolau Bywyd* yn ddiddorol am ddau brif reswm. Y rheswm cyntaf yw'r ffaith fod KR yn arbrofi yn y gyfrol; a'r ail yw fod ynddi weledigaeth ddyfnach ar fywyd nag yn ei gwaith hyd yn hyn. Yn *Crefft y Stori Fer* dywed KR nad:

> cael syniad am stori a wneuthum i, ond cael syniad am fywyd, ac oblegid hynny rhaid i'r weledigaeth fynd yn ei blaen.[52]

Fe dybiwn i i'r weledigaeth hon ddigwydd tua diwedd *O Gors y Bryniau*. Yn storïau olaf y gyfrol honno ac yn y rhan fwyaf o storïau *Rhigolau Bywyd* y mae ganddi ei choment ei hun i'w roi ar fywyd; bu newid yn y testunau, a newid yn ei hymdriniaeth â hwy. Y mae'r arbrofi a chwilio am sylwedd drosodd. Nid gwir mo hyn o ran techneg, a bydd yn rhaid i ni aros hyd y gyfrol nesaf i gael aeddfedrwydd cyfatebol ar yr ochr honno.

1. Raymond Garlick (Gol.), *The Anglo-Welsh Review*, Cyfrol 9, Rhif 24, 1-21.
2. Ibid., 13
3. RhB, 6
4. Ibid., 2-3
5. D. Thomas (Gol.), *Lleufer*, Cyfrol XVIII, Gaeaf 1962, Rhif. 4. Erthygl adolygiadol gan Mr. Islwyn Ffowc Elis ar *Tywyll Heno*, tt.178-182. Cwyna am y 'feliau' ar dudalen 182. Yr hyn sy'n fy nharo i, ar y llaw arall, yw mai ychydig o gymariaethau ar gyfartaledd sydd ganddi, a'u bod bron yn ddieithriad yn berthnasol.
6. RhB, 5
7. S. Lewis (Gol.), *Crefft y Stori Fer*, 18-19
   Mae'n debyg mai'r cyfeiriad mwyaf adnabyddus at ddwylo yng ngwaith Kate Roberts yw'r un a geir yn 'Henaint', enghraifft a esbonir ganddi ar y tudalennau uchod: 'dyna'r frawddeg am y chwarelwr sâl yn 'Henaint', sonir bod ei ddwylo "yn lân". Dywediad y myfyriwyd arno yn hir yw hwnna, ac mae mor syml fel y gellir myned heibio iddo fel enghraifft o arddull hollol foel a diwerth. Ond mae dweud hynna am chwarelwr, y mae semiau llwch llechi a dŵr wedi caledu hyd ei fysedd, yn dangos hyd ei gystudd. Fe welodd un Saesnes y peth ac un gweithiwr o Gymro.' Drwy gyfeirio at y ffaith fod ei ddwylo yn ei boced byth a hefyd y rhoir syniad i ni o gymeriad Wmffra fe gofiwn yn 'Y Llythyr', (OGYB).
8. S. Lewis (Gol.), *Crefft y Stori Fer*, 12
9. Ibid., 12
10. Diddorol yw sylwi i T.O. Beachcroft yn ei lyfr *The Modest Art* (Llundain, 1968), 259, ddweud:- "within the limits of the short story the comment and the vision cannot appear separately".
11. RhB, 9
12. B.L. Jones a R.G. Jones (Gol.), *Yr Arloeswr*, Sulgwyn, 1958, t.20.
13. RhB, 12
14. Ibid., 14
15. Ibid., 15-16
16. Ibid., 17
17. Ibid., 19
18. Ibid., 20
19. Ibid., 22
   Mae'n debyg mai'r enghraifft orau o hyn yw *Y Byw Sy'n Cysgu*, lle mae KR yn gelfydd yn dadlennu fod hynny o ramant a fu yn y briodas wedi'i gladdu o dan bentyrrau o ddyletswyddau byw bob dydd, fod patrwm set byw am gyfnod hir efo'i gilydd wedi haearneiddio'u hymwneud â'i gilydd a'i wneud yn rhagdybiedig ddiantur.
20. Ibid., 23
21. Ibid., 24
22. Ibid., 24
23. Ibid., 26
24. Ibid., 26
25. Ibid., 26
26. Ibid., 27
27. Ibid., 28

28. Ibid., 28
29. Ibid., 29-30
30. Ibid., 34
31. Ibid., 34
32. Ibid., 35
33. Ibid., 37-38
34. Ibid., 38-39
35. Ibid., 43
36. Ibid., 46
37. Edith Wharton, *The Writing of Fiction* (Efrog Newydd, 1925), 64
38. RhB, 66-67
39. Frank O'Connor, *The Lonely Voice*, 159
40. RhB, 67
41. Ibid., 69
42. Sean O'Faoláin, *The Short Story*, 216
43. RhB, 49
44. Ibid., 49
45. OGYB, 103
46. Ibid., 123-124
47. RhB, 52
48. Ibid., 53
49. Ibid., 49-50
50. Ibid., 57
51. Ibid., 57
52. S. Lewis (Gol.), *Crefft y Stori Fer*, 20

Laura Jones

Y mae'n ddiddorol sylwi i KR droi at y stori fer hir unwaith eto wedi cyhoeddi *Rhigolau Bywyd*, ac y mae i'r stori honno berthynas arbennig â'i *nouvelle* gyntaf, ac â'i chyfrol nesaf *Traed Mewn Cyffion*. Pwnc *Deian a Loli* oedd anocheledd datblygiad personoliaeth pob copa walltog ohonom, a therfyna gyda Loli'n sylweddoli, am y tro cyntaf, 'na ellid eu galw yn "Deian a Loli" ar yr un gwynt am lawer o amser eto'. Yn *Laura Jones* datblygiad Loli yw'r testun; erbyn *Traed Mewn Cyffion* lle dilynir hynt Deian (neu Owen fel y'i gelwir yno), aeth y testun yn rhy amlochrog i ddelio ag ef mewn na stori fer na *nouvelle* a thry'r awdur ei llaw at y nofel.

Rhoed y chwilolau ar Ddeian a Loli a'u datblygiad yn y *nouvelle* gyntaf. Hynny yw, hyn sy'n rhoi' r undod iddi. Yn *Laura Jones,* fodd bynnag (er bod Deian yn dod i'r stori o bryd i'w gilydd), yn Loli y mae diddordeb yr awdur. Datblygiad Loli o fod yn blentyn i fod yn oedolyn yw sylfaen y gwaith, a'r thema sy'n rhoi unoliaeth iddo.

Ar ôl i'r awdur grynhoi'r sefyllfa gychwynnol yn grefftus gryno ar ddechrau'r gwaith, gan ddefnyddio iaith foel, newyddiadurol, crybwyllir thema sylfaenol y gyfrol gan Loli ei hun mewn sgwrs â'i mam. Mae Elin Jôs wrthi'n paratoi dillad i Loli fynd i weini, ac am wneud y ffrogiau'n llaes; ond ni chytuna Loli o gwbl:

'Does arna i ddim o'i heisio nhw'n llaes,' ebe Loli.
'Wel, oes,' ebe'r mam, 'mi fyddi'n ddynas gyda hyn.'
'Does arna i ddim eisio bod yn ddynas', ebe Loli.'[1]

Yn y pwt dialog gwelir ysbryd heriol, eithr hiraethlon yr adolesent. Y mae Loli am barhau'n blentyn, am barhau'n rhydd, am ddal ei gafael yn y cwbl y mae dillad cwta'n eu cynrychioli, tra mae anocheledd tyfu i fyny i'w glywed yn glir yng ngeiriau'r fam. Saif Loli rhwng dau gyfnod yn ei bywyd, rhwng bod yn blentyn a bod 'yn ddynas', ond gwrthoda lacio'i gafael yn yr hen fywyd o'i gwirfodd.

Un o broblemau'r adolesent yw dygymod â rheolau cymdeithas, dygymod â'r caethiwed sy'n dod yn sgîl cyfrifoldeb. A chyfarfydda Loli â'r profiad yn fore iawn. Wrth adael cartref:

> Derbyniwyd hi'n gyflawn aelod [yn y capel] y nos Fercher cyn mynd i ffwrdd; a chafodd Feibl ac amryw gynghorion yn anrheg. Ni chlywodd fawr o'r cynghorion ond yr un 'am iddi fod yn eneth dda'.

Ac meddai'r awdur ymhellach ymlaen: 'Sylwasai Loli eisoes fod ar bawb eisiau i blant fod yn ufudd . . .' Mae gofynion y gymdeithas yn dechrau cyfyngu ei byd ac y mae hithau, fel pob adolesent, yn lled herio awdurdod yng nghymal nesa'r frawddeg; 'ond ni ddywedai neb wrth bobl mewn oed am fod yn ufudd'.

Nid rhywbeth newydd mo'r profiad yn y capel felly, eithr y mae'n brofiad a geir yn amlach o hyn allan. Yn wir, ceir cip ar y cyflyru a fu ar aelwyd Loli, sef Bwlch y Gwynt, wrth i'r awdur ddisgrifio'r noson gyntaf yn y lle yr â Loli i weini, sef y Garreg Lwyd:

> Ceisiai [Loli] gofio popeth a ddywedasai ei mam wrthi, am beidio byth â threio golchi llestri heb dorchi ei llewys, ac am beidio byth â gwneud hynny heb ffedog o'i blaen. Cofiodd am y ffedog wedi rhoi ei dwylo yn y dŵr, ac ymaith â hi fel mellten i'r llofft i'w nôl. Ni bu ond y dim iddi wasgu'r cadach llestri'n y ffordd anghywir, ond cofiodd ar hanner.[2]

Mae Loli ynghanol y broses o gael ei chyflyru i wneud pethau yn y ffordd ddisgwyliedig, hynny yw, y mae ei hymddygiad yn cael ei gyflyru.

Ar yr un pryd, rhoir llyffethair ar ei symudiadau corfforol. Ni all wneud a fynn yn ystod y dydd. Roedd caethiwed yr ysgol yn ddigon drwg; y mae caethiwed gweini'n saith gwaeth. Pan ddaw llythyr iddi o'i chartre un diwrnod ni all ei ddarllen ar unwaith:

> "Gorffennwch olchi'r llestri yna gynta!" meddai meistres. A bu raid ei roi i lawr, wrth gwrs. Ond treiais gael sbec arno wedyn. Ond clywn meistres yn symud yn ei chadair, ac mi neidiais. Wrth neidio, mi deflais ddwy gwpan i lawr.[3]

Y mae llyffethair dyletswydd ar ei thraed, er bod yr hen ysbryd heriol yn fyw o hyd. Ymateb greddfol plentyn a geir yn yr awydd i agor y llythyr yn syth, ac ymateb naturiol y gymdeithas mewn oed a geir yn niffyg amynedd ac ymateb chwyrn difeddwl a chaethiwus Mrs. Elis y Garreg Lwyd. Dyna un arall o groeswyntoedd byd yr adolesent.

Nid unwaith yn unig y gwelir Loli'n herio awdurdod. Ar ôl i Nain [Garreg

Lwyd] syrthio a mynd yn orweiddiog am ysbaid, ceir Loli'n sleifio i'w gweld ar ganol ei gwaith i gadw cwmpeini iddi:

> Rhedai Loli i'r llofft ati, cyn belled ag y caniatâi ei gwaith iddi wneuthur hynny a chyn belled ag y gallai guddio llygad ei meistres.[4]

Y mae Loli'n fodlon herio awdurdod ei meistres dros yr hyn a gredai hi oedd yn 'iawn'. Adolesens, wedi'r cwbl, yw cyfnod delfrydiaeth ac annibyniaeth barn.

Y mae'r rhuddin sydd yn ei hysbryd yn gwbl nodweddiadol o agwedd yr adolesent at hualau awdurdod:

> 'Adolescents,' meddai J.A. Hadfield, 'have a reputation of being rebellious and disobedient, but is only because they are setting out to form their own views, and gain their own independence. They are no longer willing to submit without question to the authority even of their parents.[5]

Y mae gan Loli ei syniadau ei hun am weithio, am dendio ar Nain, ac am berthyn i ddosbarthiadau diwylliannol. Mewn oes lle perchid awdurdod, a lle'r oedd pawb yn gwybod ei le y mae'n ddiddorol i'r awdur durio o dan fasg allanol y cyfnod a rhoi mynegiant i ofnau a phroblemau llencyndod ym mhob oes.

Culhau y mae byd rhywun wrth dyfu i fyny. Cymherir caethiwed tyfu i fyny â rhyddid boreol, i ddangos y tyndra a'r dryswch annealladwy sy'n dod i ran pob un ohonom, wrth i KR ddefnyddio darlun sumbolaidd ar ddechrau'r gwaith, ac yna bob hyn-a-hyn drwyddo draw. Ar ddiwedd y bennod gyntaf, disgrifir y cinio distaw a fu ym Mwlch y Gwynt cyn i Loli ymadael. Ar ôl bwyta, â Deian allan a gweld:

> Loli â'i phwysau ar y cwt mochyn yn edrych ar y moch yn bwyta. Gwelodd hi'n gwneud peth rhyfedd iawn wedyn. Rhedodd hynny a fedrai o amgylch y caeau, ac yna rhedeg i'r beudy at gwt y llo.[6]

I Loli, cynrychiola'r mochyn ryddid dilyffethair. Gall fwyta a baeddu fel y mynn a gwneud swn òd, heb i neb godi ei aeliau, am mai mochyn yw. Dyma a bair i'r awdur wneud i Loli ymweld â thwlc y Garreg Llwyd. Ar ôl ymweliad Deian, yn nes ymlaen yn y gwaith, dywedir:

> Buasai'n bwydo'r moch, ac er iddi gael siars i frysio ymdrôdd a synfyfyriodd wrth edrych ar y moch yn bwyta. Yr oedd Loli'n hoff iawn o synfyfyrio uwchben cafn y moch. Yr oedd rhywbeth yn hyfryd iawn iddi hi mewn clywed y moch yn slowcian bwyta, a'u traed yn y cafn fynychaf, heb neb i'w dwrdio.[7]

Ynghanol ei chaethiwed – caethiwed swydd, caethiwed dyletswydd, caethiwed ariannol, a chaethiwed cymdeithasol – naturiol ddigon oedd iddi genfigennu wrth ryddid ymddangosiadol y mochyn (a rhyddid Deian). Ond, ymhellach ymlaen, sylweddola fod un elfen ar goll yn rhyddid y moch, sef yr elfen bersonol, ddynol. Ar ôl cyrraedd adref un penwythnos, caiff Loli frecwast yn ei gwely a'i phampro gan ei mam. Cwyd ymhen y rhawg a mynd allan:

> i weld y moch. Moch bach newydd oeddynt, ac yr oeddynt hwythau wrthi'n cael brecwast, ond nid yn eu gwelyau. Llowcient eu gorau, a'u traed blaen o'r tu mewn i'r cafn. Codasant eu pennau pan glywsant rywun yno, ond aethant ymlaen efo'r bwyta wedyn.[8]

Yn ei bywyd hi, y mae ganddi'r rhyddid i fwynhau perthynas person â pherson: dyma arwydd fod Loli'n aeddfedu.

Ochr yn ochr â'r sôn am y moch, ceir aml i sylw fod Loli'n rhedeg 'hynny a fedrai a amgylch y caeau'; dyma ffordd arall o gynrychioli'r rhyddid gorawenus a fwynhai hi. Pan yw Deian yn sôn am ei gasineb at bêl-droed ar un ymweliad, cawn Loli'n cyfaddef:

> "Mi faswn i wrth fy modd cael rhedeg drwy'r gwynt, a'r gwynt yn rhedeg drwy dy wallt ti. Mi fydda i'n licio rhedeg o un pen i'r cae i'r llall, a 'mhen yn y gwynt, yn y Garreg Lwyd."[9]

Ond wedi i Deian adael y fferm, ac i'r tywydd oeri, 'ni châi [Loli] gymaint pleaser wrth redeg hyd y caeau ag a gawsai'. Mae'r broses raddol o sadio yn mynd rhagddi.

Nid amgylchiadau allanol yn unig sy'n caethiwo Loli ychwaith. Yn y bedwaredd bennod ceir Andreas, gwas yn y Garreg Lwyd, yn ysgrifennu at rieni Loli yn adrodd tipyn o hanes, yn enwedig hanes un digwyddiad. Dywed fel y bu i Loli ei berswadio un diwrnod i odro tua phedwar o'r gloch yn y prynhawn, er mwyn iddi allu dianc i chwarae yn y pentre:

> Pan ddaeth hi'n ôl, nid edrychai mor hapus.
> "Sut hwyl, Loli?" meddwn i.
> "Dim gwerth," meddai hithau, "plant diarth, a dydyn nhw ddim yn chwarae'r un fath ag y byddwn ni gartra."[10]

Y mae rhyw newid wedi digwydd y tu mewn i Loli. Eithr nis mynegir mor amlwg blaen â hynny. Y mae'r darllenydd yn gweld drwy 'gelwydd golau' Loli nad yw'r plant 'ddim yn chwarae'r un fath ag y byddwn ni gartra', at y gwirionedd sylfaenol, sef iddi sylweddoli, a chydnabod wrthi'i hun, fod cyfnod ei phlentyndod drosodd, a'i bod hithau bellach ar drothwy'r tir neb hwnnw a elwir adolesens.

Nid Loli'i hun yw'r unig un sy'n sylwi ar y newid graddol ond cyson ynddi ychwaith. Â Loli gartre un penwythnos i Fwlch y Gwynt. Pan ddaw'n ôl i'r Garreg Lwyd clyw fod Nain wedi syrthio a brifo yn y cyfamser, ac â'n syth i'r llofft i'w gweld:

> Pan aeth Loli i lofft Nain ar ôl mynd i'r tŷ gofynnodd yr olaf:
> "Pwy sy' na?"
> "Loli."
> "Pwy?"
> "Loli."
> "Welsoch chi'r hogan bach yn rhywla?"
> "Do, dyma hi," ebe Loli.
> "Naci," ebe Nain, "mi rydach chi'n fwy o ddynas, a thydach chi ddim wedi blino."
> A dechreuodd Loli feddwl o ddifrif mai Laura Jones ydoedd ac nid Loli.[11]

Yr hyn sy'n ddiddorol yw fod y Nain hon yn defnyddio'r union air y bu Loli'n ei osgoi, y gair a ddefnyddiwyd gan ei mam ar ddechrau'r gwaith, sef 'dynas'. Daeth 'moment y gwirionedd' i Loli.

Adolesens hefyd yw cyfnod y breuddwydio, y dyheu a chreu ffantasi. Weithiau, breuddwydir er mwyn dianc oddi wrth galedi bywyd pob dydd. Meddai Jersild am yr adolesent:

> It is possible that this life would be unbearable if he were unable, in his fancy, to find relief from the confines of the present. There are times when he can make life liveable through fantasy when actual circumstances are such that he feels beaten, rejected, and hurt. In the bleakest moments of life he is able in his imagination to picture a better day (unless he has become completely discouraged).[12]

Dyma, y mae'n debyg, un rheswm dros awydd Loli i:

> Gael eistedd yn yr ardd, a chath bach ar fy nghlin, llyfr i ddarllen yn fy llaw, ac ambarel wrth fy mhen.[13]

Y mae'r adolesent beunydd yn chwilio am ei bersonoliaeth ei hun, yn ceisio'i adnabod ei hun, ac felly'n naturiol yn ystyried addasrwydd gwahanol fodelau i'w natur a'i anian. Dyma, y mae'n debyg, ran o'r esboniad ar awydd Loli i fynd i'r ardd i ddarllen. Fe'i gwêl ei hun ar y funud yn un o ferched ifanc soffistigedig y dosbarth canol, a'r funud nesaf hwyrach fel Forence Nightingale yn gweini cysur ar hen wraig unig yn llofft y Garreg Lwyd. Dyma, hefyd, yn sicr sydd wrth wraidd cyfaddefiad Loli wrth Andreas wrth iddi grefu am gael ymuno â'r cwmni drama:

"Ond mae arna i eisio bod yn rhywun arall heblaw fi fy hun."[14]

Dyma ffordd KR o awgrymu'r hyn a fynegir gan Bernard D. Davies ac Alan Gibson yn glinigol foel:

adolesence is to be seen as a chance for young people to try out a multitude of different roles in preparation for mature adulthood.[15]

Ceir Loli, wedyn, yn dweud wrth Andreas ryw ddiwrnod nad oedd hi ddim am fod yn forwyn ffarm am byth, ond ei bod am geisio bod yn 'olygydd papur newydd'. Sylweddolwn ei bod yn teimlo'n ddig wrthi'i hun fod cymaint o agendor rhwng ei sefyllfa real â'i breuddwyd aur. Sylwer mai bod yn 'olygydd' papur newydd yw ei nod, nid yn 'ohebydd'.

Nid yw un yn dadlau o gwbl fod Loli'n byw mewn byd o ffantasi. Eithr teg yw sylwi ar y ffaith fod KR yn cyffwrdd â rhai o nodweddion adolesens ym a thraw, heb eu gorbwysleisio – fel yn *Billy Liar* – na'u dilyn am ysbaid teg o amser fel yn *Catcher in the Rye*. Yn Loli, yn hytrach nag yn y *cyflwr* diddorol y mae ynddo y mae diddordeb yr awdur.

Yn stori fer John Gwilym Jones, 'Y Goeden Eirin', golyga tyfu i fyny ymddieithrio hefyd. Ac yn *Laura Jones* cyflëir yr agendor anorfod sy'n ymagor rhwng Deian a Loli, y pellhau a'r ymddieithrio, a hynny'n grefftus gynnil.

Ar gychwyn y gwaith ceir cwlwm tynn rhwng y ddau. Mae Deian am fynd i'r chwarel am fod Loli'n mynd i weini, a cheir yr awdur, fel y fam gynt, yn sôn amdanynt ar yr un gwynt: 'ac felly y bodlonodd Deian – a Loli'. Ar ôl i Loli gyrraedd y Garreg Lwyd, dim ond ar letraws y sonia am ei hiraeth. Y cathod sy'n ei hatgoffa o'i chartre. Eithr y mae Deian yn mynegi'r peth yn fwy plaen: 'Mae yma le rhyfedd iawn hebot ti'. Y mae'n debyg mai yn y cyflwr yma o ddatblygiad y byddai eu perthynas â'i gilydd oni bai i'r awdur drefnu iddynt gyfarfod yn ysbeidiol. Hynny yw, mae swyddogaeth artistig i bob ymweliad o eiddo Deian â'r Garreg Lwyd yn ystod y blynyddoedd i ddod.

Drwy lygaid Andreas y ceir cip ar yr ymweliad cyntaf:

Yr oedd hi'n falch iawn bod Deian yn dyfod yma . . . Yr oedd hi'n swil iawn ar y cyntaf pan welodd hi Ddeian yn sefyll wrth y llidiart, a Deian yn swil iawn wrth ei gweled hithau. Credaf ei fod yn ei gweled yn rhyfedd am ei bod wedi clymu ei gwallt y tu ôl.[16]

Y mae'r ddau'n ymwybodol o'r gwahanu, a Deian yn ymwybodol, am ychydig, o'r ffaith fod ei chwaer yn newid o ran pryd a gwedd. Ond y darlun olaf yn llythyr Andreas yw'r darlun o'r:

ddau'n eistedd ar glawdd y cae ŷd, a Deian yn dangos pa un oedd ei res ef, a rhes Twm, a rhes Andreas, a rhes meistr; ac ebe Loli, "Wel, d'un di ydi'r orau, Deian, mae'r lleill i gyd yn gam."[17]

Diflannodd yr agendor, a gadael Laura a David Jones yn Deian a Loli o hyd.

Ar eu haelwyd eu hunain y cyferfydd Loli â Deian yr ail dro. Y tro hwn, Deian sy'n edrych yn wahanol i Loli:

Yr oedd pawb yn reit swil ar y dechrau, yn enwedig Deian. Nid edrychai'r un un i Loli rywfodd, yn eistedd yn y fan honno ac yn gwisgo'i siwt orau ar nos Sadwrn. Ond buan iawn y torrwyd ar y distawrwydd, a siaradai pawb gymaint ag a allai.[18]

Ar yr wyneb, beth bynnag, gallwyd ail-afael yn yr hen berthynas, ond o dan yr wyneb gwêl Loli fod 'gwahaniaeth mawr' yn Deian:

Edrychai fel rhyw ŵr bonheddig iddi, yn ei ddillad brethyn a'r goler startsh, yn lle'r dillad melfared a'r goler india rubber a wisgai gynt. Yr oedd rhywbeth yn wahanol yn ei siarad hefyd, a rhyw swildod rhyfedd arno. Erbyn prynhawn Sul gwisgasai'r swildod ymaith, ac yr oedd yn ei afiaith yn dweud hanes yr ysgol wrthi. Ond sylwai Loli o hyd mai afiaith a rhywbeth ar goll ynddo ydoedd.[19]

Ni ellir ail-gynnau afiaith plentyndod. Nid rhyfedd felly i Loli deimlo'n:

llawer hŷn na phan gychwynodd y tro cyntaf, a theimlodd ei bob yn fwy o Laura Jones nag o Loli, a bod Deian yn fwy o David Jones nag o Ddeian.[20]

Y mae'r enwau bedydd (a theitl y llyfr) yn awgrymu cefnu ar blentyndod, ar enwau anwes, a chydnabod enwau byd pobl mewn oed.

Fel modd i ddarlunio datblygiad y berthynas rhwng Loli a Deian, defnyddir ei ymweliadau ef â'r Garreg Lwyd. Fel yr â amser rnagddo y mae'r ddau wedi eu llyncu gymaint gan eu bydoedd newydd, a'r bydoedd hynny cyn belled oddi wrth ei gilydd (fel yr awgryma eu dillad hefyd), fel nad oes gan Loli gymaint i'w ddweud wrth ei brawd:

Ynghanol diddordebau eraill ni olygai ymweliadau Deian gymaint i Loli ag a wnaent yn y dechrau.[21]

Blodeuodd y ddau mewn bydoedd ar wahân.

Y mae gan Nain hefyd ran i'w chwarae ym mhortread KR o ddatblygiad Loli. Y mae'n debyg fod sawl rheswm paham fod adolesent yn aml iawn yn dod ymlaen yn well â'r to hŷn nag â'i rieni. Rywsut, y mae hen bobl yn gymaint o broblem i'r canol oed â'r glaslanc, a thuedda'r olaf i'w uniaethu'i hun â hwy. Mae Loli a Nain yn gymaint o broblem â'i gilydd i Mrs. Elis, a'r ddwy yr un mor unig. Nid oes fawr o wahaniaeth rhwng Loli'n ochneidio'n ei gwely ar ddiwedd yr ail bennod a Nain yn ei gwely 'am wythnosau yn edrych ar y craciau yn y nenfwd calch' ar gychwyn y nawfed. Y mae cyflwr y ddwy fel pe'n eu gwahanu oddi wrth briffordd bywyd.

Y mae Nain, hefyd, yn fath o ddrych eironig i Loli, ac yn rhan o goment yr awdur ar fywyd. Y mae KR fel pe'n gweld cyfnodau ar ddechrau a therfyn bywyd ac fel pe'n dweud fod bywyd yn ddyrys ac yn rhyfeddod, gydag un yn blodeuo ac un arall yn gwywo yr un pryd. Fe fu amser pan oedd Nain yn ferch ifanc fel Loli, a hiraeth ganddi am ei chartre. Bellach ni all gofio'i mam hyd yn oed. Tro Loli yw hi bellach. Proses barhaol yw hi, ac y mae i Loli actio hen wraig yn y ddrama ar ddiwedd y gwaith fel pe'n pwysleisio mai dyma hefyd ei thynged hithau:

> "Mi ddiweddaf fy oes yr un fath â Nain, reit siŵr," ebe Loli, "yn faich ar bawb."

Ar ddiwedd y stori, fodd bynnag, a Loli allan o'r tŷ yn y ddrama a'r Cyfarfod Llenyddol, nid yw Nain a hithau mor glòs:

> Yr oedd bywyd yn rhy ddiddorol i Loli erbyn hyn iddi fynd i geisio dweud stori wrth Nain.

Ac ar ddiwedd y gwaith, a Loli ar adael ardal Cae Gwna, y mae Nain yn marw, a Loli bellach wedi tyfu i fyny ac ar drothwy ymuno â rhengoedd y bobl mewn oed. Daeth dau gyfnod i ben.

*   *   *   *

Cyn sôn am adeiladwaith *Laura Jones* hoffwn gymryd cip ar grefft yr awdur, ar agweddau sy'n rhan o'r adeiladwaith, ac eto'n haeddu sylw ar eu pennau eu hunain.

Un o'r rheini yw dawn bortreadu KR. Mewn *nouvelle*, cymeriadau ac nid personoliaethau a geir. Yn *Laura Jones* defnyddia'r awdur sawl dull o'u cyflwyno inni. Defnyddir y dechneg argraffiadol unwaith yn rhagor i bortreadu'r gweision Andreas a Twm. Mae Andreas yn:

> ddyn tal, tenau, a gwallt du ganddo. Nid yw'n debyg i was ffarm; mae o'n debycach i nhad.[22]

A dyma Twm:

Hogyn go fychan ydyw Twm, a brychni haul hyd ei wyneb ac yn meddwl gryn dipyn ohono'i hun.[23]

Mae'r portreadau'n gryno, ac eto'n ddigonol; nodwyd y prif nodweddion corfforol, gan roi syniad go dda o ymddygiad y person.

Dro arall, fel yn achos Mrs. Elis, ceir cyfuniad o'r disgrifiad cryno a'r portread estynedig hwnnw sydd hwyrach yn cymryd y cam lleiaf i gyfeiriad y cymeriadu llawnach a geir mewn nofel. Fel hyn y disgrifir gwraig y Garreg Lwyd:

> Gwraig dal, denau oedd Mrs. Elis, a thrwyn main ganddi. Yr oedd ei gwallt wedi ei dynnu'n ôl yn dynn, ac yn disgleirio fel gwydr.[24]

Rywsut, y mae ei thaldra, ei theneuwch, ei thrwyn main, a garwedd yr wyneb – a awgrymir gan y sôn am wallt tynn – yn creu portread inni o ddynes ddarbodus, flin, ddihiwmor, surbwch braidd, eithr hynod o lanwaith; a gwraig fel hyn yw Mrs. Elis drwy'r llyfr.

Ond fe ychwanegir ambell fanylyn at y darlun o bryd i'w gilydd, fel yn sgwrs Mrs. Elis a Loli pan yw'r olaf yn sgwrsio â'i meistres am aelodau eraill aelwyd y Garreg Lwyd:

> "Fedrwch chi weld y môr oddi yma?" ebe Loli.
> "Medrwch, ond i chi fynd i ben y boncan acw yng ngwaelod y cae isa," ebe Mrs. Elis.
> "Mi fedrwn ni i weld ô o'r ffenest yn tŷ ni," ebe Loli.
> "Medrwch? Gan eich bod chi'n sôn, ni fydd Andreas yn sôn llawer am yr haul yn mynd i lawr hefyd, ond fydda i'n gweld dim yno fô. Mae ô'n hen beth reit gas ar y ffenast gyda'r nos fel hyn," ebe'r feistres.[25]

Y mae'r sgwrs fel glòs ar y portread sylfaenol ac yn gwneud i ni sylwi pa mor rhyddieithol ei natur yw Mrs. Elis mewn gwirionedd.

Ceir glòs arall pan yw Loli'n chwilio am waith i Deian dros y gwyliau. Y mae ymateb y meistr i hyn yn rhadlon groesawgar. Nid felly Mrs. Elis; y mae hi'n realydd ac yn llawn wynebu sefyllfa'r ffarm, fel bod sylw Loli, mewn llythyr adre:

> [nad] yw meistres yn edrych yn rhyw siriol iawn chwaith pan ddaw Deian at ei bryd bwyd, ond yr oedd yn wên i gyd wrth edrych arno'n gweithio ay y cae ddoe,

yn siarad cyfrolau. Gellid amlhau enghreifftiau. Y mae'r portread ohoni'n gydnaws â hanfod y *nouvelle*.

Beth ynteu am Loli? Onid yw'r Loli a geir ar ddiwedd y gwaith yn wahanol i'r plentyn a geir ar y dechrau? Ar ddechrau'r gwaith, fel y gwelwyd, mae Loli'n anfodlon wynebu'r ffaith fod rhaid iddi dyfu'n 'ddynas'. Yn nes ymlaen, fodd bynnag, cyll ei diddordeb ym mhetheuach byd plant. Erbyn diwedd y gwaith bu newid yn ei hagwedd at Deian. Nid yw ei weld yn golygu cymaint iddi, aeth yn fwy annibynnol a hunangynhaliol. Rhoes diniweidrwydd naïf plentyn le i gynllwynio medrus person aeddfetach. Y mae ar drothwy bod yn wraig. A'r gair 'trothwy' yw'r gair allweddol. Ar ddiwedd y gwaith mae Loli yn dal yn y tir-neb rhwng plentyn a gwraig yr oedd ynddo ar y cychwyn. Er iddi newid, newid o fewn ffiniau diffiniadwy a wnaeth a'r ffiniau hynny, sy'n wybyddus i ni o'r cychwyn, sy'n rhoi undod sylfaenol i'r gwaith.

Prif bwrpas dialog yn *Laura Jones* yw galluogi'r awdur i newid amseriad neu dempo'r gwaith, crynhoi, a dadlennu cymeriad. Ystyrier cofnodiad y storïwr o eiriau Mr. Elis wrth y bwrdd swper ar ôl dadl Jona Dafis:

> "A sawl un o'r rhai a fotiodd i Jona sy'n hapus tybed? Mi fetia i i ti nad oes dim un o bob deg," ebe fe. "Ond mae'n rhaid iddyn nhw gael treio dangos i bod nhw drwy fotio i rywun fel Jona!" A phoerodd i lygad y tân.[26]

Y mae hyn yn rhoi tipyn o fywyd ac uniongyrchedd yn y disgrifiad. Y mae, hefyd – yn ddeheuig ac yn anuniongyrchol awgrymog – yn crynhoi'r sefyllfa a fodolai ar aelwyd Mr. Elis ei hun, ei sefyllfa ef a'i wraig; a gwneir hynny heb or-fanylu a thynnu'r sylw oddi ar wrthrych y gwaith. O ddewis, y mae'n amlwg, y defnyddir dialog fel hyn, gan y gwelsom eisoes i KR feistroli'r grefft o ddadlennu cymeriad drwy gyfrwng sgwrs yn ei chyfrol gyntaf.

Yn y bennod ar *O Gors y Bryniau* soniwyd fel y gall KR ysgrifennu'n hupnotig, yn null Hemingway, a Joyce pan fynn. Yn *Laura Jones* ceir enghraifft arall ohoni'n ein gor-swyno wrth ddisgrifio diwrnod dyrnu:

> Yr oedd rhyw swyn o gwmpas yr hen beiriant mawr yma – teimlo crynod ei galon, ei wres a daflai am lathenni o'i gwmpas, yr aroglau oel a saim, a'r distawrwydd gwaith oedd o'i gwmpas – y distawrwydd hwnnw a geir mewn gwaith pan fo sŵn y peiriant yn rhy uchel i siarad, a sŵn sidanaidd yr ŷd yn mynd i mewn i geg y peiriant. Ond yn lle bwydo'r peiriant efo ŷd, bu'n rhaid i Loli aros yn y tŷ i helpu efo bwydo'r dynion. Mwynhai'r prysurdeb, plicio llawer rhagor o datws, golchi llawer rhagor o lestri, sŵn y dynion yn mynd a dyfod at eu bwyd, a sŵn y dyrnwr wrth gefn y gadlas yn dal i guro o hyd.[27]

Dyma ysgrifennu clòs, effro, a medrus.

Buddiol, bellach, fyddai craffu ar grefft yr awdur fel y gwelir hi yn y patrwm cyfan – yn adeiladwaith y gwaith. Dywedwyd eisoes nad oes gan KR ddiddordeb yn Loli fel plentyn nac fel dynes: ar y trobwynt yn ei bywyd y mae'r chwilolau. Ar gychwyn y gwaith y mae Deian wedi pasio'r arholiad i'r Ysgol Sir, a Loli wedi methu. Ond daw cyfle i Loli ymuno â Deian yn ysgol y dref, cyfle y mae'n rhaid ei wrthod oherwydd tlodi'r teulu. Y mae'r gwahanu felly'n anorfod, a rhoir yr wybodaeth inni, mewn adroddiad moel, disentiment, yn y bennod gyntaf, fod yn rhaid i Loli fynd i weithio.

Oherwydd tlodi, caiff Loli ei hun yn y Garreg Lwyd, ond ni ddisgrifir y lle inni.

I gadw unoliaeth y gwaith, yr unig wybodaeth a gawn yw'r wybodaeth sy'n dod inni yn sgîl hanes Loli. Arni hi y mae'r camera o hyd.

Priodol yw tynnu sylw o ddefnydd KR o lythyrau fel modd i gyfoethogi ein gwerthfawrogiad o brif thema'r gwaith. I mi, y mae'n ddiddorol ei bod yn parhau i arbrofi yn *Laura Jones*. Fe'i ceir yn ymchwilio i bosibiliadau'r dull epistolegol am bron i chwarter y gwaith, posibiliadau a grynhoir mor ddefnyddiol gan Anna L. Barbauld yn ei hymdriniaeth â gwaith Samuel Richardson:

> This method gives the feelings of the moment as the writers felt them *at* the moment. It allows a pleasing variety of style if the author has sufficaent command of pen to assume it. It makes the whole work dramatic, since all the characters speak in their own persons. It accounts for breaks in the story, by the omission or loss of letters. It is compatible with a rapid style, but gives room for the graceful introduction of remark and sentiment, or any kind, almost, of digressive matter. But, on the other hand, it is highly fictitious; it is the most natural and the least probable way of telling a story.[28]

Yn *Laura Jones* defnyddia'r awdur y llythyr i gywasgu digwyddiadau'n naturiol, megis arhosiad Deian yn y Garreg Lwyd. Ar yr un pryd rhydd yr argraff inni o dreigl amser. Wedyn, y mae'n ffordd o ymdrin â digwyddiad o wahanol safbwyntiau, o roi darlun goddrychol o fywyd; y mae'n un o lawforynion ysgrifennu ar letraws. Er enghraifft, gwelir ymweliad Deian drwy lygaid Loli, Andreas Humphreys, a Deian, ac y mae safbwynt y tri'n dangos agwedd wahanol ar yr ymweliad, yn ogystal ag agwedd newydd arnynt eu hunain. Galluoga'r dechneg hefyd i'r awdur roi mynegiant i gudd feddyliau (na allai storïwr holl-bresennol wybod amdanynt) ddod i'r wyneb; meddyliau nad oedd y cymeriad ei hun yn 'ymwybodol' ohonynt.

Ond yr hyn sydd, o bosib, o fwyaf o ddiddordeb, yw'r modd y mae'r dull yma o ysgrifennu'n ymbriodi'n berffaith â gweddill y llyfr. Bu raid i Loli ymadael â'i haelwyd, fel mai naturiol oedd cadw cysylltiad â'r teulu clòs trwy lythyrau. Ynddynt, cawn wybod – o'i genau ei hun – sut y mae'n ymgartrefu;

a gall yr awdur gadw cysylltiad y darllenydd (drwy feddyliau Lora) â hynt a helynt Deian a'r teulu yr un pryd. Atebwyd anghenion technegol, yn naturiol gredadwy, heb i'r awdur orfod unwaith wydroi bywyd. Y mae arddulliau llythyrau Deian a Loli yn foddion, hefyd, i gyfleu a chadarnhau'r gwahaniaeth sylfaenol yn eu gwneuthuriad, peth sy'n sylfaen i'r holl waith.

Ond i ddod yn ôl at brif fframwaith y gwaith: y mae'n dangos inni dwf a datblygiad 'Loli', fel ei bod yn troi yn 'Laura', ac y mae'n dangos y newidiadau sy'n dod i ganlyn hynny.

Ond, i mi, gadawa KR wead clòs y *nouvelle* yn y ddegfed bennod. Eir i sôn yn ormodol am y Gymdeithas Lenyddol, am ddadl Morus Huws a Jona Dafis, am y darlithydd o'r coleg, a'r ddarllenfa, gyda manylrwydd sy'n atgoffa rhywun yn fwy o *Traed mewn Cyffion* na *Laura Jones*. Aeth cymryd cip ar weithgareddau a fu'n foddion i Loli aeddfedu a datblygu bron yn gronicl cymdeithasol, gyda'r awdur yn ffocysu ar y gweithgareddau'n hytrach nag ar Loli.

I mi, y mae'r un peth yn wir am y ddwy bennod olaf – ond i raddau llai hwyrach. Y tro hwn y mae'r ffocws ar y dosbarth Cymraeg, a'r ddrama. Nid oes neb a wad fod yr holl ddatblygiadau hyn yn yr ardal wedi agor gorwelion newydd i bobl yr ardal, gan gynnwys Loli. Ond methodd yr awdur â ffrwyno'r diddordeb amlwg sydd ganddi yn y cefndir cymdeithasol, ac aeth y manylion cefndirol yn bwysicach na'r prif gymeriad, ac fe'i boddir hi ganddynt.

Y mae'n bosib ymglywed â pheth anniddigrwydd â'r *genre*, o bryd i'w gilydd yma hefyd, gyda'r awdur flys â dilyn ysgyfarnogod o gwestiynau cymdeithasol, cwestiynau'r nofelydd, fel y rhai sy'n torri i'r wyneb ar ddiwedd pennod saith:

> Daeth rhyw syniadau rhyfedd i ben Loli wrth edrych arnynt [y moch]. Y moch yn bwyta ac yn gwneud dim er mwyn bod yn fwyd i bobl. Pobl yn bwyta – i beth? Y ni'n gweithio ac yn blino yn y Garreg Lwyd – i beth? Nain wedi gorffen gweithio ac wedi gorffen blino – ac yn disgwyl am beth?[29]

Effaith y cyfan yw peri i'r darllenydd golli prif gyfeiriad y gwaith, tra bod yr awdur, fel ci Gwilym Hiraethog, ar deithiau bychain o'r brif ffordd.

Daw hyn â ni'n daclus at ddiwedd cyfnod Loli yn ardal Cae Gwna, a ninnau'n sylweddoli erbyn hyn i hedyn yr ymadawiad gael ei blannu'n gynnar iawn. Gellir dilyn hanes cwymp y fferm y Garreg Lwyd fel edefyn arian drwy'r gwaith, a'r wyrth ydyw nad yw'n tra-arglwyddiaethu ar y brif thema. Codir cwrr y llen ar sefyllfa ariannol y Garreg Lwyd wrth i Loli ofyn i'w meistr am waith dros dro i Deian. Ei ateb yw: "Nac oes wir, does yma ddim digon o waith inni i gyd fel yr ydan ni", ond y mae'n ailfeddwl. Y mae'n amlwg, yn ddiweddarach, mai ei ymateb cyntaf oedd yn iawn, a cheir Mrs. Elis yn darogan yn glir mai "yn y wyrcws y byddwn ni". Ar ôl i Deian gyrraedd:

"Nid yw meistres yn edrych yn rhyw siriol iawn . . . pan ddaw Deian at ei bryd bwyd", ac ymateb Nain yw: "Cadw gwas eto! fedra nhw byth fforddio un."

Canlyniad y dirywiad yw i Mr. a Mrs. Elis ymddieithrio, a mynd yn gecrus wrth ei gilydd. "Mi ellwch chitha weithio mwy ych hun, ynta," ebe Mrs. Elis yn snaplyd wrth ei gŵr un diwrnod, wedi iddo gwyno fod Loli allan ar ddiwrnod oer yn hel tatws, a'i geiriau'n awgrymu'n bendant wreiddyn y drwg. Ac meddai KR, gan ychwanegu portread awgrymog, cryno o'r 'teip':

Dyn felly oedd Pitar Elis. Nid oedd yn orhoff o waith ei hun. Ond yr oedd hyn yn dda ynddo, ni hoffai weld neb arall yn   gweithio gormod chwaith.[30]

Yn nes ymlaen daw Loli'n gocyn hitio i'w meistr a'i meistres:

Sylwasai po fwyaf blin ei thymer a fyddai Mrs. Elis, mwyaf yn y byd o gydymdeimlad a gâi hi [Loli] gan Mr. Elis,

a dywedir wrthym ar letraws (a'r lletrawsedd hwnnw'n tanlinellu anaeddfedrwydd cynhenid yr adolesent) fod Mr. Elis yn cofleidio cysur diod:

Sylwasai hefyd fod y wraig yn lled flin ei thymer bob bore Sul, ac na chodai ei gŵr yn fore iawn y diwrnod hwnnw. Hefyd ni byddai Mr. Elis byth gartref ar nos Sadwrn, ac ni ddeuai adref cyn iddi fynd i'w gwely. Y rhan amlaf clywai ef yn dyfod tua'r tŷ gan ganu. A dweud y gwir, nid oedd Mr. Elis yn ganwr, ond treiai ei lais bob nos Sadwrn wrth ddyfod adref. A bob dydd Sul edrychai fel petai'n edifar ganddo fod wedi treio ei lais y noswaith cynt.[31]

Yn dilyn, clywir fod clician gweill Mrs. Elis hithau yn cyflymu bob nos Sadwrn, a daw hyn â ni'n ôl i gyfnod dadleuon y capel a sylwadau beichiog Mr. Elis ar araith Jona Dafis. Cyplysir yr holl weithgareddwch diwylliannol â'r dirywiad gan y storïwr â'i ddigrifwch slei ei hun:

Pe buasai llenyddiaeth a siarad am lenyddiaeth yn dail, fe fuasai gwell cropiau yn y Garreg Lwyd nag yn unman . . . Ond nid oedd felly; edrychai pawb arni fel rhyw ffarm wedi dechrau rowlio i lawr yr allt, [32]

a cheir Mrs. Elis yn teimlo: "fod yno lai o feddwl am y bwyd ac am y godro" (pethau bara a chaws) "nag am y ddrama". Yn dilyn afiaith perfformiad y ddrama, fel y cofir, daw cwymp ariannol anorfod y Garreg Lwyd. Clywir drannoeth fod 'mistar wedi torri', peth sy'n clymu'r newid aelwyd sydd o flaen Loli â'r camu allan i'r byd mawr yn ddeheuig.

Y mae ymateb Loli i symud o'r fferm yn un eithriadol o ddiddorol:

> Pan ddaeth dydd ymadael, teimlai Loli gymaint o hiraeth bron â phan adawodd gartref.

Bellach, torrwyd y llinyn bywyd a fu'n ei chysylltu â'i chartref. Gwreiddiodd ei hun o'r newydd, ac y mae Cae Gwna erbyn hyn yn rhan o'i bywyd hi, a hi'n unig. Bellach, y mae hi'n fod ar wahân.

Yn *Laura Jones* camwyd oddi wrth gynllun episodig, clytiog *Deian a Loli* at batrwm lle mae'r gwead yn glòs a chelfydd. Eithr ni chyrhaeddwyd tir *Tywyll Heno*, a hynny am nad oes yr un dyfnder i sylwedd y pwnc. Ni lwyddwyd eto, ychwaith, i guddio'r awdur yn ei ddeunydd: y mae yno yn cynnig ei sylw ei hun ar yr hyn sy'n digwydd bron drwy'r gwaith. Eithr llwyddwyd i gyrraedd y nod yr anelwyd ato, a chyfleu inni gymhlethdod unig, eironig, cythryblus, a chwithig un yn datblygu i fod "yn ddynas" yn artistig bleserus.

NODIADAU

1. LJ, 10
2. Ibid., 16
3. Ibid., 25
4. Ibid., 59
5. J.A. Hadfield, *Childhood and Adolescence* (Llundain, 1962), 183
6. LJ, 13
7. Ibid., 37-38
8. Ibid., 51
9. Ibid., 54
10. Ibid., 29
11. Ibid., 58
12. A.T. Jersild, *The Psychology of Adolescence* (Efrog Newydd, 1963), 152
13. LJ, 29
14. Ibid., 64
15. B.D. Davies; A. Gibson, *The Social Education of the Adolesecent* (Llundain, 1967), 53
16. LJ, 29
17. Ibid., 30
18. Ibid., 50
19. Ibid., 52
20. Ibid., 56
21. Ibid., 75
22. Ibid., 20

23. Ibid., 20
24. Ibid., 15
25. Ibid., 17
26. Ibid., 70
27. Ibid., 61-62
28. Anna L. Barbauld, 'A Biographical Account of Samuel Richardson', *The Correspondence of Samuel Richardson* (1804), Cyf.1. Dyfynnir yn M. Allott, *Novelists on the Novel*, (Llundain, 1959), 258-259.
29. LJ, 51 Dyma'r math o gwestiynau y mae nofelydd yn eu gofyn – y math o gwestiynau y ceisir eu hateb yn *Traed Mewn Cyffion*.
30. Ibid., 48
31. Ibid., 60
32. Ibid., 47

Traed Mewn Cyffion

Y mae cwestiynau Loli uwchben y twlc moch, ar ddiwedd seithfed bennod *Laura Jones*, yn gwestiynau cyffredinol, cwestiynau sy'n perthyn mwy i fyd y nofel na'r stori fer hir, ac nid rhyfedd felly i'w hawdur, KR, droi, yn *Traed Mewn Cyffion*, i fyd y nofel.

Er bod nifer o feirniaid modern yn dadlau dros wrthod y syniad fod moddau llenyddol arbennig, fe ellir o leiaf sôn yn fras am rai o nodweddion nofel o'i chymharu â ffurfiau llenyddol eraill. Ceir un o'r nodweddion hynny ar ochr arall dadl Frank O'Connor ynghylch y stori fer. Unigolion, pobl ar ymylon cymdeithas, meddai, pobl òd ac unig yw grawn melin y *conte*, y stori fer.[1] Problemau unigolion o fewn cymdeithas a geir. Ar y llaw arall, y mae canfas y nofel yn ehangach, yn fwy cymdeithasol, a'r cymeriadau'n llawer mwy cynrychioliadol. Problemau cymdeithas gyfan yw problemau teulu Ifan Gruffydd yn *Traed Mewn Cyffion*. Yng ngeiriau Owen:

> Yr oeddynt hwy yn enghraifft gyffredin o deuluoedd yr ardal, pobl wedi gweithio'n galed, wedi cael eu rhan o helbulon, wedi ceisio talu eu ffordd.

Y maent yn ddrych o ymdrech y gymdeithas chwarelyddol mewn cyfnod arbennig yn hanes Cymru.

Gall y nofel fanylu i'r eithaf, ond ei thasg yw:

> Loetran, edrych o'i chwmpas ac adlewyrchu cefndir oes neu wareiddiad cyfan. Dangos adwaith ei gyfnod ar ei brif gymeriad yw tasg y nofelydd.[2]

Gwneir yr un pwynt gan O'Faoláin pan ddywed mai â gair ac â brawddeg y gweithia'r storïwr, tra bod y nofelydd yn gweithio â'r paragraff ac â'r bennod. Dyma farn Ian Watt:

> It would appear . . . that the function of Language is much more largely referential in the novel than in other literary forms: that the genre itself

works by exhaustive presentation rather than by elegant concentration. This fact would no doubt explain both why the novel is the most translatable of the genres . . . and why the novel has less need of historical and literary commentary than other genres – its formal convention forces it to supply its own footnotes.[3]

A dyma farn Walter Allen:

The novelist must deal with men in a specific place at a specific time, and the novelists, especially the greatest, have normally been acutely conscious of their time and the qualities in it that appear to distinguish it from other times.[4]

Ni ellid darganfod gwell enghraifft i ddangos hyn na *Traed Mewn Cyffion*.

Y mae lleoliad y nofel yn greiddiol iddi. Cynrychiola gwlad Llŷn yr oes gyn-ddiwydiannol, ac arlliw oes aur iddi – ym meddyliau rhai o'r cymeriadau, beth bynnag. Saif ardal lom y chwareli, ar y llaw arall, dros y cam cyntaf a gymerth y gymdeithas ar ysgol diwydiant, cam a arweiniodd yn y diwedd i ddinistr rhyfel. Diffinnir ei ffiniau i ni'n weddol benodol gan Owen, o ben y mynydd, yn gynnar:

Yr oedd y môr yn las. Sir Fôn yn bell a thawch ysgafn yn gorwedd arni. Dacw hi'r ysgol Sir yn goch ar y gorwel, bron. Wrth ei hymyl yr oedd mynwent Llanfeuno, a'r haul yn taro ar farmor ei cherrig.

Mewn lle arall sonir am:

oleuadau Caergybi'n mynd a dyfod ar y gorwel, a chopa'r Wyddfa'n bincyn clir dan olau'r lleuad.

A mynych y crybwyllir tra-arglwyddiaeth tomen y chwarel ar yr holl le. Roedd i'r gymdeithas yma ei safonau ei hunan, safonau oedd yn wahanol i safonau'r dre neu drefydd y de, ac fe â'r awdur, fel y gwelwn, i drafferth mawr i wneud i ni dderbyn moesoldeb y gymdeithas honno. Pe bai'r nofel yn un am ardal lofaol yn hytrach nag ardal chwarelyddol, nid yr un nofel fyddai hi.

Yr oedd i 'oes' y nofel hefyd ei harlliw a'i gwedd ei hun, fel bod yn rhaid i'r awdur, i'r gwaith fod yn llwyddiannus, wneud i ni weld popeth o fewn cyd-destun sy'n hollol glir inni:

Fiction, in its very drive for reality, is inclined to deal with a great number of mere conventions, meaningless except in a context,[5]

meddai Wayne C. Booth. Ni fyddai agwedd Sioned at ei theulu, ac at Eric, a'i chellwair caru digydwybod, yn ennyn hanner y feirniadaeth a dywelltir am ei phen mewn nofel am saithdegau'r ugeinfed ganrif. Angorwyd *Traed Mewn Cyffion* yn ddigon sicr mewn milltir sgwâr arbennig, mewn cyfnod arbennig, i ennyn yr union ymateb a ddeisyfir gan yr awdur i'r cyfryw amgylchiadau. Ac y mae KR yn ymwybodol iawn ei bod yn darlunio cymdeithas a fyddai'n newid yn gyflymach nag odid unrhyw adeg yn ei bodolaeth o'r blaen, a cheir hi droeon yn dweud:

> yn wahanol i genhedlaeth a gododd wedi hynny, nid adwaenent ei gilydd yn dda iawn yn blant, dim ond y rhai nesaf atynt

a

> Ni chai'r genhedlaeth nesaf a ddaeth i deithio'r daith hon mewn moduron mo'r bodlonrwydd ysbryd hwn, na chwaith weled golygfeydd dros bennau'r perthi.

Fe'i gwêl ei hun yn croniclo hanes cymdeithas unigryw.

Y mae gan y nofelydd ddiddordeb hefyd yn nhreigl amser:

> Time must be foreshortened to achieve intensity, but in foreshortening the novelist must use dissimulation successfully in order to preserve the illusion of reality. [Wayne C. Booth][6]

Ac wedyn, 'teipiau' a 'chymeriadau' sydd mewn stori fer a *nouvelle* fel nad yw amser yn mennu arnynt. Mewn nofel, ar y llaw arall, 'personoliaethau' a geir, pobl o gig a gwaed yn tyfu, yn aeddfedu ac yn newid. Nid yr un Jane Gruffydd a geir ar ddiwedd *Traed Mewn Cyffion* ag ar ei dechrau. Yno, y mae'n wraig ifanc naturiol, a'i chariad naturiol at ei gŵr i'w weld yn y gofal a gymer i blesio'i ffrindiau ar amser te'r cyfarfod pregethu. Mae ei llygaid yn llawn edmygedd ohono – 'mor dda yr edrychai yn ei siwt briodas' – ac mae ei dyfodol yn llawn gobaith. Erbyn diwedd y llyfr y mae'n galetach dynes. Chwalwyd ei chestyll, dioddefodd gymaint fel y mygwyd y cariad naturiol a'r ymateb bywiol a lifai ohoni yn gynnar wedi priodi. Camp awdur yw gwneud i ni dderbyn newidiadau fel hyn, a'u cael yn gredadwy.

> The test of a round character [sef personoliaeth] is whether it is capable of suprising in a convincing way. If it never surprises, it is flat [cymeriad]. If it does not convince it is flat pretending to be a round. It has the incalculability of life about it. [E. M. Forster][7]

Llwydda'r awdur, gyda Jane Gruffydd, drwodd a thro.

Y mae KR, fel pob llenor o bwys, yn cyfleu gweledigaeth person o fywyd yn ei holl gymhlethdod.

Man will never be condemned to the immobility of paradise, but will always continue to develop. He will always want to be more than he can be, will always revolt against the limitations of his nature, always strive to reach beyond himself, always struggle for immortality. If ever the desire to be all-knowing, all-powerful, all-embracing vanished, man would no longer be man. And so man will always need science in order to prise every possible secret and privilege out of nature. *And he will always need art in order to be at home not only in his own life but in that part of reality which his imagination knows to be still unmastered.* [Ernst Fischer][8]

Y mae KR yn cyflawni braint arswydus y llenor.

*   *   *   *

Traed Mewn Cyffion   yw gwaith mwyaf eironig KR. Ei sylfaen yw hanes cymdeithas yn chwilio am ymwared, a'r waredigaeth – o'i meddiannu – yn caethiwo. Ceir hanes cyndeidiau Ifan Gruffydd yn dod o Lŷn, yn 'dengid oddi ar ffordd tlodi', ac yn cyrraedd ardal y chwareli dim ond i weld dymchwel eu gobeithion. Trodd y chwarel yn fwy o deyrn na'r tir ac fe'i gwelir yn tra-arglwyddiaethu ar bron bob agwedd o'u bywyd.

Yr un swyddogaeth sydd i'r chwarel yn *Traed Mewn Cyffion* ag sydd i'r cefndir yn *Wuthering Heights*. Mae'n rhan annatod o'r dweud, a cheir ymglywed â'i holl bersonoliaeth gaethiwus yn gynnar. Pan â Jane Gruffydd â'r plant am dro i ochrau'r mynydd un diwrnod fe gymer gip yn ôl:

> Edrychai ar y pentref draw yn gorwedd yn llonyddwch y prynhawn. I fyny ar y chwith yr oedd y chwarel *a'i thomen yn estyn ei phig i lawr y mynydd fel neidr*. O bell, edrychai'r cerrig rwbel yn ddu, a disgleirient yng ngolau'r haul. Dyma'r chwarel lle y lladdwyd tad Ifan. Pwy tybed, a wagiodd y wagen rwbel gyntaf o dan y domen acw? Yr oedd yn ei fedd erbyn hyn, yn sicr. A phwy a fyddai'r olaf i daflu ei lwyth rwbel o'i thop? (26 *TMC*)

Saif y chwarel fel sumbol parhaol o'r eironi sy'n sylfaen i'r gymdeithas i gyd.

Pan yw Owen, wedyn, yng nghymanfa ganu'r plant, yn edrych allan, gwêl:

> Domen y chwarel, a edrychai'n lasgoch yn ei hymyl. Disgleiriai'r haul arni. Trawai ei olau ar un plyg a gwasgarai'r pelydrau i bob cyfeiriad, megis y gwnâi golau'r lamp yn y capel yn y gaeaf. Llithid ef i edrych ar y goleuni. Aeth yr holi a'r ateb yn gefndir i'w ymwybyddiaeth, a'r goleuni ar y llechen yn ganolbwynt iddo. (71 *TMC*)

Nid yw'n bosib osgoi'r chwarel; ac y mae'r goleuni gwasgaredig yn sumbol o'i dylanwad pellgyrhaeddol.

Adlewyrchir peth o'r dylanwad hwnnw yn hanes taith Wiliam, sy'n dianc o'i chrafangau gormesol, i'r de. Yn y trên dychmyga'r chwarel:

> Yn gorwedd yn ddu ar ochr y mynydd yn y fan acw, a niwl fel cap llwyd am ei phen, *fel rhyw hen wrach yn gwneud hwyl am ei ben* ac yntau'n ymbalfalu tuag ati ar foreau tywyll fel hyn a dim gwaith i ddechrau arno yn oerni'r bore; dim ond mynd o gwmpas a'i ddwylo yn ei boced. (122 *TMC*)

Y mae i'r chwarel ei phersonoliaeth ei hun bron, a honno'n un sadistig greulon. Yn nes ymlaen ar y siwrnai ehed y dychymyg eto at y chwarel, a gwêl hogiau'r sied:

> eu capiau i lawr yn isel am eu pennau, a golwg denau lwyd arnynt, yn sgythru yn yr oerni wrth sefyll yn nrysau'r sied yn disgwyl caniad. Bob hyn a hyn, brathent eu pennau heibio i'r cilbost, fel llygod mawr yn eu tyllau. Yna, cyn gynted ag y canai'r corn, cymerent y wib fel haid o waetgwn i lawr y ffordd haearn ac i'r mynydd. (123 *TMC*)

Yma, gwelir yr awdur yn arwain y darllenydd; a gwelir i'r ansoddeiriau a'r cymariaethau gael eu dewis yn ofalus. Y mae'r chwarel yn gormesu ac yn diraddio; fe gyflyrwyd y chwarelwr i fod megis anifail.

Yr unig sumbol gweledig o'r chwarel i'r gweithiwr oedd y swyddogion – y Stiward a'r Stiward Bach, a cheir portread deifiol o'r ddau gan yr awdur:

> Teitl ar is-oruchwyliwr yw Stiward Bach, ond yr oedd Morus yn fychan ym mhob ystyr. Yr oedd ei gyraeddiadau mor fychain fel stiward hyd yn oed, nes oedd arno ofn colli ei swydd, ac yn union fel dyn felly, daliai'r afwynau'n dynn yn mhen y gweithwyr. Yr oedd arno ofn y gweithwyr oblegid bod arno ofn ei anghymwysterau ei hun . . . Ni thrïodd ormesu [ar Ifan], ond teimlai Ifan yn ei bresenoldeb bob amser ei fod fel melfed, ond gallai'r gath estyn ei hewinedd yn sydyn. (55 *TMC*)

Mae'n amlwg ymhle mae cydymdeimlad yr adroddwr – y mae am i ni'r darllenwyr deimlo mai teyrn yw'r chwarel.

Wedi gwneud yn siŵr ein bod yn dirmygu'r Stiward Bach, deuir ag ef wyneb yn wyneb â'r cymeriad arwrol Ifan, gan goroni'r darlun drwy ei gyflwyno fel un sadistaidd, ffals. Adroddir ei hanes maleisus yn dadlennu hynt carwriaeth Sioned wrth Ifan, gan gymryd arno gwneud tro da, a chyflëir ymdrech y tad balch i beidio â dadlau'n ôl am ei fod yn ddibynnol ar ewyllys da'r stiward.

Gan nad oedd Ifan a Wiliam, ei fab, yn fodlon cynffona, drwy roi ambell gyw iâr a gŵydd i'r awdurdodau, ni chaent y bargeinion brasaf:

Ar ddechrau'r mis, pan ddôi Bycli'r Stiward o gwmpas i 'osod', *ni fedrai Ifan wneud dim ond gwingo.* Yr oedd ei fargen ef a'i bartneriaid yn sâl. *Nid oedd wiw ymliw* am un well, nac ymbilio am well pris. Petai'r fargen a'r cerrig yn dda, pris isel oedd i'w ddisgwyl, ond gan eu bod fel arall, gallent ddisgwyl pris gwell ar ddechrau'r mis. Ond yr oedd yn rhaid bodloni ar bris isel. (87-88 *TMC*)

Manteisir ar y gwan. Ceir rhai fel Ifan, hyd yn oed, yn ystyried 'ymliw' ac 'ymbilio', tra syrth y gweinion i ymgreinio a'u diraddio'u hunain ymhellach drwy lwgrwobrwyo.

Y mae'r chwarel yn manteisio ar y gymdeithas a'i thlodi. Effeithia'r cyni ar y gymdeithas gyfan. Ar drothwy ei bywyd priodasol teimla Jane Gruffydd fod bywyd yn braf:

Deuai arian y moch i dalu'r dreth a llog yr arian a fenthycwyd i brynu eu tyddyn, ac weithiau medrent dalu ychydig o'r hawl o'r cyflog.

Tra pery'r hindda, y mae hi'n ymddwyn fel unrhyw wraig naturiol arall, yna trewir Ifan yn wael. Bryd hynny, fel y gwelwyd, mae hi'n caledu. Mae sefyllfa economaidd ormesol yn gorfodi'r dewraf i feddwl byth a hefyd am ei barhad ei hun.

Mewn pennod arall rydym, flynyddodd yn ddiweddarach, yn gweld Owen yn ysgubo'r gwobrau mewn cyfarfod plant. Â adref gyda swllt a cheiniog yn ei boced, a syniadau am brynu copi, rybar a phensel â'r enillion. Ond gwg sy'n ei wynebu, yn lle'r ganmoliaeth ddisgwyliedig:

"Mae gin i fam ô ddigon o le i rhoi nhw," meddai ei dad . . .
"Wyt ti am roi'r arian i dy fam?"
"Nag ydw," meddai Owen ar ei ben . . .
"Dyro nhw i dy fam, heb ddim lol . . . Mae digon o'u heisio nhw i brynu bwyd iti."
"Mae arna i eisio prynu copi, a rybar, a phensel efo nhw," meddai Owen.
"Mae'n bwysicach iti gael bwyd na phethau felly," meddai ei fam.
Taflodd Owen yr arian ar y bwrdd mewn tymer, a chafodd glustan gan ei fam. Torrodd yntau allan i feichio crïo, a than grïo yr aeth i'w wely. (37 *TMC*)

Rhewodd tlodi'r berthynas naturiol a ddylai fodoli rhwng rhiant a mab dawnus, a nodir hyn gan KR:

Yn ei hystafell wely, poenai'r fam iddi fod mor giaidd wrth Owen. Dylsai fod yn falch iddo ennill cymaint o wobrau ac yn dangos bod cryn dipyn yn ei ben . . . Ond yr oedd ymladd ac ymladd â'i byw wedi gwneud hithau yn fyr ei hamynedd. (39 *TMC*)

Pan enilla Owen ysgoloriaeth i'r coleg wedyn, ni ellir arddangos balchder naturiol oherwydd: 'mae'n gwestiwn fedrwn ni fforddio i adael o fynd'. Mae'n gwestiwn o orfod pwyso a mesur colli enillion chwarelwr arall yn erbyn enillion brau y dyfodol pell. Tagwyd yr ymateb greddfol gan boenau 'byw'. Does fawr ryfedd i Ifan Gruffydd ddweud fod plant 'yn fwy o drafferth nag o werth', a dweud y byddai Sioned yn farw yn 'llai o boen'.

Roedd yr holl galedi'n ddryswch i'r plant. Ni lawenheid ar yr aelwyd ynghylch eu llwyddiannau, eto criai'r fam ar ôl llo. Bron nad ymddengys ei bod yn meddwl mwy o'r moch na'i hepil. Crynhoir holl bathos y sefyllfa gan gwestiynau Owen ar ôl i'w fam ddangos mymryn o falchder naturiol mam iddo un diwrnod:

> Paham na buasai ei gartref bob amser fel hyn? I beth oedd eisiau poeni am bethau?

Y mae ôl yr un cancr ar berthynas Jane ac Ifan, Sioned â'i mam a'i thad, Geini â'i mam, ac Owen, Twm, Elin a Wiliam â'u rhieni. A'r eironi yw y credai'r gwroniaid, a fu'n ymlafnio â thir y gwastadedd yr oes a fu, y byddent mewn porfa frasach ar lethrau'r Foel Arian. Dwyséir yr eironi gwaelodol hwn gan fyfyrdod Owen pan yw'n edrych tua'r gwastadedd, ar ddiwedd y nofel:

> Yr oedd y tir o gwmpas lle'r esteddai ef yn gochddu, a gwyddai Owen fod yr holl dir, cyn belled ag y gwelai ei lygaid, felly i gyd – tua chan mlynedd cyn hynny. Yr oedd y bobl a oedd yn gyfrifol am droi lliw'r tir yn wyrdd yn gorwedd erbyn hyn ym mynwent y plwy, yn naear frasach y gwastadedd a orweddai rhyngddo a'r môr. Daethai rhai ohonynt o waelod y plwy i drin tir y mynydd ac i fyw arno, ac aethant i'w cynefin i dreulio'i 'hun hir' . . .
>
> Troes ei olygon at domen y chwarel. Heno nid oedd ond clwt du ar ochr y mynydd. Yr un bobl a oedd yn gyfrifol am godi tyddynod ar fawndir oedd yn gyfrifol am domen y chwarel hefyd. Rhwng y ddau yma y bu'r pentrefwyr am gan mlynedd yn gweithio'n hwyr ac yn fore, nes mynd â'u pennau i lawr cyn bod yn bobl ganol oed. (189-190 *TMC*)

Yn ei eiriau atseinir siom cenedlaethau yn y chwyldro diwydiannol a'u rhoes, fel y cawn weld, ar ffordd distryw.

Eironi dwbl yw agwedd ddeublyg yr ardalwyr at eu carchar:

"Fyddi di'n licio bod gartre yr adeg yma o'r flwyddyn?" [meddai Twm wrth Owen.]

"Rydw i'n licio bod yn y tŷ," meddai Owen, "ond am yr ardal, dyma iti bictiwr o anobaith. Pwy 'rioed feddyliodd am ddechrau codi tŷ mewn lle fel hyn?"

"Dengid oddi ar ffordd tlodi wnaeth hwnnw, weldi, popeth ddyry dyn am i einioes, a dengid oddi ar ffordd tlodi yr ydan ni byth." (140 *TMC*)

Ar un llaw, mae'n ardal i'w chasáu ac yn lle i ddianc ohoni; ar y llaw arall, mae'n ardal i'w charu'n angerddol, fel y cawn weld drwy lygaid Jane Gruffydd a Twm. Y wyrth eironig yw ei bod yn nefodd ac yn uffern yr un pryd.

Ceisiodd wyrion y rhai a ddaeth 'o waelod y plwy' eu hiachawdwriaeth eu hunain. Pasiwyd Deddf Addysg a wnâi addysg gynradd yn orfodol i fechgyn a merched yn 1870, a buan y gwelwyd 'cael addysg' fel llwybr dihangfa. Roedd addysg yn rhywbeth na allai'r undyn ei ddwyn oddi arnoch, fel yr haerai Ifan Gruffydd, ac y mae'r gobaith a roddai'r oes mewn addysg i'w glywed yng ngeiriau un fel Ann Ifans y bydd Owen 'ella . . . yn filiwnêr ryw ddiwrnod, yn reidio mewn clôs carraij'. Adleisir hyn yng nghred bendant Geini y daw Owen 'a mwy o arian i chi ryw ddiwrnod wedi iddo orffen ei addysg'. Dyma paham yr heidiai pobl ifanc, a rhai hŷn i ddosbarthiadau nos i ddysgu Saesneg a rhifyddiaeth.

Eironi hyn, eto, yw na wireddwyd y gobeithion. Yn lle bod yn 'filiwnêr', caiff Owen ei hun mewn swydd ddysgu yn gorfod 'aberthu llawer o fwyniannau . . . ac o'i ddecpunt y mis cyflog', yn ceisio 'anfon rhyw dair adref'. Yn lle 'mynd trwy'r byd', y mae Twm yn rhygnu dysgu yn Ysgol Llan Ddôl dan amgylchiadau sy'n 'uffern iddo'. Troes y sustem addysg yn feistr a orthrymai lawn cymaint â meistradoedd y chwarel, ac i ddianc o'i chrafangau y penderfynodd Twm, yn nes ymlaen, ymuno â'r fyddin.

Fel hyn y disgrifia KR hynt Owen yn yr Ysgol Sir:

Aeth bywyd Owen heibio yn eithaf undonog yn yr Ysgol Sir. Yr oedd yr wythnosau cyntaf, pan oedd yn rhaid iddo geisio troi ei dafod o gwmpas geiriau Saesneg wrth siarad â'i athrawon, yn rhai cas ganddo, ac yr oedd Saesneg y Saeson mor anodd i'w ddeall. Ni ddaethai i hoffi'r ysgol yn gyfangwbl, ac ni chasâi hi chwaith. Wrth fynd adre'r nos yr oedd allan o'i awyrgylch, ac eto yn ystod y dydd yr oedd allan o awyrgylch ei gartref. Yr oedd ganddo gymaint o dasgau gyda'r nos fel na allai wneud dim gartref o'r hyn a wnâi pan oedd yn yr Ysgol Elfennol. Ac ar wahân i'r ychydig a gâi ar brynhawn Sadwrn a Sul, aeth aroglau'r beudy a'r tŷ gwair yn beth dieithr iddo. Ni pherthynai nac i'w gartref nac i'w ysgol. (66-67 *TMC*)

Ni pharchai'r wladwriaeth hawliau'r unigolyn nac angenrheidiau ei amgylchfyd. Roedd mor hunanol ddideimlad â'r hen feistradoedd.

Nid oes unrhyw ran o'r nofel sy'n dangos y sustem ar ei mwyaf gorthrymus yn well na hanes y cyfarfodydd gwobrwyo yn yr ysgol. Y tro cyntaf y daw Owen â'r gwahoddiad Saesneg gartref, fe'i hanwybyddir gan ei rieni nes i Owen ei ddwyn i'w sylw. Negyddol yw'r ymateb, gan nad yw Jane Gruffydd yn 'dallt dim gair o Saesneg', ac yn y cyfarfod teimla Owen yn unig gan gredu mai peth i 'bobl fawr' oedd y cyfarfod gwobrwyo rhwysgfawr. Ychydig flynyddoedd yn ddiweddarach, y mae Jane Gruffydd yn mynd i gyfarfod gwobrwyo gyda'i chymdoges, Ann Ifans, er ei bod methu deall iaith y cyfarfod. Gwneir iddi deimlo'n ddieithryn yn ei gwlad ei hun:

> "Mi fasa'n dda gin i petaswn i'n medru dallt y dyn yna oedd yn rhannu'r gwobrwyon; ond oedd o i'w weld yn ddyn clên?"
> "Oedd o'n siarad yn dda Owen?"
> "Oedd."
> "On'd ydi o'n biti na fasa rhywun yn dallt tipyn o Saesneg, Ann Ifans?"
> (79 *TMC*)

Daeth y sustem rhwng Owen a'i deulu a'i wneud yn 'gynhyrfus ac unig'. Cynrychiola Owen werin ei oes a'r ddilema a'u hwynebai. Gwelsant gyfle, am unwaith, i goncro 'cyfalafiaeth' a 'newyn'. Golygai werthu trefadaeth, a chefnu ar yr hen werthoedd, ac ildio rhyddid yr unigolyn i'r wladwriaeth. Ond gweddai'r wobr i'r pris – o leiaf i'r mwyafrif. Yr eironi yw i'r ffordd ymwared a'i cynigiodd ei hun i'r gymdeithas fod yn foddion i'w difa.

Ymddengys y syniad o werthu treftadaeth a genedigaeth fraint am fara yn aml yn llenyddiaeth y cyfnod, er enghraifft, yn 'Dyffryn Nantlleu ddoe a heddiw' R. Williams Parry, ac y mae Gwenallt yn dweud:

> . . . nad oedd y gorffennol yn cyfrif dim i Farcsydd; dim ond y presennol, ac yn enwedig y dyfodol . . . Gwledd oedd barddoniaeth Gwynn Jones . . . ond ffôl oedd y genedlaetholdeb yn ei farddoniaeth, canys canrif gydgenedlaethol oedd ein canrif ni.[9]

Surni yw gwobr addysg i Twm hefyd. Llethir ef gan dlodi yn yr Ysgol Sir a'r Coleg, ac nid yw'n well ei fyd ar ôl derbyn swydd. Golyga'r cyni fod ei fyd mor gyfyng ag erioed. Daw Twm hefyd wyneb yn wyneb â pheth o ormes y wladwriaeth, pan rwystrir ef rhag 'gwneud defnydd o'i wybodaeth o'r Gymraeg', a hyn i gyd sy'n peri iddo chwilio am ymwared amgenach. Gwêl ei gyfle pan ddaw'r rhyfel. I Twm, y mae'n gyfle i ddianc o'i lyffetheiriau a chyflëir ysbryd yr ymuno'n glir yn y disgrifiad o'r oes:

Yr oedd anturiaeth yn y gwynt a'r byd yn rhy fychan iddo yntau. Trawai ei benelinoedd yn ei ffiniau o hyd. Ond yr oedd y ffiniau hynny'n mynd i lawr bore heddiw. Fe gâi weld y byd, a gweld rhywbeth heblaw'r mynyddoedd tragwyddol yma ac wyneb sur yr ysgolfeistr. (161 *TMC*)

Rhôi'r rhyfel y rhyddid y bu'n dyheu amdano drwy'i oes, 'i ysgwyd ein traed', a chlywir am aelodau eraill o'r gymdethas hefyd yn adleisio'i ymateb. Ond yma, eto, y mae'n rhaid talu'r pris. Golyga gefnu ar yr hen fywyd a'i werthoedd. Buan y sylweddola Twm nad yw 'darnau o'r hen fywyd yn ffitio i mewn i'r bywyd newydd'. Ildiodd ei hun gorff ac enaid i feistr nad adnabu ei gyndadau erioed.

Yn eironig, y rhyfel yw'r mwyaf gorthrymus o'r cwbl, yr 'anghenfil', a chlwyn am ei gampau didostur yn hanes bachgen o'r ardal a ddihangodd o'i 'grafangau' a llochesu 'am wythnos yn nhyllau'r creigiau':

Ond daeth gwaedgwn y fyddin o hyd iddo, a gwelwyd ef yn myned i'r stesion rhwng dau filwr a golwg y gorchfygedig arno. Ymhen tridiau daeth gair i ddweud ei fod wedi ei ladd yn Ffrainc, ac yr oedd ei deulu a'r rhan fwyaf o'r ardal yn ddigon diniwed i gredu hynny. (192 *TMC*)

Yn eu hawr dywyllaf nid arddangoswyd cyffelyb creulonder a chyfrwyster gan feistri'r chwareli, hyd yn oed.

Gwelir y wladwriaeth ar ei gwaethaf, fodd bynnag, yn unbenaethol ddifeddwl, wrth i KR adrodd hanes marw Twm yn Ffrainc. Nid oedd gan y wladwriaeth y cwrteisi a'r dyngarwch o roi gwybod i Jane Gruffydd am farwolaeth ei phlentyn mewn iaith a ddeallai. Rhaid oedd iddi fynd i fegera cyfieithiad, ffaith a ychwanegai at ddyrnod drom y neges ei hun:

Rhedodd â'r llythyr i'r siop.
"Rhyw hen lythyr Saesneg wedi dwad acw, Rhisiart Huws. Fasech chi ddim yn dweud beth ydi o? Rhywbeth ynghylch Twm ydi o, beth bynnag."
Darllenodd y siopwr ef, a daliodd ef yn ei law am sbel.
"Steddwch i lawr, Jane Gruffydd," meddai'n dyner.
"Ydi o'n fyw?"
"Nag ydi, mae arna i ofn. Ann," gwaeddai o'r siop i'r gegin, "dowch â llymaid o ddŵr, mewn munud" . . .
Yn ddiweddarach aeth â hi i'r Ffridd Felen. (176 *TMC*)

Dihangfa ofer fu un Twm. Yn y fyddin, yr un oedd y meistr ag yn yr ysgol. Er yr holl wingo, ni allod y gymdeithas ymryddhau ronyn, a chyda threigl y rhyfel sylweddola hyn:

Ni chredent o gwbl erbyn hyn mai achub cam gwledydd bychain oedd amcan y Rhyfel, ac mai rhyfel i orffen rhyfel ydoedd, ac ni chredent chwaith fod bai ar yr un wlad na'r llall, ond daethant i gredu fod pobl ym mhob gwlad oedd yn dda ganddynt ryfel, a'u bod yn defnyddio eu bechgyn hwy i'w mantais eu hunain. 'Y bobol fawr' yna oedd y rhai hynny, yr un bobl a wasgai arnynt yn y chwarel, ac a sugnai eu gwaed a'i droi'n aur iddynt eu hunain. Yng ngwaelod eu bod, credent erbyn hyn fod rhywrai'n gwneud arian ohoni, fel y gwnaent o'u cyrff hwy yn y chwareli, ac mai'r bobl hynny a ddeisyfai oedi heddwch. (173 *TMC*)

Er yr holl wingo, pery'r traed mewn cyffion. Eithr y mae gobaith; adnabu'r werin ei gelyn o'r diwedd. Daw hyn â ni at y pwnc eironig nesaf.

Yn fwriadol, rhydd KR olwg ddeublyg inni ar y gymdeithas. Ar yr ochr gadarnhaol, mae'n gymdeithas a chanddi safonau moesol a gwerthoedd a roddai ryw urddas iddi, a cheir crynodeb ohonynt wrth i'r awdur ddisgrifio bywyd Ifan a Jane Gruffydd yn yr unfed bennod ar ddeg:

Gweithiai'n fore ac yn hwyr, gwaith tŷ, a'r rhan fwyaf o'r gwaith gyda'r anifeiliaid. Gwnïai ddillad isaf y plant, a'u dillad gwisgo uchaf. Torrai hen drywsusau i Ifan a Wiliam i Owen a Twm, cyn iddynt fyned i'r Ysgol Sir. Ychydig hamdden a gâi i fynd i unman, nac i ddarllen. Os rhoi ei sbectol ar ei thrwyn i ddarllen llyfr gyda'r nos, syrthiai i gysgu.

Ei gŵr yr un fath. Ymlafnio a lardio yn y chwarel; chwysu a gwlychu; dyfod adref yn y gaeaf yn wlyb at y croen, ac yn teimlo'n rhy flin i ddarllen y papur newydd. Yn y gwanwyn a'r haf byddai digon i'w wneud ar y ffarm bob nos a phrynhawn Sadwrn. (89 *TMC*)

Mae'n gymdeithas ddiwyd, ddarbodus, a gweithgar, ac iddi'r balchder arwrol hwnnw sy'n peri poeni a phryderu i geisio 'talu ffordd'. Mae Ifan a'r dynion, wedyn, yn grefftwyr onest a chydwybodol, a ymfalchïai yng 'ngwaith eu dwylo'. Ac er nad yw Ifan ei hun yn cymryd rhan flaenllaw yn niwylliant yr ardal, gwelir bywiogrwydd hwnnw yng nghylchoedd y Capel, wrth ddilyn llwyddiannau'i blant. Ni ellir peidio â sylwi ar anhunanoldeb y gymdeithas ychwaith. Credent mewn rhoi'r gorau i'w plant ar lefel bwyd a dillad, ymdrechent i roi addysg iddynt, a chredent mewn cyflawni dyletswyddau teuluol. Yr oedd i'r gymdeithas gydwybod.

Ymdraffertha KR i bwysleisio cryfder y gymuned oherwydd ei bob am i ni ei chloriannu wrth ei chymharu â'r ddihangfa nesaf a ddaw i'w rhan – yr hawddfyd materol, y gwareiddiad Eingl-Americanaidd. Eisoes daeth hwn i'r dref sydd ar ei ffin, ac fe'i disgrifir inni drwy fywyd Sioned. Bywyd hunanol, mewnblyg yw ei bywyd; nid yw'n malio am frifo teimladau, a mynych yw'r dyrnodau a rydd i'w rhieni. Eithafbwynt ei hunanoldeb yw ei hanes yn mwynhau bywyd yn Llandudno, a'i mab ei hun yng ngofal ei ewythr. Nid oes ganddi ddiddordeb yn niwylliant y Foel Arian – 'Rhyw hen le . . . ym mhen draw'r byd, ymhell ar ôl yr oes' ydyw. Ffolodd ar wareiddiad y mae 'Comic cuts . . . y peth dyfna fedar rhai ohonom nhw i ddallt'. Cyflëir ei holl ffalsder pan yw Elin yn haeru fod 'pobl yn neis i gyd yng ngolwg Sioned os ydyn nhw'n siarad Saesneg ac yn gwisgo bracelets'.

Ond â darlun, unwaith eto, y mae KR yn crisialu'r gwahaniaeth rhwng y Foel Arian a'r dre. Ar ôl i Bertie adael Sioned, â Jane Gruffydd i lawr i'r dref i gynnig cymorth. Yno, yn nhŷ Sioned, y mae ei mam-yng-nghyfraith, Mrs. Elis:

> Yr oedd ganddi dlysau yn ei chlustiau a thair neu bedair o fodrwyau am ei dwylo – *dwylo digon budr, sut bynnag yr oedd ei chlustiau.* Nid edrychai fel pe bai'n poeni llawer ynghylch ei mab. Bwytâi'n hollol ddidaro gan daro ei thafod ar un o'i danedd uchaf bob hyn a hyn. Yr oedd ganddi slipanau tyllog am ei thraed, a churai hwynt ar y llawr dan fwyta. Wedyn eisteddai'n ôl yn y gadair freichiau, a sylwai Jane Gruffydd nad oedd fawr iawn o ffordd o'i chesail i'w gwasg, os oedd ganddi wasg. (149 *TMC*)

Y mae'r allanolion yma'n ddrych o gyflwr mewnol.

Y mae'r ddau fyd a drafodir mor wahanol i'w gilydd fel nad oes cyfathrebu rhyngddynt – yn llythrennol felly. Y mae byd y 'Venetian Blinds', y cadeiriau plwsh, y gwely pres, a'r parlwr, yr anagram, y sigaret a'r trïo ceffylau mor ddieithr i Ifan Gruffydd ag yw y capel i Bertie!

Ac eto, rhagwêl KR y bydd i'r union fyd yma lygad-dynnu caethion yr hen gymdeithas. Iddi hi, Sioned yw apostol yr hawddfyd materol y dyhea cymdeithas y Foel Arian amdano. Gwelodd KR y byddai'r rhyddhad o hualau tlodi, yn eironig ddigon, yn arwain y gymdeithas i'w difancoll. Yn eironig, caethiwed yr hen gymdeithas oedd gwraidd ei chadernid, ac arweiniai concro tlodi materol at dlodi ysbrydol. O gyfosod yr hen gymdeithas a'r newydd fe gyd-sylweddolwn y golled efo'r awdur. Eithr pwysleisir ganddi nad yw'r sefyllfa yn un syml.

Fe geir portread negyddol o'r gymdeithas hefyd. Ei thuedd oedd derbyn beichiau a phroblemau fel pethau anorfod. Eiddynt ryw dynghediaeth (*fatalism*) annirnad. Gweithia Wiliam yn y chwarel, yn anfodlon ar ei fyd, ac eto'n credu 'y byddai'n rhaid iddo weithio yn y chwarel am byth'. Pan ddywed Owen yr â â'i fam i Lyn â'i gyflog cyntaf, etyb hithau y 'digwydd llawer o bethau cyn hynny, mi wn'. Nid oes ond anawsterau annirnad o'u blaenau, heb obaith eu hosgoi.

> *Nid oedd ganddynt ddim i'w wneud ond mynd ymlaen* o ddydd i ddydd gan ddisgwyl pethau gwell. (*TMC* 125)

Disgwyl yn stoicaidd ddewr yw eu rhan. Ond gwneir i ni sylweddoli fod eu dewrder yn ddiniwed bathetig yr un pryd. Fe'u cyflyrwyd i beidio â gorymyrryd ym mhetheuach y byd hwn gan athroniaeth a bwysleisiai sancteiddrwydd y gymdeithas hierarchaidd. Adeg y rhyfel, i gychwyn beth bynnag, 'ni ddeallant yr achosion', a derbynient y sefyllfa. Derbynient dlodi'r chwarel, a derbynient amodau addysg. Cofiwn am Ifan yn cau ei geg o flaen y Stiward am y:

> gallai'r Stiward ddangos y bonc iddo, gan ei fod ef a'r Stiward Bach fel gwac a mew. Ond O! yr oedd ar Ifan gywilydd . . . cofiodd mai gweithiwr oedd ef ac mai swyddog oedd y llall, ac yr oedd yr amseroedd yn ddrwg.

Ar un wedd yr oedd yn gymdeithas ddewr; ar wedd arall yn llwfr. Eu llyfrdra a yrrodd Wiliam i'r de:

> Yr oedd y chwarelwyr yn ddall . . . i beidio ag ymuno â'r undeb, ac ymladd am isrif cyflog a safon gosod . . . Faint well oeddynt o godi helynt a dyfod allan ar streic onid oedd nerth Undeb y tu cefn iddynt? Wel, os oedd yn well ganddynt lyfu cadwynau eu caethiwed . . . (123 *TMC*)

Blinir KR gan larieidd-dra hirymarhous y werin. Ac eto ffitia'n dwt i'r fframwaith eironig. Byddai gwerin fwy ymladdgar ac ymosodol yn werin wahanol. Yn wir, o newid, byddent ar y ffordd anochel i'w distryw. Cryfder y gymdeithas oedd ei gwendid, a'i gwendid ei chryfder!

Ac eto, ar un wedd, y *mae* cymdeithas y Foel Arian yn un eithaf ymgecrus ac ymladdgar. Mae Sioned Gruffydd a'i merch-yng-nghyfraith fel ceiliogod ymladd yng nghwmni'i gilydd; a stormus, a dweud y lleiaf, yw cyfathrach Sioned y Ffridd Felen â'i theulu, Geini â'i mam, a holl deulu Ifan Gruffydd â'i gilydd. Un o gynhyrchion tlodi ydyw'r cynhennu yn y bôn, ond yr hyn sy'n bwysig i KR yw nad yw'r gymdeithas yn adnabod ei gelyn; gwastraffa'i hynni. Ceir Jane Gruffydd ac Ann Ifans, er enghraifft, wrthi un diwrnod yn trin a thrafod eu cyflwr, ac meddai KR:

> Ac fel yna y bu'r ddwy wraig yn siarad am eu hamgylchiadau heb wybod dim am eu hachosion.

Daeth addysg â goleuni i o leiaf garfan o'r gymdeithas, yn sgîl y dosbarth nos:

> Dechreuwyd Ysgol Nos yn yr ardal, a dysgid Saesneg a rhifyddiaeth ynddi. Yr oedd Saesneg yn help i chwi fynd trwy'r byd, ac yr oedd rhifyddiaeth yn beth reit handi. Yr oedd eisiau codi'r gweithiwr o'i safle bresennol. Yr oedd eisiau rhoi cyflog byw iddo. Wedi dysgu ychydig mwy o Saesneg nag a ddysgwyd iddynt yn yr ysgol Elfennol, daeth y bobl

ieuanc i ddechrau darllen am syniadau newydd a enillai dir yn Lloegr a De Cymru. Lle y buasai eu tadau ... yn dysgu syniadau Thomas Gee ac S.R. daeth y plant ... i ddysgu syniadau Robert Blatchford a Keir Hardy ... Iddynt hwy yr un oedd ei broblem [y gweithiwr] ym mhob gwlad a'r un oedd ei elyn sef cyfalafiaeth ... Yn awr dyma do o bobl ifanc yn dysgu darllen Saesneg ac yn darllen am bobl oedd yn dechrau blino ar Ryddfrydiaeth ac yn dweud mai rhwng Cyfalaf a Llafur y byddai brwydr fawr y dyfodol. (91-93 *TMC*)

Dyma'r garfan y perthyn Wiliam iddi. Adnabu ef y gelyn, a cheisiodd sianelu'r ynni, a wastraffai'r gymdeithas, i'w ddifa. Cyffelyb yw gweledigaeth Owen, ar derfyn y nofel, pan yw'r ystyried ymwelaid y swyddog pensiynau:

Yr oedd y swyddog pensiynau wedi taflu carreg i ganol llyn, ac ni fedrai Owen ddweud yn lle y gorffennai'r cynnwrf ... fe agorwyd ei lygaid i bosibilrwydd gwneud rhywbeth yn lle dioddef fel mudion. Yr oedd yn hen bryd i rywun wrthwynebu'r holl anghyfiawnder hwn. Gwneud rhywbeth. Erbyn meddwl, dyna fai ei bobl ef. *Gwrol yn eu gallu i ddioddef oeddynt, ac nid yn eu gallu i wneud dim yn erbyn achos eu dioddef.* Wiliam oedd yr unig un o'i deulu ef a ddangosodd wrthwynebiad i bethau fel yr oeddynt, oni wnaethai Sioned. Efallai mai dangos ei gwrthwynebiad i fywyd ei theulu yr oedd hi, drwy fyw yn ôl safonau moesol hollol wahanol. Troesai Twm ei gefn ar gartref a dangos y medrai ei adael, beth bynnag. Yr oedd ef, Owen, yn llwfr, dyna'r gwir. (191 *TMC*)

Nid oddi mewn y mae'r gelyn, ond oddi allan. Y mae Owen, y mwyaf cynrychioliadol ohonynt i gyd, ar drothwy cam a fydd yn achub ac yn difa'i gymdeithas yr un pryd.

Dyma ddychwelyd at y ddilema ganolog: pa un yw'r boen fwyaf – poen tlodi, ynteu poen colli enaid? Dyna yw gwewyr arteithiol y nofel. Yn eironig, gwareiddiad imperialaidd estron – y Wladwriaerth ar newydd wedd – sy'n cynnig 'yr ymwared'. Ond pery'n unbenaethol, ddigymrododd. I gael ymwared, rhaid yw i'r gymuned ymwadu â'r hyn oll a roes fod iddi. Rhagwelodd KR groesdyniadau'n cyfnod ni. Problem y dyfodol fyddai problem gwerthoedd, problem gwareiddiad, problemau'r enaid, ac i'r Cymro Cymraeg, problem ei fodolaeth. Gwewyr *Traed Mewn Cyffion* yw gwewyr ein cymdeithas ni.

*   *   *   *

Y mae un peth o ddiddordeb arbennig, sef y modd y mae KR yn lliwio'i hymateb i'r gwaredigaethau a gynigir. Gweithia arnom yn gyfrwys drwy'r llyfr i sicrhau mai ei gwerthoedd hi yw ein gwerthoedd ni, a'n bod yn cyd-werthfawrogi a chyd-gondemnio yr un pryd. Dyma, mewn gwirionedd, a wna pob awdur. Heb hyn ni ellid cyfathrebu'n llawn:

> "Any story will be unintelligible", meddai Booth, "unless it includes, however subtly, the amount of telling necessary not only to make us aware of the value system which gives it its meaning, but, more important, to make us willing to accept that value system at least temporarily . . . the work itself must fill with its rhetoric the gap made by the suspension of [the reader's] beliefs.[10]

Ac y mae amryfal ffyrdd o fynd â'r maen i'r wal, gan ddibynnu ar natur y gwaith. Yn wir, y mae'r teitl a ddewiswyd yn ein cyflyru a'n paratoi cyn dechrau darllen. Enynnwyd ein cydymdeimlad – ac nid oes amheuaeth pwy sydd i'w dderbyn – o'r dudalen gyntaf ymlaen. Stori cymdeithas arwrol a'i gelynion ydyw i fod, a sefydlir yr arwyr i ni â gafael sicr. Y wyrth yw na sylwir ar yr hyfdra hwn wrth ddarllen. Dim ond wrth dynnu'r ymyriadau o'u cyd-destun y ceir arlliw garwedd. Un rheswm am hyn yw fod KR yn toddi llais yr 'adroddwr' i leisiau'r rhai a edmygir ganddi drwy'r gwaith, heb i ni sylwi. Effaith hyn yw peri i ni'n huniaethu'n hunain â'r cymeriad, a chyd-ymdeimlo. Dyma'r union dechneg a ddefnyddid gan Jane Austen hefyd yn ei nofelau hi a diddorol, felly, yw sylwi fod yr awdures hon yn un o'r llenorion y byddai KR yn eu cymeradwyo i sylw'r llenor ifanc ar gychwyn ei yrfa.[11]

Dau brif fath o 'adroddwr' a geir mewn gwaith llenyddol, yr un dibynadwy a'r un annibynadwy, ac mae i'r ddau eu swyddogaeth, yn ôl gofynion y gwaith. Yn *Traed Mewn Cyffion*, y math cyntaf a geir. Llwyddodd KR i lwyr ennyn ein hymddiriedaeth yn yr adroddwr, heb beri inni deimlo ei fod yn rhagfarnllyd, drwy ddileu'r pellter arferol rhwng 'adroddwr' a beirniad yn 'bellter moesol', yn ogystal â'i gwneud yn anos i ni feirniadu person yr ydym yn cydgerdded ag ef – anaml y ceir KR yn siarad yn ei llais ei hun (fel pan ddywed wrthym fod Owen 'yn hogyn sad' 'suful') – a derbyniwn bob dyfarniad o'i heiddo heb unrhyw amheuaeth.

Nid y lleiaf pwysig o'r elfennau mewn gwaith yw'r hyn a eilw Booth yn 'ordering of intensities':

> It is misleading for criticism to talk as if the novelist succeeds best whose every line is as vivid and intense as every other. If a novelist could achieve such a uniform intensity of whatever quality he cares about most, would he expect the reader to climb by himself to the height necessary for

appreciation of that first elevated line? To the novelist who sees his task as in part that of ordering intensities, each valley and each peak in its proper place, there is no theoretical problem here; his only problem is to learn his craft.[12]

Gwyddai Dostoievsky pryd i fanylu i'r eithaf (a chyfleu poen a phryder yn ingol real), a phryd i ymatal. Felly hefyd KR.

Ni ellir camgymryd prif gopaon y nofel. Ceir pennod gyfan i waeledd Ifan; ymdroir am ddwy bennod wrth i Wiliam ymadael i'r de; tra clymir holl ddigwyddiadau'r penodau olaf o amgylch aberth Twm. Ond dyfnder yr angerdd sy'n eu gosod ar wahân; eu gallu i'n cynhyrfu i waelod ein bod. Gwrthbrofir yma ddadleuon y sawl sy'n dadlau fod y gwaith hwn yn undonog, wastad, heb amrywiaeth y gwir nofelydd. Mae ynddo ymwybod ag amrywiaeth 'symud', â threfn a dwyster amgylchiad, ac â gallu i drin darllenydd, a llywio a lliwio'i ymateb, fel bod y cyfan yn rhan annatod o'r 'dweud', yn rhan o'r effaith gyfansawdd:

> . . . an account of style which focuses on discursive content alone is only partial; . . . for the limits of speakable thought are not the boundaries of experience, or even of rational experience, and thoughts not included in the totality of verifiable propositions are nonetheless an integral part of style, as of knowledge.[13]

Arddangos hyn yw gogoniant *Traed Mewn Cyffion*.

NODIADAU

1. Frank O'Connor, *The Lonely Voice*, 19
2. F. Williams, cyfieithiad o *Romeo a Jiwlia'r Pentref*, G. Keller, (Caerdydd, 1954), 10
3. Ian Watt, *The Rise of the Novel*, (Llundain, 1963), 31
4. Walter Allen, *The English Novel*, (Llundain, 1958), 23
5. W.C. Booth, *The Rhetoric of Fiction*, (Chicago, 1961), 51
6. W.C. Booth, *The Rhetoric of Fiction*, 44
7. E.M. Forster, *Aspects of the Novel*, (Llundain, 1962), 85
8. Ernest Fischer, *The Necessity of Art*, (Llundain, 1963), 219
9. J.E. Meredith (Gol,), *Credaf*, (Aberyswyth, 1943), 59-60
10. W.C. Booth, *The Rhetoric of Fiction*, 112
11. J.E. Caerwyn Williams (Gol.), *Ysgrifau Beirniadol* III, (Dinbych, 1967), 214
12. W.C. Booth, *The Rhetoric of Fiction*, 60
13. H.C. Martin, *Style in Prose Fiction*, 60

Ffair Gaeaf a Storïau Eraill

Pe gofynnid i rywun ddweud beth yw rhagoriaeth *Ffair Gaeaf a Storïau Eraill* mewn un frawddeg, byddai'n rhaid pwysleisio, mi gredaf, fod y gyfrol yn nes at dir barddoniaeth na chyfrolau eraill KR. Y mae'r saernïo'n sicr, yn feistrolgar heb fod yn or-amlwg, yr iaith yn gyforiog gyfoethog, a'r weledigaeth yn ddyfnach nag ydyw yn y gweithiau a drafodwyd hyd yn hyn. Hwyrach mai'r stori sy'n dangos hyn orau yw 'Y Taliad Olaf'.

Yn y stori hon y mae Gruffydd a Ffanni Rolant newydd ymadael â'u tyddyn ac y mae'r awdur am gyfleu sydynrwydd y newid a fu yn eu bywydau mewn tri gair:

> '*Ddoe*', buasai ocsiwn ar y stoc yn y tyddyn. '*Heddiw*', symudodd Gruffydd a Ffanni Rolant i'r ty moel i orffen eu hoes. '*Heno*', safai Ffanni Rolant yn union o flaen y cloc yn y tŷ newydd.

Drwy bwysleisio 'Ddoe', 'Heddiw', a 'Heno' drwy roi atalnod ar ôl pob un, profir peth o sydynrwydd y newid o fyd tyddyn i fyd tŷ moel. Ac y mae'r darlun o Ffanni'n sefyll o flaen y cloc yn help i sefydlu'r syniad o amser yn y meddwl. Fe'i tanlinellir ymhellach trwy wrthbwyntio'r syniad o 'bwysigrwydd y foment', yn gelfydd ag 'arferiad blynyddoedd', nes tyfu o'r teimlad ein bod yn dystion i brofiad unigryw iawn. Ag un digwyddiad yn hanes Ffanni Rolant y mae â wnelo'r awdur, digwyddiad y mae Ffanni yn ceisio'i ohirio. Gwelir yr awdur yn cyfleu hynny trwy ddilyn dadleuon meddyliol Ffanni yn ôl a blaen hyd ddiwedd y paragraff. Ond, wrth wneud hyn, crybwyllir ei hiraeth am yr hen le a'i hen drefn o fyw, a hynny'n anuniongyrchol a chelfydd.

Nid yw Gruffydd Rolant yn bwysig i'r stori, ac fe'i darlunir o flaen y tân yn hamddena'n braf, â rhuthmau sy'n peri inni gysgu bron. Rhai ansensitif fel hyn yw mwyafrif dynion KR. Yna, daw'r frawddeg fer, 'Nid felly hi', a down i wybod am y cymhlethdod teimladau y mae talu ei bil siop yn eu cronni o'i mewn. Dywedodd O'Connor mai bodau unig yw pobl storïau byrion, ac ni cheir gwell enghraifft o hyn nag yma. Y mae Ffanni Rolant yn mynd i glirio'i bil ac yn ymson fel hyn:

> Yr oedd heno'n brawf pellach mai gyda hi ei hun y gallai hi ymgyfathrachu orau. Prin y gallai neb ddeall ei meddyliau – neb o'i chymdogion na'i gŵr hyd yn oed.

Y mae hwn cystal lle â'r un i grybwyll yr elfen ddirfodol gref sydd yng ngwaith KR. Cred y dirfodwyr fod gan ddyn ryddid ewyllys sydd yn fraint, ac yn fwrn.[1] I'r Dirfodwyr Theistaidd (sydd yn credu mewn Duw) y mae'n fraint, oherwydd mai rhodd oddi wrth Dduw ydyw; rhodd enbyd a chysegredig. I'r Dirfodwyr Atheistaidd (nad ydynt yn credu mewn Duw), oherwydd nad oes Duw, ni fedd yr un ohonom undim sy'n gyffredin i ddyn fel dyn. Nid yw'r syniad i ddyn gael ei greu ar lun a delw Duw'n golygu dim. Mae pob dyn, felly, yn uned ynysig, ac 'all neb arall fod o unrhyw help. Problem unigol ydyw pob problem, ac y mae'n fwrn.[2] I'r ddwy garfan, y mae dyn yn greadur unig sy'n ei chael hi'n anodd, os nad yn amhosibl, i gyfathrebu â'i gyd-ddynion, oherwydd fod y rheini mor wahanol iddo ef ei hun. Fel hyn y teimla Ffanni Rolant wrth ymlwybro tua'r siop; ac fel hyn y teimla Eban Llwyd, Dafydd Parri, a Ffebi Williams yn eu storïau hwythau.

Wrth iddi ymlwybro, eir â ni'n ôl i'r cyfnod pan gychwynnodd brynu yn Siop Emwnt a chrynhoir bywyd o ymdrech inni mewn paragraff sy'n gampwaith o ran saernïaeth. Ailadroddir amrywiadau ar y cymal: 'Fe fu'n mynd', ac y mae hynny – a rhuthmau'r rhyddiaith – yn pwysleisio i anhawster ar ôl anhawster ddod i ran Ffanni Rolant drwy gydol ei bywyd. 'Y ffordd hon o'i thŷ i siop Emwnt', meddai KR, 'oedd ei chofiant'.

Er mwyn gwneud i'r darllenydd deimlo fod Ffanni'n sicr o fod yn hapus, ceir ychydig mwy a anfanteision mynd i lawr i Siop Emwnt yn y paragraff dilynol. Bellach yr oedd siopau'n nes at ei thŷ, a gallai fynd i brynu i'r rheini. Peth braf, hefyd, fyddai teimlo'n rhydd, heb 'gynffon o ddyled'. Ond y mae'r ffordd y mae Ffanni Rolant yn *mynnu* ei bod yn hapus heno'n talu'r taliad olaf, yn awgrymu'r gwrthwyneb.

Ac yn union fel y mae'r amgylchiad yma'n gymysg o dristwch a hapusrwydd, felly, hefyd, holl flynyddoedd y gyfathrach â Siop Emwnt. Clywn y buasai Ffanni wedi gallu clirio'r bil droeon ag eithrio am un peth, ei chwaeth; byddai'n prynu ambell foeth, fel lliain bwrdd o bryd i'w gilydd, ac y mae'r rhan hon o'i chymeriad yn taflu goleuni ar yr ochr falch iddi sy'n peri iddi ymdrechu i glirio'i dyled, yn lle 'mynd o'r byd a chynffon o ddyled' ar ei hôl.

Ar waelod y paragraff hwn fe ailadroddir y gair 'Cofiai' ddwywaith. 'Cofiai' am y pethau hynny wrth ymlwybro tua'r pentref isaf y noson hon. 'Cofiai' am y llawenydd a gâi o brynu pethau newydd, ac am y siom a ddeuai iddi'n fisol o fethu 'talu ei bil'. Y mae hyn, a thebygrwydd y teitl 'Y Taliad Olaf' i 'Y Swper Olaf', yn ddiarwybod bron yn ein paratoi ni ar gyfer clo sumbolaidd y stori.

Ond cyn ymdrin â hynny, buddiol fyddai dyfynnu diffiniad Harry Fenson a Hildreth Kritzer o 'Sumbolau'. Rhannant hwy sumbolau, yn fras, yn sumbolau 'sefydledig' a sumbolau 'crëedig'. Diffinnir y math cyntaf o sumbol fel:

> One which utilises a tangible-conceptual relationship which has already been established in the reader's mind because it has been used long and often throughout our literary and religious heritage.

Fel enghreifftiau, nodir y groes, yn dynodi Cristionogaeth; y rhosyn, yn cynrychioli cariad; ac yn y blaen. Yn yr ail fath y mae ein diddordeb ni:

> A created symbol is one which causes a tangible-conceptual relationship to be suggested to the reader's mind because of its recurrence in similar contexts or *because of its juxtaposition, to a particular character or event in the story* . . . A descriptive passage, for example, may in its concrete detail serve to add realism to a story by rooting it in a setting that is vividly of a specific time and place; *on the other hand, the choice of detail may serve to suggest something about the setting that transcends the tangible details themselves.*[3]

Dewiswyd manylion y disgrifiad hwn, sy'n dilyn yn y stori i ddangos sut y mae sumbol o'r fath yn gweithio:

> Agorodd glicied yr hanner drws a arweiniai i'r siop; ymwthiodd drwyddo a disgynnodd yr *un gris i lawr y siop – llawr llechi* a'r rhai hynny wedi eu golchi'n lân, ond bod yr ymylon yn lasach na'r canol.
> Yr oedd yr olygfa a'r *arogleuon* yn gynefin iddi – cymysg aroglau oel lamp, sebon a the, a'r sebon yn gryfaf. *Golau pŵl* a oedd wrth y lamp a grogai o'r nenfwd – *golau rhy wan i dreiddio i gorneli'r siop.* Yr oedd *anger llwyd* hyd y ffenestr. Byddai hwn a'r golau gwan yn gwneud i Ffanni Rolant deimlo bob amser mai siop yn y wlad oedd y drych tristaf mewn bywyd.
> Fel arfer ar nos Wener tâl, yr oedd y siop yn *hanner llawn, o ferched* gan mwyaf, a *phawb yn ddistaw ac yn ddieithr ac yn bell*, fel y byddent ar nos Wener tâl, yn wahanol i'r hyn fyddent pan redent yn y bore i nôl sgram at 'de ddeg'.
> Yr oedd y cyfan, *y distawrwydd a'r ofn, fel gwasanaeth y cymun*, a'r siopwr yn y pendraw yn gwargrymu wrth ben *y llyfrau*, a *ffedog wen o liain sychu o'i flaen*. Edrychai Ffanni Rolant o'i chwmpas ar y cysgodion hir a deflid ar y silffoedd, *y cownter claerwyn* yn bantiau ac yn geinciau, y clorian *du* a'i

bwysau haearn, y cistiau te *duon*, a'r 1, 2, 3, 4 arnynt mewn melyn, a'r sebon calen.[4]

Yn rhan gyntaf y darlun fe grëir awyrgylch arbennig. Â Ffanni Rolant 'yr un gris i lawr', i'r 'llawr llechi'. Rhyw 'olau pŵl' sy'n 'rhy wan i dreiddio i gorneli'r siop' sydd yno, ac y mae'r arogleuon, sy'n gyfarwydd i Ffanni, yn ei gwblhau. Yn syth, rywsut, y mae'r lle'n peidio â bob yn siop, ac fe'n cawn ein hunain yn camu i lawr i eglwys wledig ar ddechrau'r ugeinfed ganrif ag aroglau canhwyllau gwêr a myllni yn ein ffroenau. Cryfha'r darlun eglwysig wrth i ni sylwi ar weddill y bobl, wrth ddarllen fod pawb 'yn ddistaw, yn ddieithr, ac yn bell', wrth gyfeirio at y 'distarwydd a'r ofn' a'r ffaith fod Ffebi'n 'gwisgo cêp yn lle siôl frethyn', Yna manylir ar y tu mewn. Yn y pen-draw y mae'r offeiriad yn ei wenwisg, y 'ffedog o liain sychu o'i flaen', ac o'i flaen yntau y mae'r allor, y 'cownter claerwyn'. Y mae cysylltiadau'r cwbl mor eglwysig fel ei bod yn hollol glir i KR fwriadu inni gymryd y cam; ac i wneud yn siŵr nad gwasanaeth cyffredin sy'n mynd ymlaen, fe'i ceir yn dweud fod 'y cyfan . . . fel gwasanaeth y cymun'.

I ddeall yr hyn y mae'r awdur as ei ddweud yn iawn, y mae'n rhaid i ni gofio arwyddocâd y cymun. Yn y gwasanaeth, fe'n hatgoffir o aberth Crist. Y mae'r weithred o yfed y gwin, a bwyta'r bara'n canolbwyntio'n meddyliau ar ddioddefaint Crist ar y Groes, ei hunanaberth, a'i gariad trosom; mewn gair, ar 'y taliad olaf'. A dyna yw'r act o *dalu*, i Ffanni Rolant. Y mae'n ei hatgoffa o holl aberthau'r gorffennol, o'i dioddefaint hi a'i theulu, a'i hymdrech er eu mwyn. Yn union fel y rhoes Crist ei fywyd trosom, rhoes Ffanni Rolant ei bywyd dros ei theulu, gan hunanymwadu'n ddiarbed.

Yna daw'r act o dalu, a'r siopwr – heb i fawr o eiriau gael eu hyngan – yn deall. Yn union fel yng ngwasanaeth y cymun, rhyw gyfathrebu ar lefel uwcheiriol a geir, cyfathrebu ar lefel y teimladau. Eithr deuir â ni'n ôl i'r ddaear wrth i ni sylweddoli maint yr arian y bu Ffanni'n bustachu eu casglu ar hyd ei hoes, 'dros ddwy fil o bunnau'. Cawn Ffanni Rolant wedyn yn prynu 'ychydig bethau', a thalu amdanynt! Y mae bellach yn rhydd, ac ar drothwy ei bywyd newydd.

Yn storïau cynnar KR, fel y dywedwyd o'r blaen, un o'r themâu pwysicaf yw effaith tlodi ar yr enaid sensitif:

"Mae talu ffordd yn broblem mewn cymdeithas dlawd," meddai yn *Yr Arloeswr*, "hynny ydyw i bobl ymdrechgar. Wrth reswm fe ellid cael cymeriadau heb fod yn malio, pobl wedi ildio a rhoi'r gorau i ymdrechu."[5]

Y bobl 'ymdrechgar' hyn sydd yn ei storïau hi, ac un o'r rheini yw Ffanni Rolan Problem nad oes pen-draw iddi hefyd ydyw: y mae problem tlodi'n parhau. Ar ôl i Ffanni fynd allan o'r siop:

Edrychodd drwy'r ffenest lwyd, a gwelai'r siopwr eto a'i ben dros lyfr rhywun arall.

Ffair Gaeaf a Storïau Eraill yw'r gyfrol gyntaf i KR ddefnyddio sumbolaeth ynddi. Fe'i ceir eto yn y stori enwog, 'Y Cwilt'. Gwraig o chwaeth, ac iddi asgwrn cefn, yw prif gymeriad y stori hon hefyd – yn union fel Ffanni Rolant – ond bod Ffebi Williams wedi ildio ychydig mwy na'i chymydog, a bron â mynd dan y dŵr. Aeth yr hwch drwy'r siop, a bu hynny'n ergyd drom iddi. Eto i gyd, pan egyr y stori, nid yw'n cofio beth yw ei phroblem, ar ôl 'cysgu'n dda' drwy'r nos. Fe'i cyflëir yn ceisio hel ei meddyliau, a'r awdur fel pe bai am ohirio rhoi gwybod inni am natur ei thrallod. O'r diwedd dadlennir fod dodrefn Ffebi i gael eu gwerthu'r diwrnod hwnnw.

Wrth ei hochr yn y gwely y mae ei gŵr sydd, yn ôl yr argraff a geir, mor ansensitif â Gruffydd Rolant: 'Yr oedd ef yn cysgu, a chodai ei fwstas yn rheolaidd wrth i'w anadl daro ar ei wefus uchaf'. Y bore hwn, y gŵr, John Williams sy'n codi, er mai ei wraig a godai gyntaf bob amser, ond nid yw'n holi dim arni. Mae fel pe'n gwybod. Gorwedd Ffebi hithau yn ei gwely 'fel darn o farmor'. Mae darn o farmor yn ddifywyd, ac nid yw Ffebi eto wedi deffro digon i wynebu problemau â'i hymwybod. Fe gofir mai fel poen yn dychwelyd 'yn ôl i bwll ei chalon', y disgrifir y broblem ar ôl iddi agor ei llygaid. Ar lefel deimladol y mae ei phroblem. 'Ar orwelion ei hymwybyddiaeth' y mae realiti, hyd yn oed yn awr; mae 'ei meddwl yn wag a'r awyr yn llenwi ei holl ymwybod'. Naturiol felly yw iddi lithro'n ôl, fel mewn ffilm, i'r cyfnod y cychwynnodd yn y busnes. Ni fanylir ar y llwyddiant, fodd bynnag, dim ond ei nodi mewn rhyw ddwy neu dair brawddeg penawdau-papur-newydd, cyn dod yn ôl at y broblem anosgoadwy – y 'mynd i lawr yr allt'. Cymherir y profiad o sylweddoli fod pethau'n gwaethygu i:

> glywed bod câr agos yn wael heb obaith gwella. Ar ôl y sioc gyntaf, yr oedd hithau wedi derbyn ei thynged yn dawel, yr un fath ag y derbynnir marw'r dyn gwael.

Cynhelir difrifoldeb a thrymder tôn y gwaith. Ond â'r meddwl i ogordroi eto, y tro hwn o gwmpas achosion eu trasiedi; ac, yn ddynol iawn, gwêl hi fai ar bawb a phob dim. Ar 'siopau'r hen gwmnïau mawr', a'r bobl a oedd yn gyndyn o dalu iddynt hwy, ond a oedd yn 'talu ar law i bobl y faniau', yr oedd y bai. Nid rhyfedd iddi ddymuno'r gwaethaf iddynt.

Yna, sylweddola'n eironig na chollodd ei heiddo mewn cyfnod pan na fyddai hynny'n mennu dim arni. Yn y cyfnod hwnnw nid oedd wahaniaeth 'pe collasai'r holl fyd'. Ond, erbyn hyn: 'nid oedd colli'r holl fyd mor hawdd'. Defnyddiwyd y geiriau 'holl fyd' yn bwrpasol yma i atgoffa'r darllenydd o eiriau Crist yn Efengyl Mathew: 'Canys pa lesâd i ddyn, os ennill efe yr holl fyd a cholli ei enaid ei hun? Neu pa beth a rydd dyn yn gyfnewid am ei enaid?' Hwyrach mai'r awgrym yw i Ffebi Williams, wrth ymgyfoethogi, golli ei henaid?

Pan yw rhywun mewn trybini, y mae tuedd gref i'r person hwnnw ddod o hyd i rai eraill yn yr un sefyllfa, a chael rhywfaint o gysur o hynny. Fel hyn y daw cyngor Crist i'r gŵr goludog: 'dos a gwerth yr hyn sydd gennyt a dyro i'r tlodion: a thi a gei drysor yn y nef; a thyred, canlyn fi', i'w meddwl. Ond nid oes cysur yma.

Y mae rhywbeth mor ddynol yn Ffebi Williams! Mae'n cydnabod bodolaeth delfrydau haniaethol, eithr y mae ei gafael, fel y gŵr goludog, yn dynn mewn 'pethau'. Os oes gwrthryfel rhwng y byd daearol a'r un ysbrydol yma, y daearol sy'n teyrnasu. Yn ei gwely, cofia fod popeth dianghenraid i gael ei werthu, ac y mae'n sylweddoli mor eironig yw penderfynu rhywbeth, oherwydd 'ar foment o gynhyrfiad y gorfyddir ar rywun benderfynu'n sydyn bob amser', pan nad yw rhywun mor abl ag arfer i wneud hynny. Erbyn hyn y mae'n edifarhau iddi gytuno i werthu'r cwbl nad oedd yn anghenrheidiol. Byddai'n well gan Ffebi gadw'r 'pethau amheuthun'. Mae'r dyhead mor naturiol!

Mae'r amheuthun bethau yn gyswllt da i'r awdur fynd i sôn am gasglu rhai ohonynt. Ond, cyn gwneud hynny, ceir paragraff byr o ysgrifennu telegramaidd, sy'n llawn ddigon i esbonio'r cefndir, eithr gan gadael i'r awdur barhau i gerdded i'r cyfeiriad a ddewisodd i'r stori. Mae'n cadw'i hunoliaeth:

> Yna daeth adeg o gynilo a stop ar hynny. Dim arian i brynu dim. Byw ar hen bethau. Aros gartref.

Dyma grefft ymatal.

Un digwyddiad o bwys a ddaw i gof Ffebi yw cofio mynd am dro i sioe gyda'i gŵr un diwrnod o haf a theimladau digon cymysg yn ei bron. Cwyd yr haul ei chalon, a gwneud iddi ddyheu am ddillad na all eu fforddio yr un pryd. Cyferfydd â ffrind a, gyda'r ffrind, â i weld cwilt, a ddisgrifir yn fanwl, er mwyn pwysleisio'r demtasiwn a ddaw i ran Ffebi i'w brynu. Sylwadaeth synhwyrus, gynhyrfus Ffebi a glywn wrth ei ddisgrifio:

> Cwilt o wlanen wen dew ydoedd, a rhesi ar hyd-ddo, rhesi o bob lliwiau, glas a gwyrdd, melyn a choch, a'r rhesi, nid yn unionsyth, ond yn cwafrio. Yr oedd ei ridens yn drwchus ac yn braw o drwch a gwaed clos y wlanen.

Y mae ar Ffebi awydd ei brynu, er ei bod yn gwybod na all ei fforddio. Yn eironig, meddai KR, y mae dyn bob amser yn chwennych yr hyn na all ei gael. Y mae Ffebi'n prynu'r cwilt.

Erbyn hyn, y mae ei gŵr wedi gwneud brecwast, a gwawria eironi arall ar ei meddwl:

Peth amheuthun hollol iddi oedd brecwast yn ei gwely, ond fe'i cymerai'n ganiataol heddiw . . . yr oedd y te'n boeth ac yn dda, a charai ei glywed yn mynd drwy ei chorn gwddw ac i lawr ei brest yn gynnes. Yr oedd y bara 'menyn yn dda hefyd, a'r frechdan yn denau. Trôi ef ar ei thafod a chnôi ef yn hir.

Bu rhaid i argyfwng fel hyn ddod i'w rhan i wneud iddi fwynhau pethau syml bywyd unwaith eto. Nid caddug yn unig sydd o'i chwmpas: 'teimlai Ffebi wrth fwyta yn rhyfeddol o hapus', ac iddi hi y mae'r peth yn 'rhyfedd'. Y mae'n amlwg fod KR yn credu yng ngallu pob un ohonom i alltudio meddyliau anghynnes o'r meddwl, am ychydig beth bynnag, ac ennill y frwydr ag amgylchiadau dros dro. 'Cafodd "oruchafiaeth" ar ei gofid yn yr ychydig funudau gogoneddus hynny', meddir am Ffebi Williams.

Torrir ar feddyliau Ffebi gan sŵn modur y dynion mudo. Daw'r dynion i'r tŷ, a chyflëir hwy'n symud drwy'r tŷ, fel morgrug. Sonir am 'draed y dodrefn yn rhygnu ar hyd y llawr chadeiriau'n taro yn ei gilydd', a ninnau'n gwybod – o gofio'r disgrifiad manwl a gafwyd o sensitifrydd synhwyrus Ffebi'n gynharach – gymaint o boen y mae'r diffyg parch yn ei beri iddi. Chwibiana'r dynion mudo'n braf: trasiedi i ddau ydoedd hyn wedi'r cwbl – daliai'r byd i fynd yn ei flaen. Eithr yn wyneb y fath her ffrwydra rhywbeth y tu mewn i Ffebi:

Neidiodd Ffebi Williams allan o'i gwely ac i'r gist. Tynnodd y Cwilt allan ac aeth yn ôl efo fo i'r gwely ac eistedd. Lapiodd ef amdani gan ei roi dros ei phen. Gallai ei gweled ei hun yn nrych y bwrdd a safai yn y gongl.

Erbyn hyn, chwyddodd y cwilt yn sumbol o'r bywyd moethus a ddaeth i ran Ffebi drwy'r blynyddoedd. A phan yw'n ei lapio am ei phen, y mae'n ymgolli yn ei hatgofion; yn dianc o'i phresennol llawn poen. Y mae'n ddarlun trist, ac yn ennyn ein tosturi; ond, ar yr un pryd, y mae'r darlun ohoni 'fel hen wrach, y cwilt yn dynn am ei hwyneb ac yn codi'n bigyn ar ei phen' yn peri digrifwch. Pan wêl un o'r bechgyn mudo hi felly, â'n ei ôl yn sydyn ac 'ymlaen ychydig eiliadau clywai hithau chwerthin yn dyfod o ben draw'r *landing*'.

Meddai'r Dr. Thomas Parry: 'os am weld cydbwysedd y gwir artist, edrycher fel y cydblethwyd trychineb a hiwmor ar ddiwedd y stori 'Y Cwilt".[6] Eithr y mae'r cydbwysedd hwn i'w weld drwy'r stori. Mae trasiedi'n gallu dod â hapusrwydd yn ei sgîl, ac y mae trychineb un yn gallu peri i un arall chwerthin. Dyma fywyd, meddai KR, ac y mae'r sawl sy'n ei chyhuddo o beintio'r byd yn ddu yn ei chamfarnu fel crefftwr, ac fel artist.

Ceir defnydd sumbolaidd o'r tywydd yn 'Dwy Storm', fel yn nrama

Shakespeare *Y Brenin Llŷr*. Yn y stori hon, y mae Eban Llwyd yn teithio dros y Mynydd Llwyd i Gwm Dugoed ar nos Sadwrn cyn y Nadolig, 1861. Mae'n storm y tu allan, a cheir 'gwynt y dwyrain mor oer nes deifio'i wyneb'. Mae hefyd yn storm y tu mewn i'w enaid, oherwydd (fel y cawn glywed) i'w gariad briodi ag un arall. Ond ar gychwyn y stori ni ŵyr y darllenydd hynny, a cheir yr awdur yn awgrymog ac yn anuniongyrchol, wrth ddisgrifio'i adwaith i'r tywydd, yn protreadu'r prif gymeriad. Mae ganddo goler felfed i'w gôt, a hances sidan am ei wddf, ond 'dwylo caled' sydd yng ngwaelod ei bocedi, a gŵyr y darllenydd yn syth ei fod yn darllen am chwarelwr trwsiadus. Enynnir ein chwilfrydedd hefyd wrth i'r awdur ddweud fod mynd i'r Cwm, yn groes i arferiad Eban, 'lle'r âi weithiau yn yr haf, ond byth yn y gaeaf'.

Nid yw defnydd yr awdur o'r gaeaf yn taro dyn yn syth, ond y mae'r holl fanylion (hyd yn oed enwau'r mynyddoedd a'r Cwm), y gwynt *deifiol* o'r dwyrain yn mynd yn syth at y croen, y cymylau *duon* a grogai *fel bwganod* dros y môr, yr argoel *eira*, fel yn cyfeilio a chadarnhau'r darlun o ddyn llawn ei helyntion yn mynd i rywle i chwilio am ychydig ddiddanwch. Fel y try i'r cwm, y mae 'naws gynhesach yn yr awyr. Prin y medrai gredu bod cymaint o wynt ar ben y mynydd'. Ac o'i flaen gwêl 'oleuni bychan' y dafarn sy'n awgrymu'n sumbolaidd bosibilrwydd mynd o dywyllwch helbulon i oleuni diddanwch, am ysbaid. Cyrhaedda'r dafarn 'gynnes'. Yno, archeba Eban wisgi, gan ennyn edrychiad edmygol gan weddill y cwsmeriaid. Ond rhoir glòs ddeifiol inni gan yr awdur rhag ein twyllo: 'Ychydig a wyddent mai gwario arian ei neithior priodas yr oedd', peth sydd eto'n datgelu'r elfen ddirfodol gref yn ei waith. Y mae 'allanolion' bywyd (fel y maentumia Sartre yntau) yn gamarweiniol, ac yn ein cadw'n ynysoedd bach ar ein pennau ein hunain. I'w gyd-yfwyr yr oedd Eban yn ddyn ffodus, gŵr a allai fforddio wisgi. Eithr gwyddom ni'n amgenach.

Erbyn hyn, rhwng yr wisgi a'r gwres, aeth Eban yn swrth; dyma'r un syrthni ag y syrthiodd Ffebi Williams iddo i geisio cadw'i helbulon ar hyd braich. Dim ond ambell waith y'i hatgoffir amdanynt, pan y 'Deuai cwsmer i mewn weithiau a *gwynt oer* yn ei sgîl', a phan glywid '*sŵn y gwynt* yn y simnai'. Ond 'yr oedd myfyrdodau Eban ymhell y tu hwnt i'r gwynt', ac 'yr oedd y *cynhesrwydd mor glyd*'. Ond fe'i deffroir toc gan bwt o sgwrs am ei hen gariadferch wedi troi ei chefn ar ei chariad, a phriodi un arall. Fe'i hatgoffir am ei broblemau, ac y mae'n rhuthro allan i ganol ei boen. 'Yr oedd allan *yn yr oerni* unwaith eto'.

Â'n ôl eto i'r mynydd. Ymwrthyd â chwmni dynion, a gorwedd i lawr mewn corlan ddefaid. Yno, ar ei ben ei hun, y gall fynd dros hanes ei gariad, Aels Moel y Berth, yn priodi Guto Pant y Drin, gŵr a ddisgrifir ganddo ag un frawddeg argraffiadol wych:

Un o'r bobl hynny yr ysgydwid pen wrth sôn amdano ydoedd Guto, heb fedru dweud chwaith yn mha le'r oedd ei fai.

Wynebu'r broblem yn lle dianc oddi wrthi y mae Eban yn unigrwydd y mynydd. O'i hwynebu, ar ei ben ei hun, a chan deimlo casineb, y gallodd fynd 'drwy'r frwydr fawr o ryddhau ei feddwl oddi wrth Aels'. Ni fanylir o gwbl am yr hyn a ddigwyddodd, ond ceir lled-awgrym wrth i'r awdur ddweud fod 'gwynt y dwyrain yn glanhau ei wyneb'. Disodlwyd y teimladau cas a'i hysai'n gynharach gan werthoedd mwy gwâr. Bellach:

Yr oedd y *gwynt wedi distewi* a'r *noson yn oleuach*. Nid oedd ond düwch i'w weled ymhobman; daear dywyll, cloddiau tywyll, ac ambell ddraenen ddu yn sefyll yma ac acw wrth ochr y cloddiau.

Nid rhyw wellhad dramatig sydd yma. Cymerodd Eban y camau cyntaf at hynny, ond bu'r aberth yn ddrud. Sylfaenwyd y cyfan, yn eironig, ar negyddiaeth, ar rewi'i galon am byth rhag ei brifo: 'tynghedodd Eben na byddai a fynnai ef â merched byth wedyn'.

Yna daw toriad o bedair blynedd ar ddeg ar hugain, a thoriad yn y stori. Yn yr ail hanner y mae Eban eto'n dychwelyd o'r pentref ar nos Sadwrn, ond yn y flwyddyn 1895, o flaen storm o eira, a disgrifir y wlad yn gynnil inni wrth fynd heibio:

Yr oedd y ddaear dan draed fel corn, a phob ffrwd wedi rhewi bron trwyddi; dim ond tincial gwan a glywid dan y rhew.

Y bore wedyn y mae'n eira mawr, a chyflëir 'goleuni dieithr' y gwynder yn eithriadol synhwyrus. Deil i bluo eira a lluwchio nes cau Eban ynddo'i hun (yn gorff a meddwl) fel pe mewn caer, a mynd ohono 'i feddwl nad oedd dim yn y byd mawr ond ef a'i dŷ a'r eira'; ac y mae'r carchar yn ei syrffedu. Nid oes dim i'w wneud ond gwylio'r tywydd a thry ac ymgasgla'i feddyliau yntau yn union fel plu'r eira. Â'n ôl i aeaf 1861 a'i gysylltiadau. Bu farw ei rieni yn ystod y cyfnod hwnnw, a symudodd yntau i unigrwydd bwthyn, 'am ei fod wedi caledu at bawb a phopeth'. Yn awr, yn ei fwthyn, nid cofio am ei gariad y mae, ond cofio'i 'gwrthodiad ohono'. Y briw i'r 'hunan' oedd gryfaf.

Wrth rannu myfyrion Eban ag ef, dywedir wrthym iddo glywed fod Aels yn bur wael y diwrnod cyn yr iâ-glwm. Â'r dyddiau rhagddynt yn ddiddigwydd a dechreua yntau flino ar ei feudwyaeth, 'haen ar haen o lonyddwch'. Y pedwerydd dydd, fodd bynnag, ymwêl ei gymydog ag ef, er na feddyliodd Eban am fynd i edrych amdano ef gan mor feudwyaidd ei feddwl. Ac y mae'r ymweliad yn ddigon i wneud iddo ddechrau hiraethu am gwmni. Ehed ei feddyliau y tu hwnt i'w 'gaer' unwaith eto, ac allan i'r gymdeithas: 'Beth oedd yn digwydd ymhobman, tybed?' Y mae bron ag edifarhau am ei 'fywyd meudwyaidd'.

Y mae'n amlwg fod rhyw newid ar ddigwydd yn ei fywyd, a thrwy barhau'r sumbol y'i cyflëir inni:

Fore'r deuddegfed dydd, deffrowyd ef gan sŵn taranau, debygai ef. Wedi llawn ddeffro, *sylweddolodd i'w lawenydd* mai dyma'r dadmer, a'r eira'n disgyn yn rwb-rwb dros y fargod ar y palmant llechi.

Tyfodd yr hiraethu am gwmni'n awydd mwy cadarnhaol o lawer, a gwrthrycholir yn y dadmer newid mewnol sylfaenol sy'n digwydd i Eban Llwyd, newid y mae ef ei hun yn ei groesawu, a newid nad oes gan yr ochr resymegol i'w bersonoliaeth fawr i'w wneud ag ef. Â i'r pentref. Ac meddai KR, mewn brawddeg eneiniedig, 'yno croesawyd ef gan y sŵn cyntaf a dyr ar glyw pawb pan ddarffo iäeth – sŵn plant yn chwarae'. Croesewir Eban gan fywyd unwaith eto, wedi iddo ddychwelyd o farweidd-dra unigrwydd. Dyma inni ysgrifennu sumbolaidd ar ei orau.

Ar ôl cyrraedd y pentref, fodd bynnag – yn eironig – clyw am farwolaweth ei hen gariad Aels, sy'n cyfosod yr ail-eni ochr yn ochr â marwolaeth, a disgrifir ei marwolaeth a'i chynhebrwng yn gynnil ganddo ar sail gair un o'r pentrefwyr:

Dim ond rhyw hanner dwsin o ddynion a fedrodd fynd i gladdu Aels Moel y Berth. Ni fedrid dweud pa un oedd pɛn y clawdd na pha un y ffordd; a thros ben cloddiau y cludwyd ei chorff i'r fynwent. Y hi, Aels Moel y Berth, a fu'n synnu deg plwyf â'i harddwch. Dychmygai weled y dynion yn mynd a'u pennau i lawr, a'r arch yn codi i fyny ac i lawr ar eu hysgwyddau: gwynder yr eira'n gwelwi lliw yr arch, a'r haul egwan yn disgleirio ar y platiau ac ar risial yr eira.[7]

Digwyddodd hyn oll ac yntau'n wallgof bron o eisiau rhywbeth i'w wneud! Dyma eirioni eto! Ond ni ellir anwybyddu'r edmygedd o Aels sy'n pefrio o'r geiriau. Ac y mae'r ffaith fod un a fu'n rhan mor bwysig o'i fywyd wedi marw, heb iddo deimlo dim, yn ei syfrdanu (ac yn ategu'r syniad o ynysrwydd dyn, a grybwyllwyd yn gynharach), ac yn codi llu o gwestiynau. Eithr ni ddaw poen i'w canlyn y tro hwn – gostegodd amser hynny – a doethineb un a fu drwy bair poen sydd yn yr ateb i'r cwestiynau ar ddiwedd y stori:

Tybed a alwodd hi amdano cyn marw? Beth a wnaethai pe digwyddai hynny, a'r ffordd yn glir rhyngddo a Moel y Berth? A adawsai ei falchder iddo fyned a maddau iddi? Cwestiwn. Ond cwestiwn nad oedd yn rhaid ei ateb oherwydd yr iäeth.

I mi, y mae'r defnydd o'r storm eira i sumboleiddio alltudiaeth dyn oddi wrth ei gymdeithas, dyn yn ei rewi'i hun yn drosiadol, yn fwriadol hollol yn y stori; ac nid yw'n ymyrryd â phrif rediad y gwaith. Y mae'r cyfeiliant yn dyfnhau'r profiad a gyflëir bob tro, ac o'r herwydd y mae atseiniau, a chwestiynau – megis tybed a oedd a wnelo marwolaeth Aels rywbeth â'r dadmer wedi'r cwbl – yn codi eu pennau ac yn chwyddo ym meddwl rhywun, ar ôl gorffen darllen. O bosib, dyma'r agosaf y daw'r awdur at farddoniaeth yn y gyfrol.

Hwyrach mai stori enwoca'r gyfrol yw'r stori nesaf, 'Y Condemniedig'. Fel yn y storïau blaenorol, creadur unig yw sylfaen y stori, ac fel yn y lleill, agoriad byw, effro, sydd iddi. Oherwydd fod arno ofn cael gwybod y gwaethaf, mynn Dafydd Parri wybod y gwir gan y meddyg yn Lerpwl, a chael 'fod ei achos yn anobeithiol'. Er hyn, fel Ffebi Williams, a oedd yn wynebu math arall o farwolaeth, gall gysgu'r nos ar ôl yr ysgytwad! Y diwrnod dilynol caiff fynd adref, ac ar y daith honno nid ei salwch sy'n ei boeni meddir, ond 'y wanc am gyrraedd adref'. Wrth fynd adref, y mae fel pe bai'n gadael y broblem (a gysylltir â lle arbennig) o'i ôl, a chryfha'i obaith fel y nesâ at ei aelwyd ei hun.

Erbyn hyn gŵyr Laura, ei wraig, hithau'r gwaethaf; er na ŵyr y naill gyfrinach y llall. Y mae adwaith y wraig yn wahanol i un ei gŵr. Gwrthoda dderbyn y ddedfryd a mynn frwydro. Ac ar ôl i Dafydd ddod adref, yn ddynol iawn, fe'i ceir yn gwrthrycholi'i gobeithion, gan ei weld yn gwella beunydd o dan ei gofal.

Disgrifir dyfodiad Dafydd o'r Ysbyty â brawddeg sy'n goferu o ystyr: 'Daeth Dafydd adref fel dyn euog yn dyfod o'r carchar', brawddeg sy'n cyfleu balchder a siom, a sensitifrwydd eithriadol. Y mae'r cartref y dychwela iddo yn ddieithr a phell, y mae'r tŷ'n edrych fel pe bai'n ddydd Sul, 'er mai dydd Mercher ydoedd'. Yn y profiad hwn gwelir cip ar thema sy'n agos at galon yr awdur, sef y modd y gall byr amser drawsnewid ein bywyd ar y ddaear.

Yn eironig *mwynha* Dafydd ei fywyd adref, er gwaetha'i gyflwr, nes bron ei berswadio'i hun na ddigwyddodd undim neilltuol yn ysbyty Lerpwl. Hawdd iawn, meddai'r awdur, yw i ddyn ei berswadio'i hun nad oes dim yn bod, os nad yw'r dystiolaeth o dan ei drwyn. Yr hyn sy'n peri iddo wingo yw clywed y chwarelwyr yn mynd heibio'r tŷ fore a nos, gan ei atgoffa o'r siarad a'r darllen a fyddai: 'Peth caled oedd cael eich gadael allan o'r drafodaeth yn gyfangwbl'.

Y rheswm arall pam fod y tŷ'n ddieithr iddo yw'r ffaith ei fod yn ei weld yn ystod oriau chwarel. Bellach y tŷ yw ei fyd, ac y mae Dafydd Parri – a'r awdur – yn sylwi'n fanwl ar y 'gwahanol gyflyrau yr â tŷ trwyddo o bump y bore hyd ddeg y nos'. Yma, y mae'r synhwyrau i gyd ar waith – y blasu, y clywed, y gweld a'r arogli, a Dafydd ar yr un pryd yn sylwi 'fod ei ddwylo'n myned yn lanach y naill ddydd ar ôl y llall, a bod y sêm o lwydni llwch chwarel yn diflannu oddi rhwng ei fysedd', manylyn a ddefnyddıwyd o leiaf ddwywaith o'r blaen gan yr awdur.

Yn nes ymlaen, fe'i disgrifir yn mynd allan am dro.

> Edrychai Laura ar ei ôl, a gweled un ysgwydd iddo'n codi'n uwch na'r llall oblegid y gôt, ac âi i'r tŷ dan ocheneidio

a'r awdur, yn ogystal â graddoli salwch Dafydd, yn graddoli sylweddoliad ei wraig o'r gwir. Bellach y mae 'awel fain mis Ebrill' yn ei boeni, ond nid yw ef na'i boen yn mennu dim ar y fuwch y tu arall i'r clawdd sy'n bwyta'n ddihidio! Y mae fel petai bywyd a marwolaeth yn cyd-gyfarfod, a'r awdur unwaith eto'n ymwybodol o oddrycholdeb bywyd. Cyflëir 'ataliaeth' Dafydd. Y mae'n osgoi pobl, oherwydd fod 'pobl yn holi cwestiynau nad oes ar ddyn sâl eisiau eu hateb'.

Bellach, Laura ac nid y chwarel yw canolbwynt ei fywyd. Y mae'n amau tybed a ŵyr hi am ei gyflwr, ond nid yw'n holi rhag cael clywed yr eildro. Yn naturiol ddigon, llithra'r meddwl yn ôl i'w ddyddiau caru, pan oeddynt yn glòs at ei gilydd, a dechrau pwyso a mesur eu cyfathrach ers hynny. A sylweddolwn i'r hyn a ofnai Geini yn 'Rhwng Dau Damaid o Gyfleth', a'r hyn a ddigwyddodd i Ted ac Annie Williams yn 'Y Golled' ddigwydd yn eu hachos hwythau:

> Wedi priodi aeth y tyddyn a threfnu byw â'u bryd yn gyfangwbl, ac yn unol ag arferiad pobl wledig yn aml, tybient nad oedd eisiau dangos cariad ar ôl priodi. Byw yr oedd pobl ar ôl priodi, ac nid caru . . . Ni byddai yno le rywsut i siarad yn gariadus.

Gwasgwyd rhamant allan o'u bywyd gan galedi bywyd bob dydd, sefyllfa a ddarluniwyd yn llawnach yn *Traed Mewn Cyffion*.

> Wrth edrych yn ôl ar eu bywyd, beth oedd ganddynt? Dim ond rhyw fywyd oer, didaro, a chyrraedd uchafbwynt pleser pan geid mis go dda. Ni ddoent yn nes at ei gilydd pan geid cyflog bach. Yn wir, gwnâi mis gwan hwy'n ddisiarad ac yn ddidaro.

Yn eironig, edifarha Dafydd, gan deimlo mai cariad un person at un arall yw'r unig beth sy'n goroesi marwolaeth. Mwy eironig yw'r ffaith fod ei boenau'n cynyddu yn yr union gyfnod y mae'n penderfynu gwneud i fyny am y gorffennol anial, pan yw'n dechrau sylwi ar Laura fel person ac fel gwraig am y tro cyntaf. Ond yr eironi mwyaf yw na châi Dafydd yr amser i sylwi pe bai'n iach.

Erbyn hyn, y gwely yw ei fyd, ac yn union fel yr oedd ganddo hiraeth am y chwarel pan ddaeth gartref o'r ysbyty, hiraetha'n awr am garreg yr aelwyd.

Cynydda'i boen a bellach ni all 'gymryd sylw o bethau o'i gwmpas', brawddeg sydd â deimensiwn arall iddi pan gofir yr eidduniad ychydig ynghynt.

Bellach ni all godi o gwbl, ac y mae'r poenau'n llu. Ar ôl cyrraedd y cyflwr hwn rhydd yr awdur un darlun bythgofiadwy inni o ddiwrnod gwair ym mis Gorffennaf. Y tu allan i'r ystafell wely y mae cymdogion yn cynaeafu'r gwair; y tu mewn mae Dafydd Parri ar ei wely angau. Cyferbynnir llawnder aeddfed a bywyd Gorffennaf â llymder marwolaeth Dafydd Parri, a chymysgir bywyd a marwolaeth yn aroglau'r gwair ac aroglau'r salwch!

Eithr mae'r prysurdeb yn rhwystro Dafydd rhag cael siarad a dweud pethau sydd wedi bod yn cronni yn ei feddwl wrth Laura, pethau yr oedd – yn eironig ddigon – yn rhy swil i'w dweud pan oedd yn gryfach. Daw Laura i'r llofft ato, a cheir y sgwrs a ganlyn:

> "Laura", meddai, "beth sydd?'
> "Dim," meddai hithau, gan droi ochr ei hwyneb tuag ato.
> Gafaelodd ynddi, a throdd hi ato, ac yn ei threm fe welodd y wybodaeth a roes y doctor iddo yntau. Aeth ei frawddegau i ffwrdd. Ni allai gofio dim yr oedd arno eisiau ei ddweud wrthi, ond fe afaelodd ynddi, ac fe'i gwasgodd ato, a theimlai hithau ei ddagrau poethion ef yn rhedeg hyd ei boch.[8]

Dyma, y mae'n debyg, un o'r darnau mwyaf teimladol yn holl waith KR, a does dim yma'n wylofus sentimental. Oherwydd eu hamgylchiadau methodd Dafydd a Laura â chyfathrebu â'i gilydd, a chreodd hynny gryn bellter rhyngddynt. Ar ddiwedd y stori, fodd bynnag, y mae KR, yn fy marn i, yn dweud nad â geiriau y mae cyfathrebu beth bynnag. I'r awdur, y mae defnyddio geiriau'n golygu defnyddio'r rheswm, dadansoddi hyn ac arall, a dod yn 'ymwybodol' o bethau. Ar lefel y teimladau y mae yna ddiffuantrwydd hollol unigryw a chyfathrebu llawer dyfnach yn bosibl. Ceir yr un syniad yn 'Gorymdaith', a hyn yw yn un o themâu pwysicaf ei phrif waith, *Tywyll Heno*.

Nid dilyn hynt salwch yn groniclaidd a wnaeth yr awdur yma, nid dweud fod Dafydd Parri yn gwaethygu, yn gwaethygu eto, ac yn marw. Defnyddio'r sefyllfa i ddweud rhywbeth am fywyd yn gyffredinol a wnaed. Pinacl dewrder Dafydd Parri i KR yw iddo allu torri trwodd – oherwydd ei salwch, efallai – drwy batrwm anhyblyg, oeraidd, confensiynau priodasol ei oes, ac agosáu at ei wraig, a chyfathrebu â hi fel person, a hynny er gwaethaf poenau angau. Adferodd iddo'i hun urddas dyn.

Y mae'n debyg mai'r stori fwyaf diddorol yn y gyfrol, o ran techneg, yw'r stori a roes ei theitl i'r gyfrol, 'Ffair Gaeaf'. Bwriad yr awdur oedd cymryd cip ar fywyd wyth o bobl heb i'r stori golli'i hunoliaeth, ac felly dyma'u gosod mewn cerbyd trên ac eu ffordd i'r dref, i'r ffair. Mae'n sefyllfa'n hollol normal a chredadwy. Mae'r ffaith fod ffair yn y dref yn rhoi canolbwynt arall i'r stori ac yn clymu prynhawniau pawb â'i gilydd yn gampwaith o gynllunio. Gellir dilyn hynt pob un ohonynt heb golli uniolaeth lle nac amser, a hynny heb unrhyw ystumio na llurgunio.

Fe osodir y sefyllfa inni mewn paragraff pwrpasol byr. Daeth criw o bobl, ar hap, i un cerbyd, ac yno y maent 'megis un teulu'. Yn dilyn, ceir darluniau byr, argraffiadol, sydyn ond byw, o bob un ohonynt. Dyna Esra, er enghraifft:

> Yn gwisgo het galed ddu, a redai'n bigfain i'r tu blaen ac i'r tu ôl, a thopcôt a fu un adeg yn ddu ac ymyl ei choler felfed yn cyrlio tipyn. Dyn tal, tenau ydoedd, a llygaid rhy fychain bron i chwi fedru dweud eu lliw . . . ni allech ddweud beth oedd ei oed.

Dim ond rhyw frith argraff a geir, ond y mae'n ddigon i'w sefydlu fel cymeriad. Felly'n union gyda'r gweddill, Gruffydd Wmffras a Lydia ei wraig tua'r trigain oed; Meri Olwen, merch ifanc tua phump ar hugain oed; Ben Rhisiart a Linor, pâr ieuanc newydd briodi; John, bachgen tair ar ddeg; a Sam, ŵyr Gruffydd a Lydia Wmffras, a oedd yn chwech oed. Ar ôl cyrraedd y dre gwahana pawb, a dilyna'r awdur eu hynt o un i un. Wrth fynd (a dod) yr oeddynt mor debyg i gyd, ac eto, meddai KR, mor wahanol, pob un â'i fywyd ei hun, ei safonau'i hun, ei gydnabod ei hun, a'i gyfrinach – oni bai i awdur durio y tu ôl i'r ffasâd. Rhai felly, meddai'r awdur, yw dynion i gyd.

Y mae'n debyg mai'r stori sydd â'r agoriad gorau iddi yn y gyfrol yw 'Diwrnod i'r Brenin'. Y mae'n gywasgedig awgrymog:

> Fe ddaeth y papur chweugain a'r dydd cyntaf o haf gyda'i gilydd yr un bore.

Mae crybwyll yr haf yn golygu fod y gaeaf newydd ddarfod, ac y mae cysylltu arian â'r gosodiad yn awgrymu fod llymder ariannol gaeafaidd wedi bod, ac y gellir edrych ymlaen at beth o lawnder yr haf. Dilynir y frawddeg hon yn syth gan leoliad y stori: 'ardal hyll, dlawd', a chyflwynir y prif gymeriad, Rachel Annie, merch Wat Watcyn, a'i sefyllfa – un â'i theimladau wedi eu mygu gan dlodi fel nad yw bellach yn gallu ymateb hyd yn oed i garedigrwydd. Ac y mae KR fel pe'n pwysleisio fod tlodi yn diraddio dyn, yn ei wneud megis anifail, yn greadur hunanol â'i holl fryd ar ei les a'i oroesiad ei hun.

Tristwch, nid llawenydd, sy'n dod i ran Rachel a'i thad o gael y chweugain:

> Gan na ellid gwneud y cyfan [o'r hyn oedd ei angen arnynt] â decswllt, gwell oedd peidio â gwneud dim.

Ac y mae'r ddau, yn eu tristwch, fel pe'n deall ei gilydd. Nid ydynt am wario'r arian ar angenrheidiau, ond ar rywfaint o bleser, a cheir Rachel yn ceisio persawadio'i thad i fynd i Gwm Nedd am dro, tra bydd hithau yng Nghaerdydd.

Wedi gadael y cymoedd teimla Rachel fel pe bai'n 'rhydd o gaethiwed', a'r peth cyntaf sy'n ei tharo yw glendid pethau. Bellach hefyd, 'merched ffasiynol' a ddaw i'r cerbyd, ac y mae popeth mor wahanol fel ei bod yn anodd credu fod bywyd y cwm yn bod: 'Gallech gredu bod digon o arian a gwaith i bawb yn y byd'. Cyrhaedda Gaerdydd a gweld byd y mae'r darllenydd yn anorfod yn ei gymharu â byd y 'parwydydd di-liw a chlytiog', y dillad 'digotwm', 'sgitshe'r ffynd', 'y margarîn', byd y 'sinc olchi'n hongian o'r tu allan i'r drws' a gyflwynwyd mor gelfydd a diymdrech i ni drwy ddisgrifiad, ymson, dialog, a sylwadau'r adroddwr yn gynharach.

Yn *O Gors y Bryniau* byddai'r disgrifiad yn uned cryno twt, ar ddechrau'r stori fel arfer. Adeiladu'i darluniau y mae KR bellach, gyda chyffyrddiad yma ac acw. Nid darlun ar y mur sy'n rhoi lleoliad i'r stori ydyw hwn, ond rhan annatodadwy ohoni.

Yng Nghaerdydd, yn lle tawedogrwydd poeni a grwgnach a chwyno, ceir 'pobl yn siarad ac yn chwerthin'. Mewn tŷ bwyta, yn lle parwydydd di-liw ceir 'carped o dan draed, blodau ar y byrddau, a miwsig'. Ac mae Rachel eisiau 'teimlo mai bywyd y tŷ bwyta oedd yn barhaol ac nid bywyd Philip Street, Pen y Cwm'. Yn eironig, wrth ei hymyl, ar y bwrdd nesaf, y mae gwraig dew yn yfed dŵr lemon i golli pwysau, ac meddai'r awdur: 'Yr oedd rhai yn newynu o ddewis a'r lleill o orfod'. Ac fel hyn yr â Rachel o fwrdd i fwrdd i ddychmygu hynt a helynt y rhai sydd yno'n bwyta. Ar ôl bwyta, â allan o gwmpas y siopau gan sylwi eto ar y gwahaniaeth rhwng siopau a marchnad Caerdydd a sefydliadau Pen y Cwm.

Yna daw'r daith yn ôl, a'r enaid sensitif yn ail-ystyried sefyllfa'i thad, yn drigain oed, heb obaith a heb ddiddordeb mewn bywyd. Ni all ddirnad eironi'r ffaith eu bod yn waeth allan yn ariannol am ymdrechu i brynu tŷ na phe baent wedi afradu'r cwbl o'u heiddo. Ac mae'r annhegwch yn ei hysu. Cyrhaedda Ben y Cwm ac wrth fynd tua'i chartref gwêl ei thad:

> yn llewys ei grys yn eistedd ar step y drws. Yr oedd y tecell yn berwi wrth y tân a'u swper yn barod ar y ford. Âi rhyw arwydd bach fel hyn o garedigrwydd ei thad at ei chalon. Yr oedd arni eisiau llefain o hapusrwydd.

Nid yw'r awdur yn gwneud dim mwy na rhoi'r gosodiad yn noeth. Ond i'r darllenydd sy'n cofio am Rachel yn yr '*Elaine*' yng Nghaerdydd yn deisyfu 'yfed yr awyrgylch', y mae'n eironig na phrofodd ac na chafodd hapusrwydd fel hyn ynghanol y moethusrwydd a'r ysblander. Fel y gwelodd Ffebi Williams, nid oes a wnelo hapusrwydd un dim â llawnder ariannol.

150

I mi, byddai'r stori'n glosiach uned pe bai'n gorffen yma. Ond â KR ymlaen i weld effeithiau'r diwrnod ar y tad – ond efallai mai'r bwriad yw dweud fod hynny o haf a ddaeth yn sgîl y chweugain yn gadarnach. Gwir wreiddyn y stori yw parch un person at un arall a'i werthfawrogiad ohono. Arwydd ein bod yn cyfrif i rywun, fod ystyr i'n bodolaeth – dyma wreiddyn hapusrwydd. I mi, gyda hynny y mae'r stori'n gyflawn, ac atodiad difudd iddi yw'r gweddill, atodiad sy'n amharu arni fel cyfanwaith artistig.

Ceir tair stori am y de yn *Ffair Gaeaf a Storïau Eraill*. Yr ail yw 'Buddugoliaeth Alaw Jim', stori sy'n 'un o'r goreuon' yn ôl y Dr. Thomas Parry.[9] Astudiaeth o löwr di-waith o'r enw Morgan yw'r stori, rhyw fath o Andy Capp Cymreig, ac ar ei chychwyn y mae ei gi, Alaw Jim, newydd ennill râs iddo. Wrth i'r adroddwr adrodd hanes prynu'r ci down yn araf i wybod am holl athroniaeth Morgan. Dyn tlawd yn chwilio am ffortiwn ydyw, a'i holl ynni meddyliol yn mynd i gyfiawnhau gwario arian prin y teulu yn yr ymchwil honno. Down i wybod hefyd na choledda'i wraig Ann yr un syniadau.

Pan egyr y stori, er enghraifft, y mae Morgan ar bigau'r drain eisiau rhoi'r chweugain a enillodd gyda'r ci i Ann, ac fe'i cawn yn cerdded, 'yn berffaith hapus', tua'i gartref. Symuda'r camera'n awr i'w aelwyd, lle gwelir darlun llwm o Ann a Tomi'r mab o flaen 'tewyn o dân', a'r olaf yn edrych yn welw a thenau, ar ôl llid yr ysgyfaint. Clywn fel y bu rhaid gosod y parlwr i ryw Mrs. Ifans i ennill mwy o arian, a thrwy lygaid Tomi ceir cip ar fywyd helbulus y teulu. Oherwydd i Mrs. Ifans edliw y ci iddi, prynodd y fam 'afu' i Tomi y prynhawn hwnnw ag arian a fwriadwyd ar gyfer het. Cynddaredd, felly, ac nid croeso sy'n disgwyl Morgan, ei gi, a'i chweugain ar yr aelwyd gartref.

Wrth i'w wraig ddwrdio, llithra meddwl Morgan i'r gorffennol:

> fel fflach, daeth i gof Morgan iddo ennill ar gyfansoddi pedwar pennill i flodyn Llygad y Dydd mewn cwrdd cystadleuol yn y wlad pan oedd yn ddeunaw oed. Yr oedd degau o flynyddoedd oddi ar hynny, a bron gymaint â hynny er y tro diwethaf y daeth y peth i'w gof hefyd. A meddwl mai ei gariad Ann a'i symbylodd i ysgrifennu'r penillion hynny!

Digwyddodd yr hyn yr ofnai Geini yn 'Rhwng Dau Damaid o Gyfleth', sef bod pobl yn dod i nabod ei gilydd 'yn ddigon da i gasáu ei gilydd'; yma, oherwydd tlodi. Y mae 'pobl wrth fyw efo'i gilydd yn mynd ar wynt ei gilydd, yn enwedig os oes gan y bobl hynny bersonoliaeth arbennig', meddai KR yn *Yr Arloeswr*, a dyna grybwyll hynny eto yn 'Buddugoliaeth Alaw Jim'.

Yn *Yr Arloeswr* â'r awdur ymlaen i ddweud:

> Un peth sydd wedi bod yn fy mlino i ers tro ydyw, y berthynas o agosrwydd pobl at ei gilydd *a'u gwahanrwydd oddi wrth ei gilydd . . .* yn y

pen draw creaduriaid ar wahân yw llawer ohonom – nid creaduriaid gwell na'n cyd-ddynion er hynny, ac y mae'r ymdeimlad yma o wahanrwydd yn gwneud i lawer ohonom fynd i'n crogen a meddwl ein meddyliau ein hunain. [10]

O dan y fath ymosodiad, â Morgan allan a cherdded i fyny bryn. Yno, yn yr hwyr, gwêl un o'r machludoedd gwychaf erioed, a phan ddechreua oeri penderfyna ddychwelyd adref, 'a rhoi'r chweugain ar y ford i Ann, hyd yn oed petai'n rhaid iddo redeg allan wedyn'.

O ran adeiladwaith y mae'n stori gelfydd. Yn y traean cyntaf adeiladir cymeriad Morgan inni. Y mae ar frig y byd, heb unrhyw gwmwl yn ei ffurfafen, yn mynd gartref gyda'i chweugain, gan ddisgwyl croeso. Cymeriad Ann ei wraig, a'i hamgylchedd a geir yn yr ail draean, a chyflëir hi inni drwy sgwrs, drwy ailadrodd sgwrs, a thrwy ymson. Yna, yn ddeheuig iawn, deuir â'r ddau draean ynghyd ar adeg anffafriol hollol i Morgan! Dymchwelir ei hapusrwydd ac â allan i aros i'r storm dawelu.

Prif nodwedd y stori yw'r ffaith na ellir byth gymryd unrhyw berthynas â pherson arall yn ganiataol, bod cynyrfiadau'n mynd ymlaen o dan yr wyneb o hyd, peth sy'n gwneud rhagdybio ymateb i unrhyw sefyllfa'n amhosibl. Ond yr hyn sy'n gwneud y stori'n amgenach na'r cyffredin yw i'r awdur allu cydymdeimlo ag Ann, ac â Morgan. Er ei holl esgeulustod, portreadir Morgan fel creadur hoffus, di-ddrwg, di-dda. Ac y mae'r stori hon, yn anad un, yn dangos dyneiddiwch KR. Y mae'n adnabod gwendidau a methiannau dyn, eithr nid yw'n condemnio nac yn ceryddu; y cwbl a ddywedir yw: dyma fywyd. Y gynneddf hon yw un o'i chryfderau, ac y mae'n rhan sylfaenol o'i mawredd fel llenor.

Y drydedd stori am y de yw 'Gorymdaith', ac yn hon eto y mae KR yn ei helfen oherwydd, yn y storïau hyn, canfu gymdeithas gytras i gymdeithas bro'r chwareli. Astudiaeth o bâr ifanc, Bronwen ac Idris, mewn cyni yw'r stori, a phortreadau anuniongyrchol aeddfed ohonynt a geir yma eto. Mae Bronwen yn amlwg yn ferch falch, dwt, daclus, ddarbodus, oherwydd dim ond gwraig felly a fyddai'n 'edrych a oedd twll yn ei hosan' ac yn codi ei sawdl, 'i edrych am ba hyd y daliai ei hesgid heb ei sodli' cyn mynd allan. Mae'n ferch gadarn, a gadwodd ei hurddas a'i hysbryd yng nghanol tlodi diweithdra: 'Daliai ei gobaith hi o hyd'. Mae ei gŵr, ar y llaw arall, 'wedi pwdu wrth yr holl fyd', a chyflëir hyn, a rhyw euogrwydd afresymol sy'n perthyn iddo, yn dda gydag un manylyn, sef y 'cyfarchai'r llecyn lle safai [ei wraig] neu'r lle tân, ond nid y hi'. Bellach ni all wynebu unrhyw beth sy'n cynrychioli gobaith. Ac i bwysleisio tristwch y sefyllfa ceir sylw noeth ond pwrpasol gan yr awdur, 'Nid oedd y ddau dim ond pump ar hugain oed'.

Yn rhan nesa'r stori, dilyn Bronwen a wneir. Creda KR fod diffyg diriaeth yn help i'r meddwl dynol ehedeg yn afiaethus i fyd breuddwydion:

> Wrth fyned heibio i'r tomenni lludw a'r annibendod yn yr heol gefn cynyddai ei gobaith, ac erbyn iddi gyrraedd yr heol fawr a'i thai mwy a glanach teimlai'n ddiysgog yn ei gobaith yn y Ffrynt Unedig.

Yr un yw'r profiad ag a gafodd Rachel ar ei ffordd i Gaerdydd, a Dafydd Parri wrth adael Lerpwl. Wrth ddweud hyn, fodd bynnag, y mae'r awdur yn ymwybodol o eironi'r teimladau:

> Pe traddodasid y wybodaeth iddi gan ei theulu neu gan ei hysgol fe wybuasai mai yn y fan yma y safodd ei hen dadau a'i hen famgu ddeng mlynedd a thrigain ynghynt, i gael yr olwg gyntaf ar y lle a fu'n gartref iddynt hwy a'u plant weddill eu hoes. Yno y safasant, wedi teithio mewn cert o Sir Gaerfyrddin, eu dodrefn a'u plant yn gorwedd dan sachau yn y gert, a hwythau'n cael yr olwg gyntaf ar *dir yr addewid*, y clywsent gymaint amdano wrth fyw mewn tlodi fel gweision a morynion ffermydd.

Y mae fel pe'n dweud i filoedd o gyndadau Bronwen goleddu'r un teimladau cyn chwalu'u breuddwydion yn chwilfriw wrth eu traed, ac mai rhan o fawredd dyn yw ei fod yn parhau i frwydro, er gwaetha'i amgylchiadau.

Fe geir yr un syniad o barhad di-ddiwedd y frwydr yn erbyn tlodi mewn stori anorffenedig yn dwyn y teitl 'Y Tri'.[11] Dywedir am y prif gymeriad yno:

> Heddiw cofiai â phang o boen, mai tlodi oedd gwraidd pryder bywyd o hyd, bywyd ei rhieni, eu rhieni hwythau, a hi ei hun i raddau llai.

Tlodi yw gelyn Bronwen hefyd, a rhan o'i rhuddin yw ei bod yn barod i ddangos ei dannedd iddo, er nad oes gobaith concro. Sylfaen yr holl ymegnïo yw: 'Na allai pethau fod fel hyn am byth'.

Ymuna â'r dorf i wrando ar areithiau yn erbyn y llywodraeth, ond y mae'r gelyn hwnnw'n rhy haniaethol iddi hi. Wrth basio tai a selerydd yn yr orymdaith ddiweddarach, ni all feddwl ymhellach na pherchennog ei thŷ! Wrth gerdded, caiff gyfle i sylwi ar y cyd-gerddwyr o'i chwmpas. Ar un ochr, sylwa ar ddyn yn cerdded â'i draed at allan, a chwardd 'ynddi ei hun'. Ond y darlun sy'n tynnu'i sylw yw'r un o'r wraig a gerddai:

> yn ddifrifol iawn, ac ni siaradai air â neb arall. Yr oedd ganddi well dillad na'r lleill. Pletiai ei gwefusau'n dynn a cherddai'n rhodresgar gan bigo lle i roi ei thraed ar y ddaear.

Ar gychwyn y prynhawn câi Bronwen 'ias o bleser wrth weled y dyrfa fawr yn cerdded mor unol yn ei phenderfyniad'. Bellach:

âi sŵn cerdded y dorf fel sŵn defaid yn cerdded ar ffordd galed, [ac] edrychai'r dorf ei hun yn beth digrif i Bronwen yn awr, ac yn ddigalon yn ei digrifwch.

Mae'r siom yn gyfuniad o eisiau bwyd, lludded, a ffrwyth sylwgarwch y prynhawn. Ond yr hyn sy'n coroni'r cwbl yw'r cip a gaiff ar wraig â 'chôt ffwr gostus amdani . . . gwraig yr Aelod Seneddol'. Â'r rhagrith fel picell i'w chalon, a thry tuag adref.

Erbyn hyn, o fynd drwy'r profiad 'gwyddai *beth* o deimladau Idris', ond nid yw'n edrych ymlaen at 'ei watwareg'. Cais ddychmygu'r aelwyd fydd yn ei derbyn, a chymherir hi'n dychwelyd i 'gi wedi bod yn lladd defaid', cymhariaeth sy'n cyfleu'r euogrwydd i'r dim. Ond yr hyn sy'n ei disgwyl yw:

lliain glân ar y ford, a llestri te a phot jam. Yr oedd tân bychan coch wedi ei grynhoi at ei gilydd yn y grât ac Idris yn crasu tafell o fara ar flaen fforc wrtho. Troes ei lygaid oddi ar y tost ac edrych i wyneb ei wraig. Ac nid oedd y llygaid hynny yn ddidosturi.

Â'i pharagraff olaf y mae KR wedi newid holl dôn y stori. Nid casineb a gwatwar oedd yng nghalon Idris ar ei chychwyn, ond cariad, cariad un wedi'i frifo hyd at y mêr, a chariad a oedd yn fodlon dwrdio a brifo i arbed yr un a garai rhag profi'r un dadrithiad ingol. Yma, aeth yr awdur y tu hwnt i'r arwynebol, a cheisio dangos realaeth y sefyllfa. Mae'n ddiddorol sylwi hefyd fod y ddau, ar ddechrau'r stori, mewn bydoedd hollol ar wahân; ar ddiwedd y stori, ni cheir geiriau, dim ond teimlo a chyd-ymdeimlo, a deallturiaeth. Y maent, fel Laura a Dafydd Parri, ar donfedd amgenach na thonfedd siarad ac ymresymu.

Techneg y ddau ddarlun a geir yma eto, a'r ail ddarlun yn cyfeirio'n ôl at y cyntaf a'i weddnewid.

Dau ddarlun, neu ddwy stori wedi eu cyfosod, yw stori ola'r gyfrol hefyd, sef 'Plant'. Yn y stori gyntaf, hanes Daniel sy'n ddeg oed, a Rhys ei frawd sy'n ddeuddeg, a geir, ac awn i mewn i'w bywyd i'w canfod un dydd Llun yn codi i fynd i'r chwarel. Edrycha'r ffordd y dywedir hynny wrthym mor syml fel ei bod yn hawdd diystyru'r grefft sydd dan yr wyneb:

Meddyliai Daniel; 'Bydd yn rhaid imi godi rŵan; dau funud eto nes bydd Rhys wedi cau ei fotymau'. Rhyw hanner gweld Rhys yr ydoedd, oblegid yr oedd y daflod bron yn dywyll: yr unig oleuni a gâi ei frawd i wisgo amdano oedd hynny a ddeuai i fyny oddi wrth dân mawn a golau cannwyll o'r gegin. Yr oedd Rhys yn hanner cysgu wrth gau ei ddillad. Rhôi hynny fwy o amser i Daniel fwynhau ei wely. Tua phump o'r gloch y bore ydoedd, ar fore tywyll ym mis Rhagfyr 186 – . Cyn i Rhys godi, yr oedd trwyn Daniel wrth y pared bron, a'r pared yn y fan honno'n cyfarfod â'r seilin. Câi fwy o le i'w gorff ymestyn wedi i'w frawd godi, a mwy o awyr uwch ei ben. Ond dyna'i frawd yn cychwyn i lawr yr ysgol yn araf, a'i fam yn galw mewn sibrwd uchel: 'Daniel, wyt ti'n codi?'[12]

Down i wybod fod y stori wedi ei lleoli ar aelwyd dlawd, lle mae'r plant yn gorfod rhannu gwelyau a chysgu bron yn nho y tyddyn â siamber. Gwelwn fod bywyd yn galed, a'r plant yn gorfod codi'n gynnar i fynd i weithio. Y mae'r ddefod o godi hefyd yn hen gynefin i'r brodyr. Y mae'r ffaith fod Rhys yn hanner cysgu wrth wisgo amdano yn ennyn ein cydymdeimlad. Ond y rhan bwysicaf, ond odid, yw'r brawddegau lle disgrifir Daniel yn mwynhau ymestyn ei gorff a chael 'mwy o awyr uwch ei ben', wedi i Rys godi. Cynhwyswyd y disgrifiad yn fwriadol fel bod y darllenydd yn cofio amdano wrth ddarllen am Daniel yn noswylio yn nes ymlaen, pryd y llawn sylweddolir ei arwyddocâd eironig.

Fe wneir defnydd o bob symudiad a phob disgrifiad i *ddweud* rhywbeth wrthym. Er enghraifft, nid dweud fod y cartref yn lân a destlus er yn dlodaidd a wneir, ond dweud i'r plant fwyta: 'oddi ar fwrdd wedi ei sgwrsio'n wyn a heb liain'. Wedyn, pwysleisir bychander Daniel wrth wneud iddo fod yn ymwybodol o daldra'i fam. Cyflëir cariad y fam wrth beri iddi lapio crafatiau'r bechgyn yn dynnach am eu gyddfau.

Ar ôl brecwast, cychwynna'r tad a'i ddau fab i'r chwarel. Crybwyllir y cefndir mewn un frawddeg eofn, a chyflëir peth o ddieithrwch y profiad drwy lygaid Daniel:

Taflai'r llusern olau gwan i byllau'r fawnog a oedd megis un gwastadedd iddynt allan o olau'r llusern. Taflai olau hefyd ar eu clocsiau a godre eu trywsusau, nes gwneud i Daniel feddwl mai dyma'r unig ran ohono a oedd yn bod, ac mai rhywun arall oedd y rhan uchaf o'i gorff. Yr oedd yn deimlad rhyfedd.

Yr oedd y bythynnod bychain o'u cwmpas 'megis tai dol', a'r tywyllwch yn ei gwneud yn anodd adnabod pobl, fel mai 'rhywun' a ymunai â hwy bob tro!

Ar ôl cyrraedd y chwarel nid yw'r awdur am fanylu, felly ceir yr ysgrifennu telegramatig sydd mor nodweddiadol o KR erbyn hyn:

Aeth Rhys i lawr yr ysgol i'r twll, y tad i saethu'r graig, a Daniel i weithio yn ei wal . . .

Y mae'r awdur am symud ymlaen i brif ddigwyddiad y gwaith, sef y ddamwain. Mae'n nodweddiadol o fanylder KR, yma, mai'r rhai hynaf sy'n codi'i pennau gyntaf, o glywed y sŵn. Rheda'r chwarelwyr i ben y twll, a cheir

155

cip byr ond cofiadwy ar y dychryn ar ei waelod. Ond dilyn hynt Daniel a wna'r awdur. Wrth swatio yng nghornel ei wal sylweddola mai yn y rhan y gweithiai Rhys ynddi y bu'r cwymp, a gwna'r boen ef yn sâl a pheri i'r lleisiau bellhau oddi wrtho. Yn nes ymlaen eir ag ef i dŷ cymydog, cyn cael mynd gartre gyda'r nos.

Y mae'r disgrifiad o rieni Daniel yn y fan yma'n drawiadol iawn. Y mae ei fam:

> yn eistedd wrth y tân â'i llygaid wedi chwyddo gan grïo. Y peth mwyaf a drawodd Daniel yn ei chylch oedd ei bod yn edrych mor fychan. Edrychai wyneb ei dad fel petai rhywun wedi cymryd pensel ddu a'i thynnu o dan ei lygaid a gwneud i'w foch godi.

Y mae gwraig a edrychai mor dal yn y bore wedi'i naddu i lawr, megis, gan drallod.

Ni wastreffir dim amser gan yr awdur. Daw amser gwely; ond wrth i Daniel fynd drwy'r un ddefod â'r bore y mae'r darllenydd yn ymwybodol iawn o'r gwahaniaeth yn yr amgylchiadau. Ni all Daniel ddweud ei bader gan fod 'yngan geiriau yn ormod iddo'. Wrth eu hyngan byddai'n rhaid cydnabod ac ail-fyw yr hyn a fu. Â felly i'r gwely a mynd yn reddfol i'r fan lle'r oedd 'ei drwyn wrth y pared a'i ben yn taro yn y seilin', ac yntau bellach ei hun! Mae'n ddarlun pathetig, bwriadol, sydd rywsut yn costrelu'r holl drallod i ni. Yn naturiol ddigon dechreua hel meddyliau, eithr y mae'n rhy agos at y digwyddiad i'w wynebu, ac wrth feddwl am Rhys o dan y cwymp â'n oer drosto. Cwyd, a cheir y darlun llawn tosturi ac awgrym ohono'n mynd at ei frodyr llai a swatio y tu ôl iddynt.

Yn ail hanner y stori cawn hanes Marged, morwyn fach ddeg oed, yn hwylio'i meistr ar gyfer y chwarel. Gwelir y ddau'n sgwrsio o flaen y tân cyn iddo gychwyn, ac yntau, yn eironig, yn poeni am ei wraig a'i blentyn bach Dafydd. Yna daw amser ymadael wrth y llidiart, a hithau'n gweld 'cylch ei wyneb yn llwyd yn y goleuni cyn iddo droi i ffwrdd' – darlun argraffiadol sy'n aros yn y meddwl ac yn ein hatgoffa o brofiad Daniel yn gynharach.

Wedi i'r meistr adael, sylwir ar fywyd prysur a llawn Marged. Roedd yn rhaid iddi lanhau'r tŷ'n drylwyr ac edrych ar ôl Dafydd yr un pryd. Ar ôl gorffen ei gwaith, â hi i lawr i dy nain Dafydd, â'r plentyn yn ei llaw, y ddau'n berffaith hapus ac yn rhyw hanner dawnsio wrth fynd. Ac yna daw'r drychineb. A hwy'n cyrraedd tŷ nain Dafydd:

> gwelent ddyn yn ei ddillad chwarel yn dyfod o gyfeiriad y siop ac yn rhedeg tuag atynt. Yr oedd golwg ryfedd arno, a'i wyneb yn wyn gan ddychryn.

Cipia'r dyn yr agoriad oedd gan Marged ar ei bys, heb esboniad, a cheir Marged yn 'edrych yn syn ar y bys lle buasai'r agoriad'. Cyflëir sydynrwydd brawychus popeth, ac arafwch sylweddoliad Marged i rywbeth ddigwydd i'w meistr, yn gelfydd. Â ei bywyd beunyddiol yn ddieithr iddi; fe'i diystyrir yn llwyr, ac ni chynigir hyd yn oed fwyd iddi, nes o'r diwedd llewyga. Nid yw'r bwyd a gaiff wedyn ychwaith 'yn llenwi'r gwegni yn y stumog'. Y noson honno yn nhŷ ei mam daw cwsg, a chwsg yn unig a'i cipia o'i phoen.

Drwy'i holl waith y mae KR yn rhyfeddu fel y gall bywyd newid ar amrantiad. Efallai mai ei phrofiad ni ei hun o golli brawd sydd wrth wraidd hyn. Fore trannoeth dychwela Marged i'w hen le gweini fel pe i le hollol ddieithr: 'Rhyfedd y gwahaniaeth a wnaeth pedair awr ar hugain'. Dilynir y teimlad gan ddarlun cytras arall. Ddoe, bu Marged yn glanhau'r tŷ – a'r chest-an-drôr. Heddiw, wrth fynd i mewn sylwa fod top y chest-an-drôr yn wag. Gofynnir iddi fynd i lanhau'r parlwr, ac ufuddha i'r gorchymyn:

> Yr oedd cymdoges yno hefyd, a gofynnodd y wraig hon i Marged fyned i 'nôl pwced i olchi llawr y siambr ffrynt. Dychrynodd, oblegid y tu ôl i ddrws y siambr acw yr oedd rhywbeth nad oedd arni hi eisiau ei weld. Nid corff ei meistr yn unig ydoedd. Yr oedd Angau yno hefyd, ac ni ddaeth i gyffyrddiad ag ef o'r blaen.

Yn ifanc iawn daeth Marged wyneb yn wyneb ag Angau, gelyn oesol dyn, gelyn sy'n ei swyno a'i hudo yr un pryd. Ac ar ôl cyrraedd yr ystafell gwelwn ddeuoliaeth ymateb Marged yn glir:

> . . . mwyaf yn y byd y ceisiai beidio ag edrych [ar y corff] mwyaf yn y byd y tynnid ei golwg at y ffurf lonydd a orweddai o dan gynfas ar yr ystyllen rhwng dwy gadair yn y fan honno.

Wrth geisio gweithio, gwawria arni mai dim ond y bore cynt y gwelodd ei wyneb yng ngolau'r llusern. Yna wrth edrych ar y llawr gwêl 'bwll o waed dugoch o dan y corff, a'i ymylon wedi ceulo', a llewyga.

Yn hanner cynta'r stori rhoir dau ddarlun ochr yn ochr, cydosod a bair i ni sylweddoli breuder bywyd a'r ffordd frawychus y gall newid. Yr un dechneg a ddefnyddir yn yr ail hanner hefyd. Clymir y ddwy stori'n un wedyn, a hynny'n llwyddiannus, drwy beri i Daniel a Marged briodi. Ddeng mlynedd yn ddiweddarach:

> â Margiad a Daniel dros hanes y trychineb ar eu haelwyd eu hunain, a llawer gwaith wedyn yr adroddwyd ef wrth eu plant.

Y gair allweddol yma yw 'adroddwyd'. Fe'i defnyddiwyd yn fwriadol – yn hytrach na 'dywedwyd' – i gyfleu fod adrodd y stori'n amgylchiad, bron yn fath o adloniant erbyn hyn. Lleddfodd amser a'i falm y boen; bu raid i'r ddau wynebu'i trychinebau, a byw.

*　　*　　*　　*

Ffair Gaeaf a Storïau Eraill yw'r gyfrol aeddfetaf o ddigon o'r cyfrolau hyd 1937, ac ynddi dangosodd KR ei bod yn artist digon effro i barhau i arbrofi. Bellach y mae'r iaith yn llifo'n llyfn fel lli'r afon, a'r un mor ddiymdrech. Yn y cyfrolau cynnar, yr artist ifanc yn dangos ei gyhyrau a geid. Yn *Ffair gaeaf a Storïau Eraill* canfyddir aeddfedrwydd diaddurn, gweithrediadol, canol oed. Er enghraifft, ar ddiwedd 'Henaint', wrth i KR ddarlunio'r newid a fu yn mam Twm, y mae ôl ymdrech rethregol ar y dweud:

> 'Yr un siort o ddillad', meddwn i wrthyf fy hun, 'ond *nid yr un* wyneb na breichiau. *Nid y breichiau* yma a welais i ers talwm yn tylino . . .'

ac y mae'r darn yn frith o gymariaethau stroclyd. Mae'n rhaid i'r stori aros yn ei hunfan i'r adroddwr fynd drwy'i driciau. Erbyn *Ffair Gaeaf a Storïau Eraill* y mae'r adrodd a'r disgrifio'n un, ac o dan iaith ymddangosiadol syml y mae crefft llawer amgenach a mwy dirodres. Yn 'Gorymdaith', er enghraifft, yn y cyfrolau cynnar byddid wedi rhoi disgrifiad o Idris, gŵr Bronwen, tua chychwyn y stori, gan ddweud fod – 'pantiau yn ei foch', 'ei freichiau'n denau', a'i fod 'yn eiddil'. Erbyn y gyfrol olaf, yr unig eiriau a gawn gan KR yw:

> Tynhaodd felt y trwsus llwyd a oedd yn rhy fawr iddo ac a ddisgynnai dros ei esgidiau,

a dyna *gyfleu* ei fod yn denau, ei fod, erbyn hyn, yn ddihidio o'r ffordd yr edrychai, ei fod yn dibynnu ar sbarion pobl eraill am ddillad, a bod ei hunan-barch wedi'i fygu, i gyd ar yr un gwynt.

O'r blaen, roedd un yn teimlo rywsut fod y cymeriadu, a'r cefndir wedi eu himpio, megis, ar gorff y stori. Erbyn hyn, cyfunwyd yr adrodd â'r holl elfennau eraill, y cymeriadu, y cefndir, y cynllun, y pwnc, y farddoniaeth, a'r sefyllfa, ac nid yw'r asennau yn y golwg. Yr hyn a welir yw corff lluniaidd a gosgeiddig, cyfanwaith y gwir artist.

Bu ei sythweледiadau i ddyfnderoedd bywyd yn elfennau yng ngwaith KR o'r cychwyn cyntaf: 'Nid cael syniad am stori a wneuthum i, ond cael syniad am fywyd', meddai yn *Crefft y Stori Fer*.[13] Y syniadau am fywyd sy'n rhoi dyfnder i'w waith ac yn peri i ni fel darllenwyr fynd yn ôl o hyd i'w hail-ddarllen.

NODIADAU

1. Mae'r diffiniad yma'n eithriadol amrwd. Ceir rhagarweiniad da yn llyfr F.J. Copleston, S.J., *Contemporary Philosophy* (Llundain, 1956), penodau 9-12.
2. H.J. Blackman, *Six Existentialist Thinkers* (Llundain, 1952), 151.
    'The peculiarity of existentialism, then, is that it deals with the separation of man from himself and from the world, which raises the questions of philosophy, not by attempting to establish some universal form of justification which will enable man to readjust himself but by permanently enlarging and lining the separation itself as primordial and constitutive for personal existence.'
3. Harry Fenson a Hildreth Kritzer, *Reading, Understanding and Writing about Short Stories* (Efrog Newydd, 1966), 58
4. FFG, 45-66
5. B.L. Jones ac R.G. Jones, *Yr Arloeswr*, Sulgwyn, 1958.
6. Thomas Parry, *Llenyddiaeth Gymraeg 1900-1945* (Lerpwl, 1943), 48
7. FFG, 56.
8. Ibid., 87
9. Thomas Parry, *Llenyddiaeth Gymraeg 1900-1945*, 46
10. B.L. Jones ac R.G. Jones, *Yr Arloeswr*, Sulgwyn, 1958, 20
11. Thomas Parry, Cyfres y Cofion, 'Chweched Llyfr Anrheg', (1946), 39-43.
12. FFG, 99.
13. S. Lewis, (Gol.), *Crefft y Stori Fer*, 20

Stryd y Glep – Trobwynt Llenyddol

Ffrwyth cwlwm annisgwyl o gyd-ddigwyddiadau yw *Stryd y Glep*, a'r rheini'n ddigon ysgwtol a dylanwadol i newid cyfeiriad safbwynt artistig KR. Mewn sgwrs â Lewis Valentine yn *Seren Gomer*[1] addefa'r awdur i'w byd syrthio 'yn deilchion' o'i chwmpas yn 1946:

> Y pryd hynny y dechreuais edrych i mewn i mi fy hun, a'r canlyniad cyntaf oedd *Stryd y Glep*, lle y disgrifir ymdrech enaid dynes ... Ar ôl y brofedigaeth fawr a gefais yn 1946, mynd i mewn i'm profiadau i fy hun a wneuthum, a'r dryswch mawr oedd ymgadw *rhag* tosturio wrthyf fi fy hun.[2]

Dyma'r flwyddyn y collodd ei gŵr.

Dim ond ychydig fisoedd a aethai heibio hefyd er diwedd un o'r rhyfeloedd mwyaf erchyll a welodd y byd erioed, rhyfel a adawodd Ewrop, yn allanol ac yn fewnol, mewn anrhefn llwyr. Ar ddechrau'r ugeinfed ganrif yr oedd y gwareiddiad Ewropeaidd yn gadarn. Chwalwyd y cyfan gan ddau ryfel byd. Ysgwydwyd credoau i'w sail, mygwyd ffydd, dinistriwyd gobeithion. Ac yn lle bod yn ddealladwy a goddefadwy yn nhermau sustem o ddirnad ac esbonio ac iddi draddodiad hynafol – y traddodiad Cristionogol – daeth y byd yn gwestiwn i gyd.

Yn yr un cyfnod, dangosodd gwyddonwyr, a seicolegwyr fel Freud, pa mor anfoddhaol, mewn gwirionedd, oedd yr hen esboniadau. Gwelwyd fod cyfandiroedd cyfan o'n mewn na wyddid odid ddim amdanynt. Yn lle bod yn feistr arno'i hun a'i amgylchfyd, wynebwyd dyn â phroblemau mewnol ac allanol na ellid rhoi atebion parod iddynt, ac adlewyrchu'r argyfwng hwn (a atgyfnerthwyd gan golli ei gŵr), a wna KR yn *Stryd y Glep*. Ni ellir peidio â synio am Ffebi Beca, yn y gwaith hwn, fel cymeriad cynrychioliadol, yn adlewyrchu'r gwareiddiad Ewropeaidd, ar drothwy un o'i argyfyngau mwyaf chwyldroadol, yn dod i delerau o'r newydd â phroblen bod. Nid ar ddamwain y rhoddwyd y geiriau a ganlyn ar yr wynebddalen: 'digwydd y stori yn un o'r blynyddoedd yn union o flaen rhyfel 1939-45'.[3]

Ond nid yn nhermau'r rhyfel yr ymdrinir â'r thema yn y gwaith. *'Objective correlative'* (yng ngeiriau S. Eliot), neu gyfrwng ymateb KR yw gwraig orweiddiog yn dod i delerau â hi ei hun, ac yn ei phroblemau mewnol yn anad dim arall yr ymddiddorir.

Yn *Stryd y Glep* nid tlodi a chaledi, sef anawsterau sy'n tarddu o'r tu allan i gymeriad, ond problemau'r byd mewnol yw'r prif ddiddordeb. Y mae'r llyfr yn drobwynt llenyddol yn hanes KR.

O ran techneg, hefyd, y mae'r gwaith yn ddiddorol. Ar ôl arbrofi yn *Deian a Loli* a *Laura Jones*, gwelir fod gan KR yma afael sicrach ar genre y *nouvelle*, ac adlewyrchir y crisialu a fu ar ei chrefft yn ei beirniadaeth ar y stori fer hir yn Eisteddfod Genedlaethol Aberpennar:

> unig amcan i stori fer hir yw rhoi datblygiad llawnach, manylach, arafach i gwlwm, neu gymeriad neu gefndir, *pan fo pwnc y stori'n galw hynny . . .* Hyd y gwelaf fi, ni ellir estyn stori fer i fod yn stori fer hir ac ni ellir crebachu nofel i fod yn stori fer hir chwaith.[4]

Yn *Stryd y Glep* gŵyr KR natur ei deunydd. Petai'r gwaith yn stori fer, byddai'n cychwyn fymryn cyn uchafbwynt ymweliad Miss Jones ar y diwedd; yr argyfwng fyddai'r 'ffurf'. A phetai'n nofel, byddid yn craffu llawer mwy ar 'gymdeithas' ehangach y dreflan sy'n gefndir iddi, ac yn dadansoddi argyfwng eneidegol Ffebi'n fanylach. Ond ni alwai'r 'pwnc' am hynny. Gwyddai KR mai'r *nouvelle* yn unig a roddai iddi'r 'datblygiad llawnach . . . arafach' a barai iddi allu cyfleu anwybodaeth (a hunan-dwyll) Ffebi Beca ynghylch ei gwneuthuriad, a thyfiant araf, eithr anochel, yr ymwybyddiaeth fod drwg a da yn bodoli o'i mewn, yr un pryd. 'Gwawr o oleuni' sydd yma ac nid goleuni 'seren wib'.

Nid damwain, ychwaith, yw'r ffaith fod Ffebi, y 'lladmerydd, yn wraig orweiddiog, gan fod i'r cyflwr fanteision artistig sy'n gwbl glwm wrth amcanion y mynegiant. Mae'n datrys y broblem o gadw uniolaeth yn rhwydd a di-ffws; ond pwysicach na hynny yw'r modd y prioda'r awdur nodweddion salwch dynol â'r thema. Yn ei salwch, y mae'n naturiol i ddyn droi'n fewnblyg a myfyrio a 'gweld' mewn modd na welai petai'n iach. Dyna fyrdwn Virginia Woolf yn ei hysgrif 'On Being Ill':

> the sky is discovered to be something so different from this [ein profiad arferol] that really it is a little shocking . . . this incessant making up of shapes and casting them down, this buffeting of clouds together, and drawing vast trains of ships and waggons from North to South . . . has been left to work its will year in, year out.[5]

A phrofiad tebyg yw un Ffebi Beca:

> Mae haul a glaw a gwynt *yn* ddigwyddiadau i rai a fu'n orweiddiog am flynyddoedd.[6]

Iddi hi, y mae i bob sŵn ei briod le a'i arwyddocâd yn nhrefn pethau. Meddai ar ôl cysgu'n hwyr un bore:

> Chlywais [i] ddim o sŵn y twr arferol a fydd yn mynd heibio i'r tŷ yma at eu gwaith rhwng hanner awr wedi saith a hanner awr wedi naw bob bore.[7]

Y mae'n adnabod patrwm byw ei hamgylchfyd, ffaith y manteisir arni gan yr awdur i roi rhwydd hynt i'w synwyrusrwydd hi i hun.

Ond nid dyma unig swyddogaeth cyflwr Ffebi Beca: y mae KR yn troi ei golygon craff hi at ei henaid ei hun, ac elwa ar 'weld' eglurach y claf, ac yn defnyddio'i fewnblygaeth naturiol i ddibenion artistig y thema, a gall y darllenydd dderbyn, fel peth naturiol, broses sydd mewn gwirionedd yn brin ac anarferol. Yn ôl Virginia Woolf, eto, y mae tuedd mewn pobl sâl i siarad yn blaen:

> Things are said, truths blurted out, which the cautious respectability of health conceals. About sympathy for example – we can do without it.[8]

Daw salwch â ni at ein coed gan ddinistrio'r haen denau o barchusrwydd sydd mor bwysig i'r iach ei groen. Caséir rhagrith ac ymhonni oherwydd ein bod yn sylweddoli mor ddiwerth ydynt. Cofleidir hanfodion gan ddiraddio'r gwacsaw; adferir y 'gwir' i'w briod le. Er enghraifft, ceir gwared â defod ffug yr holi ynghylch iechyd a'r cydymdeimlo yn gynnar gan Ffebi Beca. Y mae'n onest. Ac eto, yn eironig, y wraig hon a ddewiswyd gan KR i ddangos natur ragrithiol ein byw yn y byd. Yn raddol, dangosir i ni, a Ffebi, mai muth yw'r geirwirder honedig a'r 'bwrw pob dim allan', a bod gan y claf fel unrhyw un arall, yn anorfod, ei sensor llym ei hun. Daw'r salwch yn ffordd o danlinellu anodded yw 'adnabod' pobl yn y byd o'n cwmpas ac, yn wir, anodded yw inni ein hadnabod ein hunain. Rhoed swyddogaeth i nodwedd sy'n rhan o gyflwr Ffebi a'i chlymu wrth fwriad artistig y gwaith.

Gwneir un pwynt diddorol arall hefyd gan Virginia Woolf. Dadleua hi na all meddwl yr afiach ddal ysbeidiau hir o resymu. Collir y ddawn i ganolbwyntio ac â'r rheswm i drymgwag dros dro:

> In illness, words seem to possess a mystic quality. We grasp what is beyond their surface meaning, gather *instinctively* this, that, and the other – a sound, a colour, here a stress, there a pause . . . a state of mind which neither words can express nor the reason explain.[9]

Gwyddai KR hyn, a cheir hi'n manteisio ar y nodwedd ym mhrofiad ysgytwol

Ffebi ar ddiwedd y llyfr. Ar ôl ceisio dadansoddi'r teimladau cymysglyd o'i mewn a methu canfod ateb, daw i stad o feddwl sydd y tu hwnt i eiriau ac sy'n anesboniadwy yn nhermau'r rheswm. Cymariaethau yw'r unig obaith o egluro, a cheir hi'n sôn am 'wawr o oleuni', a 'saeth o oleuni'. Yr ymateb greddfol hwn, yn ôl KR, yw unig obaith dyn i ddod i delerau â'i hanfod ei hun. Ac nid damwain oedd dewis un gorweiddiog i gyfleu'r syniad.[10]

Nid damwain ychwaith oedd i KR ddewis ysgrifennu'r gwaith ar ffurf dyddiadur. Roedd hi'n hyddysg yn nodweddion y dechneg, fel y dengys ei beirniadaeth ar y stori fer yn Eisteddfod Genedlaethol Aberteifi:

> Byddai cronicl ddydd i ddydd o ddigwyddiadau, boed hwy mor ddibwys ag y bônt, yn gwneud dyddiadur. Mae'n debyg mai peth felly yw dyddiadur y rhan fwyaf o bobl sy'n cadw un. Ond ni byddai'r cyfryw gronicl o ddiddordeb i neb ond i'r person ei hun ar y pryd . . . *Ond cyn y gellir llenyddiaeth o gronicl . . . rhaid i'r awdur feddu'r gallu prin hwnnw o fynd o dan groen digwyddiadau a gweld oddi tano ryw ystyr i fywyd.*
>
> *Mewn dyddiadur, yr awdur ei hun yw'r canolbwynt, o'i gwmpas ef y try pob digwyddiad, y ffordd yr edrych ef ei hun ar bethau a phobl ac effaith a dylanwad digwyddiadau a phobl arno ef sy'n bwysig . . . Gall dyddiadurwr roi ichi ddarlun o'i deulu neu gymdeithas o'i gwmpas a gall hefyd droi ei enaid tu-chwyneb allan a rhoi i chwi ei gyfrinachau dyfnaf.*[11]

Un ffordd o gadw uniolaeth y gwaith oedd dewis prif gymeriad a oedd yn gaeth i'w gwely, cyfyngu ar ei byd. Ond gwyddai KR mai'r ffordd fwyaf effeithiol oedd ei ysgrifennu ar ffurf dyddiadur gan mai'r awdur ei hun fyddai 'canolbwynt' hwnnw.

Nid yw hyn, fodd bynnag, yn golygu iddi ei llyffetheirio ei hun yn ormodol gan y gall dyddiadurwr, wedi'r cwbl, nodi barn am bobl a digwyddiadau o'i gwmpas. Y mae gan awdur amrywiaeth o safbwyntiau, ond fod y cwbl, yn *Stryd y Glep* yn dod inni drwy ymwybod Ffebi Beca, ac felly o reidrwydd yn rhwystro inni gael cipiadau 'mewnol' uniongyrchol ar y cymeriadau eraill. Eithr trowyd hyn yn fantais. Gan mai darlun goddrychol Ffebi o'r byd yw'r unig un a roir inni, heb safbwyntiau na chipiadau mewnol cymeriadau eraill i'n goleuo, gall KR beri iddi ein twyllo ninnau, fel y gall hi ei thwyllo ei hun, a pheri i ni fethu canfod y brychau yn ei chymeriad hyd nes y gwêl Ffebi hwy.

Un o'r problemau ynghlwm wrth ysgrifennu dyddiadur yw mai yn ôl safonau ei awdur y bernir pawb a phob peth. Ef, felly, sy'n rheoli ein hymateb. Ond cyn y gall wneud hynny mae'n rhaid iddo ennill ein hymddiriedaeth ynddo fel barnwr teg a chyfiawn. Gwneir hyn yn eithaf deheuig gan Ffebi Beca yn, er enghraifft, ei phortread o John ei brawd. Down i wybod mai ei enw llawn yw John Beca, a'i fod yn drigain oed:

dyn diog yw John . . . yn medru siarad yn huawdl a hyd yn oed yn ddeallus am waith; yn medru rhoi'r argraff ar bobl y tu allan ei fod yn weithgar. Medrodd dwyllo fy nhad am flynyddoedd efo'i siarad . . . [ond] fe wyddai yntau ymhell cyn ei farw fod tafod John yn fwy llithrig na'i ymennydd, ac yn symud yn gynt na'i draed.[12]

Mewn mannau eraill fe'i disgrifir fel 'dicra', 'di-feind', 'di-ddim', di-asgwrn-cefn', a chan Dan fel 'dyn gwan'. Yn raddol, fe'n cyflyrir ganddi (a chan Enid Rhodri) i dderbyn y portread fel ffaith – heb gyfle o gwbl i John Beca achub ei gam. Eithr rhag ofn i ni wfftio a throi'n erbyn Ffebi ceir, yma ac acw, sylwadau bachog megis:

> Ni fedrwn ddweud fy mod yn caru John, ond fe fyddwn yn siŵr o deimlo drosto pe digwyddai hynny iddo, a hynny am fod ein gwreiddiau yn yr un fan, mae'n debyg.[13]

Diben hyn yw ein cadw'n deyrngar i Ffebi drwy bwysleisio'i dynoliaeth, a'n hymateb ninnau yw credu na allai person mor wâr gamfarnu neb, a derbyn y portread o'i brawd heb unrhyw gwestiwn! Gellir cymharu Ffebi Beca â both olwyn gyda phob spocsen yn arwain allan at gymeriad yn ei chymdeithas, a darlun Ffebi o'r cymeriad hwnnw a geiriau'r cymeriad ei hun yn dangos y cymeriad a'r lladmerydd yr un pryd. Y mae'r portread uchod yn dweud peth wmbreth am John Beca, ond datgelir cyfrolau am natur Ffebi ar yr un gwynt. Gwna ei holl osgo hi inni deimlo ei bod yn onest, ac yn wrthrychol ac, yn anymwybodol bron, fe'n huniaethwn ein hunain â hi a'i safonau. Dyma sy'n gwneud siom diweddglo'r gwaith mor frawychus; dyma sy'n troi crefft yn gelfyddyd.

Ond dychan yw'r erfyn cryfaf i liwio ymateb ac, yn reddfol bron, gesyd KR ddisgrifiadau deifiol o'n blaen:

> yn ôl pob hanes [meddai Ffebi] rhywbeth digon gwirion yw hi [Joanna], yn ffwdanu o gwmpas pawb, yn enwedig os ydynt ddynion; ac yn aros wrth y sêt fawr i ysgwyd llaw â phob gweinidog, dim gwahaniaeth a ydyw yn eu hadnabod ai peidio.[14]

Mae'n disgrifio hoeden ddi-sens i'r dim, a thanlinellir ei mursendod ymhellach pan ymwêl â Ffebi un dydd. Cydymdeimla'r olaf â Joanna ynghylch colli ei thad a chael yr ymateb:

> "Do, mi ges golled fawr, mae'n wir, ond yr oedd yn dda gweld 'nhad yn cael i 'ollwng o'i boenau; 'r oedd o wedi mynd yn *trying* iawn ac yr oeddwn i'n blino'n arw. Ond 'ddylwn i ddim cwyno, wrth gwrs, achos mae'n ddyletswydd arnom ni wneud y pethau yma. Fy *motto* fi mewn bywyd ydyw *Service.*"[15]

O wrando arni ni ellir peidio â chofio am Bertie yn *Traed Mewn Cyffion*, a gŵyr yr awdur yn union beth fydd ein hadwaith emosiynol i'r gymysgiaith rodresgar. Mae'r geiriau Saesneg hefyd yn hoelio'n sylw ar yr hyn a ddywedir, ac ymatebwn yn rymus i eiriau eironig fel *trying*. Gwelir diffyg sensitifrwydd brawychus pan yw Joanna'n sôn am weini ar ei thad wrth glaf gorweiddog arall, a choronir y disgrifiad drwy beri i'r talp o hunanoldeb yma faentumio mai ei *motto* ydyw *Service*. Y mae condemiad gan eraill yn effeithiol, eithr y mae hunangondemniad anfwriadol ac anymwybodol yn ddamniol.

Yn y disgrifiadau hyn, y cyfosod gosodiadau, a'r wybodaeth sydd eisoes gan y darllenydd sy'n rhoi min i'r geiriau. Felly drwy'r llyfr. Wrth ymweld â Ffebi un diwrnod dywed Joanna iddi fod 'yn edrych am y bobl wael yn Stryd Amos: "Mor ddiolchgar, Miss Beca"...' Ond rhyw ddeg tudalen ynghynt rhoed adwaith Stryd Amos i'r ymweld gan Liwsi Lysti:

> "Biti na fuase' hi'n clywed beth maen nwy'n ddweud amdani hi. 'Fedran' hwy ddim diodde'i gweld hi. Ydach chi'n gweld Ffebi, 'fedr pobl fel Joanna sydd wedi eu magu ar gywion ieir byth fod yn naturiol a chartrefol wrth fynd â photes cyw iâr i bobl dlawd."[16]

Wrth gofio hyn, rhoir deimensiwn arall i eiriau nawddoglyd Joanna.

Gwelir Joanna ar ei mwyaf nawddoglyd wrth iddi sôn am ei hymweliadau â Mr. Jones y Gweinidog:

> Fe hoffai alw yno bob hyn-a-hyn, am fod rhywun yn cael hogi ei feddwl wrth siarad â Mr. Jones. Yr oedd cymaint o bobl y dre' yma mor gyffredin eu meddyliau.[17]

Ond y disgrifiad sy'n cyfleu ei hagwedd at eraill lwyraf yw disgrifiad Ffebi ohoni'n 'cynnal llys ar foreau Sul', gyda gwragedd doctoriaid, bancwyr, a deintyddion! Ac fel pe na bai'r cyfan hyn yn cyflyru digon arnom, ceir awgrymiadau cryf o bryd i'w gilydd gan Ffebi, y byddai'n well i John ganlyn 'rhywun iawn' yn lle Joanna. A thua'r diwedd ceir gosodiadau plaen, diamwys fel: 'yr wyf yn casáu Joanna Glanmor', ac 'ni hoffem hi'. Mewn gair, defnyddir holl ystrywiau rhethergol artist i bennu'n hagwedd hyd at drwch y blewyn. I Ffebi, y mae Joanna'n ymddangosiadol garedig a dymunol, ond y tu ôl i'r ffasâd ymguddia un sy'n pwyso a mesur gwerth popeth yn nhermau'i hunanoldeb rheibus. Ond y mae iddi nodweddion clodwiw. Mae'n gymeriad cymhleth, ac mewn nofel cymerai amser maith i'w hadnabod a'i dinoethi. Mewn *nouvelle* nid oes lle, fel mai'r unig ffordd i gyrraedd amcanion yr awdur oedd ymosod yn rhethregol ar y darllenydd. Gwyddai KR hynny, a bu ei thacteg yn llwyddiant.

Awdur y dyddiadur sy'n penderfynu'r ymateb i gymeriadau eraill y gwaith hefyd, ac eithrio, o bosib, Doli. Er i Ffebi ddweud wrthym nad oes 'dim gwaelod' ynddi a'i bod yn 'reit hunanol yn y bôn', ac yn 'chwerthin am ben problemau pobl eraill', Doli ei hun, wrth sôn am wyliau yn y Swistir wrth un sy'n gaeth i'w thŷ, wrth dangos diffyg cydymdeimlad ag eraill mewn trallod, ac wrth ddod ag anrhegion di-ddim yn ôl o'i gwyliau, sy'n pennu ein hadwaith iddi. Ac eto, Ffebi biau dewis sôn am hyn i gyd!

Am y gweddill, nid oes amheuaeth. Er enghraifft, perir i ni gydymdeimlo â Besi, â lled-ochenaid – 'Druan â Besi! Mae hi'n reit gaeth arni', ac yn ei sgwrs a'i hymddwyn ni ellir amau nad yw Besi'n meddwl beunydd am ei chwaer a'i bod yn hynod driw iddi. Perthyn iddi holl nodweddion arwresau KR – darbodusrwydd, gweithgarwch, glendid, anhunanoldeb, dyneiddiwch, a thrugaredd.

O lunio'r stori ar ffurf dyddiadur rhoes KR fraint barnu, yn fwriadol, i Ffebi Beca, fel mai ei phortreadau goddrychol hi a'n cyflyra yn *Stryd y Glep*. O wneud hynny clymwyd ei golwg unllygeidiog hi ar y byd â phrif thema'r gwaith, sef bod Ffebi'n canfod brychau o'i chwmpas heb ganfod y brycheuyn yn ei gwneuthuriad ei hun. Pobl sicr eu safonau sy'n gallu bod mor bendant eu beirniadaeth â Ffebi Beca, a'r pendantrwydd hunangyfiawn hwnnw sy'n awgrymu inni natur arbennig ei gwreiddiau. Hi yw'r gyntaf o ddosbarth newydd o gymeriadau yng ngwaith KR a fagwyd gan y gymdeithas statig, a grybwyllwyd ar ddechrau'r bennod hon: y mae ganddi safonau diwyro, ac ni chaiff drafferth adnabod drwg a da. Ond wrth bontiffigeiddio, fe'i rhydd ei hun yng ngharfan y cadwedig, di-fefl, fel mai un o broblemau KR oedd peri iddi newid yn raddol o'r cyflwr hwn i gydnabod ei bod hithau 'ychydig is na'r angylion', heb ddarnio'r gwaith.

Dull KR o wneud hyn oedd peri i ddigwyddidau, digon cyffredin ynddynt eu hunain, fagu arwyddocâd arbennig o edrych yn ôl arnynt o ddiwedd y gwaith fel ein bod ni a Ffebi'n cyd-sylweddoli ei chyflwr yr un pryd. Nid yw'r ffaith fod Ffebi, er enghraifft, yn dweud fod disgwyl am ymweliad Enid ar ddechrau'r gwaith, 'yn waeth na merch yn disgwyl am ei chariad' ynddo'i hun yn ddwfn ei ystyr ond, o'i gymryd fel man cychwyn patrwm o feddyliau a chudd arwyddion, perthyn i'r geiriau arwyddocâd na fyddai'n ddilys eu tadogi iddynt pe baent yn hollol ddigyswllt. I weld yr arwyddocâd, fodd bynnag, rhaid cael allwedd y dinoethi enaid sy'n glo i'r profiad, ac i lawn werthfawrogi hwnnw byddai'n werth yma ddyfynnu'n helaeth o un o lythyrau Sigmund Freud at yr Athro Einstein:

According to our hypothesis human instincts are of only two kinds: those which seek to preserve and unite – which we call 'erotic', exactly in the sense in which Plato uses the word 'Eros', in his *Symposium*, or 'sexual' with a deliberate extension of the popular conception of sexuality – and those which seek to destroy and kill and which we class together as the aggressive or destructive instinct. As you see, this is in fact no more than a theoretical clarification of the universally familiar opposition between Love and Hate which may perhaps have some fundamental relation to the polarity of attraction and repulsion that plays a part in your own field of knowledge . . . It seems as though an instinct of the one sort can scarcely ever operate in isolation, it is always accompanied – or, as we say, alloyed – with an element from the other side, which modifies its aim or is, in some cases, what enables it to achieve that aim. Thus, for instance, the instinct of self-preservation is certainly of an erotic kind, but it must nevertheless have aggressiveness at its disposal if it is to fulfil its purpose. So, too, the instinct of love, when it is directed towards an object, stands in need of some contribution from the instinct of mastery if it is in any way to possess that object. The difficulty of isolating the two classes of instinct in their actual manifestations is indeed what has so long prevented us from recognising them.[18]

I Freud, dwy reddf sylfaenol sydd gan ddyn, yr un 'erotig' a'r un 'ddinistriol', ac y mae'r berthynas rhyngddynt yn gymhleth ac anodd iawn ei hadnabod. Gweledigaeth Ffebi yw cydnabod yr elfennau hyn yn ei gwneuthuriad. Y pryd hynny y gwawria arni wir natur ei theimladau ar gychwyn y cyfnod dan sylw, a'r pryd hynny y down ninnau o hyd i hadau'r ymwybyddiaeth a ddaw i'w llawn dwf ar ddiwedd y llyfr. Camp KR oedd gallu cyfleu graddoldeb y gwawrio, a chyda'i hawgrymiadau cynnil yma ac acw, greu effaith pelen eira, fel mai swmp y dystiolaeth sy'n ein goleuo ar ddiwedd y gwaith yn hytrach na rhyw brofiad sythweledol dramatig.

Ceir cip arall ar y wythïen 'erotig' wrth i Enid ddweud wrth Ffebi ei bod yn gwrthod John am nad yw'n ei garu, gan ennyn y sylw a ganlyn yng ngholofnau'r dyddiadur:

Ar hyn gwridodd at fôn ei chlustiau. Rhyfedd mor swil ydym wrth sôn am gariad. Cawn argraff oddi wrth nofelau fod pawb yn hollol gartrefol wrth drin y mater. Ond efallai mai mewn nofelau'n unig y maent felly.[19]

Y mae'n werth sylwi nad gosodiad amhersonol a geir; mae Ffebi'n ei chynnwys ei hun ynddo. Ac yn ei sylw dychanol ar y nofelau rhamantaidd hawddfydol, fe geir tinc o awgrym y gŵyr hi'n amgenach.

Yn fuan wedyn erys Dan i swper gyda'r chwiorydd Ffebi a Besi, gan wneud Ffebi'n eithriadol hapus, er na all 'ddweud yn iawn chwaith pam'. A rhag difetha'r awyrgylch gan neb, gorchmynna Ffebi i Besi 'gloi drws y ffrynt rhag ofn i rywun ddyfod i mewn'. Yn ei myfyrdodau meddylia Ffebi gŵr mor dda a wnâi Dan i Besi, ffaith sy'n ein taflu ychydig oddi ar ein trywydd. Ond down yn ôl eto wrth i Ffebi addef fod 'rhai pethau mewn bywyd yr ydych yn sicr y cofiwch hwy am byth', a bod 'ein swper ni heno' yn un o'r pethau hynny. Yn ddiweddarach wedyn, wrth fyfyrio ar y stori fod Dan 'yn lolian efo Joanna Glanmor', fe'i ceir yn amau:

A deimlais i ryw ias o rywbeth tebyg i wenwyn? A deimlaswn i yr un fath petai hi'n rhywun arall?[20]

A sylwn mai 'tueddu' i ateb a wna 'yn y cadarnhaol'. Nid oes dim yn bendant, ond bellach, mae'r darllenydd, fel Ffebi ei hun, yn amau'n gryf fod problem nwydau'r wraig orweiddiog yn cronni rywle o dan wyneb ei hymwybod. Bythefnos yn ddiweddarach daw Miss Jones un nos Sul i dorri ar hedd y gwmnïaeth, ac ymglywn ag anghymeradwyaeth Ffebi yn nhôn ei chofnod:

Petai arnom eisiau gofyn i Dan aros i swper, nis medrem, am iddi hi alw . . . Ni fedrwn fyw efo estron nac efo neb ond y sawl yr ydych yn eu caru, achos wrthynt hwy'n unig y medrwch ddweud eich meddwl ac â hwynt y medrwch ffraeo.[21]

Y mae mwy na gosodiad gwirebol yma. Gwelir hadau eiddigedd yn nes ymlaen wedyn yn nodiadau'r un diwrnod, er ei bod yn protestio (yn gor-wneud hynny, hwyrach) mai bodolaeth y cwmni sy'n ei chymell i ystyried gofyn i Miss Jones gadw draw, gan ychwanegu'n obeithiol: 'Petai un ohonom yn gwneud, mae'n debyg y gadawai hi Dan'. Ond yn sgîl y syniad yma eto cyfyd ofn: 'Gallai gael un arall, mae'n debyg, ond gallai honno fod yn waeth'. Hyd yma nid yw'n broses hon yn rhesymegol oer. Ar ôl adrodd yr hanes i gyd, er enghraifft, gofynna'n ddiffuant hollol: 'Pam y mae'n rhaid i minnau boeni am beth mor wirion â dynes yn cadw tŷ i Dan?' gan ychwanegu y byddai'n llawer mwy naturiol iddi boeni am stad busnes ei brawd. Nid yw'r wawr eto wedi torri.

Dro arall, wrth i'r gweinidog dosturio wrth Joanna yn ei thrallod, ni ŵyr Ffebi paham y mae'n chwilio am le i dosturio wrth eraill nes sylweddoli ei bod hithau yr un fath, 'yn tosturio wrth Dan'. Mae'n amau wedyn ai'r ffaith fod ei brawd 'yn gwneud ffŵl ohono'i hun yn ei hen ddyddiau' sy'n ei phoeni, wrth wylltio un diwrnod wrth Doli am gymryd carwrieth John yn ysgafn – gan awgrymu'n gryf ei bod yn meddwl mwy yn ei thermau'i hun ar y pryd. Derbynia deisen gan Miss Jones am mai 'deunydd wedi i Dan dalu amdano sydd ynddi'. Ond ar ôl i Ffebi a Dan drafod Miss Jones, un dydd, ac i Dan ddweud ei bod yn 'berygl bywyd . . . i ddyn fod yn agos i'r merched yma rhwng deugain a hanner cant', fe'i ceir yn addef yn gyfrinachol wrthi ei hun:

mor falch yr oeddwn iddo ddweud ei gyfrinachau wrthyf, ac mor falch fy mod yn nes i drigain nag i hanner cant![22]

Yn eironig, ni sylweddolodd Ffebi na roes amser hi y tu hwnt i grafangau'i nwydau, a'i bod eisoes wedi ei dal.

Y mae'r darllenydd bellach, o ddilyn y trywydd, yn sylweddoli fod Dan yn golygu llawer mwy na chyfaill i Ffebi, a chryfha'r teimlad wrth fynd ymlaen. Yn gynharach yn y gwaith gwelwyd Dan yn dal bod angen cynllun iddi hi a Besi allu byw ar wahân i John eu brawd. Tua chwech wythnos yn ddiweddarach caiff Ffebi 'weledigaeth', sef bod yn 'rhaid inni gael Dan yma i letya', a cheir hi'n cyfreithloni'r syniad iddi'i hun drwy ddweud fod yn rhaid cael rhywun y gall ddygymod ag ef. Fodd bynnag, nid yw'n sôn am y syniad wrth neb, gan ddim ond procio yma ac acw a gwylio'i chyfle. Wrth i Dan ymweld un diwrnod, dywed wrtho 'yn blaen (ac ystrywgar)' am ddweud wrth Miss Jones am fynd, ond nid yw ef yn teimlo y gall wneud hynny heb godi stŵr. Cydnebydd Ffebi ei bod yn 'ystrywgar', ond eto nid yw'n ymwybodol o wir wraidd yr ystrywiau. Penderfyna sôn wrth Besi am y cynllun, eithr gan 'geisio creu'r argraff arni' mai er mwyn y ddwy y deorwyd ef. A phan sonia Mr. Jones y Gweinidog, un dydd, am ryw athrawes ifanc a hoffai gael llety yn Stryd y Glep y mae gan Ffebi ei hateb parod: 'Yn llawn rhagrith dywedais y byddai'n rhaid iddi gael dwy ystafell oherwydd ei gwaith'. Ymateb greddfol ydyw bron, ond pan ddaw Dan at erchwyn ei gwely'n nes ymlaen i ofyn a gaiff ddod i letya ar aelwyd y ddwy chwaer, mae ei hateb yn rhesymegol, fwriadus: 'Yn lle rhuthro i ateb', meddai, 'dywedais mai mater i Besi ydoedd'. Mae bellach yn byw celwydd heb sylweddoli hynny, ac heb sylweddoli ychwaith beth yw ei chymhellion. Ni ellir, fodd bynnag, gamgymryd ei hapusrwydd gwynfydedig. Y mae mor falch nes anghofio priodas John, priodas a roes gymaint o loes iddi ychydig wythnosau'n gynharach.

Nid teimlad unochrog ydyw hwn ychwaith. Y noson cyn i'r Gweinidog alw, a Dan bellach yn lletya yno, dywed ohono'i hun wrth Ffebi 'mor hapus' ydyw. Ac meddai'r dyddiadur:

Medrais innau ddweud nad oedd llawer o hapusrwydd lle'r oedd rhywun sâl. "Fe ddaw y ddynes sâl yn well", meddai yntau, "ac mae yma ffeindrwydd a sgwrs a lle cysurus". Gwyddwn ei fod bron â thagu wrth ddweud.[23]

Y mae mwy na chyfeillgarwch rhwng y ddau. Mentraf ei alw'n gariad. Heb yn wybod i Ffebi blagurodd teimladau cryfion ynghylch Dan o'i mewn, teimladau sydd, o dderbyn estyniadau Freud i ystyr y gair, yn 'rhywiol'. Fe gychwynnodd y teimladau'n naturiol ddigon, gyda Ffebi yn mwynhau ei gwmni, ac yn awyddus i'w gael yn agos ati. Ond tyfasant a ffyrfhau gan orfodi Ffebi, yn y diwedd, i gydnabod fod eu gwreiddiau yn y corff yn ogystal â'r enaid. Wrth gyffesu'i phechodau, a chydnabod iddi gynllwynio i gael Dan yno i letya er mwyn Besi, meddai:

> Yn y fan yma, dechreuais gloffi. Gwyddwn fy mod yn dweud celwydd. Ni fedrwn ddweud wrtho yr holl wir pam y casâwn Miss Jones . . . Yr oedd atal-dweud arnaf erbyn imi orffen. Yr oeddwn wedi bod yn rhy lwfr i gyfaddef yr *un* peth a oedd dan fy holl gasineb at Miss Jones.[24]

Fe all mai eiddigedd yw'r 'un peth' hwn ond, i mi, yr atyniad mawr tuag at Dan ydyw, atyniad a oedd, oherwydd ei magwraeth biwritanaidd hi, yn ddigon cryf i beri 'swildod' a 'chywilydd'. Yn wir, fe'i ceir yn cyfaddef yn ei dyddiadur y diwrnod canlynol ei bod yn 'gwybod yn iawn yn y gwaelod mai ei gael yma er fy mwyn fy hun yr oeddwn'.

Ond ymosodiad geiriol Miss Jones y dydd y rhuthra i mewn at wely Ffebi a gweiddi: "Yr hen gnawes ddrwg i chi, yn hudo dynion yma efo'ch hen ffrils a'ch wyneb powld", sy'n gorfodi Ffebi i archwilio tarddiad ei hapusrwydd yn fanwl a wynebu problem nad oedd yn fodlon cydnabod ei bodolaeth oriau ynghynt. Tra erys amheuaeth o fewn ffiniau'r meddwl, gellir gwrthod teimlad a'i ddiarddel. Eithr pan fynegir ef mewn geiriau, mae'n magu cnawd a sylwedd, fel bod yn rhaid cydnabod ei fodolaeth a'i ddwys-ystyried:

> *Mae'r geiriau wedi eu dweud* [meddai Ffebi], wedi eu dweud wrthyf fi, ac mor fawr yw ein syniad amdanom ni ein hunain fel bod clywed unrhyw air sy'n rhoi pin yn swigan ein hunandyb, er i hwnnw gael ei ddweud gan ynfytyn neu ddyn celwyddog, yn gig noeth ar ein croen ac yn gwneud inni droi a throsi yn ein meddwl: 'A ydym ni felly?'[25]

Bellach ni ellir bodoli ar lefel greddfau, a'r meddwl ynghlo. Mae'n rhaid archwilio cymhellion a chanfod y gwir. O wneud hynny gwawria gwirioneddau brawychus eraill ar Ffebi Beca.

Wedi'r cwbl, cyfaddefiad gweddol syml yw cyfaddef fod teimladau 'rhywiol' o'i mewn yn ymyl y 'cydnabod' sydd i ddod. O godi congl llen hunan-adnabyddiaeth gwêl Ffebi feiau sydd bron yn rhy ofnadwy i'w hystyried, ond sy'n oddefadwy, i gychwyn, mewn termau bras fel 'meddyliau cas', neu 'hacrwch . . . meddyliau' yn unig. Yn nes ymlaen, fodd bynnag, mae'n rhaid eu llabedu o un i un. Cydnebydd, er enghraifft, wrth ystyried ei hymgais i rannu ei phrofiad â Mr. Jones y Gweinidog, mai un ohonynt yw'r 'hunan':

> "Un meddwl sydd imi'n awr", ac mae hynny wedi gwnued pethau'n symlach, a'r meddwl hwnnw ydyw y bydd yn rhaid imi gael gwared â'r

hunan yma; ac y bydd yn rhaid imi fy ngorchfygu fy hun i gychwyn. Yr wyf wedi disgyn i lawr o ardal lydan, wasgarog y meddyliau i fwlch cul yr hunan, a rhaid imi fyned heibio iddo, a sylweddolaf na fedr unrhyw allu dynol fy helpu.[26]

Mae'n dychryn o sylweddoli iddi fod yn hunanol hyd yn oed tuag at Besi, 'y lleiaf hunanol yn y byd' oherwydd, cyn hyn, pobl eraill yn unig oedd yn euog o'r camwedd. Y ffaith annymunol i Ffebi yw fod ynddi amlygiadau o ddiffyg mewnol, diffyg y mae'n rhaid iddi ei wynebu a'i wastrodi.

Un arall o agweddau'r diffyg yw'r casineb anifeilaidd a gyrbwyllwyd gan Freud yn ei lythyr, ac a nodir gan Ffebi wrth iddi fyfyrio ar ei stad ar ddiwedd y llyfr. Yno, sonia am ei 'holl gasineb at Miss Jones', ac 'fel y deuthum yn raddol i gasáu' Joanna, ac o sylwi'n fanwl, nid anodd yw inni ddilyn hynt y datblygiad hwnnw. Ar y cychwyn, un na 'dda gan yr un ohonom moni' yw Miss Jones, er na fedrir 'rhoi bys ar unrhyw ffawt ynddi chwaith'. 'Rhywbeth' sy'n 'ei gwneud yn atgas'; ni ellir ei ddiffinio. Yn wir, cred Ffebi mai oherwydd y byddai'n rhoi 'diwedd ar ein cwmni bach ni' y casâi hi – oherwydd nad oedd Miss Jones 'yn un ohonom ni, pobl Stryd y Glep'. Yn ddiweddarach, ymesgusoda gan faentumio ei bod yn 'amhosibl caru pawb', a'i bod yn wir yn amhosibl 'teimlo gronyn o garedigrwydd tuag at rai pobl'. A hyd yn oed pan ddywed wrth Dan am ddweud wrth Miss Jones am fynd, pan eilw hi'n 'hen gath', neu pan gyfaddefa ei bod wedi symbylu Dan i feirniadu Miss Jones ar rai adegau, ni wêl mai casineb eiddigeddus sydd wrth wraidd y peth, neu o leiaf ni chydnebydd hynny. Geiriau Miss Jones sy'n rhoi'r orfodaeth a pheri cyfaddef:

> na feddyliais am Miss Jones, ddim hyd yn oed am y ffaith y byddai heb le, ac yn sicr ni feddyliais am ei theimladau hi ynglŷn â Dan. Ac yr oedd ganddi gystal hawl i'r teimladau hynny ag ydoedd gennyf innau i unrhyw deimlad a berthynai imi . . . Fy ystyried fy hun a wneuthum i. Ac yn awr, fesul tipyn, dechreuaf ddyfod i ddeall ei thrueni.[27]

Fe ddarostyngwyd Ffebi gan ei greddfau.

Yr un yw'r stori gyda Joanna. Nid oes gan Ffebi farn bersonol yn ei chylch nes clywed ei bod yn canlyn Dan ac, yn ddiweddarach, John. Ar ddechrau'r stori, rhagymadroddir pob sylw, yn ddieithriad, â geiriau fel 'yn ôl pob hanes', neu 'meddai Liwsi'. Dim ond ar ôl clywed am Joanna a Dan y profa Ffebi 'ryw ias o rywbeth tebyg i wenwyn', y pryd hynny y mae'n gorfod golchi ymaith y 'cas-flas' ar ôl pob ymweliad. Ar ôl clywed amdani a John, dyfnha'r casineb, er na ŵyr y rheswm ychwaith: 'Ceisiaf ddadansoddi fy nheimladau,' meddai, 'ond ni fedraf. Ac i ba beth y gwnaf.' Yr unig beth a ŵyr yw ei bod 'yn casáu

Joanna Glanmor'. Gwrthyd ei gweld pan â'n sâl, ac ar ôl gwella, y mae'n dal yn bigog ddychanol yn ei chwmni gan wybod 'yng ngwaelod fy mod na newidiwn fy marn amdani'. 'Ni hoffem hi', meddai, gan ei chynnwys ei hun a Besi, 'teimlem fel cau ein llygaid bob tro y siaradai.' Ac ychwanega ei bod yn teimlo 'fy mod yn ei chasáu fwy a mwy,' bob tro y gwêl hi. Try'n gas yn y diwedd wrth Joanna, o eiddigedd, wrth i honno ddweud ei bod yn falch fod Dan yn dod i aros gyda Ffebi a'i chwaer, a'i bod 'yn ei 'nabod o'n dda iawn' ac yn meddwl ei fod yn 'ddyn neis', a chaiff Doli deimlo'r un fflangell wrth iddi 'actio'r Piwritan' wrth drin y pwnc.

Ond un lefel o gydnabod yw cyfaddef iddi 'gasáu Joanna' a 'chasáu Miss Jones' ac nid anodd cyfreithloni'r ymateb, yn enwedig yn achos Joanna:

> Wythnos yn ôl buaswn yn dweud mai fi a oedd yn iawn, ac nad oedd ond peth naturiol imi eu casáu, gan fod rhywbeth yng nghymeriad y ddwy na fedrwn ei hoffi, yn union fel y bydd ambell fwyd yn troi.[28]

Eithr y mae'r cydnabod ar ôl iddi archwilio a dadansoddi ei chymhellion, ar lefel llawer mwy difrifol. Gwêl o'i mewn gasineb mwy sylfaenol na'r disgwyl, yn perthyn i hanfod dyn, ac y mae'r gweld yn fraw:

> A ydym wedi ein tynghedu i gasáu rhywun neu rywbeth ar hyd ein hoes? Ai yn y bedd y ceir diwedd ar bob casineb . . . Ac eto, wrth aros i feddwl peth mor braf fyddai cael gwared o'r holl feddyliau yma a'r holl gasáu, gofynnaf i mi fy hun a fyddwn yn hapus wedyn. Onid ydym yn hoffi casáu? Onid ydym yn nofio yn ei ddedwyddwch? Byddaf yn meddwl weithiau fod casáu yn rhoi ergyd i rywun neu rywbeth sydd yn ein herbyn ni. Ymdrech i orchfygu ydyw efallai. O! am fedru anadlu a thaflu'r plisgyn yma o gnawd i ffwrdd![29]

Ni ellir peidio â chofio geiriau Freud: 'it seems as though an instinct of the one sort scarcely ever operate in isolation'; ond y sylweddoliad sylfaenol yw fod casáu a'r 'ymdrech i orchfygu' yn annatod glwm wrth y cnawd, wrth fodolaeth. Dyma weledigaeth Ffebi, fel nad rhyfedd fod tinc o ofn yn ei chwestiynau dryslyd ac iddi ddeisyfu dianc 'a thaflu'r plisgyn yma o *gnawd* i ffwrdd'.

Dwysâ'r casineb pan ymwêl Joanna â Ffebi eto. 'Cynddeiriogir' Ffebi gan ei hunanfodlonrwydd, a phinacl y teimlad yw'r syniadau sy'n mynd drwy ei meddwl yn ei gwely'r noson honno:

> gan y bydd yn rhaid imi ei gweld hi [Joanna] o hyd, nid oes ond un o ddau beth, cael gwared o'r casineb, trwy ei wthio o'm henaid, neu gael gwared ohono drwy gael gwared o Joanna. Cofiaf ddarllen fod llofruddion yn cael

glanhad fel yna. Daeth rhywbeth fel llewyg drosof pan sylweddolais hyn yma. A gweddïais.[30]

Y mae iddi ystyried llofruddio yn ei dychryn. Bellch cyrhaeddodd ddyfnderoedd isaf y 'greddfau difäol'.

Y mae 'greddf hunangadwraeth' hefyd yn peri iddi dorri un arall o reolau moesol ei chymdeithas: mae'n rhagrithio. Ac, fel petai am dawelu ei chydwybod, dywed wrthym mai 'ar ragrith y sylfeinir cymdeithas'. Eto i gyd, beirniadu ffug o bob math a wna Ffebi ar ddechrau'r gwaith. Nid yw'n deall paham fod 'pobl yn gwneud pob dim am eu bod yn teimlo y dylent ei wneud', a phoenir hi gan y ffaith fod arnom, fel bodau dynol, 'Ofn dweud ein meddwl, ofn penderfynu dim, ofn newid, ac yna ddrifftio ymlaen'. Yn nes ymlaen, fodd bynnag, derbynia deisen gan Miss Jones a theimlo 'yn Pharisead hollol wrth ei derbyn, ond ni allwn ei gwrthod'. 'Dyna'r rhagrith,' meddai, 'na fedrwn oddi wrtho.' Mae'n ymwybodol, hefyd, y 'byddai'n rhaid inni ddal wyneb' gyda Joanna wedi iddi briodi John, er na ŵyr pam, a cheir rhagflas o hynny pan eilw Joanna yno nesaf. Dywed y dyddiadur fod Joanna'n glên iawn, 'a cheisiodd Besi a minnau fod!'

Yn ddiweddarach, ar ôl clywed fod John yn priodi, geilw'r Gweinidog i weld Ffebi gan awgrymu y gallai cymryd athrawes i aros lenwi bwlch ariannol ymadawiad ei brawd. Ymetyb hithau'n reddfol, eithr nid heb adnabod ei chamwedd, bellach:

Yn llawn rhagrith dywedais y byddai'n rhaid iddi gael dwy ystafell oherwydd ei gwaith. Ni ragwelsai ef beth felly, ac ychwanegais *yr un mor rhagrithiol* y byddai'n rhaid inni gael rhywun a adwaenem yn dda, gan y byddai'n anodd i ddwy hen ferch fel ni gytuno â rhywun ifanc ddieithr.[31]

Ond wedyn pan eilw Dan yn ddiweddarach i ofyn a gaiff ddod i fyw at Ffebi a Besi, ni chymer Ffebi arni o gwbl ei bod ers wythnosau'n cynllunio i'w gael yno. Dyma'r wraig a fyddai'n collfarnu Doli ychydig yn ddiweddarach am ragrithio ac 'actio'r Piwritan'!

Yng Ngeiriadur Rhydychen diffinnir 'rhagrith' fel: 'efelychu daioni neu rinwedd; ymhonni'. Nid oes amheuaeth nad yw Ffebi'n ymhongar: y mae hi ei hun yn cydnabod hynny. Yr hyn na ŵyr hi, am amser maith, yw ei bod hefyd yn euog o 'efelychu daioni', o ffugio daioni. Nid yw mor hawdd i ninnau ganfod y bai ychwaith, gan i'r awdur – ar un wedd beth bynnag – roi inni ddarlun arbennig o ffafriol o Ffebi. Nes y daw'r dadrithio. Mae Ffebi'n wastadol yn meddwl am eraill, am Besi, am Mr. Jones y Gweinidog, am Dan, am Enid, ac i raddau am John. Mae'n deg ei hagwedd hyd yn oed at un fel Doli, yn gweld ei rhinweddau'n ogystal â'i ffaeleddau. O enghreifftiau niferus y dyddiadur, hawdd synio amdani fel dynes onest, eirwir, ddi-dderbyn-wyneb, a phlaen ei geiriau. Eto cyflawna ddrygioni yn rhith gwneud da; efelycha ddaioni heb weld mai efelychiad yw. Y mae'n rhagrithio.

Wrth boeni am ymweliadau Miss Jones, mae am ofyn iddi gadw draw, nid oherwydd unrhyw reswm personol, ond rhag rhoi 'diwedd ar ein cwmni bach ni'. Pan gaiff y 'weledigaeth' wedyn, oherwydd fod yn 'rhaid [iddi] gael rhywun y medraf ddygymod ag ef neu hi' y mae am ofyn i Dan letya yno – ac nid am unrhyw reswm arall! A thua diwedd y gwaith, er ei bod yn gynharach wedi cyfaddef wrthi'i hun ychydig o'i chymhellion dros ofyn i Dan ddod i aros, fe'i ceir yn fwriadol yn ei thwyllo'i hun ynghylch daioni'i bwriadau:

> Ceisiais fy narbwyllo fy hun mai er mwyn Besi y ceisiais dynnu Dan yma, a bod dioddef Miss Jones oblegid hynny i'w gyfiawnhau, gan fod y bwriad yn un mor dda.[32]

Hyd yn oed wrth gyffesu i'r Gweinidog, deil i ymesgusodi a chyfiawnhau! Ac 'er mwyn Besi, rhag ofn i rywbeth ddigwydd i mi' y bu'n cynllunio a chynllwynio i gael Dan yno i aros!

Y tu allan iddi hi ei hun bob tro y mae'r rheswm sy'n cyfreithloni'r cyfan, ac ni wawria arni mai dull y meddwl dynol o daflu llwch i'w lygaid ei hun ydyw hyn nes dechrau siarad am y peth. Hynny yw gellir, drwy ataliaeth, wrthod cydnabod gwir gymhellion dyn pan maent o fewn ffiniau'r meddwl. Eithr o'u mynegi mewn geiriau cydnabyddir bodolaeth y syniadau, arddelir y gwir. Hyn sy'n digwydd wrth i Ffebi adrodd ei stori:

> fel yr awn ymlaen ac ymlaen . . . deuai'r peth yn uwch ac yn uwch i'r wyneb, a chyn imi orffen, yr oedd yr holl beth yn sefyll yn glir o'm blaen ac yn fy nghyhuddo.[33]

Egyr llifddorau'r isymwybod fel bod rhaid cydnabod y gwir:

> Ni fedrwn fy narbwyllo fy hun fod hynny [effaith y byd bach] yn ddigon o reswm dros fy meddyliau drwg, ac yn sicr, nid oedd yn ddigon o reswm dros imi *gelu'r gwir* amdanaf fy hun.[34]

Bellach, saif Ffebi Beca 'wyneb yn wyneb' â hi ei hun.

*　　*　　*　　*

Problemau dyn yr ugeinfed ganrif, yn ei ail-ddarganfod ei hun fel dyn yw problemau Ffebi, ac ynghlwm wrth y frwydr, yn ei chymhlethu, y mae gwythïen ddirfodol gref i'w gweld yn rhedeg drwy'r gwaith. Gwelwyd eisoes mai un o ystyron bodolaeth i'r dirfodwr yw fod potensial ein bywyd yn ein

174

dwylo ein hunain – fod gennym ddewis. Gallwn un ai ddatblygu i fod yr hyn ydym yn nhermau'n potensial (yr hyn a elwir yn 'fodolaeth ddilys'), neu beidio â bod yn ni'n hunain (yr hyn a elwir yn 'fodolaeth annilys'). Yng ngeiriau F. Copleston:

> Man creates himself in the sense that what he becomes depends on his freedom, on his choices. And man transcends himself in the sense (though not exclusively) that, as long as he lives, he cannot be identified with his past. Through the exercise of freedom he transcends the past, the already-made . . . Man . . . is capable of freely transcending the weight of the past.[35]

Maentumia'r dirfodwr fod croesffordd pob problem newydd yn gofyn ateb yn nhermau'r presennol, fel bod y gorffennol yn gwbl amherthnasol. A dyma deimlad Ffebi wrth iddi fyfyrio ar yr hapusrwydd a fwynhaodd wrth i Dan gael swper yno yn gynnar yn y gwaith. Gŵyr:

> na chaf byth ddim byd tebyg iddo eto, hyd yn oed petai'r peth yn digwydd yn hollol yr un fath ryw noson arall yn y dyfodol.[36]

Byddai 'presennol' y pryd hynny'n wahanol ac yn amharu ar holl gemeg yr achlysur. Ymson ddirfodol eto sy'n dilyn:

> Ni fedr neb fyw ar gofio am ei funudau hapus. Byddaf yn meddwl am ŵr a gwraig wedi byw'n hapus am lawer o flynyddoedd, a dyma rywbeth yn dyfod i dorri ar yr hapusrwydd hwnnw. Â'r ddau i deimlo'n gas tuag at ei gilydd, ac efallai ymadael â'i gilydd. A ydyw cofio'r amser hapus o unrhyw werth wedyn? A oes rhyfaint mwy o werth ynddo nag i rywun fel fi ddychmygu am hapusrwydd yn y dyfodol, a hwnnw heb ddyfod? A faint gwell yw dynes yn ei henaint oherwydd i ugeiniau o ddynion call ffoli ar ei harddwch pan oedd hi'n ieuanc? Yr unig ffordd i gadw amser yw i amser ei hun stopio.[37]

Nid yw cofio'r gorffennol yn fyfyriol o ddim gwerth. Rhaid i ddyn gymryd rhan yn nrama bywyd, ni all edrych arni'n amhersonol oer gan ddefnyddio holl ddoethineb y gorffennol fel canllawiau. Meddai Kierkegaard:

> He does not stand back from problems as an impersonal analyst and spectator; he grapples with them as one who is involved in them with his whole being; they are for him not merely objects of intellectual curiosity but rather matters of vital concern which he cannot regard with a purely detached interest. He is not spectator, but actor.[38]

Problem arall y dirfodwr yw'r gwahaniaeth rhwng yr hyn *sydd* a'r hyn a *ymddengys*, rhwng argraffiadau allanol a chyflwr mewnol, rhwng yr hyn a ddywedir a'r hyn a feddylir. Droeon, fe geir Ffebi'n cadw'i gwir syniadau a'i theimladau iddi'i hun. Ar adegau eraill, fe'i ceir yn dweud un peth a meddwl peth arall. Mae'n hawdd camesbonio a chamddehongli ffenomenau bywyd hefyd. I KR a Ffebi Beca y mae athroniaeth 'wrth eu gweithredoedd yr andabyddwch hwy', lawer yn rhy syml. Gwyddant, fel unrhyw un arall y daeth y profiad dirfodol i'w ran, pa mor gamarweiniol yw allanolion, a pha mor beryglus yw eu cymryd fel drych di-ffael o gyflwr mewnol dyn.

Rhoddwyd cymaint â hyn o sylw i'r wythïen ddirfodol yn *Stryd y Glep* oherwydd mai'r profiad arbennig hwn, o bosib, yw'r rhwystr pennaf i Ffebi geisio dirnad ei gwneuthuriad ei hun. Oherwydd fod realiti'n beth mor oddrychol, ac oherwydd ein bod – mor aml – yn ddirgelwch i ni'n hunain, y bu 'gweledigaeth' Ffebi mor araf a phoenus, nes iddi, mewn anobaith bron, ofyn: 'A oes rhywun yn adnabod ei gilydd? Neu a oes cysondeb ym mywyd pobl?' Clywir yr un benbleth yn un o'i hymsonau dadlennol adeg yr argyfwng:

Ni wyddant hwy ddim am yr holl ryfela sy'n mynd ymlaen yn fy enaid i, ac ni fedraf innau ddweud wrthynt hwythau. Maent cyn belled oddi wrthyf â phe baent yn yr Aifft. Meddyliais, wedi cael Dan yma i aros, y byddwn yn hapus iawn, ond nid yw ei bresenoldeb yn y tŷ yn rhoi dim cysur i mi. Creadur di-gymdeithas yw dyn yn y bôn, ni fedr ddweud ei holl feddyliau wrth y nesaf ato, nac wrth yr un a gâr fwyaf. Troi mewn cymdeithas y mae, efo fo'i hun y mae'n byw . . . Dyna pam yr wyf yn ysgrifennu yn y dyddlyfr yma, rhyw awydd siarad â mi fy hun. Ond ni fedraf ddweud y cwbl yn hwn, ddim mwy nag wrthyf fi fy hun, am na fedraf fod yn hollol onest â mi fy hun. Bûm yn meddwl llawer heddiw am ryw ddynes bach o'r Sywth . . . Yr oedd ganddi ryw ddywediad . . . credaf mai ei ystyr ydoedd ein bod yn gweld y tu allan i bobl, ond na welwn ni byth y tu mewn. *A oes rhywun yn ein gweld megis ag yr ydym ar wahân i Dduw?*[39]

Fe'i caethiwyd y tu mewn i'w ffiniau ei hun, heb obaith cyfathrebu ag eraill. Ond yr hyn sy'n bwysig yma yw nad oes obaith i un ohonom, oherwydd ein hanonestrwydd sylfaenol, 'ein barnu ein hunain yn gywir'. Eironi'r cyflwr dynol yw fod ein natur sylfaenol yn rhwystr inni ddarganfod ein hanfod ni ein hunain!

Daw hyn â ni'n ôl at Ffebi'r cymeriad cynrychioliadol, a'r modd y defnyddiwyd hi gan KR i ddangos (ac esbonio?) helyntion ein canrif. Yn union fel y troes Ffebi o fod yn berson sicr ei safonau i un ansicr ohoni ei hun, dadwreiddiwyd y gymdeithas oddi wrth ei gorffennol a'i throi'n niwrotig. Un llwybr ymchwil oedd chwilio am ateb rhesymol i bob dim, a cheir Ffebi wrthi'n ddyfal beunydd yn 'cysidro', 'dyfalu', 'poeni', 'dadansoddi', 'cyffroi dyfroedd meddwl rhywun'. Gŵyr hefyd am dermau'r meddylegwyr, megis yr 'isymwybod' i ddisgrifio'r broses. Eir â ni drwy wahanol gyflyrau, megis y boen na ellir ei lleoli'n iawn, ond sy'n mud-losgi 'yng ngwaelod y meddwl'; neu'r broblem sy'n 'corddi' ac yn mynd fel 'hyrdi-gyrdi yn (y) pen'. Ond, yn ddieithriad, pan ddefnyddir y gair 'meddwl', nid â goleuni y cysylltir ef ond â phoen a phryder! Methiant fu'r ymchwil yma am wirionedd, a'r wers boenus y bu'n rhaid ei dysgu yw mai datrys problemau empirig y mae'r meddwl.

Llwybr ymchwil arall oedd y llwybr gwyddonol. Ond yn hytrach na datrys dirgelion, cyfraniad gwyddoniaeth fu eu hamlhau. Y lle mawrygu dyn, fel cynt, dangosodd inni fychander dyn yn wyneb y bydysawd, a chyn lleied yw ymerodraeth ei wybodaeth. Datguddiwyd bydoedd o'n mewn, gan seicolegwyr, nad ydym ond megis dechrau eu hamgyffred a'u hadnabod. Aeth y byd, a oedd yn weddol resymegol i'n cyndadau Fictoraidd – gyda pharsel o atebion i bob problem – yn gwestiwn i gyd. Adlewyrchu penbleth ei gwareiddiad y mae Ffebi Beca.

Yn eironig, datgelodd oes y rhesymeg wyddonol feysydd inni na ellir eu dirnad â'r rheswm. Gwelodd dyn, yng ngeiriau George L. Mosse, 'the necessary limitations of human activity',[40] sef ffiniau tiriogaeth rheswm a dysg. Pan yw Ffebi'n gofyn, 'A oes dianc rhag meddyliau?' y mae, mewn gwirionedd, yn cyfaddef bod y rheswm yn arwain un oddi wrth y goleuni a bod yr ateb y tu hwnt i'r ffin, yn nhir 'gobaith', a thir yr uwch-reswm lle na all 'unrhyw allu dynol fy helpu'. Yr awgrym yw mai Duw'n unig a all wella'r clwyf, a bod yn rhaid i Ffebi ei hun gyrraedd stad arbennig cyn y gall hynny ddigwydd.

Sonia amdani ei hun yn brwydro'n galed mewn tir 'na fedraf sôn amdano' mewn geiriau. Disgynnodd 'i lawr o ardal lydan, wasgarog y meddyliau i fwlch cul yr hunan', o stad o ymchwil feddyliol, resymegol, i gyflwr lle mae'n ingol ymwybodol o anobaith ei chyflwr pechadurus ac yn orlawn o'r edifeirwch y cyfeiriodd Gwenallt ato fel un o anhepgorion gras.[41] Tra yno cilia tywyllwch ei hargyfwng, a daw iddi wellhad, fel 'y wawr wen' – rhyw brofiad sythweledol anesboniadwy. Yr unig beth a ŵyr yw mai *oddi allan* y tarddodd ac iddo fod yn foddion i wneud synnwyr o bawb a phob peth iddi, fel rhan o 'gynllun bywyd a thragwyddoldeb', yr hyn a eilw Karl Barth yn 'moment of truth'.

Yn *Stryd y Glep* llawn sylweddolir na ellir adfer y ffordd o fyw a'r meddylfryd a fodolai ar ddechrau'r ugeinfed ganrif a bod deimensiynau newydd anorfod yn perthyn bellach i frwydr bywyd. Nid yw Ffebi ychwaith (na KR o ran hynny), yn credu iddi ddarganfod rhyw wirionedd allweddol a fydd yn datrys problemau byw dros byth:

Nid wyf heb wybod, . . . efallai y daw'r gelyn yn ôl eto, ac nad yw ennill y frwydr hon yn wahanol i bethau eraill mewn bywyd, ac y geill nad oes ffasiwn beth â gorffen, a chwblhau a pherffeithio. Ond yr wyf yn hapus heno, beth bynnag.[42]

Fel pob un arall a fu drwy'r profiad, gŵyr mai rhyw lithro yn ôl a blaen a fydd yn y dyfodol.[43] Ond yr hyn sy'n bwysig yma yw'r ymdeimlad cryf mai *ymyrraeth o'r tu allan*, fel yr un a ddisgrifir uchod, yw unig obaith achubiaeth ein gwareiddiad ni. Cred KR fod yn rhaid i ddyn yr ugeinfed ganrif (ac wedyn) ad-feddiannu cyflwr o symlrwydd a aeth ar goll yn helbulon ein cyfnod a chyrraedd stad o edifeirwch gostyngedig a'i rhydd ar drugaredd yr uwch-ddynol, ac a wna yn bosibl yr hyn a eilw Kierkegaard yn 'llam ffydd'.

Yn ei bennod ragarweiniol i'w esboniad ar Ddirfodaeth, ceir *resumé* o gyflwr cyffredinol yr ugeinfed ganrif gan Frederick Copleston. Ac meddai:

It is not the geocentric, and indeed anthropocentric, cosmos of earlier days, but a vaster universe in which human existence and history appear as transitory and casual events.[44] Yet if man . . . turns for reassurance to human society, he finds a riven society, a society divided and in ferment. Man can hardly find in society at large and in social tradition a sure answer to the questions which perplex him concerning belief, values and conduct. The old traditions seem to be crumbling; and even in the family fundamental differences of allegience may reveal themselves. Furthermore, the individual has become a riddle to himself. He has been told, for example, that his conscious life is the expression of hidden subconscious drives, impulses and urges, and the self, as it exists for consciousness, may appear to be disintegrated. Man has to act; but the goal and standards of action are obscure. God, if he exists, is hidden: the physical cosmos is indifferent: society is divided and stands always on the brink of an abyss: man is a riddle to himself and can find in himself no final reassurance. He has been described as alienated man, or as man in a state of alienation.[45]

Dyma, mewn gosodiad moel, 'bwnc' *Stryd y Glep*. Yn y *nouvelle*, rhoddwyd chwilolau ar y newidiadau sylfaenol a welai KR yn y gymdeithas o'i chwmpas, newidiadau a gyflwynwyd yn gynharach yn y nofel *Traed mewn Cyffion*. Eithr, i mi, y mae un gwahaniaeth sylfaenol rhwng y ddau waith. Ffebi Beca yw'r 'dyn aralledig' cyntaf yng ngwaith yr awdur, y math o berson a ddaw'n gynyddol bwysig yn ei gwaith o hyn ymlaen – yr 'enaid unig'. Hwn yw'r 'newid cyfeiriad' a gynrychiolir gan *Stryd y Glep*.

1. Lewis Valentine (gol.), *Seren Gomer,* Cyf. LV, Rhif 4, Gaeaf 1963, 101-108
2. Ibid., 102
3. *Baner ac Amserau Cymru,* Gorff. 13, 1949. Mewn adolygiad ar SYG, profodd D. Llewelyn Jones mai'r flwyddyn 1938 sydd dan sylw.
4. *Cyfansoddiadau a Beirniadaethau Eisteddfod Genedlaethol Aberpennar,* 1940, 160
5. Virginia Woolf, *Collected Essays* (Llundain, 1964), Cyf. 4, 197
6. SYG, 25
7. Ibid., 13
8. Virginia Woolf, *Collected Essays,* Cyf. 4, 196
9. Ibid., 200
10. Diddorol sylwi mai gwraig *afiach* hefyd yw Beti Jones, TH.
11. *Cyfansoddiadau a Beirniadaethau Eisteddfod Genedlaethol Aberteifi,* 1942, 142
12. SYG, 10
13. Ibid., 60
14. Ibid., 10
15. Ibid., 35
16. Ibid., 55
17. Ibid., 62
18. Edwin I. Megargee, Jack F. Hokanson, (Gol.), *The Dynamics of Aggression* (Efrog Newydd, 1970), 17
19. SYG, 8
20. Ibid., 23
21. Ibid., 30
22. Ibid., 61
23. Ibid., 89-90
24. Ibid., 91
25. Ibid., 80
26. Ibid., 94
27. Ibid., 81
28. Ibid., 80
29. Ibid., 82
30. Ibid., 87-88
31. Ibid., 74
32. Ibid., 84
33. Ibid., 93

    Y mae cryn bwyslais 'siarad i amgyffred' ym myd addysg y dyddiau hyn. Yr athroniaeth sylfaenol yw fod plant, wrth siarad am broblemau a ffenomenau, yn dod i'w dirnad yn llawer gwell nag a wnaent wrth 'feddwl' amdanynt yn unig. Dyma ran o'r esboniad ar a ddigwydd i Ffebi yma. (Rhan arall yw'r ffaith ei bod wrth siarad am ei phroblem a'i lleisio yn ei chydnabod.) Gweler erthygl gan James Britton yn: *Language, the Learner and the School,* (Penguin, Llundain, 1969), yn dwyn y teitl 'Talking to Learn'. Gweler hefyd: James Britton, *Language and Learning,* (Llundain, 1970).
34. SYG, 93
35. Frederick Copleston, *Contemporary Philosophy* (Llundain, 1965), 135
36. SYG, 19

37. Ibid., 19
38. Frederick Copleston, *Contemporary Philosophy*, 128
39. SYG, 81
40. George L. Mosse, *The Culture of Western Europe* (Llundain, 1963), 407
41. J.E. Meredith, (Gol.), *Credaf* (Aberystwyth, 1943), 67
   Gweler hefyd lyfr Mosse, 333, am ddisgrifiad Kierkegaard o'r cyflwr:
   Kierkegaard set the stage for much of later Christian existentialist thought by
   reinterpreting the story of Abraham's sacrifice of Isaac. Abraham was both
   committing a murder and making a sacrifice to God. He loved Isaac and yet wanted
   to kill him. Kierkegaard developed his thought through such a love for paradoxes
   and he later was widely imitated in this. The final paradox of this story occurred
   when God gave Isaac back to Abraham. The father now acted as if nothing at all
   had happened; he was joyful with his son as before. What did all this mean?
   Abraham had drained the cup of despair and thus knew the bliss of the infinite.
   Faith had taught him the lesson that life was absurd and not reasonable, for 'he has
   resigned everything infinitely and then grasped everything again by virtue of the
   absurd'. The faith which had taught him this lesson was far from the comforting
   faith of the churches; it was the 'dread' which led to 'fear and trembling' before God.
   Through this faith he had comprehended life and he was thus able to joke with Isaac
   immediately after trying to murdur him. 'Humble courage is required to grasp the
   temporal by virtue of the absurd, and this is the courage of dread'.
   Ac meddai Mosse am ymateb Kierkegaard i'r byd y trigai ynddo:
   . . . man lived in an absurd illogical world, enveloped by illusions and driven by
   despair. Escape lay in grasping and accepting the absurd. This could only be
   accomplished through a decision of faith which required a total resignation, a
   resignation which signified a recapturing of life.
42. SYG, 94
43. Dyma brofiad y seintiau ar hyd yr oesoedd. Cofir mai dyma brofiad 'Theomemphus'
   yntau yn y gerdd o'r un enw gan William Williams, Pantycelyn.
44. Cofir am Ffebi'n sôn amdanom fel 'rhyw fân bryfed', a gwelir yr un profiad o
   fychander dyn yng nghyfanrwydd y greadigaeth yn stori olaf TYYG.
45. Frederick Copleston, *Contemporary Philosophy*, 141-142

Y Byw sy'n Cysgu – Rhan Un

Ar ôl cyhoeddi *Stryd y Glep*, naturiol rywsut oedd i KR droi unwaith eto at y nofel. Ystyriwyd yr enaid unig (a sumboleiddiwyd gan Ffebi Beca) a'i broblemau o fewn ffiniau'r *nouvelle*, eithr roedd angen libart ehangach i gymharu dau fyd (byd *Traed Mewn Cyffion* a byd *Stryd y Glep*), eu cloriannu a'u cysoni. Dyma o leiaf un rheswm, dybiwn i, dros ddewis ffurf y nofel ar gyfer *Y Byw Sy'n Cysgu*.

Ar un wedd, y mae'r nofel hon yn brin o'r amrywiaeth a geir yng ngwaith Daniel Owen – amrywiaeth cymeriad, amrywiaeth iaith, ac amrywiaeth tempo; a chlywyd cŵyn am hyn gan rai beirniaid. Ond nofel wedi'i gwreiddio mewn gweledigaeth storïwr byr ydyw, a chyfyngderau'r weledigaeth honno'n rhan o'r dweud. Troi'n ei hunfan y mae'r prif gymeriad, Lora Ffennig, ac y mae'r syrffed a ddaw i'w rhan yn cyrraedd y darllenydd. Unplygrwydd undonog y *nouvelle* wedi'i ddefnyddio i bwrpas artistig a geir, ac wrth sylweddoli hynny, yn raddol daw'r darllenydd i stad o gydymdeimlo â Lora a thry'r profiad syrffedus yn wefr artistig.

Y mae'r sefyllfa waelodol hefyd yn rhan o'r dweud. Problem fawr Lora yw nad yw'n ei deall ei hun a'i theimladau, a'r eironi yw 'mai'r sawl y gallai ddweud ei theimladau wrtho oedd yr achos bod arni eisiau dweud yr hyn a oedd ar ei meddwl'. Rhydd hyn fframwwaith eironig i'r holl waith. Newidiodd un digwyddiad tyngedfennol y cwbl i Lora. Fe'i gadawyd yn unig mewn sefyllfa sy'n ddieithr iddi, heb un canllaw i afael ynddo.

Gan fod cymaint o sôn am effeithiau rhyfel ar un fel Iolo, sef gŵr Lora, a sôn parhaus am hoffter y gymdeithas o dadogi pob drwg a gwendid ar y rhyfel hwnnw, nid annheg hwyrach fyddai meddwl am argyfwng Lora Ffennig yn nhermau argyfwng cymdeithas gyfan ym mhedwardegau'r ugeinfed ganrif. Dyma'r cyfnod y daeth y rhwyg terfynol rhwng safonau traddodiadol y gymdeithas Gymreig (safonau *Traed mewn Cyffion*) a'r safonau newydd rhyngwladol neu – yn nhermau'r nofel hon – rhwng safonau Bryn Terfyn ac

Aber Entryd. Ymglywir â'r gwewyr a'r dryswch a ddaeth pan yw Lora'n haeru na ŵyr 'ar y ddaear beth ydy pechod erbyn hyn'.

Gynt yr oedd safonau pendant, safonau sy'n para yn nillad, ac yn agwedd meddwl a siarad plaen rhywun fel Dewyrth Edward. Wrth ymweld â Lora, gwisgai:

> [yr] un dillad ag a wisgai ddechrau'r ganrif – trywsus du, cul, tynn, a chôt hir, gul, denn yn botymu'n uchel, het galed am ei ben, a choler a siêt hen-ffasiwn heb dei o gwmpas ei wddf, y siêt yn bochio allan uwchben ei wasgod fel bwa pont. (47 *YBSC*)

ac fe'i cyhuddir ganddi o fod 'ar ôl yr oes, y chi a'ch dillad'. Ond y mae'n bendant ei farn ynghylch Iolo: 'hen furgyn' ydyw; pechodd, ac y mae'n golledig, tyf yn sumbol o ffordd arbennig iawn o edrych ar fywyd, ffordd na all y 'bobol sydd wedi cael tipyn o addysg a mynd i fyw i'r dre' ei dirnad, sef ffordd anghymleth y Fictoriaid.

Du a gwyn yw bywyd i Jane, chwaer Lora, hithau:

> Nid oedd ganddi amynedd efo rhyw bobl fel Iolo Ffennig, ac os oedd wedi dyfod â thrwbl i'w chwaer, ei bai hi oedd ei briodi. 'Dyna beth sydd i'w gael', oedd ei hagwedd hi, yr oedd achos ac effaith pob dim cyn nesed yn ei meddwl afresymegol hi â ddoe a heddiw. Iddi hi yr oedd Iolo Ffennig fel hyn pan briododd, ac ar ei chwaer yr oedd y bai na ddarganfuasai hynny. (114 *YBSC*)

Safbwynt crefyddwyr yw hwn ac, i Lora, yr oedd 'mor gul â chyllell'. Eithr hi a Dewyrth Edward yw lladmeryddion byd Bryn Terfyn, byd sydd 'allan o'r byd bron', ac yn 'fil o flynyddoedd oddi wrth' fywyd y dref a'i broblemau.

Nid bod Lora Ffennig yn cynrychioli hanfod y bywyd trefol! Plentyn ei chyfnod a'i chefndir yw hithau i gychwyn, ac y mae'n llawn sylweddoli hynny pan yw'n cyfaddef mai 'dim ond rhyw ddwy radd yr oedd hithau'n well' wrth gyhuddo Jane o fod yn gul. 'Mae effaith ein magu arnom ni', meddai mewn lle arall, gan arswydo wrth feddwl am adael i'w henw gael ei lusgo drwy lysoedd barn. Fe'i magwyd mewn oes a roddai bwys ar barchusrwydd a gweddusrwydd, a hynny sy'n peri i'r ffaith fod Iolo wedi gwneud 'peth mor gyhoeddus' â'i gadael ei brifo'n fwy na'r ymadawiad ei hun. Mae sut y mae'n ymddangos yn bwysig iawn iddi; y mae'n malio am syniad pobl amdani. Nid yw am sôn am ei hamheuon ynghylch Iolo wrth Owen a Miss Lloyd rhag iddynt 'newid yn hollol' a'i:

> chondemnio hi. Onid hyn fu ei hofn erioed? Ofn i'r rhai a hoffai newid barn amdani. Onid dyna ei siom yn Iolo? Onid amdani hi ei hun yr oedd ei gofid yn y pen draw. (58 *YBSC*)

Yr oedd llen rhyngddi a'i chymdeithas, a'r llen hon sy'n peri i Mrs. Roberts, y drws nesaf, a Mr. Meurig synio amdani fel 'dynes bell'.

Rhôi'r hen gymdeithas bwyslais hefyd ar rinweddau fel ymddiriedaeth, cyflawni dyletswydd, rhoi gwasanaeth onest ac ufudd, ar feddwl a malio am eraill, ar i bawb wybod ei le, ac ar iaith lân a gweddus – fel y tystia rheolau unrhyw gapel o'r cyfnod – ac fe adlewyrchir y meddylfryd yn Lora Ffennig. Ceryddir Derith am alw'r ceffylau ffair yn 'geffyla-mynd-fel-diawl' oherwydd nad yw'n 'beth neis i ddeud', er bod Lora'n teimlo fod gan y bechgyn a'i defnyddiodd allu i ddisgrifio. A phan yw Aleth Meurig yn ceisio gan Lora roi ysgariad i'w gŵr ac heb gael fawr o ymateb, fe'i ceir yn dadelfennu a chloriannu ei safonau hi a'i lletywyr:

> mor fuan y buasai Sais neu Ffrancwr yn setlo mater fel hyn . . . Yr oedd y tair yn y fan yna heno, yn gwbl amddifad o lawenydd bywyd, am fod dyletswydd yn dyfod gyntaf iddynt. Fe aent yn hen o un i un, fel yna, ac ar ddiwedd bywyd llwyd, fe ddywedai rhywun wrh ben eu bedd, "Yr hyn a allodd hon a'i gwnaeth," (182 *YBSC*)

gan awgrymu'n sinigaidd mai ofer fyddai'r aberth.

Fodd bynnag, i Lora roedd cyflawni dyletswydd yn anosgoadwy. Ar ôl dechrau dysgu, er enghraifft, rhoes help ariannol i'w rhieni; ac y mae'n arfaethu gwneud yr un peth ar ôl clywed am salwch Owen, ei brawd-yng-nghyfraith. Ar ôl priodi credai 'mai'r unig ffordd i gadw cartra wrth i gilydd oedd gwneud y cartra hwnnw yn gysurus' i'r un yr oedd 'wedi rhoi ei hymddiriedaeth [iddo] unwaith ac am byth'. Mae'n driw i Iolo hyd yn oed wedi iddo ddianc, ac yn ddi-feddwl-ddrwg, a difalais wrth sôn amdano. Mewn gair, nid oes fawr o wahaniaeth rhyngddi hi a'r rhan fwyaf o aelodau'r gymdeithas 'sy wedi cyd-dyfu efo'i gilydd o'r un gwreiddiau'.

Yr hyn sy'n peri iddi newid yw'r argyfwng. Yn ei sgîl daw llu o amheuon i danseilio sylfaen ei byw. Esgor ymboeni am barchusrwydd ar gwestiynau fel:

> Pam yr oedd yn rhaid ffugio efo dim? A fuasai ei phlan rywfaint gwaeth petaent yn galw pob dim wrh ei enw gwerinol? A oedd plant Stryd y Slym yn y dref rywfaint gwaeth? (56 *YBSC*)

Daw i gytuno â'r gweinidog fod celwydd 'er iddo fo gael ei brofi'n gelwydd wedyn' yn gadael 'ryw frwsiad . . . ar ôl, dest ddigon i guddio'r gwir o'r golwg', ac nad 'y gwir ydi'r gwir', 'mewn byd . . . [y] mae'n rhaid i ddyn fyw [ynddo] gwaetha'r modd'.

Daw'r wraig a oedd yn berffaith gytûn â safonau arbennig ychydig ynghynt, i resynu 'fy myw mewn cymdeithas mor gul' yn ei hymwneud ag Aleth Meurig, ac i glecian ei bawd yn sumbolaidd ar y gymdeithas a pheidio â malio wrh smocio gyda Linor yng Ngholwyn Bae. Dysgodd hefyd i Rys sut i'w galedu'i hun, a bu'n fodlon 'ei bychanu ei hun' i gael sicrwydd meddwl tra roedd Rhys yn yr ysbyty, heb ymboeni am y ddelwedd gyhoeddus. Yn ei dyddlyfr, wedyn, cafodd fynegi 'rhywbeth y rhwystrwyd fi gan y gymdeithas yr wyf yn byw ynddi rhag ei fynegi', sef mai 'lol ydyw bywyd hefyd'.

Ond ar gychwyn y cyfnod yma, chwap wedi'r chwalfa, yr unig ganllawiau sicr i ymaflyd ynddynt yw ei safonau, ei ffordd o fyw, ac fe fynegir hyn – yn drosiadol gryno inni – drwy beri i Lora ymweld â'i hen gartref, sef ymweld â'i gorffennol hi ei hun:

O'r pellter deuai sŵn ei phlant hi a phlant ei chwaer yn gweiddi nerth esgyrn eu pennau o'r gwahanol feudái a'r cytiau. Wrth eu clywed gallai dyngu mai sŵn ei brodyr a'i chwiorydd hi ei hun pan oeddynt yn blant chwarter canrif yn ôl ydoedd. Yr un dinc, yr un os. Cerddai o gwmpas a'i phen i lawr fel petai'n chwilio am rywbeth a gollasai. Nid chwilio yn ei chof yr oedd am y pethau a oedd yn eiddo iddi pan oedd yn blentyn, dylifai'r atgofion drosti fel dŵr. Profi ei chof yr oedd wrth blygu a chwilio. Yn y fan yma wrth ben y grisiau cerrig a âi i lawr i gefn y beudy o'r gadlas y dylai'r garreg lefn honno fod. Yn y fan yma y dylai bach fod yn taflu allan o'r wal. Yn y fan yma y dylai ei henw hi ac Iolo fod wedi ei gerfio â chyllell ar bostyn y llidiart. Ac yn y mannau hynny yr oeddynt. Yr oedd y cwbl fel sym yn dyfod yn gywir . . . Aeth i lawr y grisiau i gefn y beudy, a phlygu ei phen yn reddfol wrth fyned drwy'r drws. Bron na ddywedai fod yr un gwe pry cop yno ag oedd chwarter canrif yn ôl, a'r un darn o lechen yn taflu allan o'r wal i ddal y gannwyll. (75 *YBSC*)

Ynghanol ei hansicrwydd erys rhai pethau'n ddigyfnewid, ac i ganol ei dryswch y mae'r profiad o wybod hynny'n gysur iddi. Ac eto, rhywsut, nid yw'r pethau yma a'r hyn a gynrychiolant yn berthnasol i'w sefyllfa bresennol:

yr oedd yr holl bethau yr oedd wedi eu hail-fyw . . . fel llun pobl o'r un cyfnod, efo'u coleri stic-yp dwbl, y llabedi cotiau uchel, y trywsusau tyn a'r cotiau cwta.[1] Yr oeddynt yno yn llonydd, wedi bod ac heb fod, ni chodent unrhyw gynnwrf y tu mewn iddi, nid arweiniai hiraeth hi i unman ond i bwll o ferddwr. Rhyw ddiwrnod fe ddiflannai'r lluniau yna oddi ar y cerdyn, ni byddai dim ar ôl ond sbotiau brychni . . . Ond yr oedd rhywbeth o'i blaen ar y palmant yma heno, rhywbeth anodd ei ddiffinio. Yr oedd ar dân am gael mynd i'r tŷ, rhoi'r plant yn eu gwelyau, a mynd ati i sgrifennu yn ei dyddlyfr. Y hi ei hun oedd yn y fan honno, y hi ei hun fel yr oedd heddiw, yr unig hi ei hun mewn bod. (81-82 *YBSC*)

Meddai eto mewn man arall: 'yr wyf wedi fy nhorri i ffwrdd oddi wrth fy

184

ngorffennol pell'. Newidiodd natur y gymdeithas a'i phroblemau gymaint fel mai gwiriondeb mulaidd fyddai iddi 'osod safonau ei hoes ei hun i'w phlant gan feddwl mai hyn fyddai o les iddynt', a'r newid hwn a bair i Linor ofyn: 'A oedd gan ein teidiau a'n neiniau broblemau fel hyn?'

Beth fu'r newid a fu yn y gymdeithas, a sut yr oedd problemau Lora'n wahanol i rai 'ein teidiau a'n neiniau'? Yn fyr, bu o leiaf ddau newid chwyldroadol. Trodd yr ail ryfel byd safonau, ac i raddau ddosbarthiadau cymdeithas i waered, a ganwyd y wladwriaeth les. Cododd y blaenaf gwestiynau na ellid eu hateb gan ddiwinyddiaeth a chanonau confensiynol yr hen fyd, a chwalwyd undod y gymdeithas a goleddai'r canonau hynny gan amryw ffactorau, gan gynnwys: ymfudo i chwilio am waith, dosbarth gweithiol mwy symudol, a thwf radio a chyfarpar cyfathrebu. Daeth dyn ail hanner yr ugeinfed ganrif i'w deimlo'i hun yn llai o aelod o un teulu mawr, 'o'r un gwreiddiau': tyfodd yn unigolyn. A rhoes twf y wladwriaeth les, a'r gostyngiad mewn tlodi, y rhyddid i'r unigolyn hwnnw droi ei olygon oddi wrth broblemau bodoli at broblemau bodolaeth. Un o'r unigolion hynny oedd Ffebi Beca: ei 'chwaer', fel petai, yw Lora Ffennig:

> 'Nhad a mam,' meddai, 'yn gorfod gadael y byd yma yn weddol ifanc o achos tlodi. Dyna'u poen nhw. A 'dydan ninna fawr gwell efo phoena eraill . . . *mae* yma betha gwaeth na thlodi.'

Yn sicr ddigon, un o broblemau Lora yw'r ffaith i Iolo Ffennig ei gadael hi a'i phlant a dianc gyda gwraig arall. Ond problem a esgorodd ar broblemau llawer mwy ydyw, a'r rheini'n ymwneud â hanfod bodolaeth. Cyn hyn cysegrodd Lora ei hun i gadw aelwyd gysurus i'r teulu gan ei chadw'i hun o hyd braich oddi wrth fywyd. Penderfynid popeth ar ei rhan, un ai gan ei gŵr, gan 'draddodiad' y teulu, neu gan y 'norm' cydmdeithasol, heb iddi hi fod ynglŷn â'r broses o gwbl. Ond ddim mwyach. Â Lora drwy brofiad dirfodol. Fe'i disgrifir yn eithaf manwl inni tua hanner y ffordd drwy'r gwaith, pan yw Lora'n nodi myfyrdodau un noswaith yn ei dyddiadur:

> Petai Iolo a minnau wedi dal ymlaen i fyw fel yr oeddem, ni fyddai yna newid, fel y newid wrth fynd o un pen i wastadedd i'r llall. Nid yr un peth fyddai diwedd y gwasatdedd â'i ddechrau, er iddo edrych yn debyg. Mae'r newid a ddaeth i'm bywyd i fel dyfod i fynydd heb ei ddisgwyl. Yr wyf innau yrwan yn ceisio dringo ei lethrau heb edrych yn ôl am fod y dringo ei hun mor anodd. Ofer edrych yn ôl pa'r un bynnag, oblegid mae'n amhosib cario dim o'r hyn a fu gyda mi. Yn y gorffennol y mae hwnnw, ac yno y mae'n rhaid iddo aros. (155 *YBSC*)

Cyn y profiad ysgytwol, prin fu'r rhwystrau ar ei llwybr; 'gwastadedd' fu ei bywyd. Ond bu'r newid, 'fel dyfod i fynydd heb ei ddisgwyl'. Wynebwyd Lora Ffennig gan argyfwng ac anawsterau na freuddwydiodd am eu bodolaeth cyn hynny, a rhai sy'n hawlio'i holl sylw. A doedd hen ganllawiau ddim o gymorth. Roedd profiadau newydd yn mynnu ymateb newydd. Felly 'ofer edrych yn ôl'.

Y gred yma, gan ddirfodwyr, fod y Gorffennol yn amherthnasol i'r Presennol sy'n peri i'w cymeriadau fod mor unig. Nid oes y fath beth â phrofiad cyffredin. Mae i bob un ohonom ein cyd-destunau mewnol a'n cyd-destunau allanol ein hunain, sy'n golygu ein bod yn gorfod wynebu problemau'r dyfodol heb obaith cymorth o unlle. I raddau, mae pob dyn yn dduw, yn yr ystyr ei fod yn dewis ei Ddyfodol ei hun, a dyfynnu F. Copleston:

> Y mae dyn yn ei greu ei hun yn yr ystyr fod yr hyn y datblyga iddo yn dibynnu ar ei ryddid ac ar ei ddewis.[2]

Y Dyfodol a ddaw yn Bresennol, yw'r unig realiti mewn bod. Yng ngeiriau Lora Ffennig 'y hi ei hun fel yr oedd heddiw, yr unig hi ei hun mewn bod'.

Yn sicr, ni pharatowyd Lora ar gyfer y profiad trawmatig hwn. Yn un ar hugain oed credai fod ganddi syniad clir o'r hyn a olygai canol oed:

> . . . fe fyddwn yn edrych ymlaen at yr oed yma, ac yn meddwl mai deunaw ar hugain oedd yr oed yr hoffwn aros ynddo o hyd. Fe'm cawn fy hun yn meddwl y byddwn yn gryf o gorff ac o feddwl, ac wedi cael digon o brofiad i allu gwneud pob gwaith yr oedd arnaf eisiau ei wneud, ac na wnawn y camgymeriadau a wnawn pan oeddwn ifanc, ac y byddai bywyd yn dawel am fy mod yn gwybod fy meddwl fy hun ac wedi dysgu. (65 *YBSC*)

Wedi cyrraedd yr oed delfrydol, prawf ei 'phrofiad' yn ddiwerth. Mae ei siawns o wneud 'camgymeriadau' cymaint â chynt, a hithau mor ansicr ei meddwl ag erioed, yn byw 'ar gors'.

Un o agweddau'r profiad sy'n gwneud argraff ddofn ar Lora yw sydynrwydd newidiadau bywyd. Yn y dref, ddiwrnod ar ôl ymadawiad Iolo, ni all goelio'r ffaith nad yw ei gŵr yn ei swyddfa, a bod ganddi amser i hamddena yn lle rhuthro'n ôl i wneud bwyd. Yn nes ymlaen, fodd bynnag, plyga Lora i'r drefn anorfod – fel y gwelir yn un o'i sgyrsiau â Rhys ynglŷn â'u trueni:

> "'Dwyt i ddim llawn digon hen i ddallt pob dim wsti."
> "Pryd bydda i?"
> "O, 'dwn i ddim. Erbyn hynny mi fyddwn i gyd wedi anghofio amdano fo, a mi fyddi dithau yn meddwl am rywun arall."

"Am bwy?"

"Am ryw hogan," ebe'r fam dan chwerthin.

"Wel na wna wir. Hen gnafon ydi genod."

"Mi fu dy fam yn hogan unwaith."

"Fel hyn yr ydw i yn ych leicio chi."

"Ond cha i ddim bod fel hyn am byth."

"Biti ynte."

" 'Dwn i ddim. Mae arnom ni eisio i'r hen amser cas yma fynd heibio ond 'does?"

"Oes wir."

"Mi fydda i wedi newid. Mi fyddi dithau wedi mynd yn hogyn mawr, yn ddyn ifanc, a fydd dim byd yr un fath." (94 *YBSC*)

Ar ôl iddi brofi'r 'gwastadedd' a'r 'baradwys ffŵl' pair agor llygaid Lora iddi fod yn ingol sensitif i'r realiti newydd a wêl ac a deimla o'i chwmpas. Does dim yn sefydlog yn y byd sydd ohoni – 'mae cyfeillion dyn hyd yn oed yn newid'. Ac adleisir yr un profiad gan y cymeriadau eraill o'i chwmpas, rhai megis Annie Davies a Loti.

O gyrraedd y stad hon o sensitifrwydd, sydd â'i gwreiddiau yn y profiad ysgytwol sylfaenol, egyr cyfandiroedd eraill o sylweddoli i Lora Ffennig a'i lletywyr. Fe'i cafodd Annie ei hun 'ar gors ansicr o ddechrau adnabod pobl', tra mae Lora'n ddirfodol hollol yn teimlo na all dyn 'fod yn sicr o ddim ond ef ei hun'. Sylweddola na ddaw 'byth i bendraw [ei] hadnabyddiaeth o Iolo' nac ohoni'i hun. "Yr wyf," meddai, "wedi tirio hyd i'r anweledig a'r diwybod".

Ac os na all hi ddeall eraill, y mae'n dilyn na all eraill ei deall hithau a'i gwewyr. Ni all Owen, sy'n fwy annwyl iddi na neb, gydymdeimlo ond 'i bwynt neilltuol, y pwynt hwnnw lle mae'r dioddefydd yn gorffen a hwy eu hunain yn dechrau'. Ynys yw dyn heb obaith cyfathrach â'i gyd-ddyn. Y mae ei ddioddefaint yn unigryw iddo'i hun oherwydd fod crynswth y profiadau y mae'r profiad yn seiliedig arnynt yn unigryw. Ni allwn felly wybod am ddim oddi eithr 'ein tu mewn ein hunain'.[3]

Yn nes ymlaen diflanna'r sicrwydd hwn, hyd yn oed, ac meddai Lora:

> Dyma fi yn holi'r cwestiynau yma am un y bûm yn byw agos i ddeuddeng mlynedd ag ef, ac yn methu eu hateb, nac ychwaith yn methu rhoi ateb pendant am y ffordd y buaswn i fy hun yn ymddwyn. *Nid ydym yn ein hadnabod ein hunain ac y mae hynny yn fy nychryn.* Caf arswyd wrth feddwl fy mod wedi byw mor agos at Iolo, yn ddigon agos i allu darllen ei feddyliau a'i fod yntau yn caru efo dynes arall. (66 *YBSC*)

Dangosodd yr argyfwng agweddau arni ei hun i Lora na wyddai am eu bodolaeth ynghynt. Er hynny, gŵyr na all weld y tywyllwch eithaf. Ceir cip ar un o'r rhesymau cymhleth am hynny wrth i Lora sylweddoli nad yw llawer o'r hyn a wnawn yn cyrraedd yr ymwybod o gwbl. Perthyn i dir yr 'anweledig a'r diwybod' a wnânt, tir na ellir ei feddiannu a'i ddarostwng – dyma'r rhan ohonom a gaiff y fath sylw yn *Tywyll Heno*. Sylweddola y gall dyn ei dwyllo'i hun, a gwneud hynny'n hollol anymwybodol. Does fawr ryfedd i Lora faentumio nad yw'n rhyfedd 'fod y ddynoliaeth yn addoli Duw sy'n ddigyfnewid', gan nad yw'n bosib i fod dynol 'fod yn siŵr o ddim'!

Adleisir yn ansicrwydd yma drwy gydol y gwaith. Fe'i gwelir, er enghraifft, yn ymwneud Lora â'i phlant, yn enwedig yn ei hymwneud â Derith. Wrth syllu ar ei merch yn gorwedd wrth ei hochr yn ei gwely un noson, 'a'r olwg ddiniweitiaf ar ei hwyneb' cyfyd amheuaeth – 'Efallai bod digon o ddefnydd pethau heblaw diniweidrwydd yn ei hwyneb hithau'. Daw'r amheuon ynghylch ei phlant i grynhoi o gwmpas ei hamheuon yn ei chylch ei hun a'i gŵr fel pelen eira, ac fe'u tanlinellir pan ladratâ Derith fferins ei chyd-ddisgyblion yn yr ysgol. Er derbyn esboniad synhwyrol, nid yw meddwl Lora'n dawel, ac fe'i ceir yn myfyrio ynghlych y broblem yn ei dyddiadur:

> Mae hi'n blentyn anodd ei deall, mae hi fel sliwen yn llithro trwy ddwylo rhywun. Ambell funud yr wyf yn meddwl nad yw hi ddim yn gall, efo'r wên ddi-ystyr yna sydd ar ei hwyneb. Ac eto mae hi'n dysgu yn yr ysgol. Dyna pam yr oeddwn i mor falch ei bod hi wedi crïo, er y gall hi ffugio efo hynny. (190 *YBSC*)

Ni all dyn fod yn sicr hyd yn oed o'i blant ei hun; ni all fynd heibio i'r 'pwynt' lle y maent 'hwy eu hunain yn dechrau'.

Mae'r un peth yn wir am Rhys yntau. Nid yw Lora na'r darllenydd yn dod i wybod dyfnderoedd ei ymateb i ddiflaniad ei dad, a chyfaddefir hynny'n ddigon croyw gan Lora yn syth wedi i'w mab fynd i'r ysbyty:

> Mae'n debyg na chaf wybod beth yw ei wir boen, ai'r golled o golli ei dad, ai poen am fod hynny wedi golygu poen i mi.

Ni ŵyr hi, ac y mae'n fwy na thebyg na ŵyr Rhys yntau.

Nid yw'n syn canfod Lora, un prynhawn, yn edrych ar y plant yn chwarae ar un o gaeau Bryn Terfyn a synio (pan dyfent i fyny) y deuai:

> rhywbeth i gymryd lle'r llawenydd yma . . . Byddent hwy eu hunain wedi camu i ryw dir dieithr heb i neb gyfarwyddo eu cam. Ond nid oedd yn rhaid i'r tir dieithr hwnnw fod fel cors sigledig ychwaith, hyd yn oed os bu felly iddi hi. (127 *YBSC*)

Chwalwyd y sicrwydd a geid yn ei darlun o fywyd pan oedd yn un ar hugain oed; troes y 'gwastadedd' yn 'dir dieithr'.

Ymglywir â thinc tosturiol yn y sylwadaeth, a cheir yr un dôn yn ymwneud Lora â Marged. Saif Marged ar drothwy bywyd, a rhai o'r problemau y bu Lora'n ymgodymu â hwy'n dechrau'i chernodio. Yn wir, y mae ei sefyllfa – yn yr ail bennod ar bymtheg – yn gytras ag un ei modryb, ac yn gyfle i'r awdur roi sylwadaeth ar y sefyllfa sylfaenol honno. Brifwyd Marged gan un y mae'n meddwl y byd ohono, Iorwerth Richards. Rhoes ef hi heibio am gariad arall, a gwêl ei modryb blentyn yn dechrau gadael ei phlentyndod a'r 'ffordd yn hollol ddieithr' iddi. A, rhag inni fethu'r ffaith ei bod yn ddrych o'i modryb, dywedir wrthym yn groyw i Lora deimlo igian ei nith 'bron yn ei mynwes ei hun'. Parheir yr adleisiau yn y sgwrs sy'n dilyn:

> "Os ydi Iorwerth wedi gwneud tro sâl efo chdi, 'tydi o ddim yn un y gelli di ddibynnu arno fo yn nac ydi?"
> "Nac ydi."
> "Dwad ti rŵan dy fod ti saith mlynedd yn hŷn, a dy fod ti wedi bod yn ffrindiau efo Iorwerth am dair blynedd a'i fod o wedi mynd efo rhywun arall heb ddweud wrthat ti, mi fasa'n brifo mwy yn basa?"
> "Basa, 'd wi'n meddwl."
> "Mi fasa wedi mynd i lawr yn ddyfn i ti, a mi fasa'n fwy anodd gen ti feddwl am neb arall nac am ddim arall." (159 *YBSC*)

Mae pob gair yn berthnasol i sefyllfa Lora yn ogystal ag un Marged, ac er nad yw Lora'n llawn sylweddoli hynny, y mae'r darllenydd. Y mae'r episod gyfan yn dwysáu'r brif sefyllfa â phathos eironig.

Maen tramgwydd arall ar ffordd dyn i fod yn siŵr o bethau yw na all ymddiried o gwbl yn ei synhwyrau. Fel y dywed Lora, y mae'n 'berygl creu cam-argraff wrth ysgrifennu am amheuon; a hyd yn oed wrth eu dweud'. Y mae gwahaniaeth dybryd rhwng yr hyn a ymddengys, a'r hyn sydd. Nid yr un peth, er enghraifft, yw ymadawiad Iolo o safbwynt Mr. Jones y Gweinidog, neu berchennog y siop nwyddau, neu hyd yn oed Aleth Meurig, ag ydyw i Lora Ffennig. I Lora cnoc i'w hysbryd, i'r peth sanctaidd hwnnw rhwng dau, sef ymddiriedaeth, ydyw; fel problem ariannol y'i gwelir gan y lleill. I'r cyhoedd wedyn, gŵyr Lora y bydd ei phroblem wedi'i setlo ymhen ychydig amser:

> Cyn pen ychydig iawn o amser, bydd y rhan fwyaf o bobl wedi anghofio am fy helynt i, ac ni fyddaf yn neb ond y peth dirmygedig hwnnw, rhyw ddynes a'i gŵr wedi ei gadael, heb neb i gofio pam. Daw Miss Lloyd yn ôl ymhen ychydig ddyddiau, ac mi fyddwn eto yn dechrau byw fel yr

oeddem ddiwedd y tymor diwethaf, pob dim wedi mynd i'w le yn ei ôl, yr un fath â llyn wedi cymysgu ar ôl cenlli, ac yna'n gwaelodi wedi iddi fynd heibio. Fel yna y bydd y pethau tu allan beth bynnag. Ysgwn i a ddaw fy meddwl byth i'r un cyflwr o dawelwch? (156 *YBSC*)

Bydd cryn wahaniaeth rhwng ei gwir gyflwr a'r ffasâd.

Weithiau, i gymhlethu pethau, ceir pobl yn rhoi camargraff fwriadol. Cafwyd Lora'n gresynu fod yn rhaid 'ffugio pob dim' i fyw'n gytûn mewn cymdeithas. Ceir un fel Mrs. Roberts, y drws nesaf, yn sgwrsio'n hamddenol am bob dim ac eithrio'r hyn sydd ar ei meddwl pan ddychwel Lora o'i gwyliau yn y wlad, a cheir un fel Mr. Meurig droeon yn meddwl un peth a dweud peth arall. Brydiau eraill cynhelir camargraff, a'i pharhau, rhag brifo cyfeillion. Dyma, er enghraifft, un rheswm dros i Lora barhau i chwarae cardiau ar yr aelwyd gyda Mr. Meurig, Loti, ac Annie, er syrffedu ar hynny:

> Yr oedd yn gas gan Lora chwarae cardiau . . . a dim ond er mwyn plesio a rhwystro sefyllfa annifyr y chwaraeodd heno. Yr oedd yn rhaid iddi roi ei holl ewyllys ar waith er mwyn chwarae rhyw fath o chwarae.

Â'r sefyllfa'n fwy cynhleth fyth weithiau, fel pan yw Lora ar ganol y gêm syrffedus, am un eiliad fechan, yn cael chwerthin am ben stori gan Aleth Meurig am hen ŵr o'r wlad yn gwneud ei ewyllys. A hithau'n ymddangosiadol hapus, geilw Esta, ei chwaer-yng-nghyfraith, a chael camargraff hollol o'r wir sefyllfa. Y darllenydd yn unig a ŵyr am gasineb Lora at gardiau; ac ef yn unig a ŵyr mai un smotyn o oleuni'n unig ynghanol tywyllwch yw'r cyfan. I Esta, troes ei chwaer-yng-nghyfraith ei chefn ar ei helbulon a dechrau'i mwynhau ei hun yn groengaled, ddifeddwl. Ni wêl hi'r celwydd dwbl.

Nid sefyllfaoedd yn unig sy'n gamarweiniol; y mae geiriau hefyd, Fe deimlir droeon yn y gwaith fod cyfathrebu'n anodd os nad yn amhosibl, – fod geiriau'n annigonol, ac yn adlais salw o'n meddyliau. Wrth sgwrsio ag Owen ar un o'i hymweliadau, er enghraifft, ceir cip fewnol ar feddyliau Lora, a hithau newydd awgrymu ei bod hi ac Owen yn yr un cwch a bod yn 'rhaid inni i gyd ddiodda'r petha yna, a threio byw'. Yn ei meddwl: 'Yr oedd yn edifar ganddi ddweud hynna cyn gynted ag y daeth allan o'i genau'. Cydymdeimlad caredig sydd y tu mewn, tra bo'r masg allanol yn llawer garwach!

Weithiau, cyfyngiadau iaith sy'n methu trosi'r haniaethol yn ddiriaeth o sŵn; dro arall, y sensor mewnol sy'n bwriadol wahanu'r syniad oddi wrth y mynegiant. Gall Lora ddweud wrth Aleth Meurig nad oes obaith iddo ei chael yn wraig, gan feddwl – ar yr un pryd – mor braf yw cael pryd o fwyd yn ei gwmni, a gall yntau gydymdeimlo â hi yn ei thrallod, gan resynu y tu mewn ei bod mor naïf a di-feddwl-ddrwg! Fe ŵyr Lora'n burion am y ddeuoliaeth hon, ac meddai:

Onid yw'n beth rhyfedd ein bod mor amharod i fynegi ein teimladau gorau tuag at ein gilydd.

Gŵyr am lyffetheiriau arferion a defodau cymdeithasol a phatrymau ymddygiad. Gresyna at y ffaith; ond, ar yr un pryd, fe'i derbynia fel rhan o fodoli.

Ceir camargraff weithiau wrth beidio â chlywed y geiriau cydnabyddedig addas sy'n ddisgwyliedig mewn sefyllfa. Mae ar Loti ofn, er enghraifft, iddi bechu yn erbyn Lora Ffennig wrth beidio â dweud gair wrthi noson y drychineb: "Gormod o biti drosti oedd gen i wir," meddai, "a fedrwn i ddim dweud dim wrthi". I Lora Ffennig, fodd bynnag, gallai fod dehongliad arall:

Mae'n siŵr i bod hi'n meddwl mod i'n gweld bai arni wrth fod Ffennig yn gweithio acw, a mod i'n cymryd i ochr o.

Camargraff ddybryd fyddai honno; ond camargraff eithaf posibl a chyfathrebu'n broses mor oddrychol. Y mae'r profiad hwn yn brofiad cyffredin sy'n britho'r gwaith.

Eir i un eithaf pan yw Annie'n disgrifio sgwrs yr aelwyd ar noson y cardiau:

. . . siarad er mwyn siarad yr oedden ni . . . petaen ni'n dechrau dweud ein profiad, ein gwir brofiad, mi fasa'r gegin yma'n wag mewn eiliad. (181 *YBSC*)

Ychwanega fod y cyfyngiad hwn yn un o amodau angenrheidiol byw, fod rhagrith yn angenrheidiol, ac mai 'sgwrs ffug' yw'r peth nesaf at realiti y mae'n bosibl inni ei gael!

*   *   *   *

Dadleuwyd hyd yma fod Lora Ffennig yn cynrychioli cenhedlaeh a brofodd newidiadau cymdeithasol sylfaenol ym mlynyddoedd canol ail draean yr ugeinfed ganrif. Y mae hefyd (fel Ffebi, a Beti Jones) yn gynnyrch canrif a fagwyd yn sŵn clochdar clychau clodfawr gwyddoniaeth. Nid syn felly ei chael yn ymateb i'w phroblemau drwy geisio dadansoddi a chanfod rhesymau dros ei hanffawd, a cheisio dadansoddi a dadelfennu'i hymtaeb iddi. Eithr un o wersi profiad trawmatig Lora yw dangos iddi y gall y 'meddwl' neu'r rheswm fod yn llyffethair, os nad yn rhwystr, ym mherthynas pobl â'i gilydd. Y mae bywyd mor dywyll annirnad nes ei fod uwchlaw rheswm, a'r unig ffordd i fyw yw derbyn hynny a mynd i'w gyfarfod yn bositif ffyddiog. Pan yw Lora yn ei chyflwr anrhesymegol y mae'n gymharol hapus.

Rhyw stad fel hyn yw honno pan â gyda'r plant i'r darluniau. Yno ceir:

Cannoedd o blant a sŵn fel rhaeadrau di-derfyn fel miloedd o rugog grug, storm o fellt a tharanau wedi eu cymysgu. Aroglau chwys, budreddi, sebon, oel gwallt, a hithau Lora, yng nghanol yr holl stwr a'r dwndwr, a'r chwain reit siŵr, yn medru anghofio pob dim ond y peth oedd o'i chwmpas mewn gwlad arall dywyll am hanner prynhawn. (55 *YBSC*)

Nid yw'n gorfod meddwl. Fe'i mesmereiddir i ryw limbo afreal lle gall anghofio 'cynefin poen' y byd tu allan.

Weithiau y mae'n broses fwy bwriadol, yn debycach i ataliaeth Theoememphusaidd nag i'r ddamwain oddefol uchod. Pan â gyda'r plant 'dros yr afon' un diwrnod, er enghraifft, gorwedda ar ei chôt ar ei glan:

Yr oedd yn braf clywed yr haul ar ei choesau, a'r awel yn dyfod at ei phen. Trwy gil ei llygaid gallai weld y plant yn cerdded yn y dŵr, a lliwiau eu dillad yn croesi ei gilydd. Nid oedd y tonnau yn drystiog yn y fan yma wrth dorri ar y traeth, ond deuai *distawrydd tangnefeddus* wrth i'r don fyned yn ei hôl o hyd, a lleisiau'r plant yn swnio'n bell, fel petaent mewn ystafell arall mewn tŷ, er eu bod yn ymyl. *Medrodd alltudio pob dim o'i meddwl, a bod yn ymwybodol o ddim, ond ei bod hi yno yn gorfforol yn unig, yn gorffwys mewn tawelwch*, a dim ond digon o sŵn i'w suo i gysgu. *Yr oedd ei meddwl wedi stopio gweithio*, a theimlai fel y meddyliai hi y teimla dafad wrth fynd i gysgu. (102-103 *YBSC*)

Yma, Lora Ffennig sydd wrth y llyw yn 'alltudio' popeth o'r 'meddwl', a'r ymwybod mewn cyflwr o syrthni 'corfforol' – eithaf yr ansensitifrwydd annadansoddol a gyflëir mor glir wrth sôn am y ddafad. Pan yw ei 'meddwl ar un smtoyn o hyd, yn troi fel gwyfyn o gwmpas lamp', ni cheir ond poen, rhydd y syrthni iddi 'ddistawrwydd tangnefeddus'.

Y mae KR yn ymwybodol iawn fod gan ddyn o leiaf dair elfen: yr enaid, y meddwl, a'r corff. Iddi hi, saif yr olaf am y corff a'r synhwyrau i gyd. Yn fynych yn ei gwaith gall cymeriad, ynghanol tryblith bywyd, ganolbwyntio ar yr ochr anifeilaidd i'n bodolaeth, ar fodoli'n unig, a chael dihangfa trwy fwynhau clywed te cynnes yn llifo i'r stumog, neu flas ymenyn cartre ar daflod y genau. Caiff Lora Ffennig 'fwynhad mawr' wrth yfed coffi yn siop y groser ychydig ddyddiau wedi ymadawiad Iolo, ac yn ei thŷ ei hun un diwrnod fe geir disgrifiad eithaf manwl o'r math yma o ataliaeth, a hithau'n hwylio te:

Am bedwar o'r gloch yr oedd popeth yn barod ganddi a dechreuodd hwylio te. Erbyn hyn yr oedd yn y stad feddwl honno pan allai gau'r pethau anghysurus allan fel cloi drws ystafell ar lanast er mwyn ei anghofio, a *mwynhau*'r hyn a oedd o'i blaen. (110 *YBSC*)

Wrth gau'r pethau anghysurus allan 'fel cloi drws' y mae'n bosibl 'mwynhau', – geiriau sy'n rhoi dyfnder sumbolaidd ac adleisiau seicolegol i episod newid y cloeau. Dyma inni 'ataliaeth', sef y broses a elwir gan seicolegwyr yn alltudio'r poenus a'r annifyr.

Gellid amlhau'r enghreiffiau, ond y mae'n rhaid rhoi blaenoriaeth sylw i'r prif gyfrwng a ddewiswyd gan yr awdur i gyflwyno'i syniadau am y rhesymegol a'i wrthgyferbyniadau, sef yr ymsonau mynych am natur priodas. Wrth i Aleth Meurig egluro i Lora fod Iolo am briodi Mrs. Amred a bod honno'n wraig ystumddrwg a chyfrwys, ymateb Lora yw:

> "Wel druan o bob dyn gwan ddyweda i, os bydd o wedi mynd i grafangau dynes fel Mrs. Amred."
> "Mi aeth â'i lygad yn agored."
> " 'Does neb yn gwneud peth fel yna â'i lygad yn agored. Petawn i wedi priodi Iolo â'm llygad yn agored, nid y fo faswn i wedi'i briodi."
> "Ella i fod o'n iawn y pryd hynny. Ella mai wedyn y daeth y pethau eraill yma."
> "Mi'r oeddan nhw ynddo fo'r pryd hynny, ond y mod i'n rhy ddall i gweld nhw. Trwy drugaredd mi fûm yn ddall hyd fis Mai dwaetha."
> "Pam drwy drugaredd?"
> "Mi ges i fyw mewn rhyw fath o baradwys, paradwys ffŵl mae'n wir."
> "Ond mi'r oedd hi'n ergyd fwy pan ddaeth hi."
> "Oedd, ond mi arbedodd lawer o bethau cas i'r plant." (174 *YBSC*)

Digon yma yw nodi nad rhywbeth rhesymegol yw priodi i Lora. I'r gwrthwyneb, pe bai'r peth yn rhesymegol 'nid y fo faswn i wedi'i briodi'. Yn wir, caed 'paradwys' o beidio ag amau a pheidio â defnyddio rheswm.

Ni all Lora ddychmygu hapusrwydd gydag Aleth Meurig oherwydd i siom Iolo:

> wneud fy llygaid i'n gliriach, 'r ydw i wedi callio. A 'does neb call yn mentro llawer . . . 'Dydw i ddim yn meddwl y ca i byth y math yna o hapusrwydd eto, o achos yr un peth sydd wedi digwydd imi. Mi faswn ar fy ngwyliadwriaeth o hyd ac yn byw mewn ofn. (200-201 *YBSC*)

Nid yw callineb yn un o lawforynion hapusrwydd: eithr y mae'r ochr fentrus i ddyn, yr ochr afresymegol sy'n rhy annadansoddol i allu enwi a labelu angenrheidiau priodas ac sy'n bodloni ar sôn am 'y rhywbeth mawr'.

Yn y *nouvelle*, *Tywyll Heno*, pan mae Beti Jones mewn sefyllfa debyg i Lora, sudda o dan y dŵr cyn codi i ail-wynebu bywyd. Rywsut y mae i Lora ddigon o ruddin i osgoi hynny, er iddi hithau ddod yn agos iawn i suddo. Ar ôl dod yn ôl oddi ar ei gwyliau ym Mryn Terfyn anfona Mr. Meurig amdani i ddweud fod Iolo wedi bod o gwmpas yr ardal, a rhydd y newydd gryn sioc iddi. Wedi ymlusgo adref ac agor y drws:

> teimlai fod y lobi yn rhy drwm a thywyll iddi allu anadlu ynddi, a dyheodd y munud hwnnw, drwy chwarae gêm Rhys, fod yn ôl ym Mryn Terfyn . . . Yr oedd sŵn y plant yn y gegin . . . yr oedd y te wedi ei osod ar y bwrdd . . . A rhag iddi weiddi crïo dyma hi'n dechrau canu, 'Hwb i'r galon, doed a ddêl'. (142 *YBSC*)

Ynddo'i hun, nid yw'r disgrifiad yn arwyddocaol, ond pan gyplysir ef â'r cofnod yn nyddiadur Lora y noson honno gwelir mai hwn – y digwyddiad cyffredin, syml yma – heb unrhyw fflachiadau theatrig o'i gwmpas, yw'r trobwynt yn hanes gwewyr Lora, a'i cham cyntaf at wellhad:

> Nid anghofiaf byth y tywyllwch a ddaeth imi wrth ddyfod i'r tŷ yma brynhawn heddiw. Pa ryw ragluniaeth a roes ym mhen y plant yma i wneud te imi? Hynny a'm hachubodd. Gofynnaf i mi fy hun, "Fy achub rhag beth?" ni wn, os nad fy achub rhag cyrraedd gwaelod anobaith, a phan mae dyn wedi cyrraedd y fan honno, nid yw'n gyfrifol am ei weithredoedd wedyn. Mae wedi mynd rhy isel i geisio codi. (145-146 *YBSC*)

Yn wahanol i Lora, cyrhaeddodd Beti Jones 'waelod anobaith' ac nid oedd yn gyfrifol am ei gweithredoedd. Achubwyd Lora Ffennig rhag y cyflwr hwnnw, ac yma a thraw ceir awgrymiadau o natur yr achubiaeth.

Cynrychiola Lora Ffennig gymdeithas a fu ynghwsg, ac a fu'n 'ymddangosiadol hapus' yn y cyflwr hwnnw. Hon oedd y gymdeithas hierarchaidd, drefnus, ddeddfol, â'i gwreiddiau yn ffurfioldeb oes Fictoria. I'r gymdeithas hon yr oedd bywyd yn weddol syml a thaclus. Yr oedd yna lathen fesur bendant i fesur bywyd â hi, a cheid atebion parod, os nad cywir, i bob dim. Edrychid ar fywyd o safbwynt arbennig, safbwynt a rôi ddelwedd *gyson* i'r edrychwr o fywyd o'i gwmpas.

Pan agorir llygaid Lora y mae'r hyn a wêl yn ei brifo:

> Yr oedd ymadawiad Iolo wedi gwneud i bob gair a leferid o'r ddeutu swnio fel carreg nadd ar lechen. Teimlai yr hoffai roi rhywbeth yn ei chlustiau rhag clywed.

Gwêl anghysonderau a brychni bywyd ac, wrth ymtaeb i'r profiad, fe â hi trwy gyfnod lle na all weld ond y brychau a dim arall. Fe'i llygad-dynnir ganddynt, nes i'r byd fynd yn dywyllwch dudew o'i chwmpas, heb lygedyn goleuni, a syrth hithau bron i anobaith llwyr; colla ei ffordd.

Bryd hynny, hyd yn oed, y mae rhyw gryfder ynddi, cryfder a ddisgrifir gan Loti fel 'ambell fflach yn i llygad hi sydd cystal â dweud, "Gwnewch ych gwaetha, mi fydda i byw"'; a chryfder sy'n peri iddi ymladd. Ceir cip ar wahanol agweddau'r frwydr, yma a thraw. Y mae gwellhad yn golygu wynebu'r byd fel y mae, wynebu realiti, a cheir Lora'n gwneud hynny pan yw'n ei gorfodi ei hun i gydnabod fod Iolo wedi ei gadael am byth, a newid y cloeau. Ceir enghraifft o'r un peth pan yw Lora, ar ôl gweld fod Iolo wedi cymryd ei harian o'r banc, yn ei gorfodi ei hun i fynd i weld Aleth Meurig a churo wrth 'y drws yr oedd yn rhaid iddi guro arno'. Dyma gymal sy'n atgoffa dyn yn gryf o ddrws Aber Henfelen. Yn Aber Henfelen, daw holl waeau'r byd i'r amlwg, ac yn yr un ffordd, yn y gwaith hwn o eiddo KR arweinia at wynebu bywyd, ac at yr hyn a elwir – yn *Tywyll Heno* – yn 'bair poen'. 'Chwys y rhedeg a'r osgoi' y gelwir hyn yn *Y Byw Sy'n Cysgu* , eithr yr un yw'r cyflwr; a rhaid yw i Lora gael ei hysigo ganddo a'i thylino cyn bod gobaith cyrraedd glan. Yr eironi yw fod dyfnder anobaith yn un o gynseiliau gobaith, ac fe ddywedir hynny wrthym gan Lora Ffennig ei hun:

> "Yr wyf wedi tirio hyd i'r anweledig a'r di-wybod. Ar y ffiniau yna y mae anfodlonrwydd, ac o'r anfodlonrwydd yna y cyfyd y ffynnon yma. Y noson o'r blaen pan oeddwn yn Nhŷ Corniog, a phan benderfynais yn derfynol symud, teimlwn fod y ffynnon wedi sychu. Ac eto yn yr anobaith hwnnw y penderfynais." (237-238 *YBSC*)

Y mae'r dyfyniad yn dweud yr un peth yn union, mewn ffurf lenyddol, ag a ddywedir gan ddirfodwr fel Kierkegaard, ar ffurf gosodiad athronyddol. Mewn talfyriad o feddyliau'r Daniad, dywed George L. Mosse:

> [For Kierkegaard] man lived in an absurd illogical world, enveloped by illusions and driven by despair. *Escape lay in grasping and accepting the absurd. This could only be accomplished through a decision of faith which required a total resignation, a resignation which signified a recapturing of life.*[5]

Yr unig ffordd allan o broblemau bodolaeth i Kierkegaard a meddylwyr tebyg oedd derbyn y byd yn ei drybestod chwerthinllyd. Ac i wneud hynny yr oedd yn rhaid i ddyn gyrraedd stad briodol a'i gwnâi'n dderbyniol i'r syniad, sef gwaelod anobaith. Bryd hynny'n unig, a'r llong yn suddo odano, y byddai'n barod i ymddiried, i gymryd 'llam gobaith', a chofleidio bywyd. 'Adennill bywyd' yw'r 'penderfyniad' i Lora; ond cyn cyrraedd y trobwynt hwnnw bu ymchwil hir a dyfal am yr hyn a elwir ganddi'n 'sbardun'.

Fe'i diffinnir ganddi hi ei hun fel 'Ffydd mewn bywyd', fel rhywbeth 'y tu mewn ac nid y tu allan', a dyma a adenillir ganddi ar ddiwedd y nofel. Y mae o leiaf ddwy ffased i'r adferiad. Y mae un, yn sicr ddigon, yn cydweddu'n daclus â ffurmiwla Kierkegaard. Ceir pyliau o ansicrwydd yma ac acw, ond o'r diwedd, yn nyfnder anobaith, daw y 'llam' i'r anwybod. Blodeuo'n araf a wna'r adferiad arall, a dod i'w lawn dwf pan yw'r anobaith drymaf.

Yn gynnar iawn yn y nofel ceir Lora'n derbyn sbardun 'o rywle', ac fe'i ceir beunydd yn falch 'fod rhyw arial yn ei chalon a'i codai i ail-ddechrau o hyd'. Y pryd hynny credai'n bendant mai rhywbeth 'y tu mewn ac nid y tu allan' ydoedd. Ond wrth drafod ag Owen anodded cael sbardun at fyw, pair ei ateb annisgwyl braidd iddi ail-ystyried:

> Mae dyn yn i gael o yn i deulu. Mae Jane yn dda wrtha i, a'r plant. Meddylia di am Dewyrth Edward. Chaiff o byth mo'r sbardun yna.

Mae'r sylw, a'r gwaethygu yng nghyflwr Owen, yn peri iddi ddechrau sylweddoli fod poeni ynghylch eraill yn 'symud y boen o un lle i'r llall', ac yn ei geiriau ei hun, 'yn tynnu fy meddwl oddi wrtho fi fy hun'. Yn raddol gwawria ar Lora Ffennig mai o'r 'tu allan' y tardd gwellhad. Ond dirywiad pellach yn iechyd Owen, a'r ofn sydd yn ei mynwes fod hyd yn oed Owen yn colli ei ffydd mewn bywyd, sy'n crisialu pethau iddi. Ymwêl â Bryn Terfyn ar ôl edrych dros Dŷ Corniog un diwrnod ac â'r awdur â ni i mewn i feddyliau Lora:

> Meddyliodd am ei thŷ ei hun yn y dref. Tŷ llawn ar symud o hyd, heb gornel i orffwys. Yna aeth ei meddwl i Dŷ Corniog, tŷ heb unrhyw gysylltiad rhyngddo a hi. Tŷ gwyryf. Tŷ lle y gallai ail-ddechrau byw. Tŷ y gallai greu cartref arall ynddo, efo Loti a'i phlant. O ganol y meddyliau yma, fe gododd fflam fechan fel cannwyll gorff. Yr oedd yn rhaid i Owen fendio, a byddai'n rhaid iddi hi helpu i wneud hynny. O Dŷ Corniog y gallai wneud hynny. O'r munud hwnnw nid oedd troi'n ôl i fod. (231 *YBSC*)

Symud i Dŷ Corniog er mwyn Owen a wna, nid er mwyn torri pob cyswllt â'r bywyd a fu. Seiliau cadarnhaol ac nid negyddol sydd i'r cam. Bellach y mae rhyw bwrpas i'w bywyd y tu allan i'w bodolaeth ei hun, 'Yr oedd ganddi rywbeth i anelu ato . . ., a cheffyl da ydoedd ewyllys'. Eto nid yw'n dadansoddi gormod. Y cwbl a ddywed yw y gŵyr:

> fod â wnelo Owen rywbeth ag ef. Yr oeddwn i fy hun wedi peidio â bod, ond yr oedd yn rhaid i Owen fendio, ac y mae'n rhaid iddo fendio. (238 *YBSC*)

I KR yn *Y Byw Sy'n Cysgu*, ac eto yn *Tywyll Heno*, yr unig beth y gall un fod yn sicr ohono yw'r berthynas bersonol â'i gwreiddiau mewn cariad. Yr oedd Gruff rhywle y tu ôl i wellhad Beti Jones, yn union fel y mae Owen yn y cefndir yma. Gellir mynd ymhellach, a haeru mai'r un weledigaeth sydd yma ag yn 'Y

Condemniedig'. Yno y mae cofleidio gŵr a gwraig yn llwyddo i dorri drwodd pan yw geiriau wedi methu. Yn *Y Byw Sy'n Cysgu* y mae Lora'n sylweddoli:

> Mai ym mesur ein cariad at rywun neu rywbeth y medrwn gadw ein brwdfrydedd tuag a fywyd. Ni wn beth a garaf fi yn awr, os nad y ffynnon o ddiddordeb yn fy mhersonoliaeth i fy hun, a thrwy hynny mewn pobl eraill. Efallai mai dyna sy'n gwneud i bobl ysgrifennu llyfrau. (238 *YBSC*)

Dyma ffordd Lora Ffennig allan o'r dryswch dirfodol.

Yn gynharach, bu Lora'n gofyn nifer o gwestiynau iddi ei hun:

> Beth petai Owen yn iach, a phawb ym Mryn Terfyn yn llawen? Beth pe na bai Rhys yn malio dim fod ei dad wedi mynd i ffwrdd? A'm bod innau fel petawn yn sefyll ar ynys unig heb ddim o'm cwmpas, heb ddim arall i boeni yn ei gylch ond fy mod yn unig, ac nad oedd neb yn malio ynof. (202 *YBSC*)

Defnyddir delwedd yr ynys gan y dirfodwyr i ddarlunio unigrwydd dyn yn y byd. Mae pob copa walltog yn ynys ar ei ben ei hun, a môr ansicrwydd o'i gwmpas. Ond gwrthod y syniad, fodd bynnag, a wneir yma. Er bod dyn mewn byd sydd yn ddryswch iddo, a phwrpas bywyd i'w weld yn annelwig, geill dyn lunio pwrpas iddo'i hun ym mesur ei gariad 'at rywun neu rywbeth'. I KR, bod cymdeithasol yw dyn.

Ond hyd yn oed ar ôl y 'penderfynu', nid yw bywyd yn eglur i Lora Ffennig:

> . . . dyna fo, lol ydyw bywyd hefyd. Dim ond wedi cyrraedd y nefoedd y gobeithiai David Charles, Caerfyrddin weld troeon yr yrfa yn rhan o batrwm hefyd. Hyd yma, *sym heb ei gweithio allan yn iawn ydyw bywyd i mi.*[6] Brebwl a fu dyn erioed, a brebwl a fydd byth oherwydd ei feiau ei hun. (238 *YBSC*)

Nid gweledigaeth gyflawn amlweddog a gafwyd, ond un llygedyn o oleuni sy'n gwneud bywyd yn oddefadwy yn y byd. Yr un, yn sylfaenol, ydyw cyflwr Lora ar ddiwedd y nofel ag ar ei dechrau. Yng nghyfnod ei magwraeth yn unig y bu bywyd 'fel sym yn dyfod yn gywir'. Bellach, y mae fel 'sym heb ei gweithio allan yn iawn', a chyflëir y cyflwr i ni'n drosiadol drwy sôn am y ddau dŷ ym mywyd Lora, ar ddiwedd y nofel:

> Dyma finnau'n mynd. Mewn munud byddaf yn rhoi clep ar ddrws y ffrynt, y glep olaf am byth, a'r tro hwn ni bydd gennyf agoriad i agor y drws a dyfod yn ôl, na hawl byth i ddyfod i'r tŷ a fu am gyd o amser yn rhan ohonof fi fy hun. Sylweddolaf hefyd nad y fi fydd biau'r agoriad i Dŷ Corniog. Lletywr a fyddaf yno yn dibynnu ar ewyllys da cybydd. (239 *YBSC*)

Eithr tinc gobaith ymwared a glywir yn llinell olaf y nofel: 'ac y mae'n rhaid i Owen fendio'.

Soniwyd eisoes for Lora'n cynrychioli gwareiddiad y chwalwyd ei sylfeini gan ddatblygiadau'r ugeinfed ganrif a dau ryfel byd.[8] Y mae ei phrofiad, yn rhannol beth bynnag, yn brofiad i gymeriadau eraill y gwaith, ac y mae'n chwyddo i fod yn brofiad cymdeithas gyfan erbyn diwedd y llyfr. Wrth fyfyrio ar ddryswch y problemau o'i chwmpas, adeg ymadael am Dŷ Corniog, teimla Loti yn hollol:

> yr un fath â'r wraig a fu'n byw mewn esgid a chanddi ormod o blant i wybod beth i'w wneud â hwy. Yr oedd Mrs. Ffennig, Mr. Meurig, Derith, Rhys ac Annie wedi mynd yn dyrfa fawr o filoedd ohonynt hwy eu hunain, a hithau'n ceisio cadw gwastrodaeth arnynt. (210 *YBSC*)

Hwy yw'r gymdeithas a wynebodd anrhefn wedi'r rhyfel, a'u hymateb hwy, neu – yn fwy penodol – gweledigaeth Lora Ffennig yw ymateb KR i'r dryswch a'u hwynebai, dryswch helbulus ein cyfnod ni.

NODIADAU

1. Atgoffa'r disgrifiad ni o Dewyrth Edward.
2. Gweler F. Copleston, S.J., *Contemporary Philosophy*, 135: 'Man creates himself in the sense that what he becomes depends on his freedom, on his choices. And man transcends himself in the sense (though not exclusively) that, as long as he lives, he cannot be identified with his past. Through the excercise of freedom he transcends the past, the already-made'.
3. Nid Lora'n unig sy'n teimlo fel hyn. Meddai Mr. Jones y Gweinidog yn YBSC, 33:
   . . . wyddom ni ddim beth yw cyfansoddiad neb. Mae yna ryw bethau yn natur rhai ohonom ni sy'n mynd ymhell iawn yn ôl, ac yn torri, fel dŵr codi, mewn lle annisgwyliadwy.
4. B.L. Jones ac R.G. Jones (Gol.), *Yr Arloeswr*, (Sulgwyn, 1958), 20
5. George L. Mosse, *The Culture of Western Europe* (Llundain, 1963), 333.
6. Fe gofir i'r awdur ddefnyddio delwedd y 'sym' yn gynharach yn y gwaith i gyfleu byd lle'r oedd popeth yn union fel y disgwylid iddo fod, yn rhagdybiedig.
7. Noder: 'Nid y fi fydd biau'r agoriad i Dŷ Corniog', 239.
8. Ceir Lora'n addef: "Gynt nid oedd dim ond bywyd tawel."

Y Byw sy'n Cysgu – Rhan Dau, Y Dechneg

Mewn pennod gynharach caed diffiniad o'r nofel a bennai mai â dyn yn ei ymwneud â dynion eraill, â dyn fel bod cymdeithasol, yr oedd a wnelo'r *genre*. A bod hynny'n wir, torrwyd pob rheol yn *Y Byw sy'n Cysgu*, a llwyddo. Bod anghymdeithasol yw Lora Ffennig, wedi ei hynysu'i hun oddi wrth bawb a phopeth – ar ddechrau'r gwaith, beth bynnag. Fe'i hynyswyd gan ei baich, a thanlinellir y cyflwr dirfodol yn gelfydd drwy ei chadw'n enigma i'r rhai o'i chwmpas yn ogystal â hi ei hun.

Un ffordd o wneud hynny yw drwy osodiad plaen. Ffordd arall yw *cyfleu*'r profiad i'r darllenydd, a defnyddia KR amrywiol dechnegau i'r diben hwnnw trwy gydol y gwaith. Fe'i ceir, er enghraifft, yn cyfyngu ei defnydd o 'gipiadau mewnol' (lle'r â'r awdur i mewn i ymwybod ei gymeriadau i arddangos eu dirgel feddyliau) i'r prif gymeriad, Lora Ffennig, gan adael yr is-gymeriadau ar drugaredd yr 'adroddwr' (*narrator*). Lladmerydd o'r tu allan yw hwnnw (ran amlaf), fel bod y darllenydd yn gorfod bodloni ar ddehongli ystumiau a gweithredoedd, a derbyn yr hyn a ddywedir ganddo fel ffaith ddiwyro. Effaith hyn yw peri i ni'r darllenwyr adnabod Lora'n well na'r rhan fwyaf o gymeriadau'r gwaith, a chreu sefyllfa sy'n gomedd iddi hi (a'r darllenydd) ddod i wybod llawer am y rhai o'i chwmpas, a'u deall. Mewn gair, dewiswyd techneg gan KR sydd ymron yn ymgorfforiad o'r broblem y mae'n ei chyfleu nes peri i'r darllenydd deimlo'r unigrwydd a'r ynysrwydd fel petai'n brofiad personol.

Sut y daw'r darllenydd i'w uniaethu'i hun â Lora a beth yw pwrpas hynny? Fel arfer, yn ôl dadansoddwyr rhethreg, fe uniaetha darllenydd ei hun â chymeriad y ceir 'cipiadau mewnol' cyson ohono, ond bod yn rhaid iddo gredu fod yr 'adroddwr' sy'n eu cynnig yn un teg. Gwyddai Jane Austen yn iawn am y dechneg, ac fe'i defnyddiwyd ganddi'n llwyddiannus yn *Emma*:

Jane Austen, in developing the sustained use of a sympathetic inside view, has mastered one of the most successful of all devices for inducing a parallel response between the . . . heroine and the reader.[1]

Y mae KR yn feistr ar y dechneg hefyd, ac ni chyll 'adroddwr' *Y Byw sy'n Cysgu* unrhyw gyfle i ymglymu'r darllenydd o gychwyn cynta'r gwaith:

> Yr oedd yn ddydd Llun siriol ym mis Mai, a Lora Ffennig, wrth fynd ymlaen â'i gwaith yn ymdroi gymaint ag a fedrai yn y mannau hynny o'r tŷ lle tarawai'r haul arni. Mewn tŷ yng nghanol rhes hir o dai cyffelyb nid oedd y mannau heulog hynny'n aml. Am fod Iolo, ei gŵr, wedi mynd i fwrw'r Sul, yr oedd wedi golchi a smwddio ddydd Sadwrn, rhag iddi fod wrthi yn chwythu ac yn stagro heno wedi iddo gyrraedd yn ôl. Ar ôl un mlynedd ar ddeg o fywyd priodasol yr oedd o hyd yn cael ias wrth ddisgwyl ei gŵr adref wedi iddo fod i ffwrdd . . . nid oedd yr ymadawiad yma yn ddim ond seibiant ar ganol gwaith, i fynd i aros at gyfaill a wnaethai yn y rhyfel – Sais o sir Amwythig. . . . Rhyfedd hefyd na soniodd Iolo erioed am ei wahodd i aros gyda hwy.[2]

Dyfynnwyd yn eithaf helaeth i geisio dangos yr hyn sydd ar droed yma. Ar ddechrau'r paragraff, yr ydym wrth benelin sylwedydd sy'n edrych ar Lora Ffennig yn mynd ymlaen â'i gwaith tŷ. Y funud nesaf, gellid dadlau ein bod yn cyd-feddwl â Lora am y 'mannau heulog', a'i rheswm dros 'smwddio ddydd Sadwrn'. A hyd yn oed os na ellir derbyn hynny, yr ydym yn sicr y tu mewn i'w phen pan yw'r lled amheuon yn dechrau ymhel:

> Rhyfedd hefyd, erbyn meddwl, na châi Iolo damaid o fenyn neu rywbeth ganddo i ddyfod adref, ac yntau mor brin, neu gig moch neu rywbeth. Rhyfedd hefyd na soniodd Iolo erioed am ei wahodd i aros gyda hwy.[3]

Erbyn hyn y mae'r storïwr a'r prif gymeriad yn un, ac fe'i gwneir yn drindod gan y darllenydd. Y mae'r olaf bellach yn cyd-fyw'r profiad â Lora, oherwydd i'r awdur, yn ddiarwybod iddo, ei huniaethu â hi yn ei dryswch.

Ceir y dechneg ar waith yn gyson drwy'r llyf, ond amrywia'r modd y cyflawnir yr ymglymiad o enghraifft i enghraifft, gan ddibynnu ar y defnydd crai sydd wrth law i'r awdur. Ar yr ail dudalen, er enghraifft, a Lora yn ei hystafell wisgo, fe'n huniaethir drwy ddefnydd o'r drych sydd o'i blaen:

> Gyda'r un balchder disgwylgar ag a gymerai yn ei chegin, rhoesai siwmper las a llewys cwta amdani, a sgert lwyd olau, y tro cyntaf y gwanwyn hwn iddi wisgo llewys cwta. Yr oedd canol oed yn ymgripio'n araf, meddyliai, oblegid ni allai wisgo llewys byr yn y gaeaf yn awr. Ond wrth edrych arni ei hun yn y drych ni thybiai ei bod yn edrych llawer hŷn

na phan briododd, yn fwy o ddynes, efallai, ac yn llai o hogan. Yr oedd ei gwallt o liw mêl golau, ac ymdonnai yn donnau llydain, naturiol, cymesur o'i thalcen i'w gwegil. Yr oedd ei llygaid o'r glas tywyllaf, bron â bod yn las llongwr, ac nid oedd ond yr arlliw lleiaf o liw yng nghroen glân ei hwyneb.[4]

Ar ddechrau'r dyfyniad yr ydym yn solet yn y Gorffennol, a'r awdur yn croniclo'r hyn a ddigwyddodd ar ein rhan. Ond tua'r canol, a Lora'n edrych arni'i hun yn y drych, nid â phâr o lygaid niwtral yr edrychir arni bellach. Gwelwn Lora drwy ei llygaid ei hun, a ninnau'r darllenwyr yn cyd-fyw digwyddiad a gyflëir gan yr amser Amherffaith.

  Ond y 'cipiadau' mwyaf cyffredin yw'r rheini a geir yn nyddiadur Lora ar ddiwedd ei dyddiau helbulus. Yno y cawn wybod ei gwir deimladau a'i meddyliau ynghylch digwyddiadau'r dydd, ac yno, ran amlaf, y lleisia'i hofnau. Pan yw Rhys yn yr Ysbyty, er enghraifft, teimla Lora Ffennig fod yn rhaid iddi geisio'i galedu rhag curiadau bywyd a dywed hynny yn ei dyddiadur:

> Nid oes arnaf ofn yr hyn sy wedi digwydd i'w gorff, ond mae arnaf ofn yr hyn a eill ddigwydd i'w feddwl. Ni allaf gael ei grio torcalonnus o'm clyw, pan gludid ef i'r ambiwlans ddoe, a'i weiddi, "mae arna i ofn mam". Bu agos iawn i minnau ildio a mynnu ei gael yn ôl i'r tŷ. Ond rhaid imi fod yn galed. Efallai mai'r gwahanu hwn sy'n greulon iddo fo ac yn beth poenus i mi, fydd ei wellhad am byth. Bydd yn rhaid imi fy nghaledu fy hun fwy eto.[5]

Penderfyna beidio â dangos gormod o deimlad y tro nesaf yr ymwêl â'r ysbyty, er mwyn Rhys ei hun. Gwyddom ni'r cymhellion, a chydymdeimlwn â hi, ond edrycha'r sefyllfa'n bur wahanol o safbwynt Rhys:

> "Ella na ddo i ddim nos yfory."
> "Pam?"
> "Dydw i ddim yn teimlo'n rhy dda, ac ella yr â i ngwely am ddiwrnod neu ddau cyn i Now Bach a Guto ddwad."
> "Ydach chi'n teimlo'n sâl iawn?"
> "Nac ydw, ond mi fydda i yn sâl iawn os na chymera i sbel. Ta-ta rwan."
> "Ta-ta mam."
> Ni throes Rhys ei ben o gwbl wrth i'w fam fyned ymaith a'i gefn a welodd wrth ymadael. Gwnaeth hynny iddi betruso pa un ai digalon ydoedd, ai ynteu wedi penderfynu dechrau ei galedu ei hun.[6]

Rhwystra cyfrinach Lora ni rhag ei chamfarnu. Yn wir, wrth iddi rannu ei

201

phryderon â ni fe enillir ein cyfeillgarwch. Clymir ni wrth Lora Ffennig nes ein bod yn cyfrannu o'i phoen, a'r dechneg hon a bair inni deimlo'r pellter rhyngddi hi ac eraill, peth sydd mor greiddiol i'w hargyfwng yn y gwaith.

Nid dihangfa adfyfyriol mo'r dyddiadur yn *Y Byw sy'n Cysgu*, ond lle i wynebu problemau a'u datrys. Ynddo fe'n tywysir drwy faes y gad a gwelwn y brwydro, y colledion a'r buddugoliaethau a ddengys i ni wir ddewrder Lora Ffennig. Ymdrech ymwybodol un ceisio'i hadnabod ei hun a gwreiddiau hynny a ddarlunir, ac heb hyn darlun gwyliwr o'r tu allan yn unig a geid. Yn *Y Byw sy'n Cysgu*, diflanna'r agendor rhwng y darllenydd a'r arwres yn aml nes tyfu o'r syniad mai brwydr Lora yw ein brwydr ni. Y dyddiadur sy'n rhoi bod i'r teimlad hwnnw fynychaf, ac o'r herwydd y mae swyddogaeth arbennig iddo ym mhatrwm y cyfanwaith.

Ni allwn, fodd bynnag, uniaethu â chymeriad sy'n atgas gennym, ac â'r awdur i gryn drafferth i lywio a lliwio'n hymateb i Lora Ffennig. I raddau helaeth, ymgorffora hi'r gwerthoedd y dyry KR bwys arnynt yn ei holl weithiau: y mae'n ddarbodus, yn drwsiadus, yn dwt a thaclus, a meddylgar. Mewn gair, perthyn iddi'r holl rinweddau y rhoddid pris arnynt gan y gymdeithas sy'n gefndir i'r gwaith. Ac nid fel gwraig tŷ'n unig y mae'n ennill parch. Mae ei henw 'fel aur' ym mhob siop yn y dref, ac y mae'n gymeradwy gan bawb sy'n ei hadnabod, gan gynnwys plant ei chwaer, y beirniaid mwyaf onest, o bosib, o'r cwbl i gyd.

Ond nid santes mohoni ychwaith, a chollai bob arlliw o argyhoeddiad pe byddai felly. Y mae digon o haearn yn ei gwaed, er enghraifft, i beidio â mynd o dan draed Dewythr Edward pan ymwêl hwnnw â hi yn gynnar yn ei brwydr, (er y mynna'r storïwr ddweud wrthym mai "Dyma'r unig ffordd i siarad efo'r hen ŵr", rhag i ni gael ein tarfu). Ac y mae ganddi ddigon o asgwrn cefn i'w hamddiffyn ei hun rhag Esta, Jane, ac Aleth Meurig yn eu tro. Eithr gallu i achub ei cham sydd ganddi, nid i ymosod yn ddireswm. Llwyddodd KR i'n huniaethu, felly, â chymeriad sy'n gymeradwy gennym. O dderbyn hyn, mae'n dilyn iddi lwyddo i'n perswadio, fel darllenwyr, i dderbyn 'adroddwr' y gwaith fel tywysydd y gellir ymddiried ynddo, gan mai drwyddo ef y daw inni ein gwybodaeth.[7] O wybod hynny, gallai'r awdur fynd rhagddi i ecsploitio'n hymddiriedaeth ac i allu rheoli ein hymateb i'r cymeriadau eraill, yn llwyr, ac fe wna hynny.

Ond erys un broblem ar ei llwybr. Ni all ddefnyddio'r dechneg o ddangos gwneuthuriad mewnol yn rhy aml heb i hynny leihau'r ymdeimlad o ddirgelwch ac unigrwydd a deimlir gan y darllenydd. Ni weddai i'r olaf, sy'n ei uniaethu i hun â Lora, wybod pob dim am bawb, gan y byddai hynny'n rhedeg yn groes i holl raen y gwaith. Oherwydd hyn roedd yn rhaid i'r awdur weithio, un ai drwy weithredoedd a geiriau cymeriadau eraill, drwy goment uniongyrchol, drwy ddewis ansoddeiriau addas yn y 'dweud', neu drwy gyfrwng sgwrs cymeriad dibynadwy arall. Cymerer Esta fel enghraifft. Unwaith y mae'r awdur wedi gwneud i ni deimlo fod yr 'adroddwr' yn gyfiawn, a Lora'n gymeriad dibynadwy a theg, geill fod yn weddol siŵr sut y byddwn yn ymateb i Esta ar ei hymweliad cyntaf â thŷ ei brawd:

> O flinder fe gysgodd [Lora], a'r darlun a welai cyn cau ei llygaid oedd Esta, ei chwaer-yng-nghyfraith, yn eistedd wrth ddrws y gegin yn y prynhawn, a golwg fel bwch wedi ei goethi arni, fel plentyn wedi pwdu, ac fel petai siarad y cymdogion a ddaethai i gydymdeimlo yn ffiaidd ganddi nes iddi godi yn sydyn a dweud yr âi hi â'r plant adref gyda hi.[8]

Cyflyra'r cymariaethau – 'fel bwch wedi ei goethi' etc. – gan gymeriad a barchwn ni, a'n troi yn erbyn Esta. A dyna'r ymateb a enynnir ynom yn gyson dro ar ôl tro, weddill y gwaith. A gwelir Esta yn yr un goleuni cyson gan bawb arall sy'n ei hadnabod yn y llyfr.

Yr un teimladau a ysgogir eto gan sefyllfaoedd y nofel y mae Esta'n rhan ohonynt. Mae'r ffaith ei bod yn gwybod lle y mae ei brawd, ei bod mewn cysylltiad ag ef ac yn rhoi gwybod iddo am symudiadau Lora, yn llechwraidd ac ysgeler. Mae'r cyfan yn help i gronni atgasedd ynom tuag ati.

Ond nid yw'r portread o Esta'n un cwbl oer a didosturi. Lled-gydymdeimlir â hi, er enghraifft, wrth iddi sgwrsio â Lora ar y Cei am gyhuddiad Annie Lloyd yn erbyn ei brawd. Sylwn, gyda Lora, yr 'edrychai'n ddigalon', 'yn lle'r olwg bwdlyd sur', a fyddai arni'n arferol, a thybia Lora ei bod 'yn llawer plaenach nag yr arferai fod'. Yn wir, dyma ran o dechneg yr awdur. Wrth ymddangos yn deg a di-duedd a thosturiol ar yr un llaw, gallwn ei choelio wrth iddi wneud coment deifiol, ar y llaw arall.

Techneg arall a ddefnyddir yn ymwneud Lora ag Esta yw'r dechneg anuniongyrchol o daro'r post. Yn gynnar yn y gwaith, rhydd yr awdur ei llach ar y gymdeithas Saesneg sy'n bodoli yn y dref ac sydd iddi hi o'r un cyff â gwareiddiad y café a ddarlunir ar ymweliad cyntaf Lora â'r dre:

> Eisteddai rhai merched canol oed mewn dillad drud yn y tai bwyta gan edrych allan trwy'r ffenestri, yn smocio uwchben gwaelodion eu cwpanau coffi, gan ollwng y llwch yn ddioglyd i'r ddysgl lwch, a mwg eu sigarennau yn hongian yn yr awyr yn ysgafn fel sanau neilon yn hongian mewn ffenestr siop. Troent eu pennau ar un ochr fel aderyn mewn cawell, ac edrych heibio i'r mwg yn ddigyffro ar y sawl y basiai, fel pe na bai dim o ddiddordeb iddynt. Codai ambell un ei golwg, heb ynddo fynegiant o ddim, ond bod rhywun yn pasio ac yn cuddio'r haul rhagddi.[12]

Y mae hwn yn ddisgrifiad y mae'n rhaid ei ystyried yn ei gyd-destun. I gymdeithas a barchai werthoedd traddodiadol – gweithio'n gydwybodol, gweddusrwydd, a gofal am eraill – ni ellid mynd yn is na 'smocio uwchben gwaelodion . . . cwpanau coffi', gollwng llwch 'yn ddioglyd i'r ddysgl lwch', ac edrych 'fel pe na bai dim o ddiddordeb'. Gwyddai KR hynny, a thanlinellodd y portread diraddiol â chymeriaethau cignoeth.

O dro i dro ceir mwy o sylwadau ar 'y set yr oedd Esta yn perthyn iddi' ac a oedd byth a beunydd yn 'siarad uwchben coffi mewn tŷ bwyta' – y gymdeithas 'gelfyddyd'. Maent 'yn ymorchestu yn eu syniadau llydan am garu a phethau felly', ac yn wfftio wrth rai sy'n rhoi gormod o sylw i'w tai er mai 'cytiau clomennod o dai sy gynnyn nhw'. Hwy yw antithesis cymdeithas Lora, a'u safonau yn rhai sydd yn wrthun iddi hi a'i math. Ac i'r rhain y perthyn Esta; fel bod pob gair a ddywedir yn eu herbyn yn effeithio arni hithau hefyd ac yn cyflyru ein hagwedd tuag ati.

Nid yn nefnydd KR o'r 'adroddwr' y unig y gwelir priodas syniad a mynegiant. Fe gyflëir gwahanol agweddau ar y profiad dirfodol mewn amrywiol ffyrdd drwy drwch y gwaith. Dewiswyd y dull o gymeriadu, er enghraifft, yn artistig fwriadol, a'r portreadu tameidiog (fel yn *Stryd y Glep*), gyda'r awdur yn edrych ar gymeriad o wahanol safbwyntiau yn pwysleisio goddrychedd sylfaenol bywyd. Rhoddai portread cryno gan awdur hollwybodol y syniad fod bywyd yn hawdd a'i bod yn weddol syml adnabod pobl, tra bod y dull a ddefnyddiwyd yn dangos nad un Lora Ffennig sydd: y mae, i raddau, yn berson gwahanol i bawb, a bod peth gwirionedd yn nisgrifiad pawb ohoni. "Hogan glên" oedd Lora i Dewyrth Edward, ond dynes braidd yn bell ydyw i Mrs. Roberts ei chymdoges, er enghraifft. Drwy Loti down i wybod am ei meddylgarwch a'i charedigrwydd wrth ei lletywyr (o'i chymharu â Mrs. Jones, gwraig-llety Loti). Ar y llaw arall, bu'n ddigon di-fedddwl i esgeuluso'r plant a pheidio â mynd â hwy i unlle amser gwyliau yn y blynyddoedd a fu. Ceir aml dyst i'w diniweidrwydd cynhenid a'i hymddiriedaeth ym mhawb a phopeth. "Mae hi mor ddifeddwl-ddrwg", meddai Iolo wrth Aleth Meurig amdani; ac i'w ffrind Linor, mae rhywbeth yn "reit lonydd" ynddi. Mae mor uniawn, yn ôl Aleth Meurig, nes bod yn "ffŵl"; ac fel "merthyr" y'i disgrifir gan ei chwaer-yng-nghyfraith sbeitlyd ar un o'i hymweliadau. Mae hyn i gyd yn wir amdani, ac eto dyma'r wraig sy'n penderfynu newid cloeau ei thŷ rhag i'w gŵr ddychwelyd yn ei gwrthgefn! Mae rhyw "oerni ymddangosiadol yn ei chymeriad" i Aleth Meurig, wedyn, tra'r arddengys gynhesrwydd teimladol eithriadol yn ei hymwneud ag un fel Marged a'i Thad, Owen. Gellir cymharu'r cymeriadau i edrych i mewn i brism lliw. O newid safbwynt newidir effaith y goleuni arno, ac eto ohono ef ei hun y tardd y patrymau lliw i gyd; y maent oll yn weddau ar ei fodolaeth. Y prism yw is-gymeriadau *Y Byw sy'n Cysgu*. A Lora fel y'i hadlewyrchir ganddynt a welwn ni, fel bod pob gwedd yn wir ac yn gelwydd amdani ar yr un pryd. Nid yw hi ei hun hyd yn oed yn sicr o'r hyn ydyw! Mae'r cwbl yn rhan o wead cymhleth nofel sydd, yn sylfaenol, yn dweud mai rhith goddrychol yw bodolaeth yn y byd.

Ffordd arall o greu argraff yn y nofel yw esbonio cyn lleied ag sy'n bosibl ar ddialogau a gadael i'r darllenydd bennu'i ymateb drosto'i hun. Effaith hynny yw ynysu'r darllenydd a'i adael yn ddiganllaw. Cymerwn, fel enghraifft, bwt o un o sgyrsiau Lora â'i Hewythr Edward:

"Wel, 'dewyth, o ble daethoch chi?"
"O'r wlad ac o ben fy helynt. Sut wyt ti?"
"Rydw i'n treio dal, . . . a dyna'r cwbwl fedra i ddweud. Ond wnawn ni ddim siarad rwan, mi wna i damaid inni" . . .
"I ble mae dy ŵr di wedi mynd?"
"Be wn i?"
"Mae o wedi mynd â dynes efo fo yn tydi?"
"Ydi, meddan nhw."[14]

Nid oes fawr o wahaniaeth rhwng sgwrs o'r math yma (ar yr wyneb beth bynnag), a'r math o sgwrs a glywn yn ein bywyd bob-dydd. Yn union fel mewn sgwrs real, y ni'r darllenwyr sy'n gorfod darllen rhwng y llinellau, a chloriannu. Ar ein hysgwyddau ni y daw baich dehongli, penderfynu pwysigrwydd ymadrodd, neu ganfod y camarweiniol hwnt ac yma yn sgwrs y naill siaradwr a'r llall. Ymwrthodwyd ag ysgrifennu mwy confensiynol, lle clustnoda'r 'adroddwr' bob emosiwn yn daclus dwt, a dewis math o ddialogau sy'n debycach i fywyd bob-dydd ac sydd, felly, yn gweithredu fel un o lawforynion y brif thema.

Y mae KR, hefyd, yn hoff o osod darlun o'n blaenau yn ymddangosiadol ddi-goment a gadael i ni wneud ein casgliadau'n hunain amdano a'i esbonio'n oddrychol. Darlun dwbl a gawn wrth i Loti Owen ddisgrifio'i thŷ-llety i ni ar ddechrau'r ail bennod:

Ystyr gwyliau'r Pasg i wragedd llety yn gyffredinol oedd rhoi barnis du ar y grât, i'w Mrs. Jones hi, golygai yn ychwanegol wneud gwyntyll o bapur gwyn i'w rhoi ar ei ganol. Y wyntyll oedd y gair terfynol a'r mowrnin card i'r tân am y tymor. Gallai Loti ddychmygu'r grym a roddai Mrs. Jones ar y brws barnis, a'r bleten yn ei gwefusau wrth bletio'r wyntyll, a'r wên foddhaol wedyn. Ac yr oedd yn sicr ei bod ar y funud honno yn eistedd yn braf wrth ei thân yn y gegin yn rhostio ei choesau a mwynhau ei phapur darluniau Saesneg gwamal . . . Yr oedd ei ffrind Annie yn lwcus o fod gyda Mrs. Ffennig. Yr oedd yn sicr fod ganddi hi dân heno, a bwrdd

205

del yn ei disgwyl gartref o'r ysgol; a châi'r bwrdd yn rhydd i ddechrau ar ei gwaith ar unwaith os mynnai. Da mai felly yr oedd hi hefyd.[15]

Ar un wedd, y mae hwn yn bortread o Mrs. Jones, lletywraig Loti ond, ar yr un pryd, mae'n bortread o Lora Ffennig, portread sy'n negyddu popeth y saif Mrs. Jones drosto. Ond rhoi lluniau o'n blaen a wna KR, nid gosodiad ffeithiol. Ein hymateb ni i'r lluniau sy'n trosglwyddo i ni 'neges' y darn.

Mewn bywyd fe'n hwynebir yn aml gan yr annisgwyl, y damweiniol sydd mor ganolog i athroniaeth y dirfodwyr, fel mai naturiol oedd i KR wrthod fframwaith y nofel draddodiadol sy'n dibynnu ar ddatblygiad achosol ei chynllun, a dewis ffurf sydd yn rhoi'r pwyslais ar gymeriadaeth, ac ar ddigwyddiadau ymddangosiadol ddigyswllt a wynebir beunydd wrth fyw. Nid oes fawr ddim yn anorfod, neu'n ddisgwyliedig yn *Y Byw sy'n Cysgu*. Y mae lladrad Iolo, salwch Rhys, lladrad Derith, neu newid cymeriad Annie yn gymiant o sioc i'r darllenydd ag ydyw i Lora Ffennig, fel bod ei hansicrwydd a'i hofn yn gwbl gredadwy iddo: y ffurf yw'r neges. Meddai Richard M. Ohmann:

> a large portion of the submerged meaning in prose is presentation and the constant shaping of emotions is an always audible counterpoint to the melodic line of discursive thought. The presentational part of prose does not, of course get communicated by a special set of symbols or by a code of emotive punctuation marks. It is buried in an exceedingly complex set of relationships among the same symbols which transmit the discursive meaning.[16]

Y mae dweud mai'r ffurf yw'r neges yn pwysleisio perthynas glòs pob elfen yn y gwaith â'i gilydd. Ac ni ellir dangos hyn yn well nag wrth ystyried yr is-gymeriadau. Mewn rhai nofelau ceir nifer o gymeriadau llanw – yn un peth i roi'r syniad o gyfanrwydd cymdeithas. Yma, y mae i fodolaeth pob un ei swyddogaeth. Fe'u crewyd un ai i'n galluogi i ymchwilio'n fanylach i brofiad Lora Ffennig, neu fel rhyw wrthbwynt, sy'n goment pellgyrhaeddol gan yr awdur ar fywyd. Un rheswm dros fodolaeth Linor, Aleth Meurig ac Owen, er enghraifft, yw dangos ansicrwydd Lora Ffennig ynghylch popeth o'i chwmpas.

Y mae Linor yn rhan o thema, "Beth pebai" y nofel yn ogystal. Dôi o'r un cyff â Lora Ffennig, a bu drwy'r un coleg yn union, cyn iddi hi a Lora wahanu. Eithr trodd allan yn gwbl wahanol i'w ffrind. Daeth blodau gwahanol o'r un gwraidd, yn rhannol oherwydd mai cyfanswm eu dewisiadau arbennig yw Linor a Lora, ac yn rhannol hefyd oherwydd effaith damweiniau anragweledig bywyd a ddaeth i'w rhan. Y mae Lora'n hynod o ymwybodol o hyn, ac o'r ffaith y gallai bywyd y ddwy fod yn bur wahanol, a cheir hi'n mynegi hynny yn ei dyddiadur tua diwedd y gwaith:

A dyma fi ar noson gythryblus fel heno yn gorfod gwneud penderfyniad pwysig . . . Beth petai Owen yn iach, a phawb yn Mryn Terfyn yn llawen? Beth pe na bai Rhys yn malio dim fod ei dad wedi mynd i ffwrdd? A'm bod innau fel petawn yn sefyll ar ynys unig heb ddim o'm cwmpas, heb ddim arall i boeni yn ei gylch ond fy mod yn unig.[17]

Yma pwysleisir hap a damwain y profiad dirfodol a'r ffaith nad rhyw broses hamddenol yw penderfynu yn ei hanfod. *Angst* creulon yw pob dewis, ond y mae'r ffaith i'r dewis hwnnw gael ei sylfaenu ar 'sefyllfaoedd' o hap a damwain yn dwysáu annhegwch creulon yn fwy fyth. Posibiliadau nas gwireddwyd yw Linor ac Aleth Meurig, felly; bywyd Lora fel y gallai fod ac, fel y cyfryw, ychwanega eu bodolaeth at dôn eironig yr holl waith.

Cymeriad arall sy'n dwysáu'r dôn eironig yw Annie Lloyd. Ar ddechrau'r nofel y mae'n lletya'n weddol gyfforddus yn nhŷ Lora Ffennig. Ond fel yr â'r gwaith rhagddo, tyf ei hanniddigrwydd hithau nes troi'n syrffed rhonc. Â'n fyr ei thymer a phigog gyda Loti, ac yn surbwch gyda gwraig y tŷ nes i'r sefyllfa fynd yn annioddefol i bawb. Ond ni ragwelir yr achos am hyn gan na Loti na ninnau nes i Annie ei ffrwydro ar ein clyw un noswaith:

"Eisio priodi sydd arna i . . . 'Rydw i'n gwybod yn iawn be sy. Gwenwyn a phob dim. Dyna hi Mrs. Ffennig a chanddi ŵr, a dyn arall wedi gwirioni amdani, a finna'n hollol rydd i briodi, a neb yn gofyn i be ydw i'n da."[18]

Yn ei syrffed gwêl Annie Lloyd (a KR) annhegwch eironig bywyd a bair i ddyn 'wirioni' ar Lora Ffennig, sydd ddim yn annog hynny, tra ei bod hi, sydd 'eisio priodi', yn cael ei hesgeuluso. Ac y mae ei phrofiad fel darn o bôs jig-sô, yn ffitio i weledigaeth gyflawn yr awdur, ac yn ei hatgyfnerthu.

Y mae i'r Gweinidog hefyd ei swyddogaeth yng nghynllun y cyfanwaith, er bod ei fodolaeth ar y dechrau'n ymddangos fel cyfle arall i'r awdur wyntyllu ei hosgo wrth-eglwysig.[19] Fe'i ceir yn ymweld â Lora yn ei thrallod, i gynnig help a swcwr, ond nid yw'r portread ohono'n un gor-garedig:

Ar ôl te, galwodd Mr. Jones y gweinidog. Ni allai ddweud fod yn dda ganddi ei weld ar achlysur fel hyn. Yn y profedigaethau cyffredin a ddeuai i ran ei aelodau cydymdeimlo fel bugail y byddai ac nid fel cyfaill. Yr oedd hon yn brofedigaeth dipyn gwahanol iddo, ac yn un anodd cael geiriau cysur tuag ati.[20]

Yn y sgwrs sy'n dilyn ceir cymysgedd o ddychan a chydymdeimlad nes y deuir at gynnig Mr. Jones ar y diwedd i roi help ariannol. Gyda hyn y mae pethau'n llawer cynhesach, a'r diffuantrwydd yn ddigon dilys. Ni chlywir am Mr Jones wedyn hyd y diwrnod y mentra Lora i'r dref, ac yma gwelir yr awdur ar ei mwyaf cignoeth:

Croesodd y stryd tuag ati, a dweud dim ond "Mae'n dda gen i eich bod chi wedi ymwroli digon i ddwad allan." Yna dihangodd fel petai arno ofn i Lora Ffennig gofio rhan ddiwethaf ei sgwrs gyda hi yn y tŷ.[21]

Mae'r sylw yn un deifiol, a'r awdur fel pe bai'n rhoi chwilolau ar holl ragrith y ffug-ymddygiad 'swyddogol' pregethwrol mewn un digwyddiad.

Eto i gyd, i'r gweinidog y rhoir y geiriau sydd, mae'n debyg, yn crynhoi syniad creiddiol y nofel, ac sy'n dod agosaf at brofiad unigryw Lora o'r byd. Meddai:

"Wyddom ni ddim beth yw cyfansoddiad neb. Mae yna ryw bethau yn natur rhai ohonom ni sy'n mynd ymhell iawn yn ôl, ac yn torri, fel dŵr codi, mewn lle annisgwyliadwy."[22]

Ag un frawddeg, cyfreithlonir ei fodolaeth, gan ddod ag ef i mewn i we cynlluniol y gwaith. I Lora, yn ei hargyfwng, penbleth ydyw bywyd, heb obaith atebion parod. Rhan o syndodau bywyd i Lora yw dealltwriaeth Mr. Jones o'i hargyfwng hi. Dengys ei eiriau iddi nad problem unigryw yw ei phroblem hi, ond problem gyffredin ei chyfnod. Ac o'r sylweddoliad hwn (a ninnau gymaint ynghlwm wrth Lora) y canfyddwn ei bod yn broblem i ninnau hefyd.

*　　*　　*　　*

Hyd yma buwyd yn delio â pherthynas syniad a mynegiant yn *Y Byw sy'n Cysgu* fel cyfanwaith, a gweld ôl dwylo sicr wrth yr awenau. O sylwi, hefyd, ar fanylion crefft y gwaith ni ellir ond dotio at y feistrolaeth drylwyr a welir. Y mae'r llygad yma a all ddewis manylion gwelodol i gyfleu syniad a theimlad mor sicr ag erioed ac ni ellid gwell enghraifft na'i hadroddiadau o ymweliadau Lora â thy ei brawd-yng-nghyfraith, Owen. Prif ddiddordeb yr awdur yn Owen yw ei salwch a'r ffordd y mae'n fodd i Lora Ffennig ail-ennill 'sbardun' i fyw. Byddai ambell awdur yn cynnig cruglwyth o ddisgrifiadau manwl inni o'i sumtomau i gyfleu ei gyflwr truenus. Dull KR yw rhoi inni dri darlun argraffiadol-gynnil:

Yr oedd ôl dioddef ar Owen yn barod . . . Yr oedd ganddo wyneb glandeg, agored, a'i wallt yn britho'n hardd. Gallai fod yn Weinidog y Goron o ran ei wyneb, tybiai Lora, ond yr oedd llechi wedi lledu a chaledu'r dwylo hynny, y llwch wedi byrhau ei wynt a chodi ei ysgwyddau.[23]

Yr oedd wyneb Owen wedi newid ers mis Awst. Erbyn hyn yr oedd yn fudr felyn fel pwti, ond yn union o dan ei wallt yr oedd rhimyn o groen gwyn. Rhedai ffrydiau bychain, main o chwys i lawr ei arlais.[24]

Yr oedd gwaith codi mawr ar Owen, meddyliai Lora, wrth edrych ar y tyllau tu ôl i'w glustiau a'i wegil main. Fe hoffasai aros yno'n hwy i gadw cwmni iddo ac i fwynhau mwy o'i sgwrsio. Mor gas oedd ei adael a'r nos yn hir.[25]

Manylion sy'n gwneud y darluniau hyn yn rhai mor awgrymog-gyfoethog.

Ceir enghraifft eneiniedig arall o allu KR i ddarganfod y fath fanylion wrth iddi gyfleu torr-calon Rhys, drannoeth diflaniad ei dad. Nid carnedd ansoddeiriol a geir ond gosodiad syml:

> . . . disgynnodd Rhys ar ei liniau ar y gadair freichiau a phlannu ei wyneb i'w chefn, ei gorff fel bach yn camu tuag allan, a dechrau beichio crio.[27]

Yn y gymhariaeth Eisensteinaidd, cyflëir yr holl boen a fu'n cronni'n ei galon, ond gedy'r awdur i ni ddychmygu ei maint.

Agwedd arall ar dechneg llenor yw cysylltu cyfnod wrth gyfnod, pennod wrth bennod, golygfa wrth olygfa yn naturiol, anymwthiol: llwyddir i wneud hyn yn ddi-feth yn *Y Byw sy'n Cysgu*. Er enghraifft, un noson pan yw Annie a Loti yn trin a thrafod Esta a'i mam, a pherthynas Aleth Meurig a Mrs Amred, clywir cloch y drws yn canu:

> Ar hynny clywsant y gloch yn canu, a Rhys yn gweidddi yn y lobi: "Dowch i mewn, Mr. Meurig."
> "Wyt ti ddim yn gweld y geill rhywbeth ddigwydd yn y fan yma?" meddai Loti.
> "Be wyt ti'n feddwl?"
> "Wel, petasa Mrs. Ffennig yn cael ysgariad, mi allai'r ddau yma briodi."
> "O taw Loti."
> "Mae petha rhyfeddach yn digwydd mewn bywyd."
> " 'Does dim rhaid i ni benderfynu hynny."
> "O, dyna fo ynta."
> Cymerodd Annie lyfr i'w ddarllen. Yn y gegin yr oedd Mr. Meurig yn ymesgusodi dros alw ar fater preifat, yn gynhyrfus ac yn aflonydd, nid gyda'r un tawelwch na'r feistrolaeth ag a ddangosai yn ei swyddfa.[28]

Yn gelfydd, ddiymdrech newidir yr olygfa a'r cymeriadau o'n blaen. Clywir Mr. Meurig wrth y drws a ninnau'n gwrando ar sgwrs Loti ac Annie, a dilyna'r 'camera' ef tra mae'r ddwy yn ein paratoi ar gyfer yr olygfa i ddod. Newidiwyd canolbwynt ein diddordeb yn naturiol, heb i esgyrn y dechneg ymddangos drwy'r croen, ac rydym ninnau bellach yn barod i wrando ar ymgom Aleth Meurig a Lora.

Yr un gafael grymus a welir wrth symud y 'camera' eto oddi ar Loti ac

Annie yn y ddegfed bennod. Bu'r ddwy'n trin a thrafod Aleth Meurig a'r 'gymdeithas Saesneg' cyn clywed Lora Ffennig yn cychwyn o'r gegin:

> Ar hynny clywsant sŵn Mrs. Ffennig yn cychwyn i'w gwely, a rhoesant y gorau iddi.
>
> Wrth weld golau o dan ddrws Rhys, troes ei fam i mewn ato. Dyna lle'r oedd yn gorwedd ar wastad ei gefn a'i ddwylo wedi eu plethu o dan ei ben, yn syllu i'r nenfwd.[29]

Symudir o'r ystafell flaen, gan ddilyn Lora i fyny'r grisiau ac i ystafell Rhys yn naturiol ddi-ysgytiad, a'r darllenydd bellach yn barod i wrando cyfrinachau'r fam a'i mab. Does ryfedd i Mr. John Ellis Williams ddweud mai 'wrth y *joints*' y mae adnabod crefftwr da!'[30]

Techneg arall o gysylltu yw techneg sinematig y *flash-back* (cipiadau'n ôl), ac fe'i defnyddir gan KR yn gynnar yn y nofel i danlinellu llonyddwch eironig bywyd Lora a Iolo cyn y gwahanu. Ar ôl hebrwng ei hewythr, Edward Tomos, at y bws, dychwel Lora i'r tŷ; ond nid oes ynddi fawr o daro i ymaflyd â'i gwaith:

> Yr oedd y llestri bwyd o hyd ar y bwrdd, ond yr oedd diflastod yn yr awyr, ac eisteddodd ar y gadair freichiau i synfyfyrio am wythnos yn ôl, y diwrnod dwaethaf iddi weld Iolo, pan oedd wrthi'n brysur tua'r adeg yma yn gosod ei grys glân, ei goleri a'i sanau ar y gwely, a rhoi hyd yn oed lingiau yn sbandiau ei grys. Gwelai ei fag ar lawr y llofft yn agored a phedair hances boced lân yn un gornel iddo, coleri glân yn y llall, pâr arall o sanau, a'i sliperi. Daeth chwys drosti wrth gofio eu pwrpas. Cododd yn sydyn ac aeth o gwmpas ei gwaith gydag egni chwerw.[31]

Ar un llaw, y mae hwn yn ddarlun o gysgadrwydd Lora, ond ar y llaw arall mae'n bortread anuniongyrchol o greulondeb-gwaed-oer Iolo ei gŵr. Wrth gymharu'r presennol a'r gorffennol daw Lora i ddechrau dirnad gwneuthuriad ei gŵr ac, ar yr un pryd, i'w hadnabod ei hun yn well. Nid techneg er ei mwyn ei hun a geir: fe'i harneisiwyd i fwriad artistig; y mae'n rhan o 'gyfeiriad' y gwaith.

Dro arall, nid cipio'n ôl a wneir, ond cysylltu dau brofiad gan adael i un oleuo'r llall. Yn fuan ar ôl diflaniad Iolo, darganfu Lora iddo fynd ag ugain punt o'u heiddo, a thyr ei chalon. Ond yn nhermau'r gorffennol y disgrifir ei hadwaith:

> daeth rhyw deimlad drosti tebyg i'r un a gafodd pan oedd yn blentyn, pan dorrodd lein y cloc mawr yn y gegin, gefn trymedd nos, a hithau'n clywed y pendil yn disgyn yng nghanol y distawrwydd heb wybod ar y ddaear beth ydoedd, a meddwl mai hynny oedd Dydd y Farn, a rhedeg i lofft ei

mam mewn braw. Cnul o rywbeth ofnadwy a oedd ar fin disgyn arnynt oedd y sŵn unig hwnnw yn y nos, a theimlai'r munud yma mai cnul o bethau gwaeth oedd y ffaith yma ar ei llyfr.[33]

Defnyddir yr atgof i gyfleu teimlad Lora ar pryd, gyda'r geiriau 'gefn trymedd nos', 'distawrwydd', 'ofnadwy', 'braw', 'cnul', a 'sŵn unig', o'u casglu ynghyd, yn awgrymu anferthedd a dyfnder ei siom.

Dyfais sinematig sydd yma'n ddi-os, yn cysylltu ffaith mewn llyfr banc â phrofiad plentyndod.

Ond y mae'n debyg mai'r enghraifft orau o ddefnydd KR o'r dechneg yw'r un lle ceir Lora, ar ymweliad â Bryn Terfyn, yn penderfynu cerdded i gyfarfod ei brawd-yng-nghyfraith o'r chwarel:

Cerddodd oddi wrth y tŷ tuag at y llwybr i'r mynydd i gyfarfod ag Owen. Cofiai fel y byddai yn mynd i gyfarfod â'i thad pan oedd tua'r un oed â Derith, er mwyn cael cario ei biser bach chwarel am y canllath diwethaf, ac fel yr hoffai ei ysgwyd ôl a blaen fel cloch yr ysgol. Yr oedd y mynydd y tu allan i libart Bryn Terfyn fel erioed yn llawn o blu a baw ieir a gwyddau a defaid, a hen dyniau ers oes y byd. Cofiai fel y byddai yn gwneud ynys iddi hi ei hun yng nghanol y 'nialwch yma, er mwyn cael lle i eistedd i wnïo a gwisgo ei dol. Gwelodd Owen yn dyfod, gan lusgo ei droed yn flinedig a safodd yntau i gymryd sbel a rhoddi ei bwys ar gilbost y llidiart.[34]

Yn sicr ddigon, y mae hwn yn ddisgrifiad digon naturiol o Lora'n ymlwybro i'r mynydd i gyfarfod Owen. Ond y mae'r atgofion a ddaw iddi yn ei sgîl, sy'n pontio dau gyfnod, hefyd yn amlygiad o ryw hiraeth sydd yn ei chalon am fywyd a fu. Wrth feddwl amdani'i hun yn mynd i gyfarfod ei thad, fe'i hatgoffir o fyd gorawenus ei phlentyndod a'i bleser digymysg, tra yr ymgorffora'r darlun trasig o Owen holl drallodion ei phresennol, a byd llawn o boen. Y mae'r disgrifiad bron yn *vignette* o thema'r nofel ac, oherwydd ei fod yn diriaethu haniaeth, yn gynhorthwy pellach i'r darllenydd amgyffred profiad ysgytwol y gwaith.[35]

Arwydd o eglurder gweledigaeth KR yw'r gallu hwn i dalu sylw i fanion eithaf ei chynllunio, ac fe'i gwelir yn gyson drwy gydol y gwaith. Â Lora wyneb yn wyneb â chyfwng mwyaf ei bywyd, ar gychwyn y llyfr, gallai KR fod wedi peri iddi chwalu'n llwyr o dan faich ei phwn a chrio ar ei haelwyd mewn anobaith du. Ond, o wneud hynny, gwyddai na fyddai'n driw i'w gweledigaeth o'r math o wraig oedd Lora Ffennig. Dal ati a wna Lora, eithr nid dal ati'n ddideimlad, ond gan arddangos teimladau cryfion sydd dan wastrodaeth sicr.

Y mae KR am inni deimlo cyffro Lora, ac felly tynnir y gorchudd, er enghraifft, pan yw ei chymdoges wrthi'n hwylio te brynhawn dydd Llun ei hargyfwng. Cyn clywed y newydd buasai Lora'n darparu ar gyfer dychweliad ei gŵr, a manylwyd am y bwydydd a baratowyd ganddi, megis y bastai gig eidion a lwlen. Yna, syfrdanwyd hi gan daranfollt ei newydd drwg a'i gwneud yn ddiffrwyth. Ond, 'Wrth weld Mrs. Roberts yn pasio drwy'r gegin efo chrwst aur y pasteiod', y tyr i grio! Y mae'r foment yn seicolegol aeddfed i'r llif-ddorau agor.

Gwelir crefft KR, hefyd, wrth iddi raddoli'r newid sy'n digwydd y tu mewn i Lora yn ystod y nofel, a sicrhau ein bod yn ei dderbyn. Ar drothwy'r profiad yr â drwyddo, mae hi'n ddiniwed, ac y mae ganddi ymddiriedaeth ym mhawb ac ym mhob dim. Ni welir cysgod cwestiwn, ac ni cheir arlliw o lid na dial yn ei chalon. Yr ochr arall i'w phrofiad nid yw ei hysbryd mor hael. Meddai:

> "Dim iws dweud, 'Eitha gwaith', am un a fu'n golygu cymaint i chwi. Ni hoffwn i weld neb yn frwnt wrtho, *er na wnâi o ddim drwg iddo fo ddioddef peth anghysur. Mae fy nheimladau at ei chwaer yn wahanol.* Teimlaf mai hi yw adyn y ddrama"[37]

Bellach gwelir lled-awydd i ddial, a gwreiddiau casineb. A phan wna gytundeb i fynd i fyw at Dewyrth Edward, mae'n ddigon drwgdybus, a'i thraed ddigon ar y daear i beidio ag ymddiried gormod yn y drefniadaeth. Diflannodd y syrthni meddyliol a'r sicrwydd ynghylch popeth a wnâi fywyd yn ddiddos, ddiantur iddi gynt. Bellach nid oes 'wiw edrych ymlaen at bleser'.

Y mae'r newid yn Lora'n un sylweddol a sylfaenol ond, heb i un aros a meddwl, yn un na fyddid yn sylwi iddo ddigwydd bron. Un rheswm am hyn yw'r stadau o ansicrwydd, o gamu'n ôl a blaen yn gyson, a geir drwy'r gwaith. Nid rhyw newid syfrdanol theatrig sy'n digwydd i Lora yn *Y Byw sy'n Cysgu*, ond y math o ymlwybro ymlaen, yr ymbalafu am sicrwydd, y momentau o sicrwydd ac ansicrwydd, o obaith ac anobaith, a geir yn hanes pob un a gymerth gam tyngedfennol yn ei fywyd, boed yr un hwnnw yn Santes Teresa, neu'n 'Theomemphus', Williams Pantycelyn. Suir y darllenydd, gan lanw a thrai cyflyrau Lora, i ystad a wna'r newid sy'n digwydd iddi yn dderbyniol a chredadwy. Erbyn diwedd y gwaith cyrhaeddodd Lora'r gwaelod fel nad oes ganddi ddim i'w golli wrth anturio i'r anwybod. 'Llam' ffydd Kierkegaard, mewn termau diriaethol, a ddisgrifir a chyflyrwyd y darllenydd mor gelfydd fel na all ond ei dderbyn.[38]

Hanes profiad ysbrydol Lora Ffennig o'i safbwynt hi ei hun yw *Y Byw sy'n Cysgu*, (er yr adlewyrcha'i phrofiad arteithiau cymdeithas gyfan yn wyneb problemau dyrys). Y dewis sylfaenol yma o 'safbwynt' ydyw conglfaen y briodas rhwng syniadaeth a mynegiant y gwaith. Meddai Dr. E.L. Allen:

Existentialism is an attempt at philosophizing from the standpoint of the actor instead of, as has been customary, from that of the spectator.[39]

Er mai disgrifio'r broses athronyddol oedd ei fwriad ef, ni ellid gwell disgrifiad, na gwell cyfiawnhad o ddewis KR o dechneg yn *Y Byw sy'n Cysgu*. Yma'n ddi-os 'y ffurf yw'r neges'.

NODIADAU

1. W.C. Booth, *The Rhetoric of Fiction* (Chicago, 1961), 248-249
2. YBSC, 7
3. Ibid., 7
4. Ibid., 8
5. Ibid., 217
6. Ibid., 222.
7. Meddai Booth yn *The Rhetoric of Fiction*, am yr 'adroddwr':
   'They originally succeeded and still succeed by persuading the reader to accept them as living oracles. They are reliable guides not only to the world of the novels in which they appear but also to the moral truths of the world outside the book. The commentator who fails in this mode is one who claims omniscience and reveals stupidity and prejudice.'
8. YBSC, 20
9. Ibid., 46
10. Ibid., 220
11. Ibid., 190-191
12. Ibid., 45-46
13. Ibid., 234
14. Ibid., 48
15. Ibid., 12
16. H.C. Martin, *Style in Prose Fiction* (Efrog Newydd, 195ɔ), 20
17. YBSC, 202
    Cyn hynny bu Aleth Meurig yn meddwl mai, 'y fo a ddylsai fod yno gyntaf ac nid Iolo Ffennig, yn cyd-dyfu gyda hi trwy fywyd hyd i oedran teg'.
18. Ibid., 210
19. Defnyddir 'gwrth-eglwysig' yma fel cyferbyniad i 'wrth-grefyddol'. Y 'sefydliad' yw gelyn KR, ac y mae'r modd dychanol yr ymdrinir â hwnnw yn elfen gref yn ei gwaith.
20. YBSC, 31
21. Ibid., 46
22. Ibid., 33
23. Ibid., 40
24. Ibid., 166
25. Ibid., 195
26. Ceisiwyd dod o hyd i esboniad gwyddonol-gywir ar y 'rhimyn . . . gwyn' mewn llyfrau meddygol megis *Gray's Anatomy*, a methu. Fodd bynnag, dywed ffrind sy'n

feddyg fod y ddamcaniaeth sydd gen i, fod croen yr wyneb yn llacio gyda dihoeni, ac felly'n gwneud y rhimyn yn fwy amlwg, yn gwneud synnwyr yn ôl ei brofiad ef.

27. YBSC, 24
28. Ibid., 69
29. Ibid., 92
30. J. Ellis Williams, *Tri Dramodydd Cyfoes* (Dinbych, 1961), 41
31. YBSC, 51. Diddorol yw i Jonathan Raban yn *The Technique of Modern Fiction* (Llundain, 1960), 12, ddadlau i awduron yr ugeinfed ganrif ddysgu llawer oddi wrth ddulliau cyflwyno y cyfryngau torfol:

    'the technical qualities of the new media . . . have been absorbed by the novel. The tape-recorder has made us listen to the way that people speak with a new sensitivity; both dialogue and narrative have been stimulated to a greater accuracy in echoing the exact tones of the spoken word. Similarly, the visual techniques of the film and television director have sometimes been translated into literary terms with considerable success.'
32. YBSC, 110
33. Ibid., 60
34. Ibid., 76
35. Gellid bod wedi amlhau'r enghreifftiau gan gynnwys y defnydd lled-sumbolaidd o'r 'swper olaf' a geir ym mhennod XXI; ond ymataliwyd rhag gorlwytho.
36. YBSC, 222-223
37. Ibid., 212
38. Ceir esboniad ar ystyr fanwl y term 'llam' i Kierkegaard yn y bennod ar *Tywyll Heno*. Mae'n ddiddorol sylwi mai fel 'llam tyngedfennol' y disgrifir penderfynu priodi gan Lora Ffennig, 187.
39. E.L. Allen, *Existentialism from Within* (Llundain, 1953), 3

Te yn y Grug

Ceir elfen gref o ddrwygdybio 'athronyddu' a 'meddwl' yng ngwaith KR drwyddo draw. ". . . Rhywbeth i ddynion segur ddadlau arno" yw "damcaniaeth yr ymwacâd" iddi yn stori'r 'Cwilt', a:

> Digon hawdd oedd iddi hi [Ffebi], a phob pregethwr a bregethodd erioed ar y gŵr ifanc goludog a aeth ymaith yn athrist, sôn a meddwl bod colli'n beth hawdd.[1]

Yn 'Dieithrio', wedyn, a John Gruffydd yn dod i'r tŷ ar gynffon sgwrs, fe'i ceir yn addef ei bod yn 'anodd gwybod be sy'n iawn a be sy ddim'. Ni chytuna ei wraig; a haera nad yw:

> Ddim mor anodd ym myd mistras a morwyn, ond y mae o'n gwestiwn iawn i chi'r dynion 'i drin yn yr Ysgol Sul.[2]

Y mae byd syniadau ar wahân i broblemau bodolaeth, heb fawr o gyswllt rhyngddynt. Dyma paham, hwyrach, y denwyd yr awdur unwaith yn rhagor i ysgrifennu am fyd plant. Nid yw plant yn athronyddu am brofiadau; eu byw y maent. Cymhlethdodau myfyrdodau dynol a gafwyd yn Y Byw sy'n Cysgu, a gellir ar un wedd, hwyrach, synio am Te yn y Grug fel adwaith yr awdur i ysgrifennu'r gwaith hwnnw.

Rheswm arall dros ysgrifennu Te yn y Grug yw fod yr awdur am ymdrin unwaith yn rhagor â phwnc sy'n amlwg yn ei swyngyfareddu, sef adolesens, ac am ymdrin ag ef mewn nouvelle. Wrth ddweud hyn, mae un yn ymwybodol iawn mai fel cyfrol o storïau byrion y cynigwyd y gwaith i'r cyhoedd gan yr awdur, a bod beirniaid fel Dr. John Rowlands yn ei hystyried yn 'gasgliad o storïau byrion . . . yn hytrach na nofel'.[3] Er hynny, i mi, fel storïau byrion nid ydynt yn taro deuddeg: fel nouvelle clymant yn gyfrol sy'n un o uchelfannau'n llên.[4]

Mewn stori fer, a chofio diffiniad y bennod gyntaf, mae'n rhaid cael rhyw un digwyddiad trawiadol yn sylfaen, ac ni wad neb na cheir y cyfryw mewn stori fel 'Gofid'. Rhaid bod i stori fer hefyd un cyfeiriad pendant, ac unoliaeth tôn ac awyrgylch, ac y mae stori fel 'Y Pistyll' yn ateb y gofynion yn eithaf boddhaol. Y mae'n wir fod y storïau i gyd yn syrthio'n daclus i batrwm y stori fer. Ac eto y mae perthynas rhyngddynt, ac fe hoffwn i ddadlau y gellir synied amdanynt fel rhannau o gyfangorff, yn hytrach na darnau hunangynhaliol ynddynt eu hunain. I mi, *nouvelle* yw *Te yn y Grug* ac nid *conte*.

Yr un, yn sylfaenol, yw 'pwnc' *Te yn y Grug* â *Laura Jones*, ond bod iddo ddwy wedd. Yn *Laura Jones* rhoi'r chwilolau ar y newid sy'n troi Loli yn Laura a wnaed. Yma, y mae diddordeb yr awdur yn ddeublyg. Mae ganddi ddiddordeb yn y modd y blodeua Winni Ffinni Hadog 'yn ddynes' ar yr un llaw, ac yn y modd yr aeddfeda Begw o fod yn blentyn pedair oed i fod yn laslances (y cam nesaf i adolesens), ar y llall. Y mae Begw a Winni ar drothwy cyfnod newydd yn eu bywydau: dyma sy'n rhoi uniolaeth i'r gwaith. Ac y mae profiadau'r naill yn croesffrwythloni'r llall; dyma sy'n rhoi dyfnder iddo.

Cymeriad Begw a gyflwynir inni yn nhair stori gynta'r gyfrol, ac fe'i cyflwynir yn sgîl y profiadau cynnar a ddaw i'w rhan. Yn y stori gyntaf, 'Gofid', marwolaeth ei chath Sgiatan, yw'r cyfrwng. Dechreua'r stori â darlun synhwyrus trist ohoni'n eistedd o flaen y tân 'a'i chefn, i'r neb a edrychai arno, yn dangos holl drychineb y bore'. Â'r is-gymal bachog uniaethir y darllenydd â'r storïwr, fel ein bodd gydag ef yn gweld sut y 'cyffyrddai ymylon ei siôl daironglog â'r llawr' a sut y mae ei 'gwallt yn flêr'. Y funud nesaf cyfrannwn o gudd feddyliau Begw sy'n dyfalu paham na phlethwyd ei gwallt y noson cynt.

Y mae'r awdur yn eithriadol effro yma, yn dewis y manylion beichiog yn fwriadus hollol, ac yn peri i ni deimlo yn ogystal â gweld synfyfyrion synhwyrus Begw. Deuir â ni'n ôl i'r ddaear, fodd bynnag, a phwysleisir y boen y mae Begw ynddi gan y 'gwynt oer o dan y drysau' a chan gan lacharedd y gwrthgyferbyniad a ddefnyddir i ddisgrifio'r diwrnod inni – 'diwrnod du, diobaith er bod pobman yn wyn'. Hyd yn hyn ni ddywedwyd wrthym achos y boen, ac y mae Begw fel pe bai am osgoi cynabod yr hyn sy'n ei phoeni drwy adrodd y math o ddiwrnod a ddisgwyliai y bore hwnnw, y 'diwrnod-gwahanol-i-arfer'. Drwy'r disgrifio manwl y mae'r awdur hefyd yn tanlinellu'r siom a'r arswyd sydd i ddod. Gwrthgyferbynnir y diwrnod a ddisgwylid â'r realiti trychinebus, a ninnau bron yn cyd-gyfrannogi o'r ysgytwad wrth ddarllen y darn ysgytwol:

. . . dyna lle'r oed Sgiatan – nid at garreg y drws yn codi ei chynffon ac yn barod i'w rhwbio ei hun yn ei choesau, ond yn gorwedd mewn crwc o ddŵr, ei phedair coes wedi ymestyn allan fel y byddent weithiau ar fatyn yr aelwyd, ond ei dannedd yn ysgyrnygu fel yr hen anifail hyll hwnnw yn y 'Drysorfa'r Plant' a'i llygaid mor llonydd a rhythlyd â llygaid gwydr ei dol.[5]

Trôdd yr anifail y bu Begw yn ei garu yn 'hyll' ac anghynnes lysnafeddog, ac y mae'r llygaid a fu'n 'wincio arni' yn 'llonydd'.

Effaith yr holl gydosod yw cyfleu'r newid sydyn ym mywyd Begw yn ddramatig, fel bod un yn deall sut yr 'hoelid hi wrth y ddaear' i edrych ar Sgiatan. Mae'r hyn a wêl yn ei dychryn a'i mesmereiddio yr un pryd. Ond, fel pob plentyn pedair oed, cred y gall osgoi ac anghofio'r cyfan wrth fynd i'r tŷ, cau ei llygaid a chuddio'i phen! Eithr fe'i rhwystrir gan ei mam, a rhaid bodloni ar eistedd wrth y tân. Yno, yn ei hunigrwydd, dechreua feichio crio, dim ond i glywed ei thad yn gweiddi arni i beidio â 'chlegar'. Mae hyn, ar ben y trallod arall, yn ormod, fel hyn y disgrifir ei hadwaith:

> Cododd i nôl ei doli bren a lapiodd ei siôl amdani . . . Ceisiai ei swatio yn ei chesail, ond sut oedd modd magu hen beth caled felly ar ôl magu peth mor esmwyth â Sgiatan a edrychai mor ddigri â'i phen allan o'r siôl? Wrth gofio hynny wedyn taflodd y ddol i lygad y tân. Buasai wrth ei bodd yn ei gweld yn fflamio – y ddol yn cael mynd i'r 'tân mawr' ac nid Begw – y hi a'i hen wyneb paent, hyll . . .[6]

Fe ŵyr plentyn pedair oed sydd newydd glywed ei thad yn gweiddi – "taw â chlegar" – na all feiddio dangos ei gwir deimladau tuag ato. Â Begw felly i nôl ei dol a cheisio'i hanwesu. Eithr rhywle yn y broses o gymharu'r 'hen beth caled' ag esmwythder Sgiatan try'r ddol yn sumbol o'i thad ei hun ac yn ffordd o gael gwared â'r casineb a gronnodd o'i mewn. Dyma paham y mae'n gloddesta uwchben y ddoli'n fflamio, ac yn lladd arni.

> 'Spontaeous play serves one very important function, not recognised until recent years,' meddai J.A. Hadfield, 'namely the release of repressed emotional complexes . . . The little girl scolded by her mother is resentful, but has to surpress her feelings, so in her play she scolds her doll and thus lets off the aggresive feelings which she dare not express towards her mother . . .'[7]

Yn y pwt o sgwrs rhwng ei mam a'i thad dealla Begw mai ei thad a foddodd Sgiatan, ac y mae'r newydd yn ei sobreiddio drwyddi a pheri iddi synfyfyrio gan edrych drwy'r ffenest. A thrwy lygaid ffres Begw, gwelwn ninnau'r wlad o gwmpas â synwyrusrwydd plentyn:

> Yr oedd y ddaear i gyd yn fwclis, a'r coed yn estyn bysedd hirion, gwynion tuag atynt. Swatiai'r ieir yng nghornel yr ardd â'u pennau yn eu

plu . . . Yr oedd hen Jac Do mawr du yn pigo asgwrn yn yr eira a lot o adar gwynion fel gwyddau ymhobman. Ar hyd pen y clawdd yr oedd cris-croes ôl traed yr ieir. Rhedai ei llygaid ar ôl yr eira yn bell bell. Yr oedd fel crempog fawr a lot o dyllau ynddi a chyllell ddur las rhyngddi a Sir Fôn. Ond yr oedd ei phen yn troi wrth edrych arni ac yr oedd ei llygaid am ddyfod allan o'i phen o hyd. Dechreuodd y grempog godi rownd ei hymyl a chychwyn tuag ati. Syrthiodd Begw . . .[8]

Mae gweld y coed fel 'bysedd hirion' yn estyn a 'mwclis' yr eira'n eithriadol synhwyrus, a braidd na theimlir cynhesrwydd pennau'r ieir o fewn eu plu, ac apelia'r darlun o'r 'hen Jac Do mawr du yn pigo asgwrn yn yr eira' at ein synnwyr lliw. Ond nid disgrifio er ei fwyn ei hun a geir. Cyplysir disgrifiad goddrychol synfyfyriol Begw o'i hamgylchfyd â'r dwymyn a ddaw drosti – fel y grempog y cymharwyd Sir Fôn iddi'n 'codi rownd ei hymyl a chychwyn tuag ati'.

Ei hatgof nesaf yw bod yn ddiddos ar lin ei mam; ond gwêl ei thad ac fe'i hatgoffir am ei gofid. I'w anghofio caea ei llygaid, ac yna syrthia i gysgu. Cyflëir distawrwydd yr aelwyd, siglo rhuthmig y fam, ac anadlu cyson, trymaidd Begw i ni yn gampus.

Ganol y nos daw breuddwyd i Begw:

Y noson honno, deffroes Begw yn ei gwely rywdro yng nghanol y nos fawr. Agorodd ei llygaid ar y blanced ddu o dywyllwch. Ni allai ddweud ym mha le'r oedd y ffenestr na'r drws . . . Ond yn sydyn o'r tywyllwch dyma rywbeth yn neidio o'r llawr ar y gwely ac yn ôl drachefn yr un mor sydyn. Cyffyrddod eiliad â bodiau ei thraed ac yna diflannodd i'r distawrwydd. Sgiatan wedi dwad yn ôl, meddyliai Begw wrthi hi ei hun.

Defnyddir y gair 'breuddwyd' yn fwriadol oherwydd y mae'n amlwg oddi wrth yr hyn sy'n digwydd ar ôl deffro y bu i feddwl Begw redeg ar linellau arbennig yn ei chwsg. Bu'n pendroni uwchben problemau sy'n ddyrys iddi ac am na ddôi ateb parod y deffroes:

From such dreams, which merely revive the problem without being able to offer any solution, we usually wake, and this explains why we wake from some dreams and not from others. *For just as we go to sleep to forget the cares of the day, so we wake up from dreams to escape the unsoluble problems of the night.* But for that very reason these dreams from which we wake are of most value in directing us to the problem, or to the original source of our trouble . . .[9]

Am amser maith yn ystod y dydd ni allai Begw ddefnyddio'r gair a'i gorfodai i gydnabod yn ei hymwybod fod Sgiatan wedi diflannu am byth – 'marw'. Yr hyn sydd o ddiddordeb i ni yw y gwyddai yn reddfol mai marwolaeth a'i hwynebai heb i neb dweud hynny wrthi:

> Ie ond wedi marw yr oedd, nid oedd yn rhaid i neb ddweud wrthi mai dyma beth oedd marw. Yr oedd hi fel y llygoden a aeth i'r trap.

Dyma'r dydd hefyd y 'caeodd y drws a thu ôl i'w dywyllwch y teimlodd bang gyntaf y cau drysau a fu yn ei bywyd wedyn'. Aethom i mewn i fywyd Begw i'w chanfod wyneb yn wyneb ag un o broblemau mawr bywyd a hithau'n bedair oed. Ond ynghanol ei phenbleth, rhwng cysgu a deffro, chwery'r meddwl dric arall arni. Neidia Sgiatan o'r llawr i'r gwely, ac mae'r profiad mor fyw fel y 'cyffyrddodd eiliad â bodiau ei thraed'. 'Eiddun-gyflawniad' yw'r term technegol am y peth hwn – y meddwl yn cyflawni eidduniad person, yn rhoi iddo'r hyn a fynn i gael llonyddwch. Ond llonyddwch dros dro a fydd i Begw gan nad yw ei loes ond megis 'pang gyntaf y cau drysau a fu yn ei bywyd wedyn'.

Y mae 'Gofid' yn stori gron, hunangynhaliol, rymus; ond y mae, hefyd, yn ffitio'n dwt i batrwm y cyfanwaith.

Felly hefyd y stori sy'n ei dilyn, 'Y Pistyll'. Prif bwrpas yr ail stori, o bosib, yw lleoli Begw yn ei chymdeithas. Y mae'r un Begw synhwyrus yn hon hefyd, wrth reswm. Hynny sy'n cael sylw ar y cychwyn, ac fe gyfreithlonir ei sylwgarwch wrth ddweud iddi fod yn sâl am fis yn y tŷ a'i bod hi felly'n ysu am weld 'y pethau cynefin a oedd yn newydd eto'. Y mae ffyn y giât fel ffrâm darlun iddi, ac fe wêl o'i blaen:

> y pistyll na ddistawodd am eiliad yr holl amser yn ei gwely, heddiw yn ei ffrâm werdd o eithin, yn taflu ei fwa o ddŵr yn dawel i'r pwll, a hwnnw yn ei dderbyn gyda sŵn undonog fel sŵn adrodd a âi ymlaen ac ymlaen am byth bythoedd. Pan welsai hi'r pistyll ddiwethaf deuai'r dŵr drosodd fel ceffyl gwyn yn neidio ac yn gwehyru, y sŵn yn byddaru'r tai, a'r pwll yn maeddu poer yn gylchoedd wrth ei dderbyn.[10]

Ond nid rhywbeth i'w ddisgrifio'n unig yw'r pistyll. Clyma bresennol y stori â'r gorffennol pell, – yr adeg y daeth Wil y Fedw yno i ddal iâr eisiau gori o dan ei ddŵr a pheri i Begw grio oherwydd y creulondeb – â'i salwch diweddar pan daflai Begw i fyny 'fel y pistyll yn y lôn' a hanner mwynhau'r sylw a ddôi yn sgîl y cyfan. Yn ddiweddarach yn y stori tyf yn sumbol o'i phenbleth cynyddol yn y byd.

Deuir yn ôl o 'atgofion' Begw i'r Presennol ac â i chwilio am gwmpeini. Llithra i lawr carreg lefn a theimlo 'darn noeth o'i chlun' yn cyffrwdd â hi. Mwynheir clywed coesyn riwbob yn 'cratsien' dan ei throed, a llawn ddeallwn y 'diawl bach' a bair iddi 'dorri coesyn arall ac un arall'. Yn *Te yn y Grug*, y mae'r synhwyrau i gyd ar waith.

Cynrychiola teulu Mair, drws nesaf, agwedd arall ar ddryswch bywyd i Begw. Y mae Mr. Huws y drws nesaf yn Weinidog ar gapel yn y cylch, ac felly – i feddwl syml plentyn – y mae'n perthyn yn glòs i futh daioni. Ar y llaw arall, mae popeth a ddywed ei rhieni amdano a'i deulu, er na lawn ddeellir y cyfan, yn hollol groes i'r hyn a ddisgwylid, ac o'r herwydd yn peri cryn ddryswch i Begw ynghylch natur drwg a da. Wrth edrych ar ardd y drws nesaf, er enghraifft, cofia fel y byddai ei thad yn dweud 'nad oedd gan bregethwr ddim byd i'w wneud trwy'r dydd ond trin yr ardd'. A phan fentra yn nes ymlaen at ddrws tŷ Mair a chlywed Mr. Huws yn dweud gras bwyd, cofia fel y clywsai 'ei mam yn dweud yn un o'r pyliau hynny a gâi o refru ar bawb, ac ar Mrs. Huws drws nesa' yn arbennig, mai ei wraig a wnâi i Mr. Huws adael i'w farf dyfu i arbed talu am ei dorri o'. Wrth sôn am ras bwyd Mr. Huws wrth ei mam yn ddiweddarach, yr ymateb yw fod 'eu diolch nhw yn hwy na'u pryd bwyd nhw', ac wrth i'w mam ddweud fod gan Mrs. Huws 'lygad yn nhu ôl i phen' fe'i hatgoffir am darten gwsberis a gafodd un tro, tra yn disgwyl i Mair ddod i chwarae a'r 'llefrith wedi cawsio' ar ei phen 'yn serennu arni'.

Ond rhyw eiriau diystyr oedd y mwyafrif o'r sylwadau i Begw. Yn ei hymwneud â Mair yr ymgorfforir y problemau a wyneba, – problem caru a chasáu, problem da a drwg, problemau cymdeithasu. Cyflwynir Mair inni, yn grefftus fanwl, yn y pwt o ddeialog sy'n dilyn:

> Clustfeiniodd Begw, a chlywodd glic llidiart y drws nesa'. Allan â hi, a dyna lle'r oedd Mair, ond nid yn rhedeg i gyfarfod â hi, ond yn sefyll wrth ei llidiart ei hun heb symud. Aeth Begw ati a gafael yn ei llaw yn swil, gan edmygu cyrls trwchus Mair a'i bochau cochion.
> "Mae arna i eisio mynd i'r siop i mam." ebe Mair.
> "Mi ddo'i efo chi."
> "Ddaru mi ddim gofyn ichi. Gofynnwch gynta."
> "Ga' i?"
> "Cewch."[11]

Adwaith plentyn normal, na welodd ei ffrind ers mis fyddai rhedeg i'w groesawu a'i wahodd i'w hebrwng i'r siop. Nid felly Mair. Saif wrth ei llidiart ei hun yn dalp gwrthgymdeithasol gan fynnu'r oruchafiaeth o roi'r fraint i Begw ddod gyda hi ar neges.

Ar un wedd, y mae'r portread yn un creulon, anghymodlawn, gyda'r awdur yn mwynhau lleisio'i syniadau gwrth-eglwysig, gan ein cyflyru'n gyson yn erbyn Mair a'i theulu. Ond rhaid cofio, fodd bynnag, mai cig a gwaed am haniaeth sydd yma, a bod Mair a'i thylwyth yn cynrychioli hunanoldeb, ffroenucheledd, a malais – y croeswyntoedd digon real y mae'n rhaid eu hwynebu yn y byd.

Eir ymlaen â'r portread o Mair wrth adrodd stori'r ymweliad â'r siop. Ar ôl rhoi golwg synhwyrus inni ar y wlad o gwmpas, down at Twm Huws y Ffordd a gyflëir inni yn y dull argraffiadol y mae'r awdur yn gymaint meistr arno erbyn hyn:

> Eisteddai'r torrwr cerrig ar ei bentwr yn ei London Iorcs a sbectol weiran am ei lygaid, yn dal i gnocio fel petai heb glywed sŵn troed neb . . .

Dau fanylyn a geir, ond y mae hynny'n ddigon. Yn ystod y sgwrs ag ef ceir Mair yn 'gollwng ei thirsia' yn eiddigeddus am fod Begw'n dwyn y sylw, ac yn siarad yn bowld wrth i Twm Huws holi'u helynt, nes bod Begw bron â chrio. Achubir y gawod, fodd bynnag, wrth i Twm Huws roi dimai iddi i'w gwario ac un arall i Mair 'i arbed helynt'.

Wrth fynd rhagddynt dechreua Mair ladd ar y torrwr cerrig:

> "Hen ddyn cas ydi Twm Huws . . . mae o'n hen ddyn comon ac yn gwisgo trywsus melfared."

Ond eisoes aethpwyd i drafferth i ddangos fod calon Twm Huws yn y lle iawn, fel mai ei chondemnio ei hun â phob gair y mae Mair, tra yr â'n syniad o Begw'n uwch wrth iddi achub cam y gweithiwr caredig.

Â'r ddwy i mewn i'r siop a phrynu fferins, yna yn ôl â'r ddwy tua'u cartrefi. Yn eu disgwyl y mae Mrs. Huws a edrychai:

> . . . yn fwy sarrug nag arfer, a'i gwallt wedi ei dynnu yn dynn oddi oddi wrth ei hwyneb. Yr oedd ei llais yn sych a chaled.

Atgoffa ni o'r portread o Mrs. Ellis yn *Laura Jones*, a'r manylion dethol yn ddrych o galedwch ei chymeriad, ac ategir yr argraff gan ei geiriau pigog, maleisus:

> "Siarad efo hen ddyn y ffordd yna y buoch chi, mi wranta . . .. Ddylat ti ddim sairad eto rhyw hen ddyn fel yna Begw."

Yn y pwt sgwrs sy'n dilyn rhydd Mair (fel y gellid disgwyl) y bai i gyd ar Begw, ac wrth i honno geisio esbonio'r hyn a ddigwyddodd ennyna ymateb chwyrn arall gan Mrs. Huws:

> "Toeddwn i ddim yn sairad efo *chdi* Begw. Efo Mair yr oeddwn i'n siarad. 'Does ryfadd yn y byd ych bod *chi*'n cochi a rhoi'*ch* pen i lawr Mair. Begw *dos di* adra a *dowch chitha* i'r tŷ Mair."
>
> Hyn heb edrych ar Begw. Caeodd y drws mor sydyn fel y cafodd Begw hi

ei hun yn edrych i fyny fel cyw deryn am ei damaid, a'i llygaid yn rhythu ar y swigod paent ar ddrws Mrs. Huws. Ni allai symud o'r ystum yma am dipyn, oblegid digwyddasai'r cwbl fel corwynt. Yna ceisiodd glustfeinio i wybod beth a ddeuai o Mair. Safodd yno yn ddisgwylgar, wedi ei hoelio, ac ias o ofn a phleser cymysg yn mynd i lawr ei chefn. Disgwyliai glywed sgrech . . .[12]

Mae'r newid o'r ail berson 'parchus' i'r ail berson 'cyfarwydd' wrth siarad â Begw yn cyfleu cyfrolau. Y mae Mrs Hughes yn trin Begw fel pe bai'n esgymun, a phan atgoffwn ein hunain nad yw Begw ond pedair oed, y mae'i hymddygiad yn anfaddeuol.

Ond y mae arlliw o ddigrifwch i'r achlysur hefyd, ac fe'i mynegir wrth gymharu Begw â chyw 'deryn yn edrych i fyny . . . am ei damaid', a'i chael mor agos at y drws nes ei bod yn 'rhythu ar y swigod paent'. Yr hyn sydd ddigrifaf, fodd bynnag, yw naturioldeb Begw yn disgwyl clywed Mair yn cael cweir. Fe'i siomir yn hyn o beth, ond ni ŵyr dychymyg plentyn ffiniau realaeth. Erbyn i Begw gyrraedd ei thŷ ei hun, 'mae Mair yn cael cweir'; ac wrth siarad â Robin ei brawd yn ddiweddarach dywed fod Mair 'wedi cael hanner i lladd'. Pan ddaw ei thad i'r tŷ o'i waith clyw fel y cafodd Mair 'gweir iawn gin i mam nes oedd hi'n sgrechian dros y tŷ'. Y mae elfen sadistaidd ym mhob plentyn, ond yr awydd am oruchafiaeth sydd gryfaf yma. Y mae Begw'n 'cael gollyngdod', ac y mae'n ddigon blin, yn nes ymlaen, am i'w mam ei rhwystro rhag 'credu ei chelwydd ei hun'.

Ar ôl i Begw ddychwelyd adref, cyrhaedda Robin, ei brawd, yno. Yma eto portread braslunaidd a geir ohono, ac fe'i cyfreithlonir yn fachog drwy ddweud i Robin weddnewid y gegin i Begw:

Daeth aroglau hogyn iddi, aroglau trywsus melfaréd a llaid a dŵr budr. Disgynnai pluen ei wallt yn wlyb dros ei dalcen, ac yr oedd rhimyn main o ôl dŵr yn rhedeg o'i wallt hyd i'w arlais.

Nid oes sôn yma am liw gwallt neu lygaid neu groen, fel y byddai yn y cyfrolau cynnar. Naddwyd y dweud hyd at yr asgwrn. Dyma'r argraff a greai ei brawd ar Begw, a hynny sy'n bwysig. Cynrychiola iddi'r rhyddid a'r tra-arglwyddiaeth dros fywyd y mae Begw'i hun yn dyheu amdano, ac o'r herwydd y mae'n gryn arwr ganddi.

I Begw, y mae bywyd yn ymagor o'i blaen. Eisoes daeth wyneb yn wyneb ag angau, a gwelodd hunanoldeb a chasineb ochr yn ochr ag anwyldeb a charedigrwydd. Nid yw'n syn fod bywyd yn ddryswch dudew iddi. Ac eto fe welwn *ni*, o'r tu allan, hi'n cymryd camau pendant ymlaen at aeddfedrwydd oedolyn. Pan yw plentyn yn bedair oed y mae ynddo holl gynheddfau rhywun mewn oed; fe'i gwelir yn araf bach yn teimlo'i ffordd ymlaen drwy ymarfer y rhain a magu hyder. Ac un ffordd o fagu hyder yw meistroli natur. Meddai Hadfield am y plentyn:

His relation to nature is significant. He uses nature to inflate his ego, to demonstrate his power over nature. This of course prepares him for later life. That is why many of his actions take the form of sheer destructiveness. Out for a walk, he knocks off the heads of flowers, breaks off branches of trees for the sheer joy of breaking them off . . . It is not . . . that he has anything against flowers. These express his sense of power. *He destroys in order to prove his strength and to build up his self-confidence.*[13]

Dyma'r esboniad ar 'gratsien' y riwbob, uchod. Y mae Begw, ar ôl caethiwed salwch, yn ail-sefydlu'i goruchafiaeth dros bethau a mwynhau tipyn o ryfyg yr un pryd.

Dyma hefyd y cyfnod pan elwir plant yn 'ddynion bach', neu 'ferched bach' gan oedolion. Maent yn eu helfen yn ailadrodd gweithredoedd rhai hŷn, sy'n esbonio i ni agwedd Begw at Robin. "Mi ddo i efo chdi at yr afon y tro nesa Robin", meddai Begw wrth ei brawd, eithr heb dderbyn fawr o groeso.

Y mae'r plentyn pedair oed hefyd yn gwestiwn i gyd:

This indeed the age of questions. As he stands on the threshold of a psychologically independent life, the child plies you with question after question about the world which he is to enter.[14]

Y mae penblethau Begw yn llu o edrych o'i chwmpas. Ar ôl i Robin, er enghraifft, ychwanegu at y portread o'r teulu drws nesaf drwy sôn am Mr. Huws yn siarad ag ef ei hun wrth yr afon ac yn rhegi ar brydiau, ac ar ôl i'w mam ddweud y byddai'r rheg yn 'ollyngdod mawr i Mistar Huws druan', daw'r cwestiwn:

"Be 'di gollyngdod mam?"
"O, wyddost ti, cael rhwbath allan sy wedi bod i mewn am hir."
"Run fath â fi yn taflu i fyny?"
"Dyna chdi, mi'r wyt ti wedi'i dallt hi."

Dyma un o liaws o gwestiynau Begw wrth iddi ddechrau ymaflyd â bywyd; eithr dan yr wyneb dyfnha ei phenbleth fwyfwy bob dydd.

Wrth basio, y mae'n werth sylwi ar berthynas y fam â'i merch. Dywed y cymdeithasegwr addysgol, Basil Bernstein fod y math o gyfathrach geiriol a geir rhwng rhiant a phlant yn greiddiol i'w datblygiad meddyliol.[15] Fel arfer, meddai, ateb unsillafog a roir i blant fydd yn ddiweddarach yn gyfyng eu meddyliau a'u geirfa (*restricted code*), tra'r ymetyb rhiant y rhai a fydd yn gyfoethog o ran iaith a syniadau yn rhesymegol gyflawn a chyfrifol (*elaborated code*). I'r dosbarth goleuedig olaf y mae Elin Gruffydd, mam Begw, yn perthyn.

Daw'n amser gwely ar Begw, yr amser eto i glywed y pistyll o'i gwely plu. Yn dilyn, ceir hunllef – hunllef, yn hytrach na breuddwyd, oherwydd y mae gwahaniaeth clinigol rhwng y ddwy ffenomenon:

> Both dreams and nightmares are reproduction of unsolved problems. But the difference is that whereas ordinary dreams work towards some sort of solution so that we continue to sleep, in nightmares *the conflict is so severe and the terror so great that whilst there is a reproduction of the problem and of its terrifying causes, there is no offer of any solution, with the result that the emotional tension causes such a state of distress that we wake up in terror.* They illustrate the point . . . that just as we sleep to escape from the problems of the day, so in a nightmare we waken to escape the unsolved problems and horrors of the night.[16]

Cyn ystyried y dyfyniad byddai'n well cymryd golwg ar ddisgrifiad KR ei hun o'r profiad:

> Ymhen oriau dyma sgrech o'r siamber gefn. Begw yn gweiddi dros y tŷ wedi cael hunllef ofnadwy. Wil y Fedw yn dal Mair drws nesa' gerfydd ei thraed o dan y pistyll, Mistar Huws yn rhegi Wil nerth ei ben, a'i farf wedi troi yn glaerwyn o gwmpas ei wyneb, a Mrs. Huws yn rhedeg o'r tŷ a thaflu Mr. Huws i'r pwll. Ond yr oedd ei mam yno mewn eiliad, a hithau yn deffro. "Hen bobol gas ydyn nhw i gyd bob wan ohonyn nhw. Hen bobol frwnt, Robin a phawb."[17]

Mynegi syniadau a dyheadau mewn lluniau a wnawn yn ein breuddwydion a'n hunllefau, fel bod yn rhaid dehongli'r lluniau hynny i gyrraedd gwreiddyn y mater. Y mae rhai'n anodd eu darys oherwydd eu cymhlethdod eithr, yma, y mae'r problemau'n hawdd eu canfod o gofio helyntion y dydd. Fe wêl Begw greulondeb, anghysondeb, rhagrith, a malais yn y byd, ac wrth i'r argraffiadau sy'n arddangos y rhain godi o'i hisymwybod yn ei chwsg a chronni'n yr ymwybod, â'r boen yn ormod iddi ac fe ddeffry.

Nid oes amheuaeth na ellir ystyried 'Y Pistyll' yn stori fer gyflawn ynddi'i hun. Y mae'n stori am ddiwrnod arbennig iawn ym mywyd Begw, ac y mae iddi unoliaeth dderbyniol dwt. Eto, i mi, y mae'r stori ar ei hennill o gofio'r stori 'Gofid' a gweld ei henigma, enigma tyfu i fyny, fel rhan o broses gynyddol. O'i hystyried fel hyn, cysylltir y profiad o wynebu angau â chreulonder Wil y Fedw, boddi cath â dal iâr o dan bistyll, a chawn hwy'n tryfalu i'w gilydd yn daclus, fel profiad sy'n fwy o lawer na'r elfennau sydd ynddo.

Fel hyn, hefyd, y dylid ystyried 'Marwolaeth Stori'. Brawddeg braidd yn annisgwyl ydyw ail frawddeg y stori hon: 'Hen amser cas oedd y Nadolig, yn enwedig noson cyn y Nadolig' – o gofio mai adwaith plentyn a gyflëir ynddi. Ond gwelir yn syth mai cyfarfod llenyddol yr ardal yw'r bwgan ac nid yr ŵyl ei hun, a bod diflastod y profiad hwnnw, o bosib, yn gwneud yr achlysur sy'n sylfaen i'r stori'n felysach fyth. Yr achlysur hwnnw yw rhai o aelodau teulu Begw a chymdogion yn dod ynghyd ar ei haelwyd hi i gyfnewid anrhegion a storïau, dair noson cyn y Nadolig.

Fe adeiledir awyrgylch diddos, glyd i ni gan yr awdur cyn ein cyflwyno i'r ymwelwyr:

> Yr oedd aroglau cwyr melyn lond y gegin, y dodrefn yn disgleirio a'r teils coch a du ar y llawr yn dywyll gan sebon a chadach. Gorweddai cysgodion ar ben draw y gegin fel eryr mawr yn lledu ei esgyll. Y tu ôl i'r cysgodion yr oedd darluniau teidiau a neiniau, ewyrthod a modrabedd, marwnadau mewn fframiau i aelodau o'r teulu a dreuliasai lawer Nadolig yn eu beddau. A thu ôl i hynny, yn y siamberydd tywyll, y plant lleiaf a'u breuddwydion yn annelwig iawn am y Nadolig a'r hen ŵr a ddeuai â'i sach ar ei gefn i lawr y simnai . . . Uwchben y bwrdd a'r llestri hongiai cawell y caneri gan ysgwyd ôl a blaen . . . Yr oedd tân mawr coch yn y grât a'r cochni yn rhedeg yn araf i'r marwor a ymestynnai'n bell i fyny'r simnai . . . Yn y twll mawn wrth ochr y popty yr oedd y gath yn cysgu yn dorch . . . O'r tu allan codai awel o wynt weithiau, a deuai ei chwynfan i'r tŷ megis cwyno gwan dyn claf.[18]

Mewn stori arall byddai brawddeg yn ddigon. Yma, rhaid manylu er mwyn ein paratoi ar gyfer yr amgylchiad. Y mae i bob manylyn swyddogaeth ychwanegol yn ogystal.

Ar ôl creu awyrgylch try'r camera at brif gymeriadau'r noson a'u disgrifio'n fraslunaidd fyr drwy lygaid Begw. Y mae Dafydd Siôn yno eisoes:

> hen ddyn â barf lwyd, heb ddannedd, yn dweud straeon . . . pennau ei fochau yn codi fel afalau cochion o dan ei lygaid wrth iddo gnoi ei fwyd . . . ond nid oedd yn hoffi edrych ar y diferyn dŵr a hongiai wrth gongl ei lygaid fel y diferyn dŵr ar ffrâm y ffenestr.

Nid cymeriad niwtral sy'n sefyll o'n blaenau, ond darlun o ddyn a hidlwyd drwy ymwybyddiaeth yr un sy'n edrych arno. Darlun goddrychol o fyd Begw ydyw, a hwnnw yn gymaint o ddrych ohoni hi â'r hyn y mae'n edrych arno.

Y nesaf i gyrraedd yw Modryb Sara sydd â'i 'hwyneb yn lân iawn a'i gwallt wedi dynnu'n dynn o dan ei het'. Ond y manylyn sy'n ei serio ar y meddwl yw dweud ei bod 'fel llong'. Y mae'r gair llong yn awgrymu'r syniad o faint, a

225

pheri meddwl am addurniadau, siglo rhuthmig a marsiandïaeth. Y mae Modryb Sara felly yn llond ei chroen.

Ar sawdl ei modryb daw'r un y bu Begw'n hir ddisgwyl amdano, sef Bilw. Fe'i disgrifiwyd inni'n gynharach drwy gyfrwng ei gyfarchiad diffuant. Yma, dim ond ychwanegu ychydig fanylion haniaethol, cyffredinol at yr argraff sylfaenol a wneir cyn symud ymlaen:

> Yr oedd mor ddel yn ei gôt a gwasgod noson waith a'i drywsus melfaréd. A'i wyneb mor lân a'i lygaid mor loyw, a'i ddannedd mor glws.

Dim ond digon i roi rhyw lun o hoffusrwydd yn y meddwl sydd yma. Nid ymdroir o gwmpas y bwrdd bwyd ychwaith, gan mai uchafbwynt y noson yw'r adrodd storïau.

Dafydd Siôn sy'n cychwyn, ac mae'n ddiddorol sylwi ar ruthmau'r iaith yn newid yma, wrth iddo adrodd ei stori. Ond yn ei gyfathrach â Begw y mae diddordeb yr awdur. Gan i'r hen ŵr adrodd y stori niferoedd o weithiau o'r blaen, fe ŵyr hi (a phawb arall) am bob digwyddiad ynddi. A phan anghofir manylyn tynna hi sylw'r storïwr ato'n syth:

> "Rydach chi wedi anghofio dweud sut oedd Gwen," meddai Begw . . .
> "O, do wir, mi ddaru imi anghofio. 'Roedd Gwen yn sâl iawn . . ."

Â'r stori yn ei blaen, ond pan deimla Begw nad yw'n symud yn ddigon sionc, ymyrra eto, a'r tro hwn nid yw Dafydd Siôn mor amyneddgar â hi:

> "Dyma fi'n clywed sŵn meddal ffrwd," meddai Begw.
> "Paid ti â mynd o 'mlaen i rŵan; ie, sŵn meddal ffrwd . . ."

Yn ddiweddarach, y mae'n amlwg fod Begw'n paratoi i roi ei phig i mewn eto, ond adnebydd y storïwr yr arwyddion bellach, a cheir:

> "Ond mi ddigwyddodd un peth wedyn cyn i mi gyrraedd y tŷ – rŵan Begw, y fi sydd i ddweud hyn, nid ychdi – 'r ydach chi'n gwybod am y gornel deirsgwar yna wrth lidiart Bryncyll . . ."

Daw diwedd y stori, a chaiff Begw gyflaith gan Dafydd Siôn.

Daw stori gan Bilw y tro hwn, stori am bwdin Nadolig yn berwi'n sych, ac yma caiff cwestiynau Begw groeso cynhesach:

> "Ddar'u'r pwdin roi sbonc allan o'r sosban i'r simdda?"
> "Naddo".
> "Wel do" . . .
> "Yli di", meddai Dafydd Siôn, "dwyt ti ddim yn mynd i ddweud peth fel yna. Cadw di at y gwir. Fel yna mae straeon yn mynd o gwmpas."
> "Do", meddai Bilw gan roi winc ar y lleill, "Mi ddar'u'r pwdin neidio i

fyny'r simdde a'r caead o'i flaen, ond 'dawn ni ddinₑ ar i ôl o."
"Fedrwn ni ddim mynd i fyny'r simdde ar i ôl o, siŵr iawn."

Y tâl am y lled-ddigwilydd-dra yw mynd i'r gwely, a chofio eto am boenau'r cyfarfod llenyddol.

Y mae'r profiad drosodd, a chyflëir hynny'n gelfydd â llun. Cwyd Begw ganol y nos a mynd yn ôl i'r gegin, a thrwy ail-gyfeirio at y manylion a roed inni wrth agor y stori – 'y marwor yn llwyd', a'r aderyn 'â'i ben yn ei blu' – fe gloir y profiad yn sumetrig. Ond y mae un manylyn yn bwysicach na'r lleill. Yng nghanol y marwor 'yr oedd jacan jou Bilw, yn reit debyg i'r pwdin a losgwyd', fel sumbol byw yn ei hatgoffa am y diddanwch a fu. Ar ôl dychwelyd i'r gwely, fodd bynnag, clyw hyd yn oed hwnnw, yr 'un marworyn' yn disgyn 'a'i stori gydag ef i'r twll lludw', gyda rhyw derfynoldeb brawychus.

Amlhau eto a wna problemau Begw yn 'Marwolaeth Stori'. Yn ei hymwneud â Bilw a Dafydd Siôn wyneba broblem caru a chasáu. Cyrhaeddodd Begw gyfnod yn ei datblygiad pan yw 'dangos ei hun' yn rhan hollol naturiol o'i datblygiad. Dyma paham y mae am ddangos ei bod yn cofio'r stori cystal â Dafydd Siôn, a'r rheswm dros arddangos y ffraethineb a bâr ei hanfon i'r gwely. Nid yw'n deall ceryddu Dafydd Siôn, felly, nac annhegwch ymddangosiadol ei mam yn ei hanfon i gysgu. Meddai Hadfield am y plentyn:

> . . . showing off . . . is a demonstration of power, *to show how independent he is* . . . To the unsympathetic onlooker this may appear to be nothing more than 'showing off', and such a child is lucky if he does not get a rebuke for doing so . . . But 'showing off' is natural to this age, and the child should be encouraged to demonstrate his achievements, since it is his way of building up self-confidence and skill.[19]

Does ryfedd felly i Begw addoli Bilw, oherwydd yr oedd 'yn meddwl yr un fath â hi'.

Ond y mae yna broblem fwy sylfaenol i'w gweld yma. Wrth ofyn i'w mam paham fod Dafydd Siôn yn ailadroddus, daw'r ateb: "O, mi fydd Bilw yn ail-ddweud stori'r pwdin pan fydd o tua'r pedwar ugain yma". Ni all hyd yn oed Bilw fod yr un fath am byth. Estyniad i'r syniad yw diwedd y stori. Ar ôl codi yn y nos, â Begw i eistedd yn y cadeiriau gwag sydd o hyd o gwmpas y tân, i geisio ad-ennill profiad y noson. Ond ni all: fel yr awgryma teitl y stori. Wynebodd Begw fath arall o farwolaeth yma, sef, marwolaeth amser.

Deuir ag elfen arall o thema'r gwaith i'r stori a roes ei theitl i'r llyfr – 'Te yn y Grug'. Y mae Begw, erbyn hyn, yn wyth oed ac ar drothwy cyfnod arbennig iawn yn hanes plentyn, cyfnod blaen-lencyndod. Sonnir amdani'n cychwyn i'r mynydd am de gyda Mair un dydd, a'i jeli gwerthfawr yn ei basged. Nid oedd gan Mair fwyd, ac annifyrrwch Begw yw meddwl am orfod rhannu'r trysor. Eithr dwysâ'r argyfwng wrth i un arall ymuno â'r ddwy, sef Winni Ffinni Hadog.

Cyfarfuwyd â Mair a'i mam o'r blaen. Ar ôl sylw deifiol neu ddau i gadarnhau ein hagwedd tuag atynt, symudir yn unionsyth i'n cyflwyno i Winni. Y mae ymateb Mair a Begw iddi yn ddiddorol. Wedi i Winni ddweud ei bod am eu hebrwng i'r mynydd, ateb Mair yw: "Pwy ddeudodd y caech chi ddwad?" Synhwyra y teflir hi oddi ar ei gorsedd gan y cymeriad cryf a'i hwyneba, a chwestiwn ynglŷn â hawl yw ei chwestiwn. I Begw, y mae Winni'n dalp newydd o ddiddordeb, ac fe'i ceir hi'n gofyn: "Ydy o'n wir ych bod chi'n wits?" Ar ôl cael ateb, naturiol wedyn yw i Begw sylwi'n fanylach ar y ffynhonnell newydd o ddiddordeb a groesodd ei llwybr, a dyna gyfreithloni'r disgrifiad a ganlyn:

> Edrychodd Begw arni. Gwisgai ryw hen ffedog drom amdani, a brat pyg yr olwg heb ddim patrwm arno, dim ond dau dwll llawes a thwll gwddw, a llinyn crychu drwy hwnnw. Ei gwallt yn gynhinion hir o gwmpas ei phen ac yn disgyn i'w llygaid . . . Fflantiai godre cwmpasog ffrog Winni o'r naill ochr i'r llall fel cynffon buwch ar wres.

Y mae'r gymhariaeth yn cyfleu'r syniad o flerwch amrwd yn berffaith, eithr tanlinellir yr argraff a grëir drwy fewnosod cip ar Mair yng nghanol y disgrifiad:

> Yr oeddynt wedi troi i'r mynydd erbyn hyn, a rhedai awel ysgafn dros blu'r gweunydd gan chwythu ffrog ysgafn Mair a dangos y gwaith edau a nodwydd ar ei phais wen . . .

Y mae Mair a Winni begynau oddi wrth ei gilydd mewn ymddygiad a gwisg, ac y mae Begw yn y canol wedi ei llwyr gyfareddu gan y sefyllfa.

Y mae Winni'n rhegi, yn bygylu 'fel swyddog byddin', yn amharchus o 'gythral o dad', yn rhyfygus, yn herfeiddiol, yn wir yn gwbl groes i natur y ddwy sy'n ei hebrwng. Ac ymateba'r ddwy iddi yn eu fforDD arbennig eu hunain. Cau ei llygaid 'a'u hagor wedyn mewn dirmyg' a dweud "O – o – o . . . gydag arswyd" a wna Mair, tra y mae cymysgedd o edmygedd ac ofn y tu mewn i Begw tuag ati. Prysura Winni ymlaen i ddryllio'r delwau sy'n rhan o ffordd o feddwl ei dwy gydymaith â rhyw dinc o hiwmor iach yn lefeinio'i holl draddodi:

> "Mi wneith Duw ych rhoi chi yn y tân mawr am regi," meddai Mair.
> "Dim ffiars o beryg. Mae Duw yn ffeindiach na dy dad ti, ac yn gallach na'r ffŵl o dad sy gin i."

"O," meddai Mair wedi dychryn, "mi ddeuda i wrth tada."

"Sawl tad sy gin ti felly?"

"Tada mae hi'n galw'i thad, a finna yn 'nhad," meddai Begw.

"A finna yn lembo," meddai Winni.

"Bedi lembo?"

"Dyn chwarter call yn meddwl i fod o'n gallach na neb. Tasa fo'n gall, fasa fo ddim wedi priodi'r cownslar dynas acw."

"Nid y hi ydy'ch mam chi felly?"

"Naci, mae fy mam i wedi marw, a'i ail wraig o ydy hon. Ffŵl oedd fy mam inna hefyd. Ffŵl diniwad wrth gwrs."

Mae'n rhoi ei llach ar bregethwr, yn galw ei thad yn 'lembo', ei mam wen yn 'cownslar dynas', a'i mam yn 'ffŵl' nes i'r cwbl fynd yn ormod o benbleth i Begw.

Yn rhan nesaf y stori down i ddeall ychydig ar ei hymateb ymosodol i fywyd. Clywn fel y bydd 'yn cael chwip din cyn mynd i'r gwely' ar brydiau, ac fel y bydd gwanc fel 'miloedd o lewod yn gweiddi eisio bwyd' yn ei bol. Clywn fel y bu i'w thad ei chloi un noson yn y siamber, am droi arno, 'heb ola na dim a . . . dim swpar' ac fel na allodd gysgu 'am fod gwanc yn fy stumog i'. Hyd yn oed y diwrnod dan sylw, 'wedi dechra dengid' y mae Winni, 'am fod Lisi Jên wedi bygwth cweir' iddi. Ond y mae gan Winni erfyn cryf yn erbyn ei holl anfanteision – ei dychymyg.

Adolesent yw Winni Ffinni Hadog, yn union fel Laura Jones, ond bod cefndir y ddwy yn dra gwahanol. Naturiol oedd i Winni adweithio yn erbyn ei hamgylchfyd drwy geisio dianc ohono, a chan na allai wneud hynny'n gorfforol roedd yn rhaid bodloni ar ddihangfeydd yn y dychmyg. Yn y cyswllt hwn mae'n werth dyfynnu Jersild a'i eiriau am yr adolesent:

> It is possible that his life would be unbearable if he were unable, in his fancy, to find relief from the confines of the present. *There are times when he can make life liveable through fantasy when actual circumstances are such that he feels beaten, rejected, and hurt. In the bleakest moments of life he is able in his imagination to picture a better day* (unless he has become completely discouraged) . . . In his fantasies he lives in a world that is not just more glamorous than the one in which he actually lives, but completely divorced from it.[20]

Fel hyn y disgrifir y gynneddf gan Winni ei hun:

> "Fyddwch chi'n breuddwydio weithiau?".
>
> "Bydda' yn y nos", meddai Begw.
>
> "O na, yn y dydd ydw' i'n feddwl".

"Fedrwch chi ddim breuddwydio heb gysgu".

"Mi fedra i", meddai Winni . . . "fydda i'n gwneud dim ond breuddwydio drwy'r dydd . . . dyna pam mae gin i dylla yn fy sana . . ."

Rhan o'r breuddwyd hwn yw 'dengid ryw ddiwrnod i Llundain', a mynegir ei dyhead am ryddid wrth iddi'i disgrifio'i hun yn mynd yno 'fel yr awel'. Yng nghanol ei thrallod, dyma sy'n cadw pen Winni uwchben y dŵr. Adolesens yw oes delfrydiaeth. Chwilia'r adolesent am bobl berffaith mewn byd perffaith, ac os na ddeuir o hyd iddynt rhaid creu byd gor-berffaith yn y dychymyg. Dyma a wna Winni pan yw'n gweini ar 'Y Frenhines Victoria'i hun':

"mi ga'i wisgo cap starsh gwyn ar ben fy shinón, a barclod gwyn, a llinynna hir 'dat odra fy sgert yn i glymu. A mi ga'i ffrog sidan i fynd allan gyda'r nos a breslet aur, a wats aur ar fy mrest yn sownd wrth froitsh aur cwlwm dolan a giard aur fawr yn ddau dro am fy ngwddw fi. A mi ga'i gariad del efo gwallt crychlyd, nid un 'r un fath â'r hen hogia coman sy fforma. A ffarwel i Twm Ffinni Hadog a'i wraig am byth bythoedd." [21]

O gymharu'r gwallt oedd ' yn gynhinion hir' â'r 'shinón'; yr 'hen ffrog drom' â'r 'ffedog sidan'; y 'llinyn crychu' o gwmpas y twll gwddw â'r 'giard aur fawr yn ddau dro' am ei gwddf, mae un yn dod i ddeall y dyheadau yn ei chalon; ond breuddwydion am ryw ddyfodol ydynt.

Gall Winni hefyd ddianc yn ei phresennol, a'i throi ei hun gyda thorch corn carw am ei phen, yn Frenhines Sheba:

dyma hi'n lluchio ei dwy glocsen ac yn dechrau dawnsio ar y grug, ei sodlau duon yn ymddangos fel dau ben Jac Do drwy'r tyllau yn ei sanau. Dawnsiai fel peth gwyllt gan luchio ei breichiau o gwmpas, a throi ei hwyneb at yr haul. Gafaelodd yng ngodre ei sgert ag un llaw a dal y fraich arall i fyny. Sylwodd Begw nad oedd dim ond croen noeth ei chluniau i'w weld o dan ei sgert.

Trwy gydol y ddawns y mae'r awdur yn arosod llun trasig y presennol ar ben yr ymgais i gyfleu'r rhwysg brenhinol gan droi'r cyfan yn drasicomedi sy'n cyrraedd y galon.

Daw Winni yn ôl i'r ddaear at angenrheidiau bod dydd – bwyd a diod. Yn rhith swyddog byddin eto, mae'n gorchymyn i Begw roi cynnwys ei basged iddi. Yn arferol – a ninnau'n gwybod gymaint a olygai'r cynnwys i Begw – condemniem Winni, ond wrth ei gweld yma yn 'llowcio'r' jeli, a 'slaffio'r' brechdanau, dim ond calon galed a fethai faddau iddi. Eto ni all y galon fwyaf maddeugar beidio â synnu at yr hyn a ddigwydd nesaf. Chwipia Winni y ddwy.

Fe ellid, wrth gwrs, gynnig esboniad ar ymddygiad o'r fath. Yn *The Dynamics of Aggression*, sonir am arbrofion a wnaed yn yr Unol Daleithau gan Albert Bandura a Richard H. Walters gyda grŵp o fechgyn 'ymosodol'. Eu casgliad oed hyn:

> From the material presented it is evident that the aggressive boys experienced many conditions that were particularly unfavourable for identification with their parents and for conscience development .... they lacked security in their emotional relationships with their parents.[22]

Mae hyn, yn sicr, yn wir am Winni. Ond, yma, nid y rheswm am ymddygiad Winni yw diddordeb KR. Ar adwaith Begw, yn hytrach, y mae'r camera.

Ar ôl dawns Sheba-aidd Winni cynigiasai Begw ddiod o de oer i'r ddawnsreg, a chawn yr awdur yn nodi fod Begw wrth ddefnyddio enw Winni: 'wedi symud cam ymlaen yn ei chydymdeimlad â hi'. Ar ôl y gweir wedyn, deil i gofio:

> fel yr oedd wedi dechrau gweld rhywbeth y gallai ei hoffi yn Winni, yn lle ei bod fel pawb yn yr ardal yn ei chau allan fel tomen amharchus.

Ond, bellach, cysylltir Winni â Mair, Mrs. Huws, Dafydd Siôn, a phawb arall a fu'n annifyr wrthi erioed, ac fe'i ceir hi'n synio fod 'rhywbeth cas yn dwad i'r golwg o hyd mewn pobl'.

Yn dilyn daw un o'r paragraffau ailadroddus hynny yr ydym yn gyfarwydd â hwy bellach. Fe'n suir ni a Begw i gysgu o dan yr awyr las. Deffroir hi gan Robin ei brawd sydd, ar ôl clywed y stori, am unwaith yn deall *teimladau* ei chwaer. Dychwela'r ddau o'r mynydd a chael mam Mair a mam Begw yn eu disgwyl yn bryderus. Mae Mrs. Huws, fel y gallesid disgwyl, yn llawdrwm iawn ar Winni ('ciari-dyms ydy'r lot ohonyn nhw'), ond y mae gan fam Begw gryn gydymdeimlad tuag ati. Ail-gyfyd y sgwrs feddyliau Begw ar y mynydd, a gwneud i'w chydymdeimlad â Winni – a ysgogwyd gan wyneb Winni wrth iddi sôn am Lundain – ddychwelyd: 'Ni allai [Begw] anghofio'r wyneb hwnnw'.

Ymgorffora Winni broblemau mwy dyrys na'r un a wynebodd Begw o'r blaen. Wedi'r cwbl, magwyd Begw a Mair mewn cymdeithas yr oedd ganddi safonau moesol pendant, safonau a gostrelwyd yn ymadrodd Mair wrth Winni ar y mynydd: "Mi wneith Duw ych rhoi chi yn y tân mawr am regi." Y mae Winni Ffinni Hadog yn flêr, yn bowld, ac yn arwynebol frwnt, y mae pawb yn yr ardal 'yn ei chau allan fel tomen amharchus na fedrai neb gyffwrdd â hi ond efo fforch deilo', ac eto y mae Begw'n cydymdeimlo â hi ac yn ei hoffi'n fwy na Mair drws nesaf, sidêt. Yn wyth oed, gwelodd Begw anghysondeb ym moesoldeb ei hoes, ac â'i meddwl onest, agored, dechreuodd sylweddoli, fel y

231

cawn weld yn y stori nesaf, nad oes ffin bendant rhwng da a drwg.

Wrth ymdroi o gwmpas ei mam a gwylio'i chyfle i ofyn a gaiff Winni ddod draw i'w chartref i de yn 'Ymwelydd i De', y mae'n weddol amlwg fod y broblem yn parhau i'w chorddi:

"Bedi ciari-dyms, mam?" [gofynna Begw]

"O, rhyw bobol amharchus.".

"Bedi amharchus?"

"O diar, be sy haru'r hogan? Wyt ti'n meddwl mai Geiriadur Charles ydw i?"

Bu Begw yn ddistaw am dipyn, yn synfyfyrio i'r grât a'i mam yn trwsio ffustion. Wrth ei gweld felly dyma ei mam yn meddwl y byddai'n well iddi geisio plymio i ddyfnderoedd y cwestiynau dyrys yma, ac wrth wneud fe ganfu na wyddai hi ei hun yn iawn beth oedd amharchus a chiari-dyms. Cyn iddi gael diffiniad i'w phlesio dyma gwestiwn arall fel bollt.

"Ydan ni'n giari-dyms, mam?"

"Brenin annwyl, nac ydan gobeithio."

"Ydi Winni yn giari-dyms?"

"Fedra hi ddim bod yn giari-dyms, dim ond yn giari-dym. Na, 'dydw' i ddim yn meddwl bod Winni yn giari-dym."

"Mi'r oedd Mrs. Huws, y gweinidog, yn deud i bod hi a'i theulu."

"Mae pawb yn giari-dyms i Mrs Huws, ond hi ei hun a'i gŵr a Mair."

"Mi'r ydan ni yn giari-dyms felly?"

"Ella i Mrs. Huws. Ond fasa neb arall yn ein galw ni yn giari-dyms nac yn amharchus."

"Fasa pobol yn galw teulu Winni yn amharchus?"

"Rhai pobol ella, ond nid pobol sydd i fod i ddeud."

"Pwy ynta?"

"Wel pobol dduwiol yr un fath â Mrs. Huws drws nesa sydd yn deud, ond Duw ddyla ddeud. Y Fo sy'n gwybod ac yn rheoli'r byd."

"Bedi rheoli?"

"Edrach ar ôl rhwbath."

"Wel d ydi Duw ddim yn edrach ar ôl petha yn dda iawn, yn nag ydi?"

"Paid â siarad fel yna, mae bai ar bobol."

"Ar bwy?"

"Ar bobol yr un fath â Mrs. Huws, drws nesa, am fod yn rhy dda, a phobol fel Twm Ffinni Hadog a'i ail wraig am fod yn ddiog ac yn frwnt."

"Pam na neith Duw ddeud wrthyn nhw am fod fel arall."

"Dim yn gwrando maen 'nhw."

"Rydan ni'n bobol dda, mam?"

"Rydan ni'n trio bod."

"I be mae eisio inni dreio bod yr un fath â Mrs. Huws ynta?"[23]

Cais Begw ddiffiniad o 'amharchus' a 'chiari-dyms', a chael bod ei mam yr un mor ansicr â hi ei hun. Dechreua amau fod yr ystyr yn newid o berson i berson. Effaith yr holl sgwrs yw cymhlethu pethau i Begw yn hytrach na'u datrys:

> nid oedd Begw wedi gallu sgwario pethau yn ei meddwl. Ni wyddai o gwbl pa un a oedd Winni yn amharchus yng ngolwg ei mam ai peidio.

Ar ôl hyn i gyd y gwêl Begw ei chyfle i ofyn a gaiff Winni ddod yno i de. Cytuna'i mam. Ond prif bwrpas y rhan yw parhau'r portread o Winni. Ymateb annisgwyl a gaiff Begw i'w gwahoddiad. Edrycha Winni arni 'fel petai wedi gofyn iddi a ddôi i'r Seiat', ac ymddwyn fel 'merch i Arglwydd Niwboro'. Gwna i Begw deimlo 'mai hi oedd yn byw tu ôl i'r domen dail, a bod Winni wedi newid lle efo Mair drws nesa'. Siomir Begw yr eildro. Ni all hi ddeall y clawdd amddiffynnol a adeiladodd Winni o'i chwmpas ei hun. Ni all hi ddirnad ychwaith fod actio fel hyn yn rhan o ymdrech ei ffrind i gadw urddas. 'Rhagrith' ydyw i Begw.

Math ar snobeiddiwch gwrthdroedig ydyw'r cymryd 'amser i gysidro' a'r addefiad nad oes ar Winni eisiau babis wrth ei chynffon pan yw'n ymweld. Agwedd ymosodol enaid clwyfus ydyw, ac fe'n hatgoffir o hynny'n gynnil wrth i Winni fynnu mai ei 'hanner brawd' yw Sionyn, ac wrth i Winni ofyn a yw 'dynas y pregethwr yn debyg o ddwad' yno a hithau ar ei the. Fe apelir atom eto yn y darlun pathetig ohoni'n cyrraedd, y diwrnod canlynol:

> Gwisgai Winni yr un dillad ond bod y brat yn wahanol, ac yr oedd sodlau ei sanau fel pe baent wedi ei tynnu at ei gilydd efo edau. Yr oedd ei hwyneb yn bur lân ac yn disgleirio, ond darfyddai'r lle glân yn union o dan ei gên, mewn llinell derfyn ddu. Yr oedd y cynhinyn gwallt a ddisgynnai i'w llygad ar y mynydd wedi ei glymu'n ôl gyda darn o galico. Safodd ar flaenau ei thraed ar garreg y drws, ac yna cerddodd ar flaenau ei thraed i'r tŷ.[24]

Â geiriau mawreddog Winni yn dal i atsain yn ein clustiau wynebir ni â realiti'r sefyllfa. Ac y mae'r realiti hwnnw'n siarad cyfrolau.

O wrando ar sgwrs y bwrdd bwyd daw ansicrwydd boreol Begw yn ôl yn fyw i'r meddwl. Clymir sgwrs y bore â sgwrs y prynhawn. Gwrandawa ar hanes creulonderau yn y bywyd o'i chwmpas: fel y mae mam Winni, sef Lisi Jên, y 'slebog', yn gwrthod i Winni dacluso'r tŷ na darllen, am ei diogi diarhebol, ac am greulondeb Twm, y tad, at fam Winni, ei wraig gyntaf:

Mi gododd mam tan aeth hi i fethu, a mi fydda'n griddfan gin boen wrth dorri brechdana i'w rhoi yn 'i dun bwyd o, a fynta'n deud: "Be ddiawl sydd arnat ti?"

Nid oes ar Winni awydd am fynd i'r capel 'at ryw hen grachod fel dynas drws nesa' yma'; a 'chytia clomennod ydi tai' llawer o'r rhai sy'n troi eu trwynau arni hi 'fel tawn i'n faw'. Clyw Begw am y 'bobol . . . reit barchus ddydd Sul yn y capal . . . hyd y mynydd yna yn y nos', ac am ragrith un fel modryb Lisi Jên 'efo'i bwa plu a'i sgidia mroco a jiwals fel pegia moch wrth i chlustia' sy'n 'fyw o ddled'. Nid yw'n syndod i Winni ddeisyfu dianc i Lundain, i gychwyn o'r newydd. Ac nid yw'n syndod ychwaith i'r fath ddarlun godi cwestiynau dihysbydd ym meddyliau'r gwrandawyr. Elin Gruffydd, yn hytrach na Begw, sy'n eu lleisio. Wrth weld Lisi Jên, Sionyn a Winni'n ymadael yn ddiweddarach:

> Yr oedd rhywbeth heblaw meddyliau balch na difalch yn ei chalon, meddyliau digalon oedd y rheiny wrth weld y tri yn troi am y ffordd. "Pam?" meddai wrthi ei hun, "Pam?" Cododd ei llaw ar Sionyn.[25]

Yr un teimladau sydd yng ngosodiad Begw:

> "Ella neith Duw edrach ar i hola yn well nag ydan ni'n meddwl."

Yn ei phrofiad o fywyd mae'r amheuon yn cryfhau.

Y mae'n ddiddorol i Begw gael ei siomi yn Winni. Iddi hi, diflannodd haerllugrwydd y mynydd a ffroenucheledd y diwrnod cynt. Pan dyrr Lisi Jên ar y cwmni, ni rydd Winni araith broffwydol; 'fflat iawn' ydyw, ac ni chyfyd ei 'huodledd' unwaith i safonau Mynydd Grug. Caed cip hefyd ar haen o feddalwch o dan y plisgyn yn Winni yn ei hagwedd at Sionyn. Ac er i beth o'r hen dân ymddangos wrth iddi ddiolch am y te o flaen ei llysfam, bu newid yn Winni, ac â'r newid hwnnw y mae a wnelo'r stori nesaf: 'Dianc i Lundain'.

Oherwydd iddi beidio â chael mynd i hel mwyar gyda'i brawd, â Begw, un dydd, i'r siamber gefn i led-ddial ar ei dol cyn mynd allan i'r ffordd i chwilio am gysur. Yno daw o hyd i Winni ar fin gadael cartre ac ymuna â hi. Yn y man cyrhaeddwyd y mynydd, a disgrifir ef i ni yn y dull anuniongyrchol sydd erbyn hyn yn nodweddiadol o'r awdur:

> Yr oedd tawch y bore wedi cilio, ond arhosai peth edafedd y gwawn o hyd ar y brwyn yn y corneli. Yr oedd yr haul yn gynnes ar eu gwariau a thaflai ei oleuni i'r mân byllau yn y gors. Nid oedd digon o awel i ysgwyd plu'r gweunydd, ac yr oedd pob man yn ddistaw heb gymaint â sŵn llechen yn disgyn ar hyd tomen y chwarel.[26]

Nid dweud fod yno frwyn a wneir, ond fod 'peth edafedd y gwawn o hyd' arnynt, ac nid dweud fod cors a mân dyllau ynddi, ond fod goleuni'r haul yn taflu 'i'r mân byllau yn y gors'. Ymatebai Tchekov i'r artistwaith hwn gyda gorfoledd!

Wrth iddynt gyd-gerdded clywn fwy am y sefyllfa oresmol ar aelwyd Winni a'i sbardunodd i ymfudo, a KR yn amlwg yn gweld, yn ogystal â chlywed y sgwrs. Yna, oedant i orffwys; a cheir Winni'n edrych i'r awyr yn unionsyth, ei dychymyg wedi'i anhuddo gan boenau byw, a Begw ar ei heistedd yn yfed yr olygfa o'i chwmpas â'i synhwyrau effro. Wrth orffwyso daw cyfle i drin a thrafod problemau'u bywyd mewn sgwrs ddiarhebol o naturiol sy'n byrlymu o hiwmor trasig:

> "Fyddi di yn gweddïo?" gofynnodd Winni heb symud ei phen.
> "Bydda, mi fydda i yn dweud 'y mhader."
> "Nid gweddïo ydi hynny, ond deud adroddiad. Fyddi di yn gofyn i Iesu Grist am rwbath sydd arnat ti i eisio yn ofnadwy?"
> "Bydda", meddai Begw yn swil "ar ddiwedd y mhader."
> "Am be?"
> "Gofyn i Iesu Grist beidio â gadael i 'nhad gael i ladd yn y chwarel."
> "A mae dy weddi di wedi cael i hateb hyd yma."
> "Fyddwch chi yn gweddïo Winni?"
> "Dim rwan. Mi fuom ar un adeg, yn gweddïo fel diawl."
> Dychrynodd Begw, a gollwng "O" ofnus allan . . .
> "Dyna fo, dim ods. Mi ofynnais i, a mi ofynnais i i Iesu Grist fendio mam, am fisoedd, ond wnaeth O ddim. A tendia di, ella y caiff dy dad ti i ladd yn y chwarel ryw ddiwrnod."[27]

Defnyddir dwy ffurf yr ail berson unigol i danlinellu'r berthynas, ac yn ystod y sgwrs rhoir ychwaneg o lo ar dân amheuon Begw am natur popeth.

I Winni, nid yw Duw'n ateb gweddïau; 'adroddiad' yw'r pader, ac y mae posibilrywdd y gall ei thad gael ei frifo yn y chwarel! Clyw, hefyd, fel y mae 'pobl y capel yn trin y tlodion fel tasan nhw yn faw' ac, i gloi'r cwbl, yn ddiweddarach, y mae Winni am fynd yn ôl adref. Does fawr ryfedd i Begw ddweud nad oedd 'yn bosibl deall neb'!

Cymysgedd y sgwrs yw ei gwychder. Un munud, y mae un yng nghanol darlun uniongyrchol, syml, llawn pathos (ac amheuon) Winni o wynfydedd ei byd pan oedd ei mam yn fyw:

> "R oeddwn i yn i licio hi [ei mam] yn ofnadwy, a mi'r oedd hi'n deud pob dim wrtha i, ac yn fy nghadw fi'n lân, yn golchi fy mhen i bob nos Sadwrn, ac yn fy ngholchi fi trosta, a rhoi coban gynnes amdana i a nghario fi i ngwely, rhag imi oeri fy nhraed."[28]

235

Y munud nesaf mae'n fflangellu'r capelwyr am eu hanwybyddu. Y funud nesaf wedyn, a Begw'n dweud na thrinir hi a'i thylwyth fel teulu Winni, ymateba hi'n ddychanol-ddigrif:

> "Wel nac ydyn siŵr Dduw. Un o'r bobol fawr wyt ti."
> "Naci wir. 'Does gennon ni ddim pres."

Yna newidia eto i led-hunandosturi'r gosodiad mai: "Pobl fudr ydi teulu Twm Ffinni Hadog", a mynd ymlaen i ffieiddio bryntni'i thad. Ni ellir ond dotio at amrediad y teimladau a gyflëir, a'r rheini'n ddrych o frithder bywyd.

Wrth sgwrsio â Begw, yngana Winni enw'r un sy'n agos at ei chalon, Sionyn. Ac o sôn amdano cyfyd hiraeth am ei weld, hiraeth sy'n ddigon i beri troi'n ôl er eu bod bellach yng ngolwg y lôn bost. Eithr pan dynnir sylw Winni at hyn gan Begw ymetyb yn annisgwyl:

> "Dydi lôn bost yn dda i ddim i mi bellach. Unwaith y doi di o hyd i rwbath, mi 'rwyt ti yn syrffedu arno fo."

Yr ymateb hwn yw craidd y stori. Mae'n arwydd o ddiwedd cyfnod. Gwireddwyd bellach freuddwyd Winni nes ei gorfodi i wynebu'i phroblemau. Y mae'r lôn bost, a fu'n cynnal ei gobeithion, yn awr o'i blaen ac yn ei gorfodi i ddewis ymwared neu ddychwelyd adre. Dychwelyd a wna Winni, ond wynebir ei phroblemau drosti gan fam Begw, a phenderfynir mai ei 'Llundain' hi fydd mynd i weini yn y 'dre'.

Cefnu ar adolesens y mae Winni yn 'Dianc i Lundain'. Parhad o'r cefnu yw 'Dieithrio', a chyflëir hi ar drothwy bod yn wraig, yn nhermau'r newidiadau a wêl Begw ynddi. Yn wir, fel 'y newid' y cyfeirir at y cam gan Begw. Ceir rhagflas ohono mewn nifer o luniau goddrychol wrth i Winni ei pharatoi ei hun ar gyfer gweini:

> Tynnai Elin Gruffydd wallt Winni at ei gilydd efo gwiallen wallt, er mwyn iddi weld ei gwaith, ac i Begw ymddangosai Winni *fel petai eisoes wedi dechrau codi ei gwallt a mynd yn ddynes*. Ni allai dynnu ei llygaid oddi arni, *yr oedd ei hwyneb mor wahanol . . .*[29]

'*Fel petai . . . yn ddynes*' a ddywed Begw, ac y mae hynny'n bwysig. Nid yw Winni eto wedi croesi'r trothwy, a phe byddai, collai'r gwaith gryn dipyn o'i undod. Nid nad oes newid. Dywed mam Begw'n aml fod Winni wedi 'sobreiddio drwyddi', a pheri i Begw ddotio at sŵn y dweud. Ond newid o fewn ffiniau ydyw; ni chafwyd gwared â'r hen Winni i gyd!

Eto ymddengys Winni'n eithaf dieithr i Begw wrth iddi ymadael am y dref:

> Yr oedd Winni fel geneth ddieithr nas adwaenai, yr un fath â genod eraill yr ardal . . .[30]

I Begw, beth bynnag, y mae'r dieithrio wedi digwydd. Bellach, y mae'r darllenydd – fel Begw – yn lled-edmygu Winni. Gŵyr am wreiddyn ei gwrthryfelgarwch. Ond y mae'n rhaid i Winni, fel pob person ifanc arall sy'n peidio ymwrthod â chymdeithas yn gyfan gwbl, fynd drwy gyfnod o ymaddasu i'r gymdeithas y mae'n ymuno â hi, ac er ein bod ni – fel Begw – yn gresynu at hynny, dyma sy'n digwydd.

Cyn iddi fynd, cred Elin Gruffydd y bydd yn 'demtasiwn fawr' i Winni ateb ei meistres yn ôl; ac y mae'n iawn. Ar ôl bod yn gweini am wythnos, un o'i chwestiynau cyntaf i fam Begw yw: "Pam mae'n rhaid i rywun ddal i dafod?' Ateb ei chymdeithas yw ateb Elin Gruffydd:

> "Am fod arian yn fistar Winni, dyna pam, a chin y bobol ag arian mae modd i gadw morynion. Mi fedran' ych rhoi chi ar y clwt mewn munud."

I fyw mewn cymdeithas mae'n rhaid derbyn ei rheolau, y mae hyn yn rhan o'r broses o dyfu i fyny. Sylwodd Begw ar y newid a, bellach, collodd ei diddordeb yn Winni:

> "Oedd arnat ti ddim eisio mynd i ddanfon Winni?" meddai ei mam wrth Begw wedi iddynt [Winni a John Gruffydd], fynd.
> "Dim llawer o daro", meddai hithau'n bur ddi-fywyd.
> "Pam? Be sy?"
> "Nid yr un Winni ydy hi."
> Cododd y fam ei phen oddi ar y tatws a bliciai at y Sul.
> "Ia, siwr iawn, yr un ydy hi, mae hi'n reit debyg i'w mam i hun."
> "Mi'r oedd yn well gin i hi fel yr oedd hi o'r blaen – yn giari-dym . . . I'r mynydd mae Winni yn perthyn."

Yna y mae'n dweud: "Piti bod yn rhaid ein newid ni".[31]

Nid yr un yw Winni i Begw; gadawyd y person a hoffai hi rywle ar y mynydd. Mae bellach wedi 'newid'. Ac yn sgîl y newid hwnnw, wynebwyd Begw gan anocheledd gorymdaith amser 'yn i flaen', a'r ffaith nad oes 'dim byd yn y byd yma ond newid'. Y mae hi'n 'sobreiddio drwyddi' wrth sylweddoli anocheledd ei newid hithau:

> byddai'n rhaid iddi hithau sefyll ar ei sodlau ei hun ryw ddiwrnod. Teimlai'n oer ac unig a symudodd ei chadair at ymyl ei mam i swatio wrth y tân.

Yn y sylweddoli hefyd y mae rhyw led-awgrym y gŵyr y bydd yn rhywbeth y bydd yn rhaid ei wynebu ar ei phen ei hun, heb ganllaw ffrind na theulu i afael ynddo: bydd yn gychwyn troedio llwybr hir ac unig yn y byd.

Yn 'Nadolig y Cerdyn', y mae'r camera'n ôl yn gyfan gwbl bron ar Begw.

Ond Begw wahanol i'r un a welwyd yn y stori gyntaf sydd yma. Erbyn hyn mae'n naw oed ac ar drothwy glaslencyndod. Erbyn hyn, yr un yw'r berthynas rhyngddi hi a'i brawd bach, Rhys, ag a oedd rhyngddi hi a'i brawd mawr, Robin, ar ddechrau'r gyfrol. Bryd hynny, hi a griai oherwydd na châi fynd at yr afon efo Robin. Yma, Rhys, sy'n crio am ei fod eisiau mynd gyda Begw i ddanfon anrhegion Nadolig i Nanw Siôn.

Nid yw Begw am ei gwmpeini am y bydd yn rhoi llyffethair ar ei ffantasïau. Edrychodd Begw ymlaen ers blynyddau am Nadolig gwyn fel yn y cardiau, ac am gael mynd, ar ei phen ei hun drwy ganol yr eira fel yr 'hogan bach mewn bonet a mantell', yn 'wron heb gymar fel mewn stori'. Ond caiff Rhys fynd gyda hi, gan lwyr ddifetha 'rhamant' Begw.

Wrth iddynt gychwyn disgrifir yr olygfa inni'n eithriadol synhwyrus, ond perthynas y ddau deithiwr sydd o wir ddiddordeb i KR. Y mae'n peri iddynt gyrraedd y ffrwd wrth glawdd y mynydd. Yno:

> Nid oedd golwg o'r ffrwd, ond gwyddai'r ddau blentyn ei bod yno, a chaead caerog o wahanol wynderau o rew ar ei hwyneb. "Mae afon bach y Foty wedi marw," meddai Begw, "clyw, 'does yma ddim sŵn."
> Ond yr oedd twll bach yn y rhew yn uwch i fyny, a mynnodd Rhys gael symud ei grafat a rhoi ei glust arno.
> "Na, mae'i chalon hi'n curo'n ddistaw bach," meddai, gan feddwl cryn dipyn ohono'i hun am allu myned i fyd Begw.[32]

Y mae Rhys, bellach, yn safle'r hen Fegw, a disodlwyd Robin ganddi hithau. Ac yn ei iaith a'i awyddfryd o ymglywir â chychwyn poenau tyfiant unwaith yn rhagor.

Yn fuan wedi hyn cyrhaeddant dŷ Nanw Siôn, wrth droed y Mynydd Grug. Ni cheir darlun o'r hen wraig, eithr consurir awyrgylch ei bwthyn yn feistrolgar, synhwyrus. Rhoir tywarchen ar y tân a hwnnw'n 'ateb drwy estyn ei dafod allan i'w chyfeiriad'. Deil y plant i deimlo'r crafatau am eu pennau er eu tynnu i ffwrdd! Procir y dywarchen, a ffrwydra 'gwreichion allan ohoni, a'r tân coch yn dringo'n araf drosti'. Yna:

> daeth distawrwydd dros y gegin, ac yn ei chanol clywid y gath yn canu'r grwndi, y cloc yn tipian, y ddau blentyn yn chwyrnu cysgu, Nanw Siôn yn anadlu'n wichlyd fel megin, ac ambell glec o'r tân.[33]

Mae yma grefft hyderus ar waith.

Ond prif bwrpas yr ymweliad yw dryllio ffantasi Begw. I Nanw Siôn 'jêl ydi eira' a 'chelwydd bob gair ydi'r Nadolig hen ffasiwn'. 'Llyffethair ydi eira', a'r unigrwydd a ddaw'n ei sgîl yn peri iddi beidio â bod eisiau i'r gath ddal y llygod am eu bod nhw'n gwmpeini iddi. Ni wynebwyd Begw ag undim fel hyn o'r blaen, a theimla ei bod 'wedi cael ei thwyllo ar hyd yr amser'. Ac er iddi ymateb yn barod gegog, yn heriol efallai, i'r dadlennu, gwylltineb siom ddofn sydd wrth wraidd hynny.

Yr oedd Nanw Siôn wedi rhoi pin yn y swigen am y Nadolig hen ffasiwn, a theimlai mai wedi rhoi pin yn ei chelwydd hi yr oedd ac nid yng nghelwydd llunwyr y rhamant. Y hi a gafodd y pigiad.

Bellach, y mae Begw ar ffiniau'r cyfnod y bu Winni Ffini Hadog yn rhamantu ynddo, er mai dychymyg bywiog sydd wrth wraidd ei rhamantu hi ac nid gofid. Nesâ beunydd at fyd oedolion, ac amlha'i chysylltiadau ag ef, ac y mae'n profi bendithion a chyfyngiadau hynny ar yr un pryd. A dyna Nanw Siôn yn gwneud y byd yn 'llai rhamantus' wrth ymyrryd â'i meddyliau, a pheri iddi gydnabod ei chelwydd wrthi ei hun. Does fawr ryfedd i Begw fwrw peth o'i llid ar Rhys ar y ffordd adre.

Rhagflas o'r hyn a brofodd Winni, sef hualau'r byd mawr yn cyfyngu ar fyd yr unigolyn, a gafodd Begw, a chip ar broblemau, a brofodd hi ei hun fel plentyn, ar ganfas ehangach byd rhai mewn oed. Drwy'r gwaith gwelwyd ymwybod di-graith yn ymlafnio â phroblemau bywyd, ac un cam arall yw cam 'Nadolig y Cerdyn' yn yr ymdrech i ddod i delerau ag ef. Nid yw'n daith hawdd; eithr cynigir cysur. Yn un peth, 'Dydi amser diodda nag amser petha braf ddim yn para'n hir'. A hwyrach fod ein trafferthion yn ymddangos yn fwy i ni nag ydynt mewn gwirionedd? Wrth ddychwelyd tua thre, closia Rhys at ei chwaer:

edrychent fel dau smotyn bach ar yr ehangder unig, a'u cysgod yn ymestyn yn hir wrth eu hochr.

Aeth ymdrech Begw bellach yn ymdrech dyn ei hun yn y byd, a hwyrach mai rhan o arfaeth yr awdur oedd i ni ei gweld yn ei iawn berspectif?

Eisoes yn y gwaith hwn cymharwyd y *nouvelle* i gylch o amgylch canolbwynt. Y canolbwynt yn *Te yn y Grug* yw'r newid y mae Begw a Winni ar ei drothwy, a'r storïau unigol yw llinell y cylch. Nid nad yw'r storïau'n hunangynhaliol: y maent. Ond y mae'r berthynas rhyngddynt yn hynod glòs. 'Pang gyntaf y cau drysau' yw pang Begw yn 'Gofid', a gellir dadlau mai dilyn y pangfeydd eraill a wneir yng ngweddill y gwaith. O graffu'n fanwl, hefyd, y mae elfen gref o ddibyniant a dilyniant i'w gweld. Y mae stori fel 'Te yn y Grug', er enghraifft, lle mae Begw yn ei chael ei hun yn hoffi un sy'n negyddu holl werthoedd ei chymdeithas, gan ddangos nad problem syml yw drwg a da, lawer ar ei hennill pan yw'r darllenydd yn cofio'r portread o Mair a gafwyd yn 'Y Pistyll'. Ac y mae'r berthynas rhwng 'Te yn y Grug' ac 'Ymwelydd i De' yn dangos yn dda ddibyniaeth un stori ar y llall.

Ond yr hyn sy'n clensio'r ddadl i mi yw sumetri'r storïau fel cyfangorff. Gwelwyd fel y mae Begw, ar ddechrau'r gwaith, yn profi cleisiau cyntaf ei bywyd. Y mae â'i thraed ar ysgol a fydd yn dod â hi wyneb yn wyneb â bywyd yn ei holl ddryswch annirad. Ac yn ei hymwneud â rhai hŷn, fel Robin a Winni, caiff ragflas o anawsterau mwy sydd i ddod. Ar ddiwedd y gyfrol y mae hi ei hun ar riniog y profiad y bu Winni trwyddo'n gynharach, ac y mae ei brawd bach, Rhys, bellach wedi newid lle â hi. Aeth yr 'amser' y daeth Begw'n ymwybodol ohono gyntaf yn 'Marwolaeth Stori' yn ei flaen yn ddidostur a'i gadael hi wrth droed llwybr arall sy'n ddieithr, a gadael Rhys wrth geg y lôn a dramwywyd eisoes ganddi hi.

Yr hyn sy'n ddiddorol yma yw fod y storïau – yn ogystal â bod yn ffasedau ar yr un thema – o'u cymryd gyda'i gilydd, yn rhoi thema i'r llyfr nad yw'n bodoli yn y storïau ar eu pennau eu hunain. I KR, llwybr unig yw bywyd yn y byd, a'r cerddwr yn unig a all benderfynu ei dynged ei hun. Y mae'n rhaid i Begw 'sefyll ar ei sodlau ei hun ryw ddiwrnod' heb ganllaw yn unman.

I mi, dyna'r prawf terfynol nad cam gwag yw galw'r gwaith yn *nouvelle*. A phe bai angen hynny ni ellid deisyfu prawf gwell na sylwi i thema'r gwaith nesaf gael ei mynegi yn y ddwy *genre* – *Tywyll Heno* a 'Yr Enaid Clwyfus'.[34]

NODIADAU

1. FfG, t.20. (y prif ddyfyniadau o'r testun yn unig a dynodir).
2. TYYG, t.83.
3. Bobi Jones, *Kate Roberts, Cyfrol Deyrnged*, (Dinbych, 1969), 97
4. Rwy'n dadlau hyn ar waethaf y ffaith fod storïau ychwanegol am Winni a Begw. Cafwyd un yn *Y Faner*, (Rhagfyr 26, 1963), 2
5. TYYG, 8
6. Ibid., 10
7. J.A. Hadfield, *Childhood and Adolescence*, (Llundain, 1962), 176-177
8. TYYG, 10-11
9. J.A. Hadfield, *Dreams and Nightmares*, (Llundain, 1954), 90
10. TYYG, 12
11. Ibid., 17
12. Ibid., 20-21
13. J.A. Hadfield, *Childhood and Adolescence*, 151
14. Ibid., 147
15. D. Lawton, *Social Class, Language and Education*, (Llundain, 1968).
16. J.A. Hadfield, *Dreams and Nightmares*, 178-179
17. TYYG, 26
18. Ibid., 28-29
19. J.A. Hadfield, *Childhood and Adolescence*, 149
20. A.T. Jersild, *The Psychology of Adolescence*, (Efrog Newydd, 1963), 152

21. TYYG, 45
22. Edwin I. Megargee a Jack E. Hokanson, *The Dynamics of Aggression*, (Efrog Newydd, 1970), 100
23. TYYG, 50-52
24. Ibid., 57
25. Ibid., 64
26. Ibid., 67
27. Ibid., 70
28. Ibid., 71
29. Ibid., 78-79
30. Ibid., 80
31. Ibid., 84-85
32. Ibid., 88-89
33. TYYG, t.91.
34. PD, 45-53

Tywyll Heno

Yn gynharach yn yr astudiaeth hon ceisiwyd dadlau i gyfyng-gyngor artistig ddod i ran KR yn gynnar yn ei hanes, ac iddi gael ei chroesdynnu rhwng y stori fer (neu'r *conte*), a'r stori fer hir (neu'r *nouvelle*), yng nghyfnod *Deian a Loli*. Y rheswm, yn ôl ei haddefiad ei hun, oedd ei bod yn deisyfu mwy o le i symud ynddo.[1] Yn ddiweddarach, fe'i caed yn ysgrifennu nofelau, fel *Traed Mewn Cyffion* a *Y Byw Sy'n Cysgu*, a dadleuwyd mai, yn sylfaenol, gweledigaeth y storïwr byr a geir ynddynt, yn enwedig yn yr ail. Y mae'n rhesymol credu, felly, y byddai cyfuniad o ddeunydd y storïwr byr ac o dechneg ehangach y *nouvelle* yn rhoi priodas i ni a godai ei gwaith i dir uwch hyd yn oed na chynt, a dyma un rheswm dros gynnwys y bennod hon yn glo ar ymdriniaeth â'i thechneg a'i syniadaeth o 1925 hyd 1962.

Ni ellir ond dotio at gydbwysedd sumetrig *Tywyll Heno*. Dechreuir gyda Beti Jones mewn ysbyty meddwl yn dechrau wynebu problemau a fu'n ei phoeni ers tro, ac y mae'n gorffen yn yr un fan a Beti, erbyn hyn, wedi gallu wynebu a chydnabod ei brychau hi ei hun a'r byd o'i chwmpas. Un prif syniad neu gyfeiriad sydd i'r gwaith; ac y mae'r cwbl yn undod clos o achos ac effaith. Ni all Beti, er enghraifft, fynd am dro i'r wlad am fod gormod o greulondeb yno. Golyga hyn ei bod yn gaeth i'w chartref, ac yn cael mwy o amser i feddwl, a meddwl sydd wrth wraidd ei holl broblemau! Pan fentra allan am gyfnod wedyn, yn nes ymlaen, i gynhyrchu drama yn y capel, gwêl ei mab ei hun yn cusanu â merch ddigon anghynnes, a phobl ifanc yr ardal yn amharchu'r festri, a rhydd y gorau i'r syniad, a'i chaethiwo'i hun unwaith yn rhagor.

Mewn adolygiad ar y gwaith yn *Lleufer* y mae Islwyn Ffowc Elis yn amau'r undod, gan faentumio, er enghraifft:

> Nad oedd lle i'r 'Sanhedrin' weddol faith yn y bwthyn mewn stori fer hir fel hon, yn enwedig gan nad oedd y trafod hwnnw'n cyfrannu'n uniongyrchol at salwch y wraig. Mae'n swnio braidd yn debyg i 'nifer o sylwadau gan yr awdur ar gyflwr crefydd a'r Eisteddfod heddiw'.[2]

Y mae'r Dr. Meredydd Evans, wedyn, yn *Taliesin*,[3] yn haeru mai prif bwnc y gwaith yw archwilio i argyfwng Beti ac nad yw 'mân helyntion y capel ond cefndir i hwnnw'.

Ni allaf gytuno â'r un o'r ddau. Y mae'r ddwy feirniadaeth yn beirniadu seiliau'r holl waith, a cheisiaf brofi fod swyddogaeth i'r elfennau 'hepgorol' hyn. I mi, y mae'r berthynas rhwng gwahanol elfennau'r llyfr a'r prif syniad ynddo yn annatodadwy. Troi yn ei unfan y mae'r sâl ei feddwl. Ffurf droellog fel hyn sydd i'r gwaith yntau. Y mae'r cynnwys a'r cyfrwng yn anwahanadwy.

Diffyg perthnasoldeb o fath gwahanol sydd gan Mr. Gwilym O. Roberts mewn adolygiadau yn *Y Cymro*. Meddai:

> Dywed y siaced lwch 'fod pob manylyn yn fyw a pherthnasol'. Dywedwn innau fod llawer manylyn yn y nofel hon yn rhy fyw o ddim rheswm i fod yn berthnasol o gwbl.[4]

Dadlau y mae Mr. Roberts fod y gwaith, 'o safbwynt glinigol yn anghredadwy i'r eithaf ar brydiau', ac o'r herwydd fod y diffyg credadwyedd yma'n amharu ar undod y gwaith. O safbwynt seicolegol, hwyrach fod y feirniadaeth yn un ddigon teg. Ac eto mae'n rhagdybio llawer. Mae'n rhagdybio, er enghraifft, fod holl broblemau'r byd Seicolegol wedi eu datrys, a bod ffordd arbennig o ddrysu, sy'n gyffredin i bawb. Rhagdybia hefyd mai â gwirioneddau 'ffeithiol' y mae â wnelo llenyddiaeth. Ond onid yw'n bosibl i waith fod yn ffeithiol anghywir, ac eto ddelio â rhywbeth sydd yn 'wir' mewn ystyr llawer angenach – gan roi cip inni ar 'wirionedd'? Crynhoir y syniad yn dda gan D.H. Lawrence yn *Morality and the Novel*:

> The novel is the highest example of the subtle inter-relatedness that man has discovered. Everything is true in its own place, time, circumstance. If you try to nail anything down, in the novel, either it kills the novel, or the novel gets up and walks away with the nail.[5]

Lladd y stori y byddai Gwilym O. Roberts, ond yr oedd KR yn ddigon o artist i ddibynnu ar ei hadnabyddiaeth bersonol o'r natur ddynol, a gwneud iddi fyw.

Er nad yw portread KR o anhwylder meddwl Beti yn fanwl gywir yn ffeithiol, hwyrach, i mi y mae'n hynod o gredadwy. Drwy gyfeirio at y mwgwd am ei llygaid (sef y boen yn ei charcharu yn ei phresennol), at y boen 'fel pendil cloc' (yr awydd i daflu i fyny sy'n dod yn sgîl cyflwr o'r fath), y chwerthin afreolus (lle mae'r claf yn mynd o un eithaf teimladol i'r llall, heb reol o gwbl ar ei deimladau), drwy gyfeirio at y ffaith ei bod yn gyson wedi blino, ac at ei syrffed, awgrymwyd digon i ddirnad natur y drwg a chredu ynddo.[6] Y mae'r awdur hefyd yn ddigon craff i awgrymu'r ffaith nad oes undim yn glir i'r claf, ac nad yw'n deall ei chyflwr nac yn 'ymwybodol' o'r cwbl sy'n mynd ymlaen. Y mae ei hansicrwydd yn hollol nodweddiadol o'r cyflwr a ddisgrifir.

Y mae Beti hefyd yn dal nad oes â wnelo pethau allanol fel helyntion y capel ddim â'i chyflwr:

> Nid y pethau yna sy'n fy mhoeni, pethau o'r tu allan i mi ydy'r rheina. O'r tu mewn i mi nae'r drwg.

Ond y gwir amdani yw fod Beti'n anghywir. Yn wir, fe awgrymir hynny'n ddeheuig iawn gan yr awdur yn araith wallgof Beti ar ddiwedd y stori. Yma fe ddangosir ei bod, yn anymwybodol, wedi gwrando mwy nag a garai gyfaddef ar eiriau un fel Jane Owen. Yn yr araith hon, geiriau Jane Owen a ddefnyddia Beti i fflangellu'r byd.

Nid yw ei gweledigaeth am a fu felly mor 'fyw' yn ei 'fanylion' ag a awgryma Mr. Roberts. Nid oedd Beti mor ymwybodol ag a feddyliai o ddylanwad allanol nac yn feistres hollol ar ei thŷ ei hun – fel nad yw cyhuddiad Mr Roberts, i mi, yn dal dŵr. Y mae deunydd yr awdur yn 'berthnasol', oherwydd ei fod yn gredadwy yng nghyd-berthynas ei elfennau â'i gilydd. Yn *Tywyll Heno* ceir enghraifft berffaith o 'truth of correspondence', Graham Hough.

Fel mewn stori fer (ac yn wahanol i'r nofel), prin yw'r cymeriadu mewn *nouvelle* – a 'chymeriadu' yn hytrach na 'phersonoliaethu' a geir yn *Tywyll Heno*. Yr un yw Gruff as ddiwedd y gwaith ag ar y dechrau (er y ceir awgrym o newid); nodweddion stoc sydd iddo. Ac felly Mr. a Mrs. Bryn, a Melinda. Cynrychioli safbwyntiau y maent yn hytrach na bodoli fel personau, ac y mae hynny'n hollol deg mewn stori fer hir. Yr unig un sy'n dynesu at newid yw Beti ei hun, eithr newid ei chyflwr y mae yn hytrach na'i chymeriad. Yr un ydyw'n waelodol ar y diwedd ag ar y dechrau, ac y mae hyd yn oed y newid cyflwr, ar y diwedd, bron y tu allan i derfynau'r gwaith.

Yn y bennod ar *Ffair Gaeaf a Storïau Eraill* soniwyd fel y bu i KR glosio at iaith barddoniaeth ac ysgrifennu iaith awgrymog, syml, ddiaddurn. Gwelwyd hi hefyd yn defnyddio sumbolau fwy-fwy yn y frwydr barhaol i gostrelu a distyllu profiadau. Nid oes cymaint o wahaniaeth rhwng iaith *Ffair Gaeaf* a iaith *Tywyll Heno* ag sydd rhwng *Ffair Gaeaf* ac *O Gors y Bryniau*. Yr un iaith fywiog ddiwastraff a diaddurn a geir, yr un iaith gynnil awgrymog, a'r un defnydd o sumbol. Gall KR bortreadu cymeriad mewn un frawddeg gynhwysfawr, fel yn y disgrifiad o Wil, un o'r pregethwyr sy'n ymweld â Beti a Gruff adeg y gwyliau:

> Pan ddaeth trwy'r drws yr oedd fel llong lwythog a'i gorun bron yn taro'r trawsbost, ei het yn troi i fyny yn y tu blaen, crafat am ei wddw, côt law

amdano, ei phocedi yn bochio allan fel pynnau mul gan lyfrau, ac esgidiau uchel am ei draed.

Yn y pwt byr hwn dyna ddweud fod Wil yn ddyn enfawr, yn dal, yn greadur rhynllyd hen-ffasiwn (gan na wisgai neb arall grafat yn yr haf), yn ddiwylliedig a darllengar, yn wladaidd, ac yn ddihidio o'i edrychiad. Meistrolwyd crefft y stori fer i'r eithaf.

Y mae'r cymhendod disgybledig, bwriadus hwn, i mi, yn rhan o 'neges' y gwaith. Ond i ddeall yr hyn a olygir, rhaid cymryd cip ar syniadau sy'n sail i holl erthyglau a beirniadaethau KR. Yn *Lleufer*, er enghraifft, wrth gynghori ysgrifenwyr ifainc dywed:

> Os yw dyn yn ymdeimlo â bywyd ac yn teimlo bod ganddo rywbeth i'w ddweud am ei brofiad ef neu rywun arall o fywyd, yna y mae'r ysmudiad ynddo'i hun yn ddigon iddo benderfynu ei ddisgyblu ei hun yn galed.[7]

Iddi hi y mae parch at iaith yn deillio o barch at fywyd, a dylai bywyd fod yn sail i ysgrifennu:

> Peidiwch â cheisio ysgrifennu oni theimlwch fod yn rhaid i chwi fynegi rhywbeth am fywyd. Dyna'r unig symbyliad ddylai fod gennych. Os oes unrhyw symbyliad arall bydd eich gwaith yn amddifad o gywirdeb a bydd yn rhythu arnoch weddill eich oes fel darlun o ddyn â gwên ffals ar ei wyneb. Gall y cyfarwydd adnabod y wên ffals.[8]

Ni all KR oddef anniffuantrwydd, ac awgryma'n gryf fod cysylltiad rhwng diffyg parch at air â diffyg parch at bopeth arall. Ei phryder a barodd iddi fflangellu'r to ifanc o lenorion mewn erthygl yn dwyn y teitl, 'Egni iaith a meddwl', yn *Y Faner*:

> Wrth fyfyrio arnynt [gweithiau'r ifanc] byddaf yn gweld iaith ein cyfnod ni yn llipa a di-liw ac yn lastwraidd. Mwy na hynny, dengys nad oes ynddi egni meddwl o gwbl.[9]

Y mae eu hiaith yn 'llipa' a 'di-liw', yn dangos diffyg parch at fywyd, ac yn negyddu iaith byd ei phlentyndod hi, pan ddefnyddiai pobl 'eu meddwl a'u dychymyg'.

Ymhellach, meddai:

> Yr hyn a wna pobl heddiw yw benthyca'n ddiog o'r iaith Saesneg. Nid oes ganddynt ddigon o wybodaeth o lenyddiaeth Cymru, y wybodaeth honno a roddai iddynt eirfa gref gyfoethog i fynegi eu meddyliau. Nid digon bod wedi eich magu mewn cymdeithas unieithog Gymraeg. Mae rhywbeth mwy na hynny i iaith. Mae llenorion yr oesoedd wedi cymryd yr iaith lafar

a'i threfnu a'i chaboli a'i defnyddio i roi ffurf hardd i'w meddyliau, am eu bod yn credu bod eu meddyliau hwy yn haeddu'r wisg orau bosibl.[10]

Fe ddyfynnwyd yn helaeth i gyfleu'r pwysigrwydd y mae KR yn ei roi i gyfrwng. Iddi hi y mae agwedd llenor at yr iaith y mae'n ysgrifennu ynddi yn ddrych o'i gyflwr mewnol ac o'r gymdeithas o'i gwmpas. Y mae ymdrafferthu i goethi iaith yn dangos fod gan yr awdur barch ati. Mae'n dangos hefyd fod ganddo barch iddo'i hun ac i'w neges. Mae KR, felly, yn gweld y diffyg safonau ieithyddol y mae'n brwydro'n ei erbyn beunydd fel rhan o lacrwydd cenedlaethol, yn wir o lacrwydd cyffredinol. Mae'n sylweddoli mai arwyddion allanol o bydredd mewnol ac ysbrydol ydyw, ac y mae ei phryder am y gymdeithas yn mynnu ei bod yn delio â realiti'r sefyllfa honno yn ei gwaith creadigol.

Weithiau, y mae cymryd cip ar waith ysgrifennwr arall, sy'n gogwyddo i'r un cyfeiriad ag awdur y mae un yn ceisio'i ddeall, yn help i grisialu ein dirnadaeth o syniadau'r awdur hwnnw. I mi, felly, diddorol oedd darganfod yn *The Disinherited Mind*, gan Eric Heller, mai pryder KR yw byrdwn gwaith yr Almaenwr Karl Kraus hefyd. Meddai Heller amdano:

> He knew what few critics of his time knew: that the aesthetic judgement is a moral judgement if it is to be more than the diffuse reaction of a vaguely refined sensitivity. For him *de gustibus non est disputandum* was an alarming advertisement of a moral bankruptcy. He saw the connection between maltreated words and the maltreatment of human souls and bodies, and he avenged lives by restoring words to their state of integrity, health, and vigour in which, of their own accord, they could 'speak to the yet unknowing world how these things came about'. Through him it is language itself that opens its mouth and speaks to those who use it deceitfully: 'But ye are forgers of lies, ye are all physicians of no value'.[11]

Cymharer hyn â geiriau KR uchod am y 'wên ffals'. Nid yr un termau a ddefnyddia'r ddau awdur, ond yr un syniad sydd yn eu geiriau. Y mae Kraus, fel KR, yn fyw i sefyllfa'r byd cyfoes, ac y mae'r hyn a wêl ef, a KR, yn eu brifo. Y mae prydedd ac afiechyd yn y gweithgareddau y maent hwy wedi ymgysegru iddynt yn golygu fod yna bydredd yn eu cymdeithas. Creda'r ddau ei bod yn ddyletswydd arnynt i frwydro'n erbyn y pydredd. A rhan o'r frwydr am wellhad yw eu gwaith creadigol.

*   *   *   *

A chyffredinoli, gallwn ddweud mai gwewyr enaid dyn yr ugeinfed ganrif yw gwewyr Beti Jones yn *Tywyll Heno*. Fe'i magwyd hi yn awyrgylch haearnaidd, grefyddol oes Fictoria, mewn byd o safonau pendant, moesau pendant a chonfensiynau pendant. Yr oedd yn fyd anystwyth, hierarchaidd, byd oedd â llinyn mesur i bawb wybod ei hyd a'i led ei hun wrtho. Dyma oes y gred mewn daioni cynyddol: roedd popeth yn mynd yn ei flaen, roedd bywyd yn sâff. Yna fe ddaeth dau ryfel byd. Rhoes y cyntaf fod i ddadrith ac anobaith y dau-ddegau ac i dlodi. Esgorodd yr ail ar ddaear newydd faterol, heb nef. Collwyd yr hen ganllawiau; ganwyd ansicrwydd.

Ochr yn ochr â'r newidiadau cymdeithasol hyn blagurodd gwyddoniaeth gan fynnu i'r byd ei hedmygu, a chyflym enillodd ei phlwy fel yr allwedd i ddirgelion bywyd. Cyn hyn, troid at grefydd i gael 'atebion' i gwestiynau am fywyd a'r bydsawd, ac atebion damcaniaethol fyddai'r rhain, wrth gwrs. Bellach ceid atebion â sail iddynt gan y gwyddonydd, a disodlwyd yr offeiriad. Y mae Freud yn crynhoi agwedd yr ugeinfed ganrif at grefydd pan yw'n dweud: 'Religion deals in fantasies; science in facts'.

Y gwŷr a roes yr hoelion olaf yn arch yr hen syniad am grefydd oedd y rhesymegwyr posidol. Daeth y rhain â dulliau 'gwyddonol' i fyd Athroniaeth, gan gredu y dylid medru 'profi' popeth, fel ym myd Mathemateg, cyn adnabod ei fodolaeth. Roedd gosodiadau crefyddol a diwinyddol, felly, yn ddiystyr iddynt am na ellid eu profi'n empirig.

Adwaith rhai diwinyddion y cyfnod oedd pwysleisio fod crefydd uwchlaw rheswm. Y pwysicaf hwyrach o'r rhain oedd Karl Barth (g.1886). Fe bwysleisiai ef fod Cristnogaeth wedi'i sylfaenu ar ddatguddiad, fod crefydd uwchlaw'r rhesymegol, ac na ellid egluro rhywbeth fel 'cred' fel y gellid egluro sut y mae pelydrau teledu'n symud. Roedd y peth y tu hwnt i reswm, a chan fod rhesymu'n dibynnu ar iaith, yr oedd y tu hwnt i ffin geiriau. Daethpwyd i gredu fod y rheswm yn hollol ddi-werth yn y byd ysbrydol, fod angen rhywbeth amgenach a mwy addas yma, a'r peth hwnnw oedd 'ffydd'.

Dyma ddiffiniad yr *Oxford Dictionary of the Christian Church* o ffydd:

> Faith so far from being a mere readiness to go beyond the data of established fact where the evidence ceases (as does the scientist) is held to be made effective by the immediate operation of the grace of God in the Christian soul, which carries with it complete conviction. It is possible only in the context of the Christian revelation.[12]

Mewn gwyddoniaeth, y mae pob cam anturus yn mynd, trwy reswm a phrawf, y tu hwnt i'r ffiniau rhesymegol oedd eisoes yn bod. Ar y llaw arall, y mae cam neu naid ffydd yn gallu bod yn anesboniadwy, yn wrthresymegol, yn gwbl sylfaenedig ar ras. Bydd yn bwysig i ni gofio hyn wrth sôn ymhellach am broblemau Beti yn *Tywyll Heno*.

Ychydig o broblemau sy'n codi'u pennau mewn byd sicr ohono'i hun. Mewn byd a chwalwyd yn chwilfriw mae pethau i gyd yn gwestiwn. Un o broblemau Beti yw sut y mae cysoni drygioni â 'Duw cariad', neu sut y mae Duw trugarog yn gallu caniatáu creulondeb, poen, a dioddefaint yn ei greadigaeth. Ni all Beti weld 'pwrpas' i hyn, ni all eu gweld fel rhan o gynllun dwyfol. 'Fedrwn i ddim credu', meddai, mewn un lle, 'bod Duw'n rheoli'r byd wrth weld yr holl greulondeb sydd ynddo fo'. Dyma broblem sy'n codi ei phen dro ar ôl tro yn y byd cyfoes, ac fe allwn ddeall dilema Beti. Y mae hon yn broblem i ni i gyd. Y mae Beti'n methu darllen papurau newydd am ei bod mor ingol ymwybodol o 'lofruddiaethau, lladrata, lladd ar y ffordd, torpriodasau, creulondeb at blant ac anifeiliaid'. Nid yw'n gallu mwynhau prynhawn yn y wlad am fod 'digon o greulondeb ar fuarthau' ac am fod ei meddwl yn ehedeg 'i bob gwlad a meddwl am yr holl greulondeb at blant ac anifeiliaid'.Y mae'n meddwl o hyd am blant newynog y byd ac yn wir y mae elw'r ddrama-gapel i fynd at yr achos hwn. Yn y diwedd, fe aeth y meddwl i ogrdroi o gwmpas y broblem hon heb fedru gweld fod ochr arall i fywyd; fe aeth yn salwch. Sylfaen meddwl iach yw synnwyr cymesuredd.

Fe boenir Beti hefyd gan broblem sydd wedi poeni Cristnogaeth ar hyd y canrifoedd, sef pam fod Duw – ar yr wyneb, beth bynnag – yn gwneud i'r drwg ffynnu, ac yn rhoi rhwystrau beunydd ar lwybr y da. Dyma broblem Pantycelyn yn yr emyn 'Pam y caiff bwystfilod rheibus dorri'r egin mân i lawr', a phroblem y Santes Teresa pan na allai ddeall pam yr oedd Duw yn peri anawsterau iddi a hithau'n gweithio o'i phlaid. Yn *Tywyll Heno* y mae bywyd Gruff, sydd yn byw'n agos i'w le, yn un caled tu hwnt. Nid yw'n ei arbed ei hun fel y'n hatgoffir ni droeon gan Beti:

> Gwelwn fai arno am redeg cymaint i'w aelodau, a bod yno fel plisman, yn barod at bob galwad. Nid oedd yn darllen llawer, a pharatoai ei bregethau ar frys.

Ond bychan yw ei wobr. Y mae un arall fel Mrs. Hughes, sydd yn ôl pob arwydd wedi ymdrechu i fyw'n 'agos at ei lle', wedi dod i brofedigaeth. Ar y llaw arall, mae diawlesau fel merched y capel yn byw'n weddol braf. Y mae Melinda, wedyn, sydd yn gwrthod unrhyw ddisgyblaeth ysbrydol, yn dda ei byd. Yn ôl pob arwydd, y mae bywyd cefnogwyr y 'foesoldeb newydd' yn un digon anghymleth – 'Cnawd llyfn wynebau di-boen' sydd gan y rhai na welant ddim o'i le mewn priodi mewn gwyn tra'n disgwyl plentyn siawns, a 'does yna ddim byd yn i llygaid nhw ond bodlonrwydd'. Yr awgrym, wrth sgwrs, yw nad yw'r Duw a greodd y byd yn un cyfiawn, nad yw'n gweithredu'n union a theg. Ac y mae'r siom yn graddol danseilio ffydd Beti yn y Duw sydd i fod yn llawn cariad ac yn fôr o gyfiawnder.

Y mae 'bydolrwydd' eglwys Dduw, a ddylai bwysleisio'r ysbrydol, yn rhan arall o'r siom. I Beti does 'dim gwahaniaeth rhwng pobol y capel â phobol y byd'. Mae'r termau a ddefnyddir yn siarad cyfrolau, oherwydd pan fathwyd hwy, yr oedd ystyr arbennig a phendant iddynt – 'pobl y capel' oedd y 'Methodistiaid', a 'phobl y byd' oedd y gweddill. Dyma dermau oes delfrydiaeth grefyddol, pan gredai'r deoledig a'r detholedig fod meithrin yr enaid a'r ysbryd yn amgenach na dim daearol, a bod bywyd nefol yn bwysicach na bywyd daearol. I Beti, collodd y termau eu harwyddocâd am fod y gwahanol garfanau wedi ymdoddi i'w gilydd. O edrych o'i chwmpas fe wêl mai rhagrith a ffârs sydd i'w gweld, ac y mae ei dryswch yn fawr. 'Dydan ni 'rioed wedi trio byw fel Cristnogion', meddai Beti; ac wedi i Mrs. Bryn awgrymu 'mai'r peth gorau fyddai gwerthu'r capel a mynd i ryw gwt, er mwyn gweld pwy sydd o ddifri' ateba Beti'n gwbl ddifloesgni, 'Fasa'r un ohonyn nhw'n dwad yno'. Mae'n huawdl iawn eto wrth drafod y cyfarfod gweddi hefo Melinda. Meddai:

> Fedra i ddim gwrando ar ddynion yn dweud wrth y Bod Mawr beth y dylai O'i wneud . . . Annerch y maen nhw, siarad er mwyn clywed eu lleisiau 'i hunain. Rhagrith ydy'r cwbwl.

Fe wêl Beti hefyd fod Merched y Capel yn rhoi mwy o bwyslais ar gael grât i'r festri nag ar gael gras, ac fe gytuna â Mrs. Bryn wrth i honno ddweud fod merched y capel:

> "eisio cael rhywbeth na fedran' nhw mo'i gael i'w cartrefi; mae arnyn 'nhw eisio gwneud tŷ o'r capel. Y peth nesa welwn ni fydd peiriant golchi yn y sêt fawr."

Mae Beti'n sylwi fod pobl yn canu emynau'n hollol ddifater, fod pobl y capel wedi mynd yn 'aelodau o glwb', a bod y capel 'wedi mynd yn gonsarn ariannol', yn beth hollol faterol. Meddai am y Seiat, 'Rydw i'n meddwl i fod o'n beth ofnadwy fod pobl faterol yn gweddïo yn gyhoeddus'. Dyma eglwys sy'n adlewyrchu meddylfryd yr oes newydd, ac y mae Beti'n ei chael hi'n anodd ei derbyn.

Ar ddechrau'r ugeinfed ganrif roedd y gred mewn Duw personol yn un gref. Ystyrid y gellid gweld neu ganfod Duw ym mherthynas dyn â dyn. Dyma, y mae'n debyg, a gredai'r gymdeithas y magwyd Beti ynddi. Ond beth a wêl Beti yn *Tywyll Heno*? Merched capel sydd 'ddim gwerth sylw', a chynulleidfa sydd â'r 'rhan fwyaf ohonom yn y tywyllwch ac mewn mwy o dywyllwch na phobl y byd am ein bod ni'n gwrando bob Sul'. Cyfaddefa Beti hefyd fod Jane Owen yn dweud y gwir am grefyddwyr yn gyffredinol pan ddywed:

> Fod crefydd wedi mynd yn bricsiwn wir. 'Does yna neb yn diodda dim dros grefydd heddiw, os rhôn nhw ryw fymryn at yr achos â mynd â bwnsh o flodau i rywun sâl, maen nhw wedi gwneud digon, a chitha'n gwybod bod gynnyn nhw filoedd ar filoedd yn y banc.

Nid oedd ei chyd-ddynion yn profi i Beti fod Duw ar gael, ac y mae hyn yn esboniad pellach ar y modd y collodd hi ei ffydd

Ond yn ei siom ym mhobl y capel y mae, i Beti, siom ddyfnach o lawer. Y mae yna fethu canfod unrhyw edefyn arian yn eu cydio wrth ei gilydd, neu 'rwydwaith dirgel Duw' fel y'i gelwir gan Waldo Williams. Y mae yna fethiant i weld stamp y creawdwr ar ei waith, ac y mae hyn yn arwain i amheuaeth. Y cwestiwn nesaf yw: a yw'r math o greawdwr yr ydym ni wedi arfer meddwl amdano, Duw sy'n gwarchod ei bobl, yn bod? Mewn oes lle y cyflyrwyd dyn gan wyddoniaeth, y mae diffyg prawf, yn eironig ddigon yn raddol dyfu'n 'brawf' negyddol. Rhywbeth yn yr isymwybod yw hyn i ddechrau, mae'n debyg, a'r person yn gyndyn i'r 'prawf' siglo'i gred. Ond, yn y diwedd, fe chwelir cadernid yr ymwybod gan bwerau'r isymwybod. Fe gollir pob ffydd.

Yr hyn sy'n digwydd i Beti yw ei bod yn symud o siom yng nghynrychiolwyr ei ffydd i ddechrau amau'r delfryd ei hun. Y mae ymarweddiad 'pobl y capel' yn ategu'r teimladau a'r amheuon sydd wedi dod i'w hymwybod o gyfeiriadau eraill. Mae'r amheuon yn crynhoi ac yn chwyddo nes yn y diwedd y mae'n methu dal y dadrithio.

Peth arall sy'n cadarnhau ei hamheuon yw gweld colofnau'r achos y mae'n credu ynddo yn gwegian. Drwy'r gwaith hwn, bron, y mae ffydd ddiysgog Gruff yn gynhorthwy ac yn gefn i Beti, er nad yw hi'n 'ymwybodol' iawn o hyn – 'Ella bod fy ngŵr i yn y cefn yn rhywle', meddai wrth y Seiciatrydd. Ond yn y gell y noson ar ôl helynt y ddrama fe glyw Beti ei gŵr, Gruff, yn dweud ei bod hi'n 'anodd aiwn cadw'r ddesgil yn wastad rhwng pobol; mi fydda i bron â rhoi'r gorau iddi weithiau'. Ymhellach ymlaen yn y gwaith y mae Beti ei hun yn dod i amau cryfder ei gŵr:

> Tosturiwn wrtho am i mi fod mor gas. Edmygwn ef am ddal i gredu yn y ddynoliaeth; amheuwn ai cryfder oedd hyn, ac yr oedd rhywbeth yn osgo ei gefn erbyn hyn a wnâi imi feddwl bod ei gryfder yn dechrau gwegian. Pa un ai ffydd ai ei synnwyr o ddyletswydd a'i gyrrai ymlaen?

I Beti yr oedd un o'r prif golofnau'n gwegian.

Bai mawr Beti, wrth gwrs, yw credu mai stad ddisyfl barhaol yw 'ffydd', fod un yn hollol sâff ar ôl cyrraedd tir. Yn ei phortread o Gruff cawn gip ar syniad KR am ffydd. Nid rhywbeth cibddall ydyw, ond profiad un wedi mynd drwy bair poen ac wedi cyrraedd rhyw dawelwch y tu hwnt; yr hyn y mae Karl Kraus yn ei alw'n 'the faith that lies on the other side of despair'. Dyma a ddywed Gruff ei hun am ffydd, wrth Beti:

"Roeddat ti'n sôn am anobaith a cholli ffydd. Mae'r anobaith yn dangos bod rhywfaint o ffydd yn aros. Mae yma ryw waelod o hyd sy'n dal rhag syrthio trwodd."

Ac meddai ymhellach:

"Rwyt ti'n meddwl on'd wyt nad ydw'i ddim yn cael rhyw amheuon fel yna, ac na faswn i byth yn dallt."

Yr awgrym yw ei fod ef ei hun yn cael amheuon byth a beunydd, a bod yr amheuon hyn, a'r anobaith yn deillio o'r ffaith ei fod yn caru'i gyd-ddyn yng nghanol ei broblemau fel ei fod, ar waethaf pob siom, yn gallu wynebu'r anobaith yn gymesur heb golli golwg ar ei ddelfrydau, yn gallu adeiladu ar anobaith. I Gruff, amheuon sy'n profi ac yn miniogi ffydd.

Nid oedd ffrindiau Gruff mor gadarn eu ffydd a sicr o'u pethau ychwaith, a barnu oddi wrth eu sgwrsio yn 'y bwthyn' fis Awst. Meddai Huw:

"Mi'r ydan ni yn y capel yn gwybod mwy am yn cynulleidfa, yn rhwbio mwy ynddyn' nhw mewn cyfarfodydd wythnosol, mi'r wyt ti'n tagu wrth dreio dweud rhywbeth o'r pulpud a chofio am y pethau maen' nhw'n i wneud."

Yn ôl Jac, yr eglwyswr, roedd yr 'un difaterwch yn yr eglwys'; ac meddai, 'y peth calla fyddai i ni fynd i wledydd gwyryf dros y môr i genhadu'. Fe wyddom ni mai cellwair y mae, ond mae Beti'n methu canfod hynny! 'O naci, protestiais i. 'Does arna' i ddim eisio gadael Cymru'. Y mae ymwybod ag anobaith ymddangosiadol ffrindiau Gruff yn dinistrio'r llygedyn olaf o obaith oedd gan Beti. Os nad oedd gan y rhain ffydd, pa obaith oedd ganddi hi? Y mae'r ymweliad yma â'r bwthyn, felly, yn bwysig iawn o ran adeiladwaith y gwaith.

Mae cael amheuon yn golygu fod gan rywun rywbeth i'w amau. Yr hyn y mae Beti yn ei amau yw'r ffordd o fyw sydd â'i gwreiddiau yn nelfrydiaeth bore oes. Y mae yna wrthdaro rhwng hynny a realiti, neu fywyd fel y mae. I Beti, y mae sylweddoli fod y ffordd y codwyd hi yn anymarferol ac yn anacronistig yn y byd sydd ohoni yn ei siomi ac yn gwneud iddi golli pob ffydd yn y ffordd honno, er nad oes ffordd amgenach yn ei chynnig ei hun iddi. Ond gan fod gafael ei magwraeth hefyd yn dynn ynddi y mae gwrthdaro seicolegol yn sicr o ddigwydd. Mae hi am i'r byd fod yn rhywbeth nad ydyw. Meddai Gruff wrthi: "mae arna i ofn dy fod ti'n disgwyl gormod o berffeithrwydd mewn byd ac eglwys". Y mae'r cymhlethdod teimladau a'r gwrthdaro sydd yn Beti'n arwain yn anorfod i wewyr meddwl, a thyf y gwewyr meddwl hwnnw'n ffurf ar wallgofrwydd.

Un agwedd yn unig ar y broblem yw fod y byd yn wahanol i syniad eglwys ei magwraeth am bethau. Mewn gwirionedd, yr oedd gwahaniaeth mawr rhwng delfrydau Beti a'r hyn ydoedd hi ei hun, ac y mae'n dod i sylweddoli hynny. Ceir cyflwr tebyg i hyn yng ngherdd Williams Pantycelyn, 'Theomemphus', pan yw Theomemphus yn dod yn ymwybodol iawn o'i bechod ei hun ar ôl gweld brycheuyn ym mhawb arall. Yn wir y mae adnabod yr 'hunan' yn gam pendant tuag at dröedigaeth grefyddol, a thuag at wellhad.

Ar ddechrau *Tywyll Heno*, y mae Beti yn ymwybodol iawn o bechod. O edrych ar y byd yn rhesymegol, gwêl 'grac yn y cread hefyd'. Yn ddiweddarach, daw wyneb yn wyneb â siomiant mwy, sef ei bod hi'n rhan o fyd amherffaith! Y mae Beti'n anfodlon felly, yn rhannol am fod cynnwrf oddi mewn iddi, am ei bod yn dechrau dod i'w hadnabod ei hun.

Y mae gwreiddiau'i phroblemau'n lluosog, ac y mae nifer ohonynt o'r golwg. Ond y mae un peth yn gyffredin i'r cwbl: y maent i gyd, mewn rhyw ffordd neu'i gilydd, yn arwain i'r un casgliad, sef bod yr hwn a greodd y ddaear yn anghyfrifol, wedi bradychu'i greadigaeth, wedi'i hanwybyddu. Fe ddywedir hyn yn ddiamwys hollol wrthym gan Beti ei hun:

> Mi ddaeth y newid yma pan oeddwn i'n teimlo mai pwysau oedd y digalondid a'i fod ar fin torri, a disgyn; mi welais i mai fy ffydd i oedd ar dorri'n rhydd, ac mai'r rheswm na fedrwn i edrych ymlaen i'r dyfodol oedd, nad oeddwn i'n credu mewn dyfodol; doedd dim ystyr i fywyd; doedd Duw ddim yn rheoli'r byd; roedd o wedi'i adael o i ryw ffawd greulon.[13]

Nid rhyw un rheswm syml sydd y tu ôl i ddiffyg ffydd Beti felly. Nid yw'r amheuon hyn ychwaith yn rhai dieithr i'r neb sy'n meddwl yn ddifrifol am grefydd ac am y byd o'i gwmpas. Eithaf pella'r ymdeimlad yma o anghyfrifoldeb y creawdwr yw dod i gredu nad oes diben a phwrpas i fyw. Dyma eiriau Beti ei hun: "Rydw i wedi mynd i feddwl nad oes dim pwrpas i fywyd. 'Rydw i wedi colli fy ffydd!" Dro arall, wrth sgwrsio â Melinda, y mae'n dweud: "A mhrofiad i rwan ydi nad oes yna ddim byd yn fy nal i wrth fywyd". Ac os nad yw dyn yn gweld ystyr i fywyd, fel yr atgoffir ni gan J. R. Jones yn *Yr Argyfwng Gwacter Ystyr*, fe gyll ei ddiddordeb ynddo:

> Creadur ydyw dyn nad yw'n medru gwneud dim yn y pen draw oni fedr

gredu bod rhyw ystyr neu arwyddocâd i'r hyn a wna. Nid yw'n medru dal
ati'n ddiddiwedd i wneud rhywbeth sydd wedi mynd yn gwbl ddi-ystyr
iddo. Ac y mae hynny'n golygu na fedr o ddim gwneud y peth pwysicaf
y mae yn ei wneud *sef dal ymlaen i fyw*, heb fedru gweld bod yna ystyr
mewn byw – bod i fodolaeth ystyr. Nid na all o ddim byw heb fedru deall
ystyr bywyd, ond na fedr o ddim byw heb gael gafaelyd ynddo, yn
rhywle, gan y sicrwydd bod i fywyd ystyr.[14]

Dyma'r union beth sydd ar goll ym mywyd Beti.

Mae ffoi rhag aflwydd sy'n peri poen yn ymateb greddfol i bob dyn. Dyma
pam yr aeth Beti i'r Wenallt yn gyntaf, ac yna i'r 'lle mawr'. 'Tybiwn y byddai'n
well gennyf gwmni merched yn byw mewn byd hollol ar ei ben ei hun,'
meddai, 'wedi eu torri i ffwrdd oddi wrth y byd tu allan, ac efallai yn hapus
oherwydd hynny.' Y toriad sy'n bwysig, y gwrthgiliad.

Yn anffodus iddi, 'roedd pobl y ward yn cynrychioli'r union bethau yr oedd
am eu hosgoi; anonestrwydd (pobl oedd yn priodi mewn gwyn a hwythau'n
disgwyl plant), bodlonrwydd (y merched â'u hwynebau di-rych), bryntni,
creulondeb, a hunanoldeb (Sali). Roedd y rhain i gyd yn ei hatgoffa o'r nam
yng nghreadigaeth Duw. Dyma ei hymgais olaf i ffoi, ymgais sy'n dangos nad
oes ffoi. Ar ôl cychwyn ar lwybr amheuaeth bu Beti Jones, yn union fel
'Theomemphus' Williams Pantycelyn, yn gwthio syniadau a theimladau
annifyr o'r neilltu gan fethu'u hwynebu, ac yn 'anwesu' moment o
ddiddanwch ac anghofrwydd, â'i holl fod. Mae'n ddiddorol sylwi mai fel 'y
peth arall' y mae Beti'n sôn am ei phoen meddwl bron bob tro. Mae arni ofn
enwi'r broblem oherwydd byddai hynny'n ei gorfodi i gydnabod ei bodolaeth.
Wrth beidio â rhoi llais ac enw iddi y mae'n haws ei chadw o dan reolaeth.

Ar brydiau y mae'n gallu dianc pan yw yng nghwmni ei chyfoedion yn y
gell:

Rhedais i'r gell gan weld mymryn o ddiddanwch. Wrth godi fy mhen ar
ôl troi'r tân gwelwn olau'r ystafell yn taro ar yr ardd a'i throi yn ardd arall,
â'i hudlath, ac nid oedd y gell yr un fath ychwaith; yr oedd hi'n dwt a
digon o le i roi hambwrdd mawr ar y bwrdd . . . Wrth inni fwyta âi gwefr
o gysur drwof; yr oeddem i gyd yn bobl ganol oed, a dyma'r bobl a
hoffwn.[15]

Y mae mewn byd y mae wedi'i greu â'r ewyllys, yn union fel 'Presennol Mawr'
Ffebi Williams yn 'Y Cwilt'; mae'n cael 'gwefr o gysur' wrth fwyta gyda'i
ffrindiau. Byd ydyw heb yr un croeswynt; byd â phawb yn gytûn. Ar ôl un o
ymweliadau Mr. a Mrs. Bryn, y mae Beti'n addef fod 'eu hymweliad y noson
hon fel pe bai rhywun wedi rhoi clustog tu ôl i'm cefn ar gadair galed'. Roedd

yr ymweliadau hyn yn foddion iddi ffoi, oddi wrth ansicrwydd a chaledi'r presennol, i fyd unplyg ei magwraeth.

Ond nid dihangfa gymdeithasol i'r hen fyd yw pob dihangfa. Os ganwyd hi rhwng dau fyd, y mae'r byd o'i blaen yn cosi'r meddwl hefyd, a'r un sy'n cynrychioli'r byd materol hwn iddi yw Melinda. Y mae hon wedi gallu pontio'r agendor na all Beti ei groesi. Ar yr wyneb, beth bynnag, y mae Beti'n condemnio ffordd faterol Melinda o fyw, ond ar un cyfnod yn ystod ei salwch, i'r byd yma y mae'n dianc rhagddi'i hun:

> Ar y ffordd yno teimlwn fel plentyn wedi chwarae triwant o'r ysgol, mor rhydd ag aderyn un munud ac ias pleser yn mynd trwy fy aelodau, a'r munud nesaf yn cael poen cydwybod a'm dychrynai. Yr oedd carpedi Melinda mor ddwfn fel eu bod yn cau'r byd allan yn gyfan gwbl wrth imi gerdded i'r parlwr cefn. Yr oedd ganddi dân bychan, coch yn y grât, a disgynnais innau i gadair fel gwely-plu. Sylwais ar botel win a dau wydr ar y bwrdd.[16]

Cyn cyrraedd tŷ Melinda y mae'r gwrthdaro rhwng pleser a dyletswydd yn fyw iawn yn ei meddwl. Ond ar ôl cyrraedd, mae'n gallu anghofio'i phryderon.

Y mae personoliaeth Melinda'i hun hefyd yn cael effaith liniarus ar Beti. Wrth ddisgrifio un o'i hymweliadau meddai Beti: 'y munud hwnnw yr oedd ei phresenoldeb fel rhan o'r haul a ddeuai trwy'r ffenestr, a rhoes hyder imi sôn am fy nrama'. Yng nghwmni Melinda y mae'n gallu anghofio'i phryderon, yn gallu dianc. Fe ddywed Beti'i hun hyn wrthym:

> yr oedd yn rhaid i mi gyfaddef bod yr ysgytwad a roddai imi yn fy hitio'n ddigon caled imi fynd ar drywydd arall a gweld ffenestri eraill yn agor.

Mewn man arall mae'n cyfaddef fod yn well ganddi'r 'hyn a welwn drwy lygaid Melinda'. Cyfaddefa hefyd wrthym fod y ddihangfa hon mor bwysig iddi fel y byddai'n fodlon aberthu popeth er ei mwyn: 'yr oeddwn yn ei hoffi gymaint. Ni fuaswn yn ei gadael pe bai hi'n swp o bechod'. Yn wir, y mae cofio'n sydyn fod Melinda'n mynd i ffwrdd ymhen ychydig ddyddiau yn peri 'cryndod oerni drwy ei chnawd'.

Ond yr hyn sy'n cyfleu'n fyw i ni bwysigrwydd Melinda fel ffordd ymwared yw'r darlun trasig o Beti yn ymweld â thŷ Melinda wedi iddi fynd ar wyliau i Ffrainc, a'r ffonio pathetig wedi i Beti fynd yn orffwyll.

Y mae'n amlwg fod KR yn credu fod dyn, ar brydiau, ynghanol ei helbulon yn gallu carthu'i broblem â'r ewyllys noeth – y mae hyn yn digwydd yn y stori 'Y Cwilt', ac fe allai Lora Ffennig hithau gyflawni'r wyrth. Dyma'n hollol yr hyn sy'n digwydd pan yw Beti Jones yn hamddena uwch cwpaneidiau o de, a ddisgrifir fel achlysuron i Beti hel teimladau annifyr i ffwrdd a chael cysur, delwedd wych a ddisgrifio ataliaeth:

> Mwy na'r cwbl mwynhawn lonyddwch ar ôl gorffen gwaith; cael eistedd yn gysurus mewn cadair a synfyfyrio uwchben cwpanaid o de. Moeth hollol oedd hwnyna ychydig amser yn ôl, rhywbeth i orwedd arno; erbyn hyn ffon ydoedd i yrru'r peth arall i ffwrdd.[17]

Yn chweched bennod *Tywyll Heno* y mae Beti ar ei phen ei hun yn y tŷ, ac yn 'penderfynu' anwesu cysuron, a cheir disgrifiadau manwl ohoni'n ymbincio ac yn arlwyo'r bwrdd. Y mae pob manylyn yn y disgrifiad yn berthnasol, gyda brawddegau fel: 'Gofelais am gael pob congl o'r lliain yn hollol ar ganol ochr y bwrdd', yn dweud cyfrolau am ei chyflwr seicolegol. Dyma sy'n dilyn:

> Canai'r tegell yn gysglyd ar y stôf; rhoddais y dŵr ar y tebot a gadael iddo fwrw'i ffrwyth, a symud y tegell rhag i mi glywed sŵn undonog ei ganu. Gadawsai Geraint ei gap ar y gadair cyn mynd i'r ysgol a'i adael ef ei hun yn y cap. Euthum ag ef i'r lobi. Yr oedd ôl corff Gruff ar glustog cadair arall, ysgydwais y glustog a'i throi i'r ochr arall. Yr oedd yn wynt mawr o'r tu allan ond yn dawel y tu mewn, a theimlwn fod cysur y gegin fel bwa blewog am fy ngwddw. Tywelltais y te yn araf a phenderfynu fy mod yn mynd i fwynhau pob cegiad ohono a phob tamaid o'r bwyd.[18]

Y mae Beti am ddianc, am ychydig beth bynnag, rhag ei phroblemau, ac fe ddarlunir inni'n fanwl y broses o ymryddhau. Does dim i fod i'w hatgoffa o'i chyflwr, a dyma 'symud y tegell rhag i mi glywed sŵn undonog ei ganu'. Y mae Geraint, sy'n cynrychioli'r to ifanc a'i agwedd newydd at y byd, i'w weld yn ei gap (sylw sy'n dangos synwyrusrwydd tu hwnt!) ac fe eir â'r cap i'r lobi: dyma wrthrycholi proses ataliol seicolegol. Gwneir yr un peth ag ôl corff Gruff (sy'n cynrychioli cymdeithas sicr o'i phethau i Beti): 'ysgydwais y glustog a'i throi i'r ochr arall'. Y mae hi'n canolbwyntio ar foethusrwydd corfforol a chysur y gegin, er bod realiti yn rhith y goeden yng ngardd y drws nesa yn moesymgrymu iddi a chodi ei llaw arni gan ei gwahodd yn ôl i'r byd. Ond yn y byd yr oedd Beti wedi'i greu iddi hun erbyn hyn – byd 'tawel', byd oedd 'fel bwa blewog' am ei gwddf, byd pleserus a synhwyrus – yr oedd realiti fel 'cerddor gwallgof wedi ymgolli yn ei waith'. Yma y mae KR yn ysgrifennu fel bardd, fel storïwr byr yn hytrach na nofelydd.

I Beti, ffordd arall allan o argyfwng yw ymweld â byd ffantasi, a dyma sy'n digwydd pan yw'n gafael yn Wil a dawnsio'n wyllt ar lawr cegin y bwthyn tra ar ei gwyliau:

Yr oedd traed mawr Wil yn fy maglu bob munud, ond chwyrlïem amgylch ogylch fel pethau gwallgof, a minnau'n gorffwys fy mhen ar fynwes Wil – ni chyrhaeddwn ddim pellach na hynny – a mwynhau'r profiad. Rhyfedd mor hawdd yw caru dyn arall yn ein dychymyg.

Roedd ei phen ar fynwes Wil, ac 'roedd yn 'mwynhau'r profiad'. Ond y teimladau a oedd yn dod yn sgîl y closio hwn yr oedd hi'n eu mwynhau, ac mae'r geiriau 'ni chyrhaeddwn ddim pellach na hynny' yn siarad cyfrolau! Roedd Beti fel pe bai am foment ym mreichiau un o garwyr mawr y byd yn chwyrlïo oddi wrth ddigalondid dadleuon y prynhawn i fyd afallonaidd rhamantwyr y sinema! Mae'n ddiddorol sylwi iddi ddianc eto i fyd ffantasi, a hynny wrth feddwl am Wil, yn nes ymlaen yn y gwaith.

Rhywbeth i osgoi wynebu argyfyngau bywyd oedd y ddrama iddi hefyd. Meddai: 'Yr oedd fy nrama yn cau am fy meddwl ac yn dal pethau annymunol allan'. Yr oedd hefyd yn rhywbeth i fyw er ei fwyn i un yr oedd bywyd yn ddiystyr iddi, yn 'help i edrych ymlaen at drannoeth yn lle bod diwrnod yn darfod wrth gau'r llygad fel y buasai i mi ers wythnosau'. Dyma'r ddihangfa greadigol, artistig. Y mae hefyd yn ffordd o ymladd yn erbyn byd anghyfiawn, gan geisio rhoi'r 'syniad o gyfiawnder' i'r plant wrth hel arian at blant newynog y byd. Y mae'n ffon i wasgaru amheuon ac i bwyso arni i wynebu'i phroblemau yr un pryd.

I Beti, y mae'r ddrama'n gyfle i weithio rywsut neu'i gilydd yn erbyn drygioni'r byd. Nid yw wedi rhesymoli'r peth, ond fe gredaf fi fod y ddrama yn rhoi gollyngdod eneidegol iddi, a hefyd yn cyfrannu rhyw brofiad annelwig o greu – mewn byd lle 'roedd llawer o ddinistrio a lladd yr oedd yn cynrychioli'r hyn nad oedd digon ohono'n bod. Yr oedd yr ysfa greadigol fel pe bai'n cyd-bwyso'r elfennau anifeilaidd, dinistriol ac oherwydd hynny'n rhoi boddhad iddi, ac yn rhoi rhyw fath o ymwared.

Y mae Beti'n ceisio osgoi wynebu ei chyflwr, ond yn raddol caeir pob dihangfa. Soniwyd mai problem Beti yw ceisio cysoni byd amherffaith â Duw perffaith. O edrych o'i chwmpas ni wêl ond brychau, ac wrth gollfarnu y mae'n ei hystyried ei hun yn ddi-fefl! Y tu allan y mae amherffeithrwydd. Mae'n synnu braidd fod Gruff wrth sôn am bobl y capel yn deud nad yw hi 'ddim gwell na nhwtha'. Dianc ac osgoi realiti yw hyn, wrth gwrs, ac yn y diwedd roedd yn rhaid iddi gydnabod ei bod hi ei hun yn rhan o'r amherffeithrwydd, a derbyn hynny. Roedd ceisio 'gweld gormod o berffeithrwydd mewn byd ac eglwys' yn sicr o arwain i siom, ac fe'i siomir yn ei mab, yn ei chymdeithas, ei heglwys, ei Duw, a'i holl greadigaeth. Yn y diwedd fe'i gorfodir i gydnabod fod nam yn ei gwneuthuriad hi ei hun, cydnabod fod elfen ddinistriol, anifeiliaidd, afresymol, fympwyol, yn rhan annatodadwy ohoni hi ei hun; cydnabod fod adlewyrchiad o ddeuoliaeth bywyd allanol o'i mewn hi ei hun.

Wrth i'r seiciatrydd ofyn iddi beth a ddigwyddodd wedi iddi fod yn y capel y tro olaf, mae hi'n ateb, 'gwylltio a ffrwydro wnes i'r noson honno, mae gen i dymer go wyllt ar brydiau, ac yr ydw i'n ddiamynedd'. Mae'n cydnabod ei brychau. Fe wyddem ni amdanynt cyn hyn, ond yr oedd yn rhaid i Beti eu cydnabod cyn iddi wella. Fe gofir amdani'n 'ffyrnigo' pan oedd Jane Owen yn lladd ar Melinda. Bu bron â 'ffrwydro o atgasedd' wedyn wrth feddwl am ddan-dinedd merched y capel. Yr oedd ganddi 'wrthwynebiad mileinig' i fynd i'r seiat ac, ar ddiwedd y gwaith, pan yw yn y seiat y mae'r llygaid 'diglon' ar y wal yn ddrych o'i theimladau! Mae'r ochr hon iddi yn cymryd drosodd yn gyfan gwbl pan yw ar ben y bwrdd ar ôl dod adref o'r seiat. Y greddfau'n unig sy'n gweithio. Y mae Beti Jones fel pawb arall yn ffaeledig!

Ac ni ellir osgoi'r gwirionedd hwn yn ôl rhai seicolegwyr. Yn *The Future of an Illusion, Civilisation and Its Discontents*, fe ddywed Freud:

> The element of truth behind all this which people are so ready to disavow, is that men are not gentle creatures who want to be loved, and who at the most can defend themselves if they are attacked; they are on the contrary, creatures among whose instinctual endowments is to be reckoned a powerful share of aggressiveness.[19]

Fe fyddai seicolegwyr diweddar yn anghytuno ag ef ynglŷn â chariad, ond cyn belled ag y mae'r elfen anifeilaidd yn y cwestiwn, does neb heddiw a wad nad gwir mo hyn.

Felly, cyn meddwl am wynebu byd amherffaith, mae'n rhaid i Beti ei hwynebu ei hunan amherffaith; ac mae KR yn pwysleisio fod yn rhaid ennill y frwydr fewnol cyn edrych allan.

Ond sut frwydr yw hon? Ai brwydr ar lefel y deall, ynteu ar y lefel uwchresymegol y soniwyd amdani ar y dechrau? Y mae rhai sy'n credu y gellir brwydro â'r union broblemau sy'n poeni Beti ar lefel y deall. Dyma, mewn gwirionedd, yw craidd llyfr John Hick, *Evil and the God of Love*. Yno, y mae Hick yn ateb y rhai sy'n dweud y byddai'r byd yn lle llawer gwell pe bai'n berffeithiach (hynny yw, pe bai heb boen) drwy ofyn – gwell i beth? Y mae'n rhaid, yn y lle cyntaf, geisio darganfod pwrpas y creu, ac yna geisio gweld a ellid bod wedi creu byd gwell, gyda golwg ar y pwrpas hwnnw. I Hick, y pwrpas dwyfol y tu ôl i'r byd yw meithrin enaid (*soul-making*), ac y mae'n dadlau na ellid cael y math o ddaioni y mae Duw am ei gael heb i ni fynd drwy broses hir o brofiad 'anifeilaidd' wrth ymateb i ddisgyblaethau a sialensau o wahanol fathau. Meddai wedyn, am greulondeb byd anifeiliaid sydd mor bwysig i Beti:

From the point of view of the divine purpose of soul-making, animal life is linked with human life as the latter's natural origin and setting, an origin and setting that contribute to the 'epistemic distance' by which man is enabled to exist as a free and responsible creature in the presence of his infinite Creator.[20]

Y mae, hefyd, yn sôn am drychinebau mwy cyffredinol fel y rhyfeloedd byd. Y mae pobl, meddai, yn gofyn yn aml sut y bu i Dduw ganiatáu'r rhain. Ond os yw un yn mynd i ofyn y cwestiwn hwn bob tro, yna:

There would be nowhere to stop, short of a divinely arranged paradise in which human freedom would be narrowly circumscribed, moral responsibilty largely eliminated and in which the drama of men's story would be reduced to the level of a television serial.[21]

Dyma hefyd y llwybr a droedia C.S. Lewis yn *The Problem of Pain*. Meddai:

Our Father refreshes us on the journey with some pleasant inns, but will not encourage us to mistake them for home . . . tribulation is a necessary element in redemption.[22]

Fe allai KR hithau fod wedi dadlau rhywbeth yn debyg. Y mae'n rhaid i Beti droedio'r llwybr hwn, un nodweddiadol o'i chanrif ei hun.

I'r un cyfeiriad hefyd yr â Daniel Jenkins yn ei lyfr *Beyond Religion*. Â ef mor bell â dweud na ellir cael cred iach heb ryw fath o amheuaeth. Iddo ef, y mae rhwystrau parhaus ar draws y ffordd rhwng dyn a Duw, ac un o'r 'gorthrymderau', yn wir, yr un y mae Beti'n ei brofi, yw'r 'argyfwng gwacter ystyr'. Derbyn her fel hon a ddylai'r Cristion; ac meddai Daniel Jenkins:

Theological reflection is not a retreat from the world into a different realm from this . . . It is an act of overcoming the world in encounter on the intellectual level, at the palce where the world is struggling most fiercely in the realm of religion nearest to faith.[23]

Y ffaith amdani yw ei bod hi'n bosibl adeiladu ar amheuaeth – yn ôl Daniel Jenkins – yn ogystal â boddi mewn amheuaeth. Boddi y mae Beti; ond arwydd o'i gwendid yw hynny. I Jenkins fe all amheuaeth helpu un i grisialu problem a gallu'i hwynebu'n rhesymegol.

Ffordd arall yw ffordd ymwared Beti. Nid nad oes sôn am 'frwydro ar lefel y deall' yn *Tywyll Heno*. Y mae Gruff yn ceisio ymladd y byd â'r deall, er ei fod yn cwyno mai 'yn erbyn ffyliaid yr ydan ni'n ymladd'. Y mae gan Beti wedyn gryn grebwyll: ac ar ddechrau'r salwch y mae'n ceisio deall y byd a'i broblemau â'i deall, o achos mai â'r deall y byddai un yn gweld 'ystyr i fywyd', a gweld Duw'n 'rheoli'r byd', nid â'r synhwyrau. Ond pwysleisia'r awdur mai ofer yw'r holl frwydro hwn, ni ddaw unrhyw oleuni i ran Beti; ac fe gyflëir ei surni a'i hagwedd sinigaidd at fywyd mewn brawddeg awgrymog sy'n sôn am y beddau yn yr eglwys y bu Beti a Gruff ynddi un prynhawn: 'Yr oeddynt yn llwch ac yn esgyrn erbyn hyn, a'r atgyfodiad yn hir iawn yn dyfod'. Yr awgrym yw fod ffydd a hyder ein hynafiaid yn Nuw wedi bod yn wastraff cyn belled ag yr oedd Beti'n gweld. Doedd dim arwyddion rhesymegol, gwyddonol, empirig i wrth-ddweud hynny beth bynnag.

Y mae KR, felly, yn gwrthod y 'deall' fel cyfrwng achubiaeth, ac fel cyfrwng i feddiannu ffydd. Fe bwysleisia, o gychwyn y gwaith, fod 'meddwl' yn dod â llu o broblemau yn ei sgîl: 'Yr oedd yn rhaid i mi wneud rhywbeth yn lle meddwl', meddai Beti yn 'y lle mawr' (Seilam). Wrth fethu meddwl y mae Jane yn gallu 'gorfadd yn llonydd'. Wrth 'dderbyn pob dim heb amau', hynny yw, wrth beidio â 'meddwl', y mae Mrs. Hughes yn gallu 'credu', a'r 'unig heddwch gei di cyn mynd i dy fedd', meddai Wil wrth Huw, 'ydy gorfedd ar ganol cae ar wastad dy gefn trwy'r dydd a pheidio â meddwl am ddim'. Y mae yma ddrwgdybio'r deall: ni all ond dod â phroblemau. I fyd ysbrydol y mae angen rhywbeth amgenach.

Y mae'n ddiddorol sylwi mai yng ngwasanaeth y cymun y mae Beti yn medru addoli:

> Yn y cymun y medrais i sefydlu fy meddwl, er imi fy nghael fy hun unwaith yn cael rhywbeth newydd i'w ddweud yn fy nrama, hyd yn oed yno. Yno'n unig y teimlwn i fy mod yn medru addoli a bod y dyheadau a'r addoli yn mynd ar hyd un wifren gywir o deimlo'r dioddef. Gallwn weddïo'n syml gyda Siôn Cent, 'A maddau bechod meddwl'. Yno hefyd y medrwn anghofio'r pethau a'r bobl oedd o'm cwmpas, yno yn unig y teimlwn nad oedd Gruff yn perthyn imi, ei fod ar wahân, yn ddyn dieithr yn gweinyddu'r cymun, yn offeiriad ac nid yn ŵr.[24]

Y mae Beti fodd bynnag yn gallu addoli yma, nid oherwydd ei bod wedi cael goleuni rhesymegol ar fodolaeth Duw ond, yn hytrach, trwy ryw fath o gydymdeimlad. Ond does dim ymgais i esbonio'r broses yma'n fanwl am ei bod yn anesboniadwy. Fe holwyd Beti, meddai hi, am bethau 'oedd yn anodd eu deall i mi fy hun'.

Ond y mae KR yn rhoi ambell awgrym i ni o'r hyn sy'n digwydd drwy symboleiddio rhannau o chwedl Heledd. Defnyddir y chwedl i gyfleu'r ddeuoliaeth sydd yn natur Beti Jones (a phob un ohonom), sef, y cnawd a'r ysbryd, y gwâr a'r anwar. Yn *Tywyll Heno* y mae Heledd yn cynrychioli'r pagan, y creadur greddfol, yr ochr y mae'n rhaid i bawb ei lyffetheirio i fyw mewn cymdeithas, o'i gyferbynnu â'r enaid a gynrychioli'r gan Beti ei hun. Yn raddol, fel y sylwyd, fe ddaeth Beti i sylweddoli'r hyn a welodd y seintiau ar hyd y canrifoedd, sef bod byw yn golygu brwydr barhaus yn erbyn y rhan salaf ohonom. Ceir darlun symbolaidd o drobwynt y frwydr fewnol hon, pan yw Beti'n meistroli ac yn alltudio'r anwar o'i mewn:

> Ond yr oedd gwallt Heledd yn gynhinion blêr dros ei llygiad, ei mantell yn gyrbibion o gwmpas ei thraed. Ni welai hi obaith; nid oedd ganddi hi deulu; troes ei chefn a dychwelyd i'r goedwig ac i'w gwallgofrwydd. Trois innau fy nghefn arni a mynd i gyfeiriad arall a'r haul ar fy ngwyneb.[25]

Yma fe awgrymir fod dyn heb obaith, pan nad yw'n gweld 'ystyr' i fywyd, yn troi'n anifail, a bod rhan ohono'n peidio â bod. Ni all anifail obeithio, ni all wynebu problemau, ac nid oes ganddo gydwybod gymdeithasol. Meddai Beti am Heledd:

> Gwyddwn nad digalondid colli ffydd oedd ei galar hi, eithr galar noeth pagan ar ôl y marw, galar un heb grefydd yn ganllaw iddi, yn derbyn ei thynged, yn ddi-obaith a chael ei naddu hyd i'r asgwrn. Nid rhyfedd iddi fynd allan o'i phwyll.

I ddod yn ddynol drachefn roedd yn rhaid i'r rhan ysbrydol adennill ei le priodol. Y pryd hynny'n unig y gellir goresgyn a dod i delerau â bywyd, drwy ffydd a gobaith. Y pryd hynny'n unig y mae rhywun yn peidio â bodoli a dechrau byw.

Fe welir, felly, bwysigrwydd y goncwest a awgrymir uchod, o alltudio Heledd. Symbol ydyw'r darlun hwn o ddyn yn ailennill ei enaid, ac yn ailddechrau gobeithio a meddu ffydd. Nid oes air am sut y gwneir hyn, ond fe geir awgrym mai trwy ras Duw y'i cyflawnir. A dyna ni'n ôl at adwaith Karl Barth a diwinyddion diweddar i honiadau'r dadleuwyr empirig, sef bod crefydd uwchlaw'r rheswm, bod cael ffydd y tu hwnt i eiriau, a thu hwnt i fyd mesur, dadansoddi a phrofi.

Fel hyn y disgrifir dychweliad ffydd Beti:

> Mi ddaeth yn ôl yn hollol yr un fath ag yr aeth hi, yn ddistaw. Nid yn ara deg na dim felly, ond fel rhoi golau trydan ymlaen. Ella bod fy ngŵr i yn y cefn yn rhywle. Y cwbwl fedra i ddweud ydy i bod hi yna a does arna i ddim ofn wynebu pethau rwan.[26]

Fe ddefnyddir yr hen ddull traddodiadol o ddisgrifio tröedigaeth, un dipyn distawach nag un theatrig Saul! Y mae'n ddistaw, yn annelwig ac anesboniadwy; dim ond ei heffeithiau a welir. Ond nid yw'n oddefol i gychwyn, oherwydd y mae Beti'n ewyllysio i hyn ddigwydd. Yn nes ymlaen, fodd bynnag, y mae'n rhaid iddi, fel Theomemphus, ymollwng a gadael i'w hisymwybod gymryd drosodd. Y mae'r profiad yn anesboniadwy. Ond y mae KR yn rhoi pwyslais ar drefn pethau. Ffydd sydd yn dod gyntaf, y peth uwchresymegol. Y pryd hynny'n unig y mae Beti'n gallu wynebu'i phroblemau (peth rhesymegol), ac fe ŵyr pawb sydd â chrap ar seicoleg fod hwn yn gam hanfodol at iachâd. Nid yw KR, felly, yn dilorni'r deall. Y mae lle i'r deall yn yr ymchwil am ffydd, ond y mae hi'n pwysleisio fod y deall yn dibynnu ar yr uwch-reswm am gyfeiriad a swcr. Mae angen fflach sythweledol o fyd yr uwch-reswm i roi sylfaen i'r deall adeiladu arno. Ar ei ben ei hun y mae'r deall yn gyrru dyn oddi wrth Duw, ond o'i wneud yn was i'r uwch-reswm y mae'n foddion gras.

Soniwyd eisoes am 'Theomemphus'. Y mae cynseiliau fel yna i'r profiad neu'r diffyg profiad hwn. Un o'r cynseiliau mwyaf diddorol yw profiad Almaenwr o'r enw Claus Harms. Un diwrnod, ar ôl darllen 'Anerchiadau' Schleiermacher, fe aeth allan am dro:

> And during this walk it was that I suddenly recognised that all rationalism and all aesthetics, and all knowledge derived from ourselves, are utterly worthless and useless as regards the work of salvation, and the necessity of our salvation coming from another source, so to say, flashed upon me. If to anyone this sounds mysterious, or mystical, they may take it as such; I cannot describe the matter more distinctly.[27]

Yn union fel Beti, ni allai fanylu am yr hyn a ddigwyddodd, ond yr un yw eu profiad a'u neges, a thrwy sôn, mewn rhyw fodd, am 'oleuni' y cyflëir ef inni. Y mae i hyn arwyddocâd, fel y cawn weld.

Yn niffiniad yr *Oxford Dictionary of the Christian Church*, fe ddywedir mai trwy ras Duw y meddiennir ffydd. Ni ddywed KR yn blaen wrthym ei bod yn credu'r un peth, ond, mewn un man yn *Tywyll Heno* y mae Beti'n addef ei bod 'yn perthyn yn nes i Heledd nag i Morgan Llwyd' – yn ei chyflwr y pryd hynny. I Morgan Llwyd y mae'r haul yn cynrychioli Duw, ffynnon pob goleuni a nerth. Felly, wrth ddarllen am Beti'n wynebu'i sefyllfa ar ddiwedd y llyfr, y mae KR am inni gofio hyn ac ymateb pan ddaw geiriau fel:

> Ond taflai'r haul ei oleuni weithiau trwy dwll a gwneud rhimyn ar draws y glaswellt . . . Tarawai'r haul ar y cerrig lle unwaith y buasai tân, ac nid oeddynt mor llwyd yng ngolau'r haul . . . Trois innau fy nghefn arni a mynd i gyfeiriad arall a'r haul ar fy ngwyneb.[28]

Onid yw'n bosib mai rhyw ymgais sydd yma, ar ran Beti, i gyfleu rhyw help oddi allan, oddi wrth Dduw? Ai ynteu cyfleu'r newid ynddi hi ei hun, newid sy'n gwneud i bethau edrych yn siriolach y mae, a dyna'r cwbl? I mi, y mae sôn am Forgan Llwyd yn *Tywyll Heno* yn peri meddwl nad damwain sydd yma, ond gweithred fwriadol. Mewn rhyw ffordd, ni ŵyr yn iawn sut, y mae Beti'n cael help oddi allan, ac y mae hithau'n cerdded tuag at y goleuni.

Er mai ffydd yw sylfaen y gwellhad, y mae KR – yn gelfydd iawn – yn awgrymu fod ffactorau eraill ar waith hefyd yn y broses o'i adennill, fel yn y darlun o Stafell Cynddylan:

Dyma fi wedi medru mynd o gwmpas fy mhrofiadau ac edrych arnynt yn oer a heb gyffro. Llwyddais i fynd o'u cwmpas heb faglu unwaith na dyfod i gwlwm. Fe'm gwelwn fy hun fel pe bawn yn mynd o gwmpas Stafell Cynddylan, yn teimlo fy ffordd fel dyn dall tua'r diwedd pan dorrodd y fflodiart. Adfeilion digon hyll oedd y profiadau ac yr oedd edrych i mewn arnynt trwy'r tyllau yn gofyn tipyn o galon. Ond taflai'r haul ei oleuni weithiau trwy dwll a gwneud rhimyn ar draws y glaswellt fel yr un a welais i ar draws blodau'r ardd y noson cyn inni fynd i'r bwthyn ym mis Awst. Tyfasai glaswellt ar lawr y Stafell a rhoddai'r rhimyn golau ryw sirioldeb iddi er gwaetha'r tyweirch barfog.[29]

Y mae'n amlwg mai'r problemau oedd yn peri poen iddi (paham fod dioddefaint yn y byd, ac yn y blaen) yw'r Stafell, y pethau a fu'n negyddu ystyr bywyd iddi.

Yr hyn nad yw mor amlwg yw'r modd y mae'r awdur yn dangos i ni fod gan amser hefyd ran yn yr iachâd. Ar ddechrau'r gwaith, darlun hollol drist ac anobeithiol a geir o'r ystafell:

[Yr oedd] y tyweirch wedi disgyn oddi ar y to; topen wedi aros yma ac acw a barf linynnog arni; y cerrig a fuasai'n cysgodi'r tân wedi duo ac ambell frigyn arnynt, a'r lle yn wag.

Ond yn ddiweddarach: 'tyfasai glaswellt ar lawr y Stafell a rhoddai'r rhimyn golau ryw sirioldeb iddi er gwaetha'r tyweirch barfog'. Y mae amser wedi lliniaru'r briw fel ei fod yn gallu'i wynebu'n wrthrychol. Yn lle bod y 'lle yn wag, gwnâi i mi deimlo y cyneuid tân yma eto ac y deuai plant i gynhesu eu dwylo wrtho ac i wau darluniau yn ei fflamau'. Mae amser hefyd yn un o wreiddiau gobaith.

Camp Beti Jones yw iddi frwydro yn erbyn yr anifail ynddi a'i drywanu. O wneud hynny rhyddhawyd ochr bositif ei phersonoliaeth. Bellach y mae'n derbyn pethau fel y maent yn y byd. Mae'n gymesur ei hagwedd, am ei bod yn ffyddiog fod pwrpas hyd yn oed i amherffeithrwydd bywyd. Creda hefyd y bydd hwyrach yn ymberffeithio wrth i'r Cristion ymladd yn gyson dros yr hyn y mae'n credu ynddo. Nid oes ffin rhwng ffydd a gobaith. 'Mewn carchar y byddwn innau wedi mynd adre', meddai Beti, 'ond ei fod yn garchar lle cawn ryddid i frwydro'.

*   *   *   *

Problemau sylfaenol ein cymdeithas gyfoes yw problemau *Tywyll Heno*. Bu'n rhaid i Beti Jones fynd y 'tu hwnt i'r data' ac mae hynny yn golygu llwyr ymddiriedaeth, yn golygu fod person yn gweld ei fywyd ar y ddaear fel rhan o ryw broses gosmig, fel rhan o gynllun tragwyddol. Y mae cynllun yn golygu trefn a phwrpas ac ystyr, a dyma oedd ar goll i Beti. Fe brofodd ras.

Wrth ddarllen *Tywyll Heno* y mae un yn teimlo fod KR, yn union fel yr athronydd K. Mannheim, yn credu y bydd ansicrwydd meddyliol ac eneidegol ein cyfnod yn foddion yn y pen draw i'n closio ni at y 'gwirionedd'. Meddai Mannheim:

> It is precisely our uncertainty which brings us a good deal closer to reality than was possible in former periods which had faith in the absolute.

Tywyll Heno yw ffordd KR o ddweud yr un peth.

Y mae, hefyd, yn ffordd KR o ymdrin ag ystad y meddwl Ewropeaidd modern, ystad a ddietifeddwyd ac sydd heb obaith, chwedl Eric Heller. Yn *Tywyll Heno* y mae Beti'n ei gweld ei hun yn aelod o gymdeithas 'y meddwl a ddi-etifeddwyd'. Mae fel pe bai'n pontio'r agendor rhwng dau gyfnod, yr hen gyfnod gyda'i safonau eglur, a'r gymdeithas sydd ohoni'n awr. Gwewyr genedigaeth y gymdeithas fodern yw ei gwewyr hi. Ni all weld unrhyw werth yn y byd newydd, ac mae o hyd am fynd yn ôl i adennill yr hen etifeddiaeth.

Ond, yn ôl KR, ni ellir byth wneud hyn. Bellach rhaid chwilio am iachawdwriaeth a ffydd y tu draw i reswm. Yn wir, dyma'r unig ffordd i gael goleuni a balm ar y 'gwewyr enaid modern'; ac nid yw'n hawdd ei gael. Y mae 'trwy chwys dy wyneb y bwytei fara' yr un mor wir yn eneidegol ag ydyw yn gorfforol. Bu Beti drwy wewyr anobaith cyn cyrraedd glan. Bu'n rhaid iddi ymboeni digon i ddod i gyflwr achubiaeth, i godi o bair dadeni poen drwy ffydd. A hwyrach mai ffordd ymwared Beti yw ein hiachadwriaeth ninnau?

NODIADAU

1. B.L. Jones ac R.G. Jones, *Yr Arloeswr* (Sulgwyn, 1958), 19
2. D. Thomas, (Gol.), *Lleufer*, Cyfrol XVIII, Rhif 4, (Gaeaf, 1963), 178-182
3. D. Gwenallt Jones, (Gol.), *Taliesin*, Cyfrol 8, 97-101
4. G.O. Roberts, *Y Cymro*, Rhan I, Ion. 24, 1963; Rhan II, Ion. 31, 1963
5. M. Allott, *Novelists on the Novel* (Llundain, 1959), 102
6. Diddorol yw sylwi i Beti geisio cynganeddu 'syrffed' â 'sarff', sydd i mi'n awrgymu ei bod yn cysylltu ei salwch â themtasiynau.
7. D. Thomas, (Gol.), *Lleufer*, Cyfrol III, 1947, 3-5. Teitl yr ysgrif yw 'Sut i sgrifennu stori fer'.
8. Ibid., 3
9. *Baner ac Amserau Cymru*, Rhagfyr 24, 1959. Ynddo ceir ysgrif gan KR yn dwyn y teitl 'Egni iaith a meddwl'.

10. Ibid., Rhagfyr 24, 1959.
11. Erich Heller, *The Disinherited Mind* (Llundain, 1961), 221-222
12. F.L. Cross, (Gol.), *Oxford Dictionary of the Christian Church*, (Llundain, 1958), 491. (Argraffiad 1974, 499-500).
13. TH, 92
14. J.R. Jones, *Yr Argyfwng Gwacter Ystyr* (Llandybïe, 1964), 13.
    Fe'i ceir hefyd yn *Ac Onide* (Llandybïe, 1970), Rhan un.
15. TH, 25-26
16. Ibid., 63
17. Ibid., 69
18. Ibid., 70
19. S. Freud, *The Future of an Illusion, Civilisation and its Discontents*, (Llundain, 1928), 179. Gweler hefyd: R.S. Lee, *Freud and Christianity*, (Llundain, 1948), 194; a D. Stafford-Clark, *What Freud Really Said*, (Llundain, 1965), 224-225.
20. John Hick, *Evil and the God of Love* (Llundain, 1968), 252
21. Ibid., 363-364
22. C.S. Lewis, *The Problem of Pain* (Llundain, 1940), 103
23. Daniel Jenkins, *Beyond Religion* (Llundain, 1962), 56
24. TH, 48
25. Ibid., 89
26. Ibid., 93
27. T. McPherson, *The Philosophy of Religion* (Llundain, 1965), 115. Gweler hefyd: John Calvin, *Commentry on the Book of Psalms* (Caeredin, M.DCCC XLV – 1845), xl-xli o ragymadrodd yr awdur:
    God, by the secret guidance of his providence, at length gave a different direction to my course . . . God by a sudden conversion subdued and brought to my mind to a teachable frame which was more hardened in such matters than might have been expected . . . Having thus received some taste and knowledge of true godliness, I was immediately inflamed with so intense a desire to make progress therein, that although I did not altogether leave off other studies [bod yn gyfreithiwr], I yet persued them with less ardour.
28. TH, 89
29. Ibid., 89

Diweddglo

Un peth, yn anad dim, sy'n taro dyn wrth ystyried gweithiau cynnar KR yw'r ffaith fod yr iaith eisoes yn ddatblygedig a hydrin. Y mae iaith *O Gors y Bryniau* yr un mor abl i gyfleu'r teimladau a'r syniadau mwyaf dwys a chymhleth ag yw iaith ei gweithiau diweddar. Ac eto y mae gwahanieth. Y duedd yn y gweithiau cynnar yw portreadu a lleoli mewn talpiau sefydlog, un ai cyn i'r naratif gychwyn neu ar ei ganol. A phan ddigwydd yr olaf y duedd yw i'r stori aros yn ei hunfan cyn symud ymlaen.[1] Yn ei waith diweddar y mae'r portreadu a'r lleoli yn rhan o wead y naratif yn lle bod yn fydylau yma ac acw, ac o'r herwydd maent yn tynnu llai o sylw atynt eu hunain.[2]

Ond y newid mwyaf sylfaenol yw'r newid o gyflwyno i gyfleu. Cyflwyno'r gosodiad fod Wil 'wedi ei eni i garped (yn ôl ei feddwl ei hun) ac yn cael teils' a wneir mewn stori fel 'Pryfocio'. Cyfleu siomiannau Beti Jones a Lora Ffennig a wneir, a gadael i ni wneud y 'gosodiad' yn ein hymateb iddynt. Hynny yw, y mae'r iaith yn grymuso'n gynyddol yn ei hanuniongyrchedd, nes peri i'r ffin rhwng rhyddiaith a barddoniaeth – a bwrw bod un – ddiflannu a bod yn ddiystyr. Yn lle'r gosodiad, unystyrog, diamwys, rhoir llun artistig.

Ar yr un pryd, yn groes i'r disgwyliad, fe symleiddwyd y mynegiant. Fel yr addefa KR ei hun:

> Pan oeddwn i yn dechrau sgrifennu, 'roeddwn i'n gwneud ymffrost o ddwad a rhyw eiriau anghynefin i mewn. Mi ffeindiais i yn fuan iawn nad oedd hynny yn ychwanegu at werth y stori o gwbwl; ond, os oedd y gair hwnnw yn digwydd dwad yn naturiol, dyna fo; yn lle ei dynnu o gerfydd ei drwyn – neu gerfydd ei glust ran hynny.[3]

Ymwrthodwyd â'r ansoddeiriau a'r adferfau llachar a llunio iaith foel wedi ei naddu i'r asgwrn ac yn dibynnu llawer mwy ar sumbolaeth a chyd-destun i roi dyfnder iddi.

Y mae'n dilyn, felly, i sylw KR symud oddi wrth problemau ansawdd yr iaith at broblemau cynllunio, adeiladwaith, tempo; hynny yw, at broblemau ehangach byd rhethreg. Fel y symleiddiodd ei hiaith cymhlethodd ei syniad o fynegiant, ac fe'i codwyd o dir crefft i dir celfyddyd.

Mwy diddorol, o bosib, na'r holl ddatblygiadau hyn yw parhad yr argyfwng artistig y tynnwyd sylw ato, sef yr awydd parhaus am libart ehangach i'w gweledigaeth, heb i'r *genre* filwrio'n ei herbyn a'i ddinistrio. Hyn, yn sicr, a barodd iddi, yn ystod y cyfnod a ystyrir yma, ysgrifennu pum *nouvelle*, dwy nofel, a thair cyfrol o storïau byrion, ac i'r math o destun yr ymdrinir ag ef mewn nofel, er enghraifft, gael ei ddewis â'r gofal mwyaf o ran ei addasrwydd i nodweddion arbennig ei dawn.

Efallai mai hyn hefyd – rhyw fath o groesdynnu rhwng *genre* – neu ansicrwydd a barodd iddi ysgrifennu 'Yr Enaid Clwyfus' a *Tywyll Heno*. Er bod KR ei hun yn gweld cryn wahaniaeth yng nghynnwys y ddau waith,[4] y mae'n rhaid i mi addef mai'r teimlad a gaf fi wrth eu darllen yw mai'r un yw pwnc y ddau waith yn sylfaenol, er mai dyn yw prif gymeriad un, a dynes y llall. Fe gerddwyd i mewn i'r stori ar yr union foment yn y ddau waith, sef moment gwellhad, a mynd ymlaen wedyn i durio am achosion cyflwr gwallgof y ddau.

Paham ysgrifennu'r un stori ddwywaith ac mewn dau *genre*? I mi, amlygiad ydyw o fath o ansicrwydd artistig o fewn KR, y croesdynnu rhwng awydd am fwy o le i wneud cyfiawnder â gweledigaeth, ar yr un llaw, ac ofn mynd yn rhy amleiriog, afradu geiriau a difetha ardrawiad stori, ar y llall. Neu, ac edrych o gyfeiriad arall, ofn bod yn rhy gryno, a pheidio â gwneud cyfiawnder â'r weledigaeth, ar yr un llaw, ac eto anelu at fynegiant cynhwysfawr, ar y llall. Nid problem KR yn unig yw hon. Daw cadw cydbwysedd rhwng rhyddid a phenrhyddid i ran pob ysgrifennwr.

Yn un o'i sgyrsiau dengys yr awdur pa mor ymwybodol ydyw o'r anawsterau hyn:

> Dw i'n meddwl mai un bai ar y straeon byrion heddiw ydi eu bod nhw'n rhy gynnil . . . Roedd o'n ffasiwn ar un adeg i gael cynildeb – yn enwedig ar y diwedd. Cael rhyw stori a thro yn ei diwedd hi, tro annisgwyliadwy . . . Roedd pobol wedi mynd i sgwennu straeon a syndod mawr, pethau annhebyg, yn digwydd ar y diwedd. Wel 'dw i yn meddwl bod hwnna ynghlwm wrtho ni o hyd. 'Dw i'n meddwl wyddoch chi, mewn gwirionedd, y dylem ni fod yn fwy manwl mewn stori fer hyd yn oed; i beidio teimlo mae hi'n mynd yn chwyddedig rwan a mae hi'n mynd yn rhy debyg i nofel.[5]

Er mai cynghori ysgrifennwyr eraill i beidio â theimlo'r tyndra y mae KR, ni ellir peidio â meddwl ei bod yma'n adleisio ei phrofiad ei hun. I mi, mae'n fath ar gyffes ffydd, ac yn crynhoi'r croesdynnu artistig a welwyd fel edefyn drwy'r holl weithiau a drafodir o fewn cwmpas y gwaith hwn.

*   *   *   *

Pe gofynnid i un geisio crynhoi gwaith KR i un gosodiad, ni ellid gwell na thecach disgrifiad na dweud mai sail rhan helaeth ei gweithiau yw brwydr yr ugeinfed ganrif rhwng y meddwl a'r teimlad, y dofadwy a'r annofadwy, y gwâr a'r anwar yn ein gwneuthuriad neu, a defnyddio termau'r ddeunawfed ganrif, 'dawn a dysg'.[6] Mae'n ymwybodol iawn o awyrgylch y ganrif a'r newidiadau enfawr a ddigwyddodd ynddi i gyflwr dyn. I KR, collodd y gymdeithas sicr ei ffydd a ffynnai ar ei chychwyn y sicrwydd a'i gwnâi yr hyn ydoedd, a throes ei golygon oddi ar yr ysbrydol at y materol.[7] O'r herwydd llaciwyd y safonau moesol a oedd yn sylfaen iddi.[8] Yr oedd i'r hen gymdeithas ateb i gwestiynau a phwrpas pendant i fyw. I'r gymdeithas newydd, daeth bywyd yn gwestiwn i gyd a byw yn ddiystyr.[9]

Ochr yn ochr â hyn i gyd fe rymusodd y wladwriaeth a lledaenu ei dylanwad.[10] Gynt yr oedd dyn yn unigryw, ac yn ymfalchïo yn ei annibyniaeth. Gyda thwf y wladwriaeth ildiodd ei sofraniaeth i awdurdod uwch a chollodd ei urddas. Y mae i'r wladwriaeth liaws o wynebau – yn weinyddwyr, yn addysgwyr, a phobol y cyfryngau torfol – ond rhan o waith y rhain i gyd yw penderfynu neu ddeddfu ar ran yr unigolyn ym myd gwaith, iechyd, addysg, adloniant, a hyd yn oed newyddion, a lleihau ei unigolrwydd. Bychanwyd dyn i fod yn ffigur ystadegol ar bapur ac fe'i dad-ddyneiddiwyd a'i gyflyru i ffyrdd rhagordeiniedig, disgwyliedig o ymddwyn.[11] Yn lle bod bri ar annibyniaeth barn crëwyd awyrgylch a wnâi i ddynion 'feddwl' a 'theimlo' ar hyd llinellau set a fasgynhyrchwyd iddynt; meddiannodd y wladwriaeth hwy gorff a meddwl.

Y mae sawl gwedd ar y broses o ddad-ddyneiddio i'w weld yng ngwaith KR. Mewn stori fel 'Hiraeth',[12] er enghraifft, fe welir o leiaf ddwy. Yno, ymbellhaodd John Robaits a'i wraig Elin oddi wrth ei gilydd, yn rhannol oherwydd nad oedd amser i ymserchu oherwydd y frwydr yn erbyn tlodi, ond yn rhannol hefyd oherwydd fod KR yn credu fod gwareiddiad soffistigedig ein canrif ni, canrif o hysbysebu, ffilmiau, cylchgronau lliwgar, wedi rhoi rhyw orchudd ffug ar ein gwir deimladau, wedi gwneud i ni fyw'n anonest heb wybod yn iawn beth yw'n hymateb i fywyd. Dyma hefyd sydd yn 'Y Condemniedig'.[13] Fe anhuddwyd teimladau Dafydd a Laura Parri gymaint gan ddefodau ac arferion byw, aethant gymaint i rigol o ymateb disgwyliedig eu cymdeithas, nes colli'r sbarc bywiol digymell sy'n gwneud dyn yn uwch nag anifail.

267

I ddeall John Robaits y mae'n rhaid i Elin dorri drwy drwch y cyflyru at hanfodion ei pherthynas â pherson arall. Felly hefyd Laura a Dafydd. Dim ond ar ôl diosg lifrai eu 'gwareiddiad', a thorri drwy dwyll ymhonni a ffugio y daw dagrau dealltwriaeth. Mewn 'ton o dosturi' yr adferir dealltwriaeth hefyd rhwng Beti Gruffydd a'i gŵr,[14] tra y daw Lora Ffennig i sylweddoli, gydag adfer ei ffydd, 'mai ym mesur ein cariad at rywun neu rywbeth a medrwn gadw ein brwdfrydedd tuag at fywyd'. Am hynny, dim ond cyffwrdd â'r broblem y mae'r beirniaid sy'n honni mai â thlodi y mae a wnelo gwaith cynnar yr awdur, ac mai problemau mewnol yw sail y rhai diweddar. Un dres mewn problem fwy yw'r tlodi, a thres arall yn yr 'un' weledigaeth yw'r problemau mewnol.

Pwysleisia KR, felly, drai crefydd a thwf gormesol y wladwriaeth a hawddfyd materol. Ond ynghlwm wrth hyn oll y mae twf y meddylfyd gwyddonol,[15] a'i bwyslais ar reswm, a dirywiad y syniad o'r crefyddol a'r goruwchnaturiol. I KR bu'r canlyniadau'n echrydus. A hithau ynghwsg, ddiholi, yr oedd bywyd Ffebi yn *Stryd y Glep* yn ddigon diddan, ac felly i Beti yn *Tywyll Heno*. Cyn i Iolo ymadael a'i gorfodi i ymchwilio am resymau methiant ei phriodas, trigai Lora Ffennig mewn 'paradwys ffŵl', ond paradwys serch hynny. Y mae ymwrthod â'r rheswm yn gwneud bywyd yn oddefadwy. Ond plant ein cyfnod ni ydynt. Fe'u cyflyrwyd i 'feddwl'; ni allant ei osgoi. Unwaith y mae Ffebi'n dechrau dadansoddi ei dolur, unwaith yr edrycha Beti'n feirniadol ar Dduw a'i greadigaeth, ac unwaith y mae Lora Ffennig yn wynebu problemau byw, fe ddaw gwae. Fe'u hamgylchynir gan drallodion sy'n eu hysigo nes i un fel Lora fynd i dybio na all 'ei dwylo na'i meddwl fod yn llonydd byth mwy'. Yn wyneb problemau bodolaeth mae'r ymwybod yn fwy o faen tramgwydd nag o gymorth.

Hon yw gweledigaeth sylfaenol KR, ac amlygiadau ohoni yw problemau tlodi, unigrwydd, cyfathrebu, a chynhwysion eraill – fel y gred Galfinaidd gref mewn ffawd. Atebion i'r broblem 'sylfaenol', yn hytrach na ffasedau arni, a gynigir ganddi drwy drwch ei gwaith. Cred fod yn rhaid i ddyn rywsut roi ffrwyn ar ei fateroliaeth, a holl artiffisialaeth ei amgylchfyd, a'i ddyneiddio'i hun drachefn. Felly'n unig y rhyddheir y teimladau a'r synhwyrau, y rhan sy'n negyddu'r anifail ynddo ac, o bosib, yr erfyn godidocaf o'i eiddo i ddod i delerau â'i amgylchfyd a'i gymdeithas.[16] Y mae'n rhaid iddo hefyd sylweddoli ffiniau'r 'meddwl', a'r 'rheswm', ailsylweddoli cyfyngiadau dyn fel dyn, a gweld lle'r uwch-resymegol yn yr ymdrech i ddirnad pethau. Mewn gair, y mae'n rhaid adennill y cyflwr o symlrwydd yr oedd dyn ynddo cyn rhaib a choncwest yr ugeinfed ganrif pan barhai bywyd yn 'rhyfeddod'; rhaid i ddyn adfeddiannu'i enaid.[17]

*   *   *   *

Un weledigaeth gynhwysfawr yw gweledigaeth KR, ac nid casgliad o fân fflachiadau digyswllt. Ond nid yw hynny'n golygu mai'r un amlygiad a geir ohoni'n ddi-ffael. Y mae pob gwaith o'i heiddo fel darnau o bôs yn cysylltu â'i gilydd; ac o'u cysylltu â'i gilydd y llawn sylweddolir eu harwyddocâd. Ar y llaw arall, y mae pob gwaith, a phob syniad cychwynnol yn hunangynhaliol ac ni ddylid tybio fod y gosodiad uchod yn tynnu dim oddi ar eu tanbeidrwydd. Oherwydd tanbeidrwydd yr ysbrydoliaeth yw conglfaen y stori fer ac, yn ei hanfod, storïwr byr yw KR.

A chydnabod fod gweledigaeth storïwr byr yn danbaid glir, y mae'n dilyn bod y meddylfryd sy'n abl i'w derbyn, o reidrwydd bron, yn anaddas i weledigaeth ehangach, eithr claearach, y nofelydd. Fe wyddai KR hynny, a dim ond wrth ddewis ei phwnc yn fanwl y llwyddodd i oresgyn yr anawsterau mewn gwaith fel *Y Byw sy'n Cysgu*. A chofio yr un pryd ei chri, fod 'cynfas y stori fer yn rhy fychan', 'does ryfedd iddi ymserchu yn y ffurf sydd rhwng y stori fer a'r nofel, sef y *nouvelle*. Rhoddai honno iddi'r cyfle i gyplysu ei math arbennig hi o 'weld' â'r rhyddid i ymchwilio a phrocio'n ddyfnach a omeddid iddi gan wead clos 'seren wib' y stori fer. I mi, hyn sy'n cyfrif i'w dawn gyrraedd ei huchelfannau yn *Te yn y Grug* a *Tywyll Heno*, a hyn sy'n rhoddi iddi'r hawl i'r teitl clodfawr, 'Brenhines Llên'.

NODIADAU

1. Gweler y disgrifiad o Bob Ifans, OGYB, 104, a'r disgrifiad o ardal Moel y Fantro, OGYB, 53.
2. Noder iddi ddweud yn *Yr Arloeswr*, (Sulgwyn, 1958):
   Yr wyf yn dod i gredu mwy a mwy mewn sgwrsio mewn nofelau . . . Mae dyn yn dweud mwy am ei 'gymeriad' mewn sgwrs fer, nag y geill penodau o ddisgrifio gan yr awdur ei wneud.
3. *Y Ddraig*, (Cylchgrawn Myfyrwyr Aberystwyth), 1971, 33
4. Ibid., 36
5. Ibid. (Cylchgrawn Myfyrwyr Aberystwyth), 1971, 36
6. D. Gwenallt Jones, *Blodeugerdd o'r Ddeunawfed Ganrif*, (Caerdydd, 1953), xiv
7. Gweler y bennod ar *Traed Mewn Cyffion*. Gweler hefyd, YBSC, TH, SYG, HOF, 'Yr Enaid Clwyfus'.
8. Gweler TH, YBSC, 'Chwiorydd', 'Gorymdaith' etc.
9. Gweler TH, YBSC, 'Henaint', 'Y Condemniedig' etc.
10. Gweler TMC, LJ, DL, TYYG, etc.
11. Gwnaed hyn gan y wladwriaeth, y gymdeithas, a'r cyfryngau torfol. Gweler TMC
12. OGYB, 35-45
13. FFG, 75-87
14. RhB, 6
15. Gweler TH, YBSC, HOF, etc.

16. Fel y dywed KR yn TH, rhaid i ddyn alltudio 'Heledd' ac adennill ei urddas.

17. Y mae gwaith KR yn orlawn o syniadau diddorol am bynciau fel ffawd, amser, gallu dyn i anghofio poenau â'i ewyllys, pa un ai trist ai hapus yn ei hanfod, etc. Ond gan mai glosau ydynt ar y weledigaeth waelodol, ni chrybwyllwyd hwy yma.